1000 Biere

aus aller Welt

1000 Biere

aus aller Welt

NAUMANN & GÖBEL

© Naumann & Göbel Verlagsgesellschaft mbH in der
VEMAG Verlags- und Medien Aktiengesellschaft, Köln
Autoren: Georg Lechner, Friedemann Bedürftig
Gesamtherstellung: Naumann & Göbel Verlagsgesellschaft mbH, Köln

ISBN 3-625-10351-6

www.naumann-goebel.de

ZUM BUCH

Deutschland ist das Bierland Nr. 1 in der Welt. Doch die deutsche Braulandschaft und auch die anderer Länder verändert sich ständig. Eine Bestandsaufnahme ist geboten.

Als Verfasser des Deutschlandteils unseres Kompendiums konnten wir den Braumeister Georg Lechner (Jahrgang 1953), den überragenden Kenner der deutschen Braugeschichte und der deutschen Braukultur gewinnen. Georg Lechner ist Leiter des nach ihm benannten Biermuseums in den Räumen von Pott's Naturpark-Brauerei im westfälischen Oelde. Er stammt aus einer Bamberger Brauerfamilie, war selbst lange als Braumeister tätig und baut von Jugend an eine umfangreiche Sammlung von Krügen und Etiketten, Braugeräten und Flaschen, Emailleschildern, Werbegrafiken und Lithografien auf. Inzwischen ist er selbst ein wandelndes Lexikon des deutschen Bieres. Der Autor wohnt in seinem Museum und hat dort sein Bett in einem 4200-Liter-Holzfass aufgeschlagen.

Georg Lechner lieferte für den ersten Teil des Buches über 800 kenntnisreiche Porträts von deutschen Traditionsbrauereien. Die Porträts umfassen Gründung, Größe und Produktpalette der Unternehmen, nennen Gründungsjahr und Inhaber und sind durch Bemerkungen über zugehörige Brauereigaststätten, ihre Speisenangebote und Spezialitäten, Übernachtungs- und Besichtigungsmöglichkeiten, Sehens- und Empfehlenswertes ergänzt. Die Illustrationen stammen nahezu sämtlich aus Lechners Sammlung. Da es sich um historische Stücke handelt, stimmen die Angaben darauf nicht immer mit den modernen Labels überein. Wichtig für uns war es, Geschichte, Kultur und Tradition der Brauerei vor allem auch im Bild zu dokumentieren. Die deutschen Brauereien sind in diesem Buch alphabetisch nach ihren Standorten geordnet. Alle in Deutschland produzierten Biermarken und -sorten vorzustellen, hätte den Umfang dieses Buches bei weitem gesprengt. So mussten wir

Braumeister und Museumsleiter Georg Lechner

eine bestimmte Auswahl treffen. Unberücksichtigt blieben etwa Gasthausbrauereien jüngeren Datums, die ihr Bier nur vor Ort ausschenken.

Im zweiten Teil des Buches werden mehr als 500 ausländische Biere nach Kontinenten und Ländern geordnet und alphabetisch nach Marken präsentiert, da viele der ausländischen Biere nicht nur an einem Ort gebraut werden. Bei der Auswahl haben wir uns von der Gängigkeit einer Marke in ihrem Ursprungsland, von der Verbreitung über die Grenzen hinaus und von interessanten Geschmacksnoten leiten lassen. Anders als bei den deutschen Bieren wird daher in manchen Fällen auch ein geschmacklicher Hinweis gegeben, da das Reinheitsgebot jenseits der deutschen Grenzen nicht gilt und oft Gewürze, Maisbeigaben oder Fruchtzusätze eine Rolle spielen. Darüber informieren skizzenhaft auch die Vorbemerkungen zu den Ländern und den jeweiligen Biersitten.

So bietet „1000 Biere aus aller Welt" dem Interessierten einen umfassenden Überblick über die wichtigen Brauereien, ihre Biere und ihre Geschichte.

Autoren, Verlag und Redaktion

INHALT

Afrika 323

Amerika 327

Australien und Ozeanien 341

Register 348

BIER – GESCHICHTE, GEWERBE, GENUSS

Wie bei so vielen Segnungen der Menschheit stand wohl auch bei der Entstehung des Biers der Zufall Pate: Einem unserer frühen Vorfahren war Fladenbrot aus Emmer – es handelt sich hierbei um eine Kulturform des Weizens – nass geworden. Er entdeckte das Malheur erst, als der Brotbrei durch in der Luft vorkommende Hefepilze zu gären begann. Der Backprozess hatte die Stärke des Mehls wasserlöslich und dadurch zum Teil vergärbar gemacht. Da man in kargen Zeiten noch nicht einmal feuchtes Brot wegwirft, auch damals nicht, aß unser Vorfahr den vergorenen Brei und versetzte sich so ungewollt in einen leichten Rauschzustand. Und dieser Zustand war ein solch angenehmer, dass der Wunsch nach planmäßiger Gärung und damit nach der Herstellung von Bier geweckt war.

KULT-GETRÄNK

Wann genau die Bierbraukunst ihren Anfang nahm, lässt sich schwer rekonstruieren. Sicherlich sehr früh. Archäologische Funde geben Aufschluss darüber, dass bereits vor knapp zehntausend Jahren Bier gebraut wurde. Die frühesten bildlichen und schriftlichen Zeugnisse, vier- bis fünftausend Jahre alt, sind so präzise, dass auch dies auf die weit zurückreichende Tradition verweist.

Schon die Sumerer tranken mit Vorliebe Bier. Dieser Abguss eines sumerischen Rollsiegels aus der Zeit um 2600 v.Chr. zeigt einen Diener, der seinem Herrn einen Becher reicht.

Da man sich durch den Genuss von Bier in einen Rauschzustand versetzen kann, wurde Bier in manchen Kulturen in den Rang eines kultischen Getränkes erhoben. Schließlich ist das „Sichversetzen" in Rauschzustände ein wichtiger Bestandteil vieler Kulte.

Das alkoholische Getränk fand sogar Eingang in die Schöpfungsmythen unserer Vorfahren, obwohl es nach Ansicht moderner Chemiker „abscheulich" geschmeckt haben muss. Da aromatisierender Hopfen noch unbekannt war, setzten unsere genussfreudigen Vorväter Baumrinde, Anis, Zimt oder Rettich als Geschmacksverstärker ein. Auf Reliefdarstellungen ist zu sehen, dass die trübe, dickflüssige Brühe mit Röhrchen oder Schläuchen getrunken wurde. Dadurch sog man nicht unnötig viele bittere Rückstände ein. Diese Bilder zeugen zudem von der geselligkeitsfördernden Wirkung des Gebräus, die auch im sumerischen Gilgamesch-Epos (um 1800 v.Chr.) beschrieben wird.

Fragment des Codex Hammurabi, um 1790 v.Chr. Die in Keilschrift geschlagenen Gesetzestafeln des sumerischen Königs umfassten bereits 282 Paragraphen.

Etwa zur gleichen Zeit, als diese Legende nieder-
geschrieben wurde, sah sich auch der älteste uns
bekannte Gesetzgeber veranlasst, sich mit dem
hochgeschätzten Emmer- oder Gerstensaft zu
beschäftigen. Der über ganz Mesopotamien
gebietende babylonische König Hammurabi
(1726–1686 v.Chr.) verfügte preisliche Ober-
grenzen, setzte einen genauen Gehalt an Stammwürze fest und ordnete an, dass den Untertanen
je nach Beruf ein bestimmtes tägliches Bier-
Deputat zustehe: Arbeitern zwei Liter, Beamten
einen Liter mehr und Priestern sogar fünf Liter.
Die Liste lässt vermuten, dass der Alkoholgehalt
wohl unter dem heute üblichen lag. Wie lassen
sich sonst auf Dauer fünf Maß täglich verkraften?

*Die Ägypter beherrschten die Bierherstellung
schon sehr früh. Diese Tonfigur aus der Zeit der
5. Dynastie (2450 – 2290 v.Chr.) zeigt eine Frau
am Maischbottich.*

*Biergenuss in Ägypten (1350 v.Chr.). Ein Syrer der
königlichen Leibwache trinkt mit Hilfe eines Saug-
rohres, um die Bitterstoffe nicht mitzuschlucken.*

Bei so viel Wertschätzung blieb es nicht aus, dass
andere Kulturen entweder die vorhandene Braukunst übernahmen oder ihre eigene entwickelten.
Jedenfalls stellten auch die Ägypter sehr früh Bier
her. So berichten schriftliche wie bildliche Quellen
von einer wesentlichen Verbesserung: Ägyptische
Brauer setzten ihrem Getränk Datteln zu, was die
Bitterkeit minderte.
Die Kunst der Bierherstellung erreichte schließlich
durch phönikische Seefahrer das Abendland, wo
sich vor allem die Germanen seit etwa 1000 v.Chr.
ihrer annahmen. Sie kamen auf eine ähnliche Idee
wie die Ägypter: Sie nutzten Honig als
Geschmacksverstärker und -verbesserer, was eini-
germaßen nahe lag, weil ihr Hauptgetränk Met,
eine Art Honigwein, war.

Auch Griechen und Römer kannten Bier, doch Sie
– eingeschworene Weintrinker – schätzen es überhaupt nicht. Tacitus, der im Jahr 98 n.Chr. das
klassische Werk über die Germanen verfasste,

berichtete darin von einem „schauerlichen Gebräu", das die ansonsten gesitteten Leute da oben im Land der dunklen Wälder tranken. Bier galt als barbarisch und konnte sich auch in der Völkerwanderungszeit südlich der Alpen nicht durchsetzen.

Klöster waren die Träger der Bierkultur im Mittelalter. „Nürnberger Biermesser" 1496.

Im Norden jedoch wurde Bier zum Lieblingstrank der Menschen. Zum Träger der Bierkultur entwickelten sich die Klöster. Die Technik änderte sich dahingehend, dass nicht mehr aus Brot, sondern direkt aus Getreide gebraut wurde. Indem man es keimen ließ und dann trocknete, erhielt man eine erste Art von Malz. Zunächst brauten die Mönche vornehmlich zum Eigenverbrauch, der nach

Quellen bis zu fünf Liter pro Tag und pro frommem Trinker betragen konnte. Dann dehnten sie den Ausschank karitativ auf Kranke, Pilger und Arme aus. Schließlich erhielten die Klosterschenken auch die Erlaubnis des „Verkaufs über die Straße". Der war so erfolgreich, dass die Fürsten, stets auf der Suche nach neuen Geldquellen, bald ein steuerliches Auge aufs Bier warfen. Bis heute hat sich die im frühen Mittelalter als eine der ersten erlassene Verbrauchssteuer erhalten.

HÜRDEN FÜR DEN HOPFEN

In einem Kloster von Brabant soll zur Zeit Karls des Großen (8./9. Jahrhundert) erstmals Hopfen eingesetzt worden sein, und so erwarb sich der damals dort herrschende König Gambrinus den unberechtigten Ruhm, Erfinder des Bieres gewesen zu sein. Wenn er überhaupt etwas für das Bier getan hatte, dann nur dadurch, dass er den Hopfeneinsatz nicht behinderte. Der hatte es

Mit dem echten Hopfen, „Humulus lupulus", wie sein botanischer Name lautet, konkurrierten noch bis ins 19. Jahrh. andere Gewürze. Farblithographie aus J. Sturms „Flora von Deutschland", 1905.

nicht überall so leicht, weil er das Monopol der anderen Würzlieferanten bedrohte. Zur Bierveredelung nämlich wurde ein vielfältiger Kräutermix eingesetzt von Anis bis Stechapfel, von Bilsenkraut bis Enzian, von Lorbeer bis Rosmarin. Jeder Brauer schwor auf sein Rezept und sah darin eine Garantie für das Gelingen des Bieres, dies war bis weit ins 19. Jahrhundert hinein nämlich alles andere als selbstverständlich, da noch unbekannt war, was genau die Gärung auslöst.

Die dafür verantwortlichen, in der Luft in höchst unterschiedlicher Konzentration vorhandenen Hefepilze sind erst sehr spät entdeckt, in ihrer Wirkungsweise analysiert und dann gezielt eingesetzt worden.

Mehr als Gambrinus machte sich Kaiser Friedrich I. Barbarossa (regierte von 1152 bis 1190) um das Bier verdient. Er erließ 1156 Qualitätsvorschriften

Gambrinus, der sagenhafte König von Flandern, gilt noch heute weithin als der Erfinder des Bierbrauens.

und setzte damit Maßstäbe, die vor allem in Bayern Schule machte. Für das Münchener Bier, im Jahr 815 erstmals erwähnt, verfügte der Rat der Stadt 1447 Folgendes: „Item sie sullen auch

Zunftzeichen der Bierbrauer, 1468. Nicht nur Landesherren und Stadträte, auch die Zünfte stellten strenge Regeln für ihr Handwerk auf.

pier und greussing sieden und prewen nur allein von Gersten, Hopfen und Wasser und sonst nichts darein oder daruntter thun noch sieden oder man straffe es fuer valsch." Das war eine schon sehr ähnliche Vorstufe zum eigentlichen Reinheitsgebot, das 1516 die bayerischen Herzöge erließen und das bis heute für den unerreicht guten Ruf des deutschen Bieres sorgt. Unter dem Titel: „Wie das pier summer und wintter auffm lannd sol geschenncktgeprawen werden", forderten die Herrscher, dass „zu kainen Pier merer stückh dann allain Gersten, Hopffen un wasser genomen un geprauche solle werdn".

Durch diese Bestimmung wurde das Bier haltbarer und schaumfähiger, das Brauen insgesamt sicherer und das Getränk klarer, kurz: Es näherte sich in Geschmack und Textur allmählich der heutigen Qualität an. An Beliebtheit konnte schon längst kein anderes Getränk mehr mithalten. Sie ging so weit, dass sich der Reformator Martin Luther (jedenfalls wird ihm der Ausspruch zugeschrieben), bei Erlass des Reinheitsgebots gerade 33 Jahre alt, zur kategorischen Feststellung verstieg: „Wer kein Bier hat, der hat auch nichts zu trinken."

Das bis heute viel zitierte Reinheitsgebot des Bieres wurde im Jahr 1516 von den bayerischen Herzögen erlassen, um eine gleichbleibende Qualität des Gerstensaftes zu gewährleisten.

Den eigentlichen Schub aber bekam das Brauwesen erst durch die Entwicklungen im 19. Jahrhundert. 1843 erfand der tschechische Brauer Balling das Saccharometer (Zuckerspindel) zur Bestimmung des Gehalts an Stammwürze. 1854 entdeckte der französische Chemiker Louis Pasteur das Wesen der alkoholischen Gärung. Der deutsche Ingenieur Carl Linde erfand in den 1870er-Jahren die künstliche Kühlung und dem

Dänen Emil Christian Hansen gelang es schließlich zwischen 1881 und 1883, Hefe in Reinzucht zu vermehren. Jetzt waren gleichbleibende Qualität und zufriedenstellende Haltbarkeit gesichert. Die Bierherstellung nahm industrielle Ausmaße an und hat sich seitdem zwar in vielen Details (vor allem in der Produktionssteuerung) fortentwickelt, ist aber im Wesentlichen dem damals entwickelten Verfahren treu geblieben.

STATIONEN DER BIERBEREITUNG

Als Hauptrohstoff verarbeiten Brauereien zweizeilige (Zahl der Körnerreihen an den Ähren) Sommergerste. Sie wird in riesigen Silos eingelagert und dabei durch Saugförderanlagen von Staub und groben Verunreinigungen befreit. Wichtig bei der Lagerung ist die Atmosphäre: Die Gerste darf sich nicht erwärmen, Feuchtigkeit und Kohlendioxid, das Atmungsprodukt der Pflanze, müssen abgeführt werden, weswegen die meisten Silos über eine Zellenlüftung verfügen. In der Mälzerei wird, wie der Name sagt, die Gerste in Malz umgewandelt:

Aus Gerste wird Malz. Die Gerstenkörner werden mehrfach gereinigt, dann in Wasser eingeweicht. Anschließend lässt man sie keimen, danach werden sie in heißer Luft getrocknet, „gedarrt".

Nochmals geht dem ein sorgfältiger Reinigungsprozess voraus, bei dem Staub, Steine und Erdreste entfernt werden. Zudem heißt es, die Getreidekörner von anderen Körnern und Halbkörnern wie Unkrautsamen und Ähnlichem zu scheiden, was im so genannten Trieur geschieht. Diese Maschine besteht aus langen rohrförmigen Trommeln, die sich drehen. Die Innenwände sind so gestaltet, dass die normalen Gerstenkörner auf dem Boden der waagerecht liegenden Röhre bleiben, wohingegen in der Gestalt abweichende Fremdkörper von den gerieften Trommelwänden angehoben werden und dann in eine Abwurfhalbschale fallen. Die so gereinigten Gerstenkörner werden durch Siebe nach ihrer Größe getrennt, denn einheitliche Größe garantiert einheitliches Verhalten aller Körner einer Charge.

Vom Trieur kommen die Gerstenkörner nun in die Weiche. Dort stehen große zylindrische und mit Wasser gefüllte Tanks, in denen dann die Gerste 48 bis 60 Stunden eingeweicht wird. Körner, die aufschwimmen und an der Oberfläche treiben, die so genannte Schwimmgerste, werden ausgeschieden und dann noch als Viehfutter genutzt. Durch das Einweichen erhöht sich der Wassergehalt der Körner von 14 auf 45 Prozent. Keimkästen, die große Mengen des angefeuchteten Korns aufnehmen können, sind die nächste Station. Hier beginnt die Braugerste jetzt

zu keimen, wobei Lufttemperatur und -feuchtigkeit sowie der Sauerstoffgehalt ständiger Kontrolle unterliegen. In der einsetzenden Wachstumsphase entsteht Grünmalz, das die Kornlänge mehr als verdoppelt; dabei ist wiederholtes maschinelles Umschichten der Masse erforderlich.

Nach sieben bis zehn Tagen geht es in die so genannte Darre, die so heißt, weil hier das Grünmalz „dürr gemacht" oder eben fachsprachlich gedarrt wird. Zwischen 85 und 105 Grad heiße Luft wird dabei zum Trocknen eingesetzt,

Bierbrauer an der Maische, um 1890. Die Maische wird in großen Kesseln angerührt.

wobei der Wassergehalt innerhalb von 24 Stunden drastisch auf zwei bis drei Prozent sinkt. Die zum Brauen ungeeigneten Malzkeime entfernt man (Malzputzerei), der Mehlkörper wird spröde („resch"), so dass sich das Malz schroten lässt. Dadurch bleiben anders als beim Mahlen die später als Füllmaterial dienenden Spelzen, also die Umhüllungen des Korns, erhalten. Ob dunkles oder helles Malz entsteht, hängt von Temperatur und Dauer des Darrens ab. Ein weiterer Reinigungsgang, das „Polieren", eliminiert letzten Staub und lose gewordene Spelzen; damit beginnt die eigentliche Bierbereitung.

Im Braukessel, früher aus Kupfer, heute aus Stahl, wird die aus der Maische gewonnene Würze gekocht. Hier wird in unterschiedlichen Stadien des Kochens der Hopfen zugefügt.

Maischkessel, wie sie noch bis ins 20. Jahrhundert eingesetzt wurden, findet man heute in Brauereimuseen.

Dem geschroteten Malz wird Brauwasser zugeführt und das Malz mit ihm vermengt. Der Brauer nennt das „einmaischen" (mischen). Dabei entsteht mehr als eine bloße Mixtur aus Wasser und Malz, denn komplizierte biochemische Prozesse kommen nun in Gang, die ohne die Umwandlung von Gerste in Malz so nicht möglich wären. Viele Stoffe des Malzes werden beim Maischprozess im Wasser gelöst, andere erfahren durch im Malz aktive Enzyme eine Umwandlung in wasserlösliche Produkte, zum Beispiel in bestimmte Zuckerarten und in Eiweiß. Die so entstandene Maische

erwärmen die Brauer in Kupferkesseln, den Maischpfannen, auf verschiedenen Temperaturstufen bis auf 78 Grad Celsius; es entsteht Würze. Die heiße Würze gelangt über die Ausschlagpumpe in den Whirlpool; der Hopfen setzt sich als Kegel in der Mitte ab.

Über den Plattenkühler wird die Würze auf die gewünschte Temperatur abgekühlt. Sollen untergärige Sorten hergestellt werden, geht man auf 6 bis 9 Grad herunter, bei obergärigen nur auf 18 bis 21 Grad. Die gekühlte Würze kommt in den Gärkeller, wo Hefe (ein einzelliger Pilz) hinzugefügt wird. Der Malzzucker dringt durch die Zellwand in die Hefezellen ein und wird dabei in Alkohol und Kohlendioxid (Kohlensäure) vergoren. Nach der Gärung, die acht Tage dauert, hat die Hefe ihre Arbeit verrichtet, sinkt beim untergärigen Brauprozess zu Boden, setzt sich ab und wird etwa fünf- bis sechsmal wiederverwendet. Bei Obergärung wirkt die Zelle nicht einzeln, sondern in einem Sprossverband von Millionen Hefezellen. Durch die Kohlensäurebildung (brausprachlich für Kohlendioxid) kann der Sprossverband nicht nach unten absinken, sondern bleibt oben in der Schwebe und wird am Ende der Gärung abge-

schöpft. Nach drei Tagen ist der Malzzucker vergoren und obergäriges Bier entstanden.

Die vergorene Würze kommt in den Lagerkeller.
In geschlossenen, heute meist stehenden Tanks
findet die Lagerung und die Reifung des Bieres
statt. Dabei entstehende und schon bei der Gärung
entstandene Kohlensäure wird hier an das Bier
gebunden. Sie ist äußerst wichtig, denn ein Bier
ohne sie würde abgestanden und schal schme-
cken (Ausnahme sind z.T. sehr kohlensäurearme
Biere aus den Bierkellern im Bamberger Land).
Den Vorgang der Kohlensäurebindung nennt man
Spunden, weil er früher über einen Holzspund im
Holzfass geregelt wurde. Überschüssige
Kohlensäure entweicht durch ein Überdruckventil.
Während der kalten (minus zwei bis null Grad
Celsius), vier bis sechs Wochen langen Lagerung
setzen sich die Hefe und andere Schwebstoffe am
Boden ab. Je länger die Lagerung im Keller, desto
besser fürs Bier, denn desto mehr unedle Gärungs-
nebenprodukte werden ausgeschieden. Eine so
ausgedehnte Lagerung findet meist nur noch in
Klein- und Mittelbetrieben statt.

Ist die Lagerung beendet, wird das Bier gefiltert.
Die Filter von Großbetrieben filtern ohne

*Lagerkeller einer Londoner Brauerei. Holzstich
von Gustave Doré, um 1872*

Ansehen der Güte des Stoffes. Sie entziehen dem
Bier je nach Schärfe der Einstellung unterschieds-
los unedle wie edle Stoffe, und bei sehr scharfer
Einstellung eben auch Geschmacksstoffe. Das
macht das Bier haltbarer, aber es schmeckt dann
auch immer fader. Regionalbrauereien, die nur
ein begrenztes Vertriebsgebiet haben, filtern

schonend, damit die guten Geschmacks- und Inhaltsstoffe im Bier verbleiben. Viele bieten heute auch wieder ungefilterte Biere an, die sogar noch wichtige Vitamine enthalten. Große Brauereien, die Bier auch für den Export produzieren oder in Dosen abfüllen, pasteurisieren (entkeimen) es zusätzlich. Bei allen Schritten des Bierbrauens lässt sich höchst unterschiedlich vorgehen, weshalb sich eine so ungemein reiche Palette an Biersorten entwickelt hat.

ÖKONOMISCHES

Manche sehen die Vielfalt bedroht durch einen auch in der Brauwirtschaft immer stärker werdenden Konzentrationsprozess. Gerade in Deutschland, mit seinen vielen Traditionsbrauereien führend in der Welt, hat diese Entwicklung schon lange eingesetzt. In Belgien sind die Bedenken groß, dass dort nur noch wenige Brauriesen wie Interbrew oder Heineken den Markt durch Aufkauf und maßgebliche Beteiligungen unter sich aufteilen. Doch Belgien ist ein Beispiel dafür, dass die Vielfalt des Bieres unter der Monopolstellung von nur wenigen Brauereien nicht leiden muss. Zudem hat trotz der Ablehnung des deutschen Reinheitsgebots durch die EU, die befürchtete Invasion von „gepanschtem" Gebräu nicht stattgefunden. Und ebenso werden neue Eigner deutscher Traditionsbrauereien nicht am reichen Angebot rütteln, denn das würde auf lange Sicht den „Biertrinkstandort" Deutschland nur gefährden und das Geschäft verderben.

Eher fraglich ist, ob deutsche Unternehmen beim Wettstreit der „Global Player" auf dem Brausektor werden mithalten können. Gegen die fünf Riesen, neben den beiden genannten die US-Firma Anheuser Busch, der dänische Konzern Carlsberg/Tuborg und die britische Gruppe Scottish & Newcastle, haben es die größten Deutschen schwer. Sie sind noch zu weit von diesem Riesen entfernt. Holsten-Gruppe hat (gut 11 Mio. hl), die Radeberger-Gruppe (8,9 Mio. hl), der Dortmunder Konzern Brau und Brunnen (7,8 Mio. hl), Warsteiner (5,6 Mio. hl), Bitburger (5 Mio. hl) Ausstoß. Doch hinter dieser Rangliste verbirgt sich ein möglicher Riese, nämlich der Lebensmittel-Konzern Oetker, dem die Radeberger-Gruppe gehört, und die ihm in letzter Zeit ein kräftiges Umsatzplus beschert hat. Er hat Interesse am Aktienpaket der HypoVereinsbank an Brau und Brunnen (55,2 Prozent) bekundet. Käme es zu dieser Übernahme, dann wüchse die Marktmacht und auch der Einfluss der Deutschen in Richtung Osten.

KLEINES BIER-WIRTSCHAFTS-ABC

ABFÜLLEN

Von der Lagerung bis zum verkaufsfertigen Bier durchläuft das Getränk mehrere Arbeitsgänge, die zusammenfassend als Abfüllen bezeichnet werden: Filtrieren, Reinigen, Füllen (von Flaschen, Dosen, Fässern oder Containern), Verschließen, Etikettieren. Im engeren Sinn aber meint Abfüllen

nur das maschinelle Leiten des fertigen Bieres in die Verkaufsgefäße und deren Verschlüsse.

ALKOHOL

Bei der Gärung entsteht Äthanol (Äthylalkohol), vereinfacht meist nur Alkohol genannt, obwohl es noch viele andere Alkohole gibt. Auf dem Äthanol beruht die berauschende Wirkung und nach ihm bemisst sich die Stärke eines Bieres. Das gewöhnliche Bier hat einen Alkoholgehalt von rund 5 Volumenprozent (oder 4 Gewichtsprozent) und ist damit knapp halb so stark wie Wein. Obwohl also nur leicht alkoholisch, kann Bier süchtig machen und bei übermäßigem Genuss Organschäden verursachen. Als alkoholarm dürfen Biere von bis zu 1,5 Prozent, als alkoholfrei solche von bis zu 0,5 Prozent Alkohol bezeichnet werden.

AUSSCHANK

Ein gepflegtes Bier – gemeint: Fassbier (siehe dort) – verlangt beim Ausschank Erfahrung und Fingerspitzengefühl sowohl beim Anstechen des Fasses als auch beim Zapfen aus dem Hahn. Die Dosierung des Kohlensäuredrucks, die voreinge-

stellte Temperatur, die sorgsame Reinigung der Gläser (nur in klarem Wasser), der Abstand des Glases vom Hahn und seine Neigung gegen die Strahlrichtung, die Dauer des Zapfvorgangs – alles das ist von Bedeutung für Anmutung und Geschmacksfrische. Dass ein Pils sieben Minuten Zapfzeit benötigt, ist freilich übertrieben, Hast ist allerdings nicht angesagt. Und: Die Blume ist weder Selbstzweck noch pure Optik. Sie verzögert auch den Austritt der im Bier gebundenen Kohlensäure (Kohlendioxid) und hält somit die Frische.

AUSSTOSS

Die Gesamtmenge Bier, die eine Brauerei zum Verkauf wie für den Eigenverbrauch (Deputat oder Haustrunk für die Belegschaft) im Jahr produziert, heißt Bierausstoß. Die Größe eines Braubetriebes wird daher nach diesem Ausstoß beziffert, die Bedeutung von Braustandorten und Bierherstellländern wird ebenfalls nach Ausstoß-mengen bewertet. Bei knapp 1,5 Milliarden Hekto-liter jährlicher Bierproduktion weltweit, kommen 230 Millionen aus den USA und 110 Millionen aus Deutschland.

BEKÖMMLICHKEIT

Es kommt nicht von Ungefähr, dass Bier in man-chen Regionen als eine Art Grundnahrungsmittel gilt. Es hat einen relativ hohen Nährwert (etwa zwei Drittel verglichen mit gleichen Mengen Vollmilch), liefert wichtige Mineralstoffe und Vitamine und beeinflusst viele Körperfunktionen positiv. Der Nährwert resultiert aus dem leicht verdaulichen Bierextrakt und dem Alkohol, wobei das Verhältnis beider zueinander je nach Biersorte schwankt. In einem hochvergorenen Pils gehen die meisten Kalorien (Joule) auf den Alkohol zurück, der allerdings lediglich Verbrennungs-energie liefert und nicht zum Aufbau von Körper-gewebe führt. Das gilt am ausgeprägtesten für Diät-Pils, bei dem der Anteil an Kohlehydraten stark reduziert ist, so dass es sich für Diabetiker eignet. Wer hingegen Bier als „flüssige Nahrung" schätzt, der wird eher ein weniger hochvergorenes und extraktreicheres Bier vorziehen. Zu diesen zählen vor allem die dunklen Biere. Insgesamt ist der Alkoholgehalt der gängigen Biere so gering, dass er unverdünnt in den Darm übergehen und rasch verbrannt werden kann. Dieser ziemlich geringe Gehalt und die dadurch bedingte recht langsame Aufnahme des Bieralkohols erklärt

auch, warum die Funktionen des menschlichen Körpers gewöhnlich weit weniger beeinträchtigt werden als durch gleiche Alkoholmengen in konzentrierten Getränken. Mineralstoffe von Nikotinsäureamid (Niacin) über Riboflavin (Vitamin B2) und Thiamin (Vitamin B1) bis zur Phosphorsäure erhöhen die Bekömmlichkeit obendrein, die auch wegen der verdauungsfördernden Wirkung von Bier gegeben ist. Deshalb kann Bier in Maßen auch Kranken verabreicht werden, wobei die auf den Hopfen zurückgehende beruhigende Wirkung des Getränks zusätzlich von Nutzen ist.

BIERFILZE

Überschäumendes oder nach dem Absetzen des Glases herunterlaufendes Bier soll Tische oder Tischdecken möglichst nicht beflecken. Dagegen hat die Brauwirtschaft um 1880 die so genannten Bierfilze entwickelt, weiche Pappscheiben (Faserguss), die Feuchtigkeit aufsaugen können. Die daher auch Bierteller genannten Untersetzer dienen außerdem oft zum Notieren der georderten Biere oder anderer Getränke und Speisen per Strichliste. Von den Werbeabteilungen der Firmen fantasievoll gestaltet, sind die Bierfilze vorzügliche Werbeträger und zugleich begehrte Sammler-

objekte. Der gebräuchlichste Begriff „Bierdeckel" rührt daher, dass der Untersetzer auch als Abdeckung zum Schutz gegen Insekten oder dergleichen benutzt wird.

BIERPREIS

Die Bierpreise variieren von Land zu Land. Das liegt vor allem an der schwankenden Besteuerung und erst in zweiter Linie an unterschiedlichen Rationalisierungsgraden und Personalkosten oder an divergierenden Rohstoffpreisen. Die Biersteuer spielt für die Ausfuhr allerdings keine Rolle, da sie erst im Einfuhrland nach den dort geltenden Sätzen erhoben wird. Der heute herrschende freie Bierpreis im Binnenland ist erst rund fünf Jahrzehnte alt. Früher, in Bayern beispielsweise seit 1487, wurde er amtlich festgesetzt. Ein Politikum, welches in Bayern in dem Münchener Bierkrawall von 1848 gipfelte.

BIERSORTEN

In der Hauptsache produzieren die Brauereien Vollbier (hell und dunkel), Märzen, Export (hell und dunkel), Pils sowie Bock (hell und dunkel). Das helle Bier dominiert deutlich, dunkles spielt regional eine wichtige Rolle, wird aber auch überregional immer beliebter. Ähnliches gilt für ober-

gärige Biere
(siehe Gärung), die etwa in
Bayern und zunehmend auch in den anderen
deutschen Ländern als Weißbier oder im
Rheinland als Altbier oder Kölsch gefragt sind. In
England verhält es sich völlig umgekehrt. Hier
herrschen obergärige Sorten vor, insbesondere
verschiedene Ale- und Stout-Arten. Das dort als
Lagerbier gehandelte untergärige Bier entspricht
etwa dem kontinentaleuropäischen Pils oder
Export.

BIERTEMPERATUR

In der Brauerei lagert das fertige Bier bei um Null
Grad, gegebenenfalls bei bis zu zwei Grad Celsius.
Es erwärmt sich bei der Abfüllung auf drei bis vier
Grad Celsius und wird so auch transportiert.
Gewöhnlich (über 90 Prozent) wird nicht eigens

gekühltes Bier ausgeliefert. Mehr als acht Grad
warm sollte es in der Gastwirtschaft nicht lagern
und auch nicht wärmer ausgeschenkt werden.
Sonst muss es zum Konsum langsam herunterge-
kühlt werden. Starke Temperaturschwankungen,
insbesondere plötzliche Abkühlung oder
Erwärmung, können die Qualität beeinträchtlgen.

BLUME

Die Schaumkrone bei gezapftem Fassbier und ein-
geschenktem Flaschenbier wird allgemein als
Blume bezeichnet. Sie sollte beim Fassbier sahnig
sein und eine Zeit lang stabil bleiben, denn das
Auge trinkt mit; grobblasige Blumen fallen leicht
in sich zusammen. Die Blume entsteht durch
Zusammenwirken von Kohlensäure und Eiweiß-
abbauprodukten. Diese kolloidalen Bierbestand-
teile beeinträchtigen jedoch die Haltbarkeit (siehe

Umweltbelastend nämlich sind Dosen nicht nur durch Landschaftsvermüllung, sondern auch wegen des hohen Energieaufwands bei der Weiß-

dort), so dass es genau abzuwägen gilt, wie man dies austariert. Im Allgemeinen ist es jedoch so, dass unansehnliche Blumen auf Fehler beim Ausschank (siehe dort) zurückzuführen sind. Insbesondere Verunreinigungen an den Gläsern beeinträchtigen das Schaumergebnis. Schon geringe Fettspuren, durch unsaubere Abtrockentücher o. Ä., wirken sich ebenso negativ aus wie Küchendünste. Spülmittel hingegen zerstören die Oberflächenspannung. Die Wertschätzung der Blume ist nicht in allen Ländern so groß wie in Deutschland. In englischen Pubs etwa wird manchmal fast blumefrei geschenkt.

blechherstellung. Für den Handel hat die Dose vor allem Gewichts- und Transportvorteile. Hinzu kommt der Wegfall der Bruchgefahr und der Lichtbeeinflussung.

BRAUWASSER

siehe Wasser

DOSENBIER

Nach amerikanischem Vorbild hat seit den 1960er-Jahren die Dose bei der Bierabfüllung weltweit stark an Bedeutung gewonnen. Umweltschützer beklagen die Entwicklung und fordern eine Stärkung der Mehrwegflasche. Vereinzelt haben sie damit Erfolg, beispielsweise in Deutschland, wo neuerdings Pfandvorschriften erlassen worden sind und zu einem Rückgang des Dosenbiers um ca. 50 bis 70 Prozent geführt haben.

FASSBIER

Der in den letzten Jahrzehnten ständig gestiegene Anteil des Flaschenbiers am Gesamtausstoß hat vor allem preisliche Gründe. Der wahre

Bierfreund aber zieht im Zweifel weiterhin Fassbier vor. Sein Geschmack ist durch luftärmere Abfüllung, durch geringere Temperaturschwankungen auf dem Transport und durch weniger gestörte Kohlensäureverhältnisse feiner und verlässlicher – immer vorausgesetzt, beim Ausschank (siehe dort) wird sorgsam verfahren. Hinzu kommt, dass der Fasstransport wegen des günstigeren Verhältnisses von Behälter- und Warengewicht preiswerter ist. Da sich Fässer aber nur ausnahmsweise zum privaten Ausschank

eignen, beispielsweise in den so genannten Keggys (Partyfässer), ist Fassbier dennoch wegen der Gastwirtschaftsspanne wesentlich teurer.

FLASCHENBIER

Durch Veränderung der Konsumgewohnheiten (vermehrter Verbrauch zu Hause, Automatennutzung, Einkauf per Auto, Direktanlieferung, gewachsenes Preisbewusstsein usw.) kommt heute der Löwenanteil des Biers in Flaschen zum Kunden; üblicherweise schlanke 0,33-Liter-Flaschen, Halbliterflaschen sind außer in Bayern und Baden-Württemberg seltener geworden, ebenso die niedrigen, gedrungenen Steinieflaschen. Einwegflaschen und Dosenbier (siehe dort) haben in den letzten Jahrzehnten einen immer größeren Marktanteil erobert, wobei man

etwa in Deutschland aus Umweltgründen neuerdings mit Pfandauflagen gegenzusteuern versucht. Flaschenbier, das in Cafés, aber auch in Restaurants und selbst in Bierwirtschaften zur Angebotspalette gehört, bietet den Brauereien Werbemöglichkeiten durch geschmackvolle Etikettierung und Betextung. Einige Schmuckattribute wie die Umhüllung des Flaschenhalses mit Silber- oder Goldstanniol sind inzwischen wieder rückläufig. Braune Flaschen dominieren, da sie den Inhalt besser gegen den Einfluss von Tages- oder gar vor direktem Sonnenlicht schützen; der Anteil der grünen Bierflaschen hat abgenommen. Im Kommen hingegen ist wieder der Bügelverschluss, der zeitweilig fast ganz vom maschinell leichter zu verarbeitenden, sterilen Kronkorken verdrängt worden war. Vereinzelt findet man Verschlüsse zum Drehen oder in Form von Aluminiumkapseln.

GÄRUNG

Die Spaltung von Kohlehydraten unter Einwirkung von Hefepilzen (oder Bakterien oder Schimmelpilzen) bezeichnet man allgemein als Gärung. Bei der anaeroben (ohne Einwirkung von Luftsauerstoff ablaufenden) alkoholischen Gärung kommt es zur Umwandlung von Zuckerarten in Äthanol (Äthylalkohol) und Kohlendioxid (Kohlensäure). Die Gärung ist ein seit Jahrtausenden bekannter Vorgang, der allerdings erst im 19. Jahrhundert erklärt werden konnte: Enzyme der Hefe sind dafür verantwortlich. Sie sorgen nicht nur für die Entstehung von Alkohol und Kohlendioxid, sondern auch noch für die Bildung von Glyzerin, organischen Säuren, Aldehyden und Ester, die wesentliche Aromakomponenten alkoholischer Getränke sind. Man unterscheidet obergärige Hefen, die während der Gärung eine schaumige Decke auf der Malzwürze bilden, und untergärige Hefen, die sich im Verlauf der Gärung als Bodensatz im Gärbottich sammeln.

GASTSTÄTTEN

Fast der gesamte Fassbierausstoß wird in Gaststätten, Restaurants, Kneipen, Bierschwemmen und -gärten konsumiert. Meist bietet das Lokal nur eine kleine Auswahl an Fassbieren an, während weitere Biere in Flaschen erhältlich sind. Oft sind die Gaststätten durch Belieferungsverträge hinsichtlich Fassbier an eine bestimmte Brauerei gebunden, die zuweilen Kredite für die Eröffnung zur Verfügung gestellt hat. Brauereien betreiben oft selbst Gaststätten. Cafés verzichten häufig ganz auf Fassbiere.

GERSTE

Bier wird gern auch als Gerstensaft oder scherzhaft als Gerstenkaltschale bezeichnet, da die meisten Biere aus diesem Getreide gebraut werden. Selbst Weizenbiere werden mit einem hohen Anteil (knapp zur Hälfte) aus Gerste gebraut. Weizen nämlich hat keine Spelze, so dass ohne Gerste die Siebe verstopft würden, die Gerstenspelze wirken als natürliche Filterschicht. An die spezielle Braugerste werden hohe Anforderungen gestellt: Sie soll reich an Stärke und arm an Eiweiß sein, da Eiweiß zu Trübungen im Getränk führen kann, während die Stärke nach dem

Mälzen der Gerste das wasserlösliche vergärbare Ausgangsprodukt (Malzzucker) für die Spaltung in Alkohol und Kohlendioxid bildet. Deswegen muss die Gerste auch eine noch hohe Keimkraft aufweisen, damit das Mälzen erfolgreich ist. Man unterscheidet kontinentale Gersten etwa aus dem Münchener Umland und küstennahe aus Dänemark und Großbritannien. Den inländischen Sorten sagt man mehr Süße und nussartigen Geschmack nach, bei den Küstensorten rühmt man die Frische.

GESCHMACK

Oft ist es auch für den erfahrenen Fachmann unmöglich, den geschmacklichen Unterschied zwischen zwei Bieren genau zu definieren, geschweige denn die exakten Ursachen dafür zu benennen. Der Biergeschmack setzt sich dazu aus viel zu vielen Einzelkomponenten zusammen. Entscheidend beeinflussen ihn die Qualität des Brauwassers, die Bittere, also die Menge und die Ergiebigkeit des beigegebenen Hopfens, das Aroma des Hopfens und das des Malzes. Die Heferasse ist zudem von vielseitiger Bedeutung; sie wirkt im Grunde an allen Biereigenschaften mit und spielt bei einer ganzen Reihe von Geschmacksnuancen eine Rolle, die von

zuviel direkte Lichtexposition beeinträchtigt den Geschmack vor allem von Flaschenbier, insbesondere in grünen Flaschen.

HALTBARKEIT

Vielen Kunden ist bis heute nicht aufgefallen, dass seit Jahren bei Flaschenbier das Mindesthaltbarkeitsdatum aufgedruckt ist. Der Kenner aber schmeckt Frische heraus und wird auf diesen Aufdruck achten. Durch immer weitere Transportwege mit den unvermeidlichen Erschütterungen, durch lange Lagerung beim Verleger oder beim Wirt, durch unsachgemäße Aufbewahrung beim Verbraucher (Temperaturschwankungen, Wärme u.a.) muss Bier heute allerhand aushalten können. Die modernen dünnwandigen Gläser anstelle der früher üblichen Krüge oder Humpen verschärfen das Problem noch. Stabile Anmutung ist daher ein Muss, sie darf aber nicht zu Lasten der Blume (siehe dort) gehen, was bei Mitteln gegen Trübungen leicht geschieht. Nur bei bayerischen Weißbieren sind Trübungen erwünscht, da sie Hefe für die Flaschengärung enthalten, die sich nach und nach absetzt und von vielen Biertrinkern besonders geschätzt wird. Konservierungsmittel zur Steigerung der Haltbarkeit sind in manchen Ländern erlaubt, sie vertragen sich aber nicht mit dem Reinheitsgebot (siehe dort).

Nebenprodukten der Gärung bestimmt werden. Im Zentrum stehen dabei die Alkohole und ihre Ester, die dem Bier weinige, obstartige oder fuselige Qualität verleihen können, abhängig von Menge und Art des Bieres. Rezenz (siehe dort) und Vollmundigkeit gehören zu den Komponenten des Geschmacks im weiteren Sinne. Die Vollmundigkeit wird von einem Bündel von Faktoren geprägt, an denen sicher Eiweißabbauprodukte maßgeblich beteiligt sind. Maßnahmen zur Erhöhung der Haltbarkeit vermindern die Vollmundigkeit, machen ein Bier „schlank", was etwa bei hopfenbetontem Pilsener durchaus erwünscht sein kann. Ihm steht hingegen Süße schlecht an, lässt es eher mastig und unrein schmecken, während malzaromatischen Bieren Süße gut bekommt. Daraus geht schon hervor, dass es regelrechte Geschmacksfehler gibt, etwa wenn die Hefe zu aufdringlich durchzuschmecken ist (bei zu warmer Gärung oder zu alter Hefe). Durch Mikroben kann sich Säuregeschmack vordrängen oder Kellerdumpfheit bilden. Pasteurisierte Biere, also vor allem Flaschenbiere, können nach einiger Zeit einen „Brotgeschmack" bekommen, vor allem wenn sie Luft ziehen. Auch

HEFE

Für die alkoholische Gärung sind mikroskopisch kleine Hefepilze (Saccharomyces), kurz Hefen genannt, verantwortlich. Davon gibt es eine Vielzahl von Arten, die sich vor allem durch das Milieu unterscheiden, in dem sie bevorzugt gedeihen. Auch die Bierhefen weisen beträchtliche Unterschiede auf, die den Biercharakter wesentlich mitprägen. Dabei spielt es vor allem eine Rolle, ob untergärige Hefen, die sich im Verlauf der Gärung am Boden absetzen, oder obergärige verwendet werden, die als schaumige Masse an der Oberfläche bleiben. Von den Hefen hängt es zudem ab, ob der Malzzucker restlos (Starkbiere) oder nur in Teilen vergoren wird (süßliche Biere). Die von der Hefe produzierten Gärnebenprodukte beeinflussen den Geschmack (siehe dort) des Bieres nicht unerheblich. Am Ende des Gärprozesses hat sich die Menge der zugesetzten Hefe in etwa vervierfacht. Sie wird fünf- bis sechsmal erneut verwendet und dann aus biologischen Gründen durch frische Hefe ersetzt.

HOPFEN

In Vorderasien war das „Biergewürz" Hopfen schon im 1. Jahrtausend v.Chr. bekannt, und auch Griechen und Römer kannten Hopfen, allerdings nur als Gemüse und Arznei mit beruhigender Wirkung. In Mitteleuropa setzte sich Hopfen als Bierzusatz erst im Laufe des Mittelalters durch, bis dahin dominierte die so genannte Grut, eine Mischung unterschiedlichster Kräuter, durch die der Geschmack stark schwankte. Hopfen hat dagegen vielerlei Vorteile: Er aromatisiert durch Bitterstoffe, fördert die Schaumfähigkeit und steigert die Haltbarkeit des Bieres. Es handelt sich beim Hopfen um eine ausdauernde (bis fünfjährige) Schlingpflanze, deren bis zu acht Meter lange konsistenten Ranken alljährlich erneut aus dem Wurzelstock austreiben und an Drahtgerüsten emporwachsen. Bei der Ernte im Sommer werden

die „Hopfenlianen" über der Erde abgeschnitten, von den Gerüsten gezogen und in große Lager zum Pflücken der „Fruchtzapfen" (Hopfendolden) gebracht. Diese Dolden bringen nur weibliche Pflanzen (so genannte Hopfendamen) hervor, die allein im Hopfengarten gezogen werden. In den Blattachsen der Dolden findet sich ein rötlichgelber Staub, Träger des typischen Bitterstoffes (Lupulin oder Hopfenmehl) aus Harzen und Säuren. Außerdem enthalten die Dolden ätherische Öle, das beruhigende Alkaloid Hopein, Gerbstoffe (Tannin) und Hormone. Nach dem maschinellen Pflücken der Dolden werden sie getrocknet und zu Presshopfen in Form von so genannten Pellets (Kügelchen) verarbeitet, so dass die Inhaltsstoffe vor Oxidation durch Luftsauerstoff geschützt sind. Beim etwa einstündigen Kochen im Brauprozess werden diese Inhaltsstoffe wieder frei und zudem keimfrei gemacht. Die USA und Deutschland sind die größten Produzenten des wegen des aufwändigen Anbaus und der komplizierten Verarbeitung relativ teuren Hopfens; Hauptanbaugebiete sind die Hallertau bei Ingolstadt, die Nürnberger Gegend (Spalt, Hersbruck) und Südwürttemberg (Tettnang).

KOHLENSÄURE

siehe Geschmack, siehe Rezenz

LAGERBIER

Kontinentale untergärige Biere werden in kleineren oder mittleren Brauhäusern normalerweise mehrere Wochen und länger gelagert und können daher als Lagerbier gelten. In Großbetrieben müssen sie aus Kostengründen schon nach acht bis zwölf Tagen fertig sein. Als Lagerbiere werden sie schon verkauft, wenn auch nur zwei Tage länger gelagert worden sind. Die obergärigen englischen Biere (vor allem Ale und Stout) sind nur wenige Wochen lagerfähig. Dementsprechend heißen in England untergärige Biere etwa nach Pilsener Art in Übernahme des deutschen Worts

schlicht „Lager". Früher wenig gefragt, sind diese Sorten heute auch auf der Insel recht begehrt, und zwar nicht nur ausländische, etwa aus Holland oder Dänemark, sondern auch solche aus britischen Brauereien. Und auch im Biertrinkerland Australien ist das Bier im „Pilsener Style" eine der beliebtesten Sorten. Das international durch aufwendige Werbung bekannteste ist Foster's Lager, Australiens Antwort auf Heineken und andere Giganten der Branche.

MALZ

Gerste taugt erst zum Brauen, wenn sie in Malz umgewandelt worden ist. Dazu werden die Körner zunächst in Wasser eingeweicht, dann lässt man sie keimen, damit sich die für den

Brauprozess wichtigen Enzyme aktivieren oder auch erst bilden können, insbesondere diejenigen, die Stärke zu vergärbarem Zucker abbauen. Das Keimen erfolgt in dünner (ca. zwanzig Zentimeter) Schicht unter mehrmaligem Umschichten; für den gesteuerten Keimprozess kommen auch lang gestreckte gemauerte Kästen in Frage, in denen für ausreichende Belüftung durch gelochten Blechboden gesorgt ist. Nach genügender Enzymbildung wird das Keimen durch Wasserentzug abgebrochen. Das geschieht sehr vorsichtig auf so genannten Darren, wo das Körnergut bei ansteigenden Temperaturen getrocknet wird. Das gedarrte Malz durchläuft dann einen Putzvorgang zur Entfernung der abgestorbenen Wurzelkeime und wird dann eingelagert, ehe es verbraut wird. Auf den ersten Blick unterscheidet sich das Malz kaum von Gerstenkörnern, doch der Bisstest demonstriert den erheblichen Unterschied: Während Gerstenkörner kaum zu zerbeißen sind, zerbröselt das mürbe, aromatisch-süßlich schmeckende Malz leicht. Brauereien haben selten eigene Mälzereien; sie beziehen ihr Malz aus Handelsmälzereien.

NÄHRWERT

siehe Bekömmlichkeit

REINHEITSGEBOT

Schon im historischen Abriss haben wir gesehen, wie es zum in Deutschland gültigen Reinheitsgebot von 1516 gekommen ist, nach dem nur Malz, Hopfen, Hefe und Wasser beim Brauen Verwendung finden dürfen. Hier sind einige Anmerkungen nachzutragen: Trotz der Aufhebung des Gebots durch EU-Gesetzgebung, halten sich deutsche Brauer weiterhin daran; eingeführte nicht nach Reinheitsgebot gebraute Biere haben sich bis heute noch nicht durchsetzen können, da die Konsumenten am unverfälschten Naturprodukt trotz höheren Preises festhalten. Reis- und Maisbeimengungen (so genannte Rohfruchtzusätze), wie sie in anderen Ländern üblich sind, werden hier nicht akzeptiert, und auch der hervorragende Ruf des deutschen Bieres außerhalb unserer Grenzen beruht nicht zuletzt auf der strikten Wahrung des Gebots. Es verbietet auch Hilfsmittel wie Ascorbinsäure (Vitamin C), die ein wirkungsvolles Mittel gegen den ungünstigen Einfluss von Luftsauerstoff ist. Desgleichen verzichten deutsche Brauer auf eiweißabbauende Mittel, die trübende Substanzen in löslichere Produkte zerlegen und so die erwünschte Klarheit fördern. Insgesamt nehmen Brauer, die sich strikt an das Reinheitsgebot halten, Erschwernisse in Kauf, doch die Vorzüge des reinen Bieres wiegen Preis- und Herstellvorteile noch immer auf.

REZENZ

Ein Bier muss frisch schmecken. Entscheidender Faktor dafür ist die Kohlensäure (Kohlendioxid), die ein gewisses Maß nicht unterschreiten darf, wenn die Rezenz, so das Fremdwort für die Frische und Spritzigkeit des Getränks, nicht leiden soll. Die während der Gärung entstandene Kohlensäure entweicht zum größten Teil, während die bei der Lagerung in geringem Umfang neu gebildete Kohlensäure weitgehend im Bier gelöst bleibt, so dass es mit vier bis fünf Gramm Kohlensäure pro Liter gesättigt ist. Beim Ausschank (siehe dort) ist daher darauf zu achten, dass Kohlensäureverluste möglichst unterbleiben. Das spielt auch für einen ansehnlichen Schaum (Blume, siehe dort) eine wesentliche Rolle.

SCHAUM

siehe Blume

STAMMWÜRZE

Die Menge der aus dem Malz gelösten Stoffe in der noch unvergorenen Würze heißt Stammwürzegehalt eines Bieres. Hauptsächlich sind das Malzzucker, Eiweiße, Vitamine, Spurenelemente und Aromastoffe. Da sich aus ihnen zu einem Drittel Äthanol (Äthylalkohol) und zu einem weiteren Drittel Kohlendioxid (Kohlensäure) bildet, wobei das letzte Drittel aus unvergorenen Stoffen besteht, sagt der Stammwürzegehalt immer auch aus, wie stark ein Bier ist: Einfachbier hat 2,5 bis 5,5 Prozent, Schankbier 7 bis 8 Prozent, Vollbier 11 bis 14 Prozent und Starkbier über 16 Prozent Stammwürze. Sie ist der Maßstab für die Erhebung der Biersteuer. Zur Messung des Stammwürzegehalts dienen einfache Messzylinder, die 100 Kubikzentimeter fassen.

WASSER

In der Schule haben wir gelernt: Wasser ist die Verbindung von Wasserstoff und Sauerstoff zum Molekül H_2O. So weit so richtig und doch unzureichend, denn Wasser begegnet uns in der Wirklichkeit höchst selten in reiner Form, sondern immer angereichert mit darin gelösten Mineralien, die lebensnotwendig sind und die zudem den Charakter eines Wassers prägen. Da Bier zu fast 95 Prozent aus Wasser besteht, hat dieser Charakter überragende Bedeutung für Qualität und Geschmack (siehe dort) des Getränks. Das Wasser muss daher frei sein von Krankheitskeimen und chemischen Schadstoffen, es muss also mindestens Trinkwassergüte haben. Je nach Region, Entnahmestelle und Aufbereitung erhalten wir Wasser von unterschiedlicher Härte, also verschieden stark mit Calcium und Magnesium angereichert. Für hochvergorenes hopfenreiches Pilsener beispielsweise ist weiches Wasser eine unabdingbare Voraussetzung.

BIERSORTEN UND BIERTYPEN

Obwohl nirgendwo festgelegt ist, wie Biere zu typisieren sind, hat sich ein nahezu weltweiter Konsens darüber gebildet, was etwa ein Pils oder was ein Ale ist. Objektiv lässt sich nur sagen, ob ein Bier untergärig oder obergärig produziert worden ist, alle weiteren Merkmale sind nur ungefähr zu fassen. Das liegt daran, dass in unseren mobilen Zeiten ein Bier vom Dortmunder Typ nicht unbedingt in der Ruhrgebietsmetropole gebraut sein muss, und dass ein Budweiser aus Amerika wie aus Tschechien stammen kann. Pils oder Pilsener wird zum geringsten Teil tatsächlich noch im westböhmischen Pilsen gebraut, da eine unübersehbare Anzahl von Brauereien heute ihr eigenes Pils im Angebot hat. Aus der Herkunftsbezeichnung ist längst ein Gattungsbegriff für ein feines hopfenbitteres, herbfrisches und blumiges Helles geworden, gebraut mit weichem Wasser unter Verwendung edelsten Hopfens. Im allgemeinen Sprachgebrauch spielen die Unterschiede ohnedies nur eine nachrangige Rolle: Der Bayer ordert seine „Halbe", der Brite ein „Ale" und der Niederländer ein „Pils" und beschwert sich dennoch nicht, wenn er dann ein Helles vom Dortmunder Typ erhält.

Die Schwankungsbreiten im Geschmack sind innerhalb eines Biertyps ohnedies enorm, so dass Biere unterschiedlicher Typen einander manchmal näher stehen als die aus derselben Gruppe. Die Klassifikation hat aber durchaus ihren Wert weil sie dem Konsumenten in etwa sagt, was er bei der Bestellung der einen oder anderen Biersorte zu erwarten hat. Das trifft dann zwar nicht immer, aber doch oft zu, weshalb sich die Bezeichnungen durchgesetzt und gehalten haben. Wer ein Weizenbier ordert, kann sicher sein, dass er kein hochprozentiges Bockbier bekommt, und wer sich für ein Stout entscheidet, kann sich auf ein dunkles, kohlensäurearmes, leicht rauchig schmeckendes Bier einstellen. Deswegen haben solche Unterscheidungen für den Bierfreund einen höheren Wert als die objektiv mögliche Zuordnung zu den ober- oder untergärigen Sorten.

KLEINES ABC DER BIERTYPEN

ALE

In England, wie gesagt, fast ein Gattungsbegriff für helles (bernsteinfarben, Pale Ale) oder braunes (Brown Ale) obergäriges, mehr oder minder

stark gehopftes Bier. Der Begriff hat sich auch in anderen Ländern verbreitet und bezeichnet dort Biere der vollmundigen englischen Geschmacksrichtung, also solche von eher bitterem Geschmack bei geringer Rezenz wegen der vergleichsweise geringen Anreicherung mit Kohlensäure.

ALTBIER

Nach traditionell obergäriger Brauart hergestelltes rheinisches Bier, das deswegen kurz als „Alt" bezeichnet wird. Es wird nach warmer Gärung und kühler bis zu zwei Wochen dauernder Reifung abgefüllt und dominiert als dunkles, recht aromatisches, ziemlich kalt in zylindrischen Gläsern (0,2 oder seltener 0,25 Liter) serviertes Fassbier im Raum Düsseldorf. Zwar auch in anderen Gegenden erhältlich, als Flaschenbier bundesweit, findet es in der Fremde jedoch weniger Freunde als in seiner angestammten Heimat. Der Ausstoß ist insgesamt leicht rückläufig.

AMBER

Der von belgischen Brauereien für einige Spezialbiere und von US-Brauern für einige Ales verwendete Begriff bezieht sich auf das helle bernsteinfarbene Aussehen ihres Bieres. Über den Geschmack sagt das wenig, eher etwas darüber,

dass die Werber erkannt haben: Auch das Auge des Bierfreundes trinkt mit.

BARLEY WINE

Als „Gerstensaft" mag normales helles oder dunkles Bier durchgehen, als „Gerstenwein" können aber nur solche Biere gelten, die es in der Stärke mit dem Rebensaft aufnehmen. Sehr starke englische Ales schmücken sich daher gern mit der Bezeichnung „Barley Wine". Sie leuchten meistens rötlich-bernstein- bis kupferfarben und weisen mehr als sieben Volumenprozent Alkohol auf, zuweilen bis zwölf Prozent. Viele schmecken daher zunächst süß, haben aber einen bitteren hopfigen Abgang. Auch einige US-Brauereien bieten solche Biere an.

BELGISCHES RED ALE

Anders als Altbier ist dieses Bier wirklich alt und dennoch ungemein erfrischend: Das nach flandrischer Art gebraute Rotbier heißt so nach der Färbung aufgrund des Wiener Malzes, das auch für karamelliges Märzen Verwendung findet. Es lagert bis zu zwei Jahre in Eichenfässern. Es gewinnt dabei die typische Schärfe, die manchmal derart ansteigt, dass es mit frisch gebrautem Bier verschnitten wird.

BELGISCHES STARKBIER

Obergärig wie englisches Ale brauen die Flamen ein Bier mit hohem Alkoholgehalt. Er resultiert

aus dem Einsatz von verschiedenen Zuckerarten, die dem Gebräu Stärke, aber nicht Schwere verleihen, wie das bei dunklen malzigen Starkbieren oft der Fall ist. Diese belgische Spezialität gibt es als helles bernsteinfarbenes wie als tief braunes Bier.

BIÈRE DE GARDE

Ein typisches Grenzlandprodukt: Ins französische Flandern wirkt belgische Brautradition hinein und damit auch die Gewohnheit, im Frühjahr für Sommertrunk zu sorgen. Dadurch entstand auf den Höfen des Landes das Bière de Garde, also ein Bier von guter Haltbarkeit, das über Monate oder gar länger als ein Jahr zu lagern ist. Es ist gewöhnlich ein obergäriger Typ, recht sanft mit erdig-fruchtigem Geschmack und leicht harziger Oberfläche. Bière de Garde wird meistens in Weinflaschen abgefüllt und verkorkt fast wie Champagner.

BIÈRE DE MARS

Hier haben wir es nicht mit einem Kriegsbier zu tun, wie der Name vermuten lassen könnte, und auch nicht mit einem im März angesetzten. Nein, helles Bière de Mars wird im französischen Flandern in der Vorweihnachtszeit aus Sommergerste und Herbsthopfen gebraut, damit es im März bereit ist zur Begrüßung des Frühlings. Es liegt im Alkoholgehalt leicht über dem gängiger Biere und besticht durch runden Geschmack mit einigen versteckten Würzkanten für den Kenner.

BITTER

Hört sich meistens herber an, als es dann ist, wenn ein amerikanisches oder englisches Bier als „Bitter" ausgewiesen ist. Gewiss, ein Bitter kommt mit seinem starken Hopfengehalt und der Fassreifung dem Pils näher als die Ales der

bock, der nun wirklich eine bayerische Kreation ist, kenntlich an der Endung „-ator" (Salvator, Thriumphator usw.). Insgesamt ist der Ausstoß aber rückläufig, denn die Promillegrenze wirkt sich in der Autofahrergesellschaft natürlich aus.

üblichen Art, doch erst die als ESB, also als Extra Special Bitter, gekennzeichneten Biere machen ihrem Name wirklich Ehre. Hingegen üben sie, was den Kohlensäureanteil angeht, die übliche britische Zurückhaltung, so dass sie leicht blumig grüßen.

BOCK

Es stimmt schon, dass Starkbier eine bayerische Domäne ist, aber keine bayerische Erfindung, wie man südlich des Weißwurstäquators gern behauptet. Die Bayern hatten allenfalls insofern Einfluss darauf, als der Begriff auf ihre Art der Aussprache des Heimatortes der Bockbiere zurückgeht: „Oambock" nannten sie das niedersächsische Einbeck, woher die Importe des so beliebten starken Bieres kamen. Die Kurzform „Bock" ist zum Gattungsbegriff geworden für die im Spätjahr gebrauten untergärigen Frühjahrsstarken, die so wunderbar halfen, die Fastenzeit zu überstehen. Ihr Stammwürzegehalt von 16 Prozent und mehr und ihr vollmundiger Geschmack machten den Hunger vergessen. Heute brauen viele, vor allem, wie gesagt, bayerische Brauereien, Bockbiere von hell bis fast schwarz. Und weil die kräftigen Schlucke so gut schmecken, verlängert man die Starkbierzeit mancherorts mittels Maibock. Und wem Bock noch nicht reicht, der greift zum Doppel-

BROWN ALE

Weicheres Wasser als bei den Pale Ales ist das Geheimnis der milden, ja in Südengland sogar süßen Brown Ales. Sie waren einige Zeit ein wenig ins Abseits geraten, erfreuen sich aber neuerdings wieder wachsender Beliebtheit, vielleicht weil ihr recht geringer Alkoholgehalt bei den strengen Promillegrenzen den Biertrinkern entgegenkommt, vielleicht aber auch weil der Anteil weiblicher Konsumenten steigt, die dem herben oder gar bitteren hellen Ales weniger abgewinnen können. In den USA nehmen die Brauer darauf nicht viel Rücksicht; auch ihre Brown Ales sind recht hopfenbitter und kräftig im Geschmack. Die Amerikaner haben ja auch ein in England weniger bekanntes Ale im Angebot: siehe nächstes Stichwort.

CREAM ALE

Eine der wenigen erfolgreichen US-Kreationen auf dem Biermarkt und ausschließlich mit amerikanischer Gerste gebraut ist das Cream Ale, ein helles, vollmundiges, mildes Bier. Obergärig natürlich, aber kalt gereift wie ein untergäriges Bier. Manche Abfüller dieses auch in der Damenwelt geschätzten Ales verschneiden es sogar mit Lagerbier, also mit untergärigen Sorten.

DOPPELBOCK

siehe Bock

DORTMUNDER

Früher legten die Dortmunder gesteigerten Wert darauf, dass nur da Dortmund draufstehen durfte, wo auch Dortmund drin war, nämlich in Dort-

mund gebrautes Bier. Das spielt heute keine Rolle mehr, weil der in der Mitte zwischen Pilsener Herbheit und Münchener Milde angesiedelte Dortmunder Typ in Deutschland so gut wie untergegangen ist. Ausländische Brauer leihen sich aber weiterhin gern etwas vom einstigen Renommee, wenn sie ihre vollmundigen Hellen benennen. „Nach Dortmunder Art gebraut" heißt es dann auf den Etiketten oder direkt „Dortmunder Gold" oder, etwa in den Niederlanden, kurz „Dort". Die Ähnlichkeiten mit dem Original aber sind oft nur schwer zu entdecken; meistens stimmen die Namensvettern allenfalls in der kräftigen gelben Färbung überein.

DUVEL

„Verteufelt" gemundet hat es offensichtlich den ersten Verkostern, denn die höllische Bezeichnung blieb diesem hellen belgischen

Starkbier erhalten: „Duvel" (englisch „devil", deutsch „Teufel") nennen die flandrischen Brauer ihr alkoholreiches obergäriges Starkbier mit dem Hopfenaroma. Kalt wie die Rache will dieser „Teufel" genossen werden; es gibt aber auch „Teufelsanbeter", die darauf schwören, die wahre Wirkung entfalte der Trunk erst bei Raumtemperatur.

FARO

Wie beim Lambic (siehe dort) setzen die Brauer in und um Brüssel beim Faro auf wilde (spontane) Gärung durch Hefepilze und Sporen aus der Luft. Bei der Nachgärung aber setzen sie Zucker zu, damit das bittere Ergebnis etwas gemildert wird. So kommt ein frisches helles, eher süßlich als scharf schmeckendes Getränk zustande, das gezapft mit einem weichen weinigen Abgang Freude macht.

FESTBIER

Gemeinsam ist den unter „Festbier" rubrizierten Gerstensäften vornehmlich der Anlass, eben ein Fest vom Frühlingsbeginn

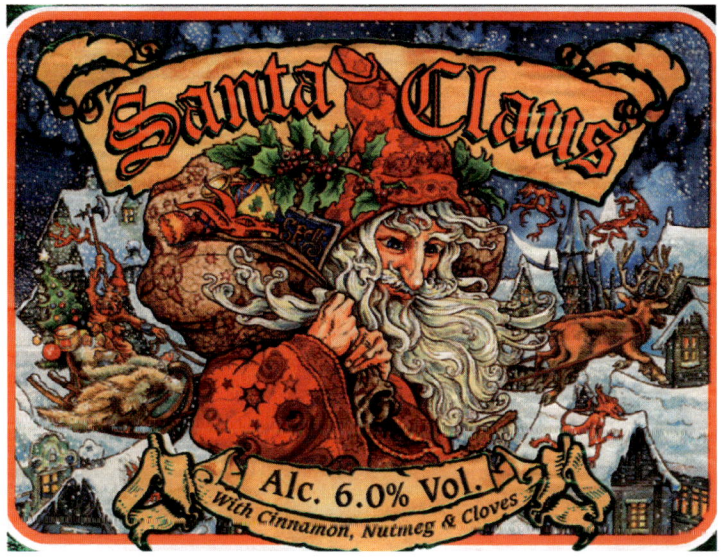

über die Sonnenwende bis zu Weihnachten und Ostern. Geschmacklich ähneln diese deutschen Spezialitäten einander schon deswegen nur begrenzt, weil sie jahreszeitlich und regional sehr verstreut sind, was auf die Brauergebnisse Einfluss hat. Doch stark und süffig sind sie fast alle, denn es soll ja etwas gefeiert werden, und da darf die Stimmung gern nachhaltig gefördert werden.

FRUCHTBIER

Aus Deutschland können sie wegen des Reinheitsgebots nicht kommen, aber Deutsche trinken sie auch ganz gern, die vornehmlich aus Belgien

stammenden Fruchtbiere. Sie lassen sich als alkoholische Erfrischungsgetränke beschreiben, deren Zusätze von Erdbeere bis Kirsche, Banane bis Himbeere höchst unterschiedliche Geschmacksrichtungen begründen. Meist werden Fruchtbiere auf der Basis von Bieren mit wilder (spontaner) Gärung wie Lambic oder Gueuze (siehe dort) hergestellt.

GRAND CRU

„Champagner des kleinen Mannes" sollen sie wohl sein, die belgischen Spezialbiere mit dem Nachnamen „Grand Cru", der exquisite Herkunft

und großes Bukett verspricht. Etwas nüchterner beschrieben, handelt es sich um besonders starke Kreationen der Brauereien, ursprünglich für Hochzeiten oder Volksfeste gedacht, heute natürlich zu allen Jahreszeiten und zu jeder Gelegenheit zu haben.

GUEUZE

Reife und Jugend – eine Mischung der dritten Art sind die als „Gueuze" ausgewiesenen belgischen Biere, nämlich verschnitten aus reifem und

frischem Lambic (siehe dort). Diese süßsaure Mixtur erhält dann noch Gelegenheit zu langer (mindestens ein Jahr) Flaschengärung, ehe sie die Zecher als kohlensäurereiches und ermunterndes Getränk erfreut.

INDIA PALE ALE

Den Kennern englischer Biere reicht das Kürzel IPA, und sie wissen was sie bekommen: ein helles Ale, sehr hopfenreich und mit hohem Alkoholgehalt. Seinen exotischen Namen bekam es wegen der großen Beliebtheit, der es sich bei den englischen Kolonialtruppen in Indien und an anderen entlegenen Standorten erfreute. Hopfen und Alkohol nämlich trugen entscheidend dazu

bei, dass der heimatliche Geschmack aus den englischen Midlands (Burton-on-Trent) auch lange Schiffspassagen überstand und am Zielort Feststimmung auslöste. Heute wird IPA überwiegend in Flaschen abgefüllt.

KELLERBIERE

Beim Stichwort „bayerisches Bier" hören die meisten nur „München" und übersehen dabei eine Region im äußersten Nordosten des Freistaats: Franken ist ein Bierparadies mit einer Unzahl örtlicher Brauereien, wo die Einheimischen „auf Keller" zum Früh- bis Spätschoppen gehen. Hinter der Typbezeichnung „Kellerbier" verbirgt sich ein fruchtig-trockenes untergäriges Helles, stark gehopft und schwach mit Kohlensäure versetzt. Man bekommt sein „Keller" auch in Flaschen, doch der Genießer weiß, dass dieses kaum gefilterte Bier die Freiheit des Fasses braucht.

KÖLSCH

Was dem Düsseldorfer sein Alt ist dem Kölner sein Kölsch, hochdeutsch: Kölnisch, aber nicht Wasser, sondern obergäriges Bier. Für die Eingeborenen spielt es natürlich eine eminente Rolle, welches Kölsch angeboten wird, die Durchreisenden allerdings vermögen die Nuancen des von vierzehn lokalen Brauereien produzierten rheinischen Hellen kaum zu würdigen. Sie erleben ein frisches, gut kohlensäurehaltiges, um die fünf Prozent starkes, merklich gehopftes, süffiges, mildes, ausgesprochen bekömmliches Bier, das aus schlanken „Stangen" (zylindrischen Gläsern) getrunken wird. Kölsch gilt nach der Kölsch-Konvention von 1986 als Herkunftsbezeichnung und darf daher anderswo nicht gebraut und vor allem nicht so genannt werden.

Fruchtbier erfrischt, schmeckt aber keineswegs besonders süß oder obstig, weil der Fruchtzucker in Alkohol und Kohlensäure gespalten worden ist. Ein leicht scharf-fruchtiger Nachgeschmack fasziniert.

KRIEK

Nach ausgedehnter Hauptgärung nutzen belgische Brauer die Qualitäten des Lambic (siehe dort) und setzen während der mehrmonatigen Nachgärung im Eichenfass entsteinte Kirschen zu. Dieses „Kriek" (flämisch: Kirsche) genannte

LAGER

Haltbare untergärige Biere, die sich mithin lange lagern ließen, wurden als Lagerbiere klassifiziert. Heute meint man damit dreierlei: Die in der Tschechischen Republik dominierenden Pilsener (helles Lager), die in England anders als die

üblichen Ales mit untergärigen Hefearten gebrauten hellen, kalt servierten Biere, die mit dem aus dem Deutschen entlehnten Begriff „Lager" gekennzeichnet werden, und in einer Art Rückimport recht einfache, süffige deutsche Biere für die jüngere und die weibliche Kundschaft. Im letzteren Fall handelt es sich eher um einen Werbetrick, der den „appeal" des Schein-englischen nutzt.

LAMBIC

Alles Gute kommt zu dem, der warten kann. Nach dieser Devise verfahren belgische Brauer, die sich auf die Produktion von Lambic einlassen. Es handelt sich da nämlich um ein Bier auf der Basis von wilder (spontaner) Gärung, wie sie bis ins 19. Jahrhundert üblich war. Eine Sache mit unge-wissem Ausgang, denn die Dichte von Hefepilzen und Bakterien in der Luft schwankt erheblich, selbst in so würzigen Regionen wie dem Sennetal, dem Lambic-Eldorado. Ein Trick dabei ist die

Beigabe von etwa einem Viertel oder etwas mehr Rohweizen zum Gerstenmalz und eben Geduld, denn Lambics reifen zwei bis drei Jahre im Eichenfass. Das Ergebnis in reiner Form ist süß-sauer und nicht jedermanns Sache, weswegen Lambics zu Gueuze (siehe dort) verschnitten, mit Früchten abgeschmeckt oder zu Faro (siehe dort) mittels Zuckergabe gesüßt und nachvergoren werden.

MAIBOCK

siehe Bock

MÄRZEN

Märzen sind untergärige Biere, die beim Brau-vorgang eine Temperatur von unter 10 ° C benöti-gen. Deshalb konnten Märzenbiere vor Erfindung der modernen Kühlsysteme auch nur bis März gebraut werden. Die bayerische Brauordnung von

1539 legte außerdem, auch wegen einer erhöhten Brandgefahr beim Biersieden im Sommer, fest, dass nur zwischen St. Michael (29. September) und St. Georg (23. April) gebraut werden durfte. Deshalb mussten die Brauer bis zum März auf Vorrat fürs Jahr brauen. Und deshalb mussten diese im Frühjahr gebrauten Biere auch haltbarer Stoff sein. Die im „Märzen" eingebrauten Biere fielen daher im Schnitt etwas stärker und hopfi-ger aus als die üblichen. Daraus entwickelte sich ein Festbier-Typ, der mit rund 5,5 Volumenpro-zent Alkohol noch kein Starkbier, aber doch ein angenehm starkes Stück ist. Meistens sind Märzen hell, es gibt aber auch die ansprechende dunkle Variante, beispielsweise in Franken. Wegen der Haltbarkeit bis ins Spätjahr heißen Märzen in den USA zuweilen „Octoberfest".

MÜNCHNER

Wie Pilsner und Dortmunder ist das Münchener Bier, das es so gar nicht gibt, zum Gattungsbegriff geworden. Man fasst damit helle und dunkle Biere zusammen, die milder noch als Dortmunder

und zudem leicht süß schmecken, im Gehalt an Alkohol den nördlichen Kollegen jedoch nicht nachstehen. Die dunkle Version mundet meist etwas malziger, woran sicher auch der sattbraune Anblick mitwirkt.

PALE ALE

Zunächst einmal meint „Pale" schlicht die helle Färbung eines Bieres, im Falle von Ale also ein helles obergäriges, nicht sonderlich kohlensäurehaltiges Bier. Das gilt freilich nur relativ, denn der Begriff „Pale" entstand zur Unterscheidung des aus Burton-on-Trend (Midlands) stammenden Biers von den dunklen Stouts und den noch dunkleren Porters. Verglichen mit diesen sind selbst bronze- oder gar kupferfarbene Pale Ales eben hell. Manche englischen Brauer bezeichnen mit dem Begriff auch ihre Premium-Bitterbiere. Pale Ale wurde zum führenden britischen Biertyp, der stärker gehopft war und einen höheren

Alkoholgehalt aufwies, damit die britischen Pale Ales auch den langen Transport in die Kolonien des britischen Empires besser überstanden. Der Biertyp, der vornehmlich vom Fass ausgeschenkt wurde, weist inzwischen, insbesondere in den USA, einen hohen Anteil an Flaschenbieren auf. Auch belgische Brauer verwenden die Bezeichnung für allerhand obergärige Helle, wobei sie allerdings auf stärkere Kohlensäuresättigung und entsprechend mehr Alkohol achten.

PILSENER, PILSNER, PILS

Das weltweit berühmteste Bier bekam seinen Namen nach seiner ersten Braustätte, der der böhmischen Stadt Pilsen, wo der bayerische Brauer Josef Groll aus Vilshofen 1842 erstmals diese helle, spritzige, mäßig starke, kräftig gehopfte Bier ansetzte. Es war und ist in der Heimat verglichen etwa mit Pils-Sorten aus Deutschland, insbesondere aus Norddeutschland, noch recht mild und vollmundig, ja fast ein wenig süß, wird aber von allen Herstellern als Mutter aller Pilsner anerkannt, auch von den US-Brauern, die sich indes nicht scheuen, allerlei Zutaten wie Reis oder Mais beizugeben. Gut zwei Drittel aller Biere sind dem Pils-Typ zuzuordnen.

PORTER

Ehe die hellen Ales ihren Siegeszug durch England antraten, herrschten Porter-Versionen vor, das heißt Mischungen aus milden Braunbieren und hochwertigen, lange gelagerten Dunklen. Das ergibt ein würziges, optisch und auch geschmacklich schokoladiges Getränk, das dennoch eine gewisse Frische wohl aufgrund des

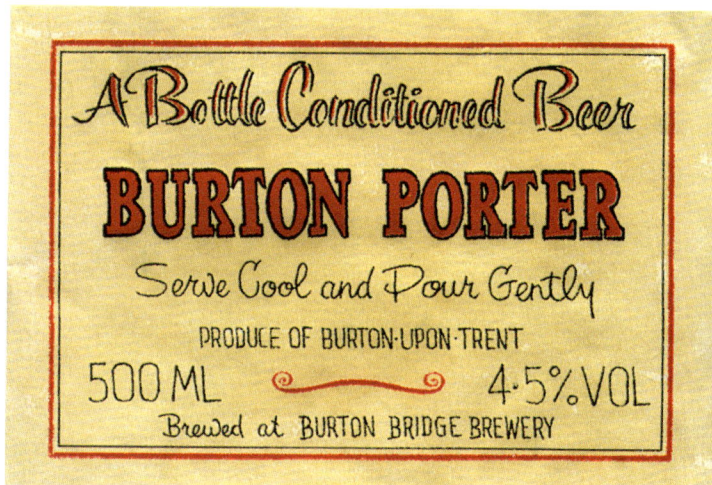

britischen Hopfens aufweist. Nach einigen Epochen des Dahinkümmerns ist Porter seit längerem wieder ein Bier der ersten Wahl auf der Insel, insonderheit in Form seiner Weiterentwicklung zum Stout (siehe dort).

RAUCHBIER

Das Darren von Malz war früher am einfachsten über Feuern, natürlich Torf- oder Holzfeuern.

Viele Biere schmeckten daher in alten Zeiten rauchig, und dieser Geschmack gefiel den Bambergern so, dass sie ihn auch später nicht missen mochten. Besucher kosteten und erzählten daheim, in Alaska oder Schottland, von den würzigen zwischen Märzen und starkem Bock schwankenden oberfränkischen Bieren und weckten das Interesse der eigenen Brauer. Rauchbier erhält man nun vielerorts unter- oder sehr viel seltener obergärig, doch das Mekka der Rauchbierfreunde bleibt Bamberg.

SCHWARZBIER

Erst seit der Wiedervereinigung hat Schwarzbier wieder Platz genommen im gesamtdeutschen Bewusstsein, denn es stammt vorwiegend aus dem thüringischen Köstritz. Hier wird seit dem Jahr 1543 Schwarzbier gebraut, das die Jenaer Studenten ebenso schätzten wie Bismarck. Wer nun aber vermutet, die tiefdunkle Färbung beschere ihm noch würzigere Freuden als die aromatischen dunklen Biere, der wird erstaunt und keineswegs verärgert zur Kenntnis nehmen, dass die mit Röstmalz gebrauten Schwarzbiere durchaus frisch, ja schlank daherkommen. Das hat auch die Japaner von der Brauart überzeugt: Nippon-Besucher loben einhellig das Sapporo Black Beer, das dort seit 1887 gebraut wird und von vielen Biertrinkern als in der Farbe eher rötlich und dabei fast durchscheinend beschrieben wird.

SCOTCH ALE

Nicht so finster wie das gerade vorgestellte Schwarzbier, aber doch recht dunkel sind die schottischen Ales mit ihrem süßlichen Röstmalzgeschmack, der je nach Stärke des Biers mehr oder weniger deutlich hervortritt und keine hopfigen Elemente durchkommen lässt.

Besonders hochprozentige Versionen werden in Anlehnung an das Nationalgetränk der Highlands auch Scotch Ales (sozusagen Whisky-Bier) genannt und in entsprechend kleineren Gläsern serviert. Scottish Ales können auch aus Belgien stammen.

STOUT

Schwer, stark und tiefdunkel ist die Stout („stämmig, kräftig") genannte Form des Porters (siehe dort), deren röstmalziger Geschmack zwischen

süß, trocken und stattlich-vollmundig schwanken kann. Die süßlicheren Versionen, oft säuerlich im Abgang, sind überwiegend englischer, die trockenen eher schottischer Herkunft. Besonders schwere Stout-Geschütze, genannt Imperial Stout, gibt es inselweit. Allen Stouts eigentümlich ist eine feste cremige Blume.

TRAPPISTENBIER

Der Trappistenorden, im 17. Jahrhundert als Reformzweig der Zisterzienser entstanden, verdankt seinen Namen dem Kloster La Trappe, wo Armand Jean Le Bouthilier, ein Patenkind von Kardinal Richilieu als Abt umfangreiche Reformen im Sinne einer strengeren Askese einführte. Während der Französischen Revolution wurden die Trappisten vertrieben, wanderten in die Schweiz, nach Deutschland und Russland aus und kehrten erst 1842 nach Frankreich zurück. Im Laufe der Zeit wurden einigen Klöstern eine

Lockerung der Regeln gestattet, aber noch heute gibt es Trappisten, die die Regeln aufs Strengste befolgen und keinen Fisch, kein Fleisch und keine Eier essen, und in völliger Stille essen, schlafen und arbeiten. Askese und strenge Disziplin der Trappisten führten aber offensichtlich nicht unbedingt von allem Weltlichen weg. Wie auch andere Orden haben die belgischen Trappisten die Erlaubnis zu brauen und ein Händchen für ihr Klosterbier, ein obergäriges Getränk (Ale), das nur leicht gehopft und relativ stark ist. Malziger Geschmack und ein Anflug von Harzigkeit haben den sehr komplexen Trappistenbieren, hergestellt in nur sechs Brauereien, einen weltweit guten Ruf eingetragen. Eine Abart stellen die als „Tripel" ausgezeichneten besonders starken belgischen Klosterbiere dar; sie erinnern an Barley Wine (siehe dort).

Die Mönche des Trappistenklosters Westmalle in der Provinz Antwerpen etwa begannen erst 1836 mit dem Brauen ihres "Tripel", bis 1993 war aber der jährliche Ausstoß schon auf 130 000 Hektoliter gewachsen. Ein Teil des Trappistenbieres von Westmalle wird auch nach Deutschland und Frankreich exportiert, der Großteil aber wird in Flandern und Belgien getrunken.

WEIZENBIER, WEISSBIER

Als Faustregel kann gelten, dass die vor allem in Süd- und Südwestdeutschland verbreiteten Biere auf Weizenbasis mit Gerstenzusatz dann auch Weizenbier heißen, wenn sie sorgsam gefiltert wurden (Kristallweizen). Macht sich hingegen Hefe für die Flaschengärung bemerkbar als Trübung oder Bodensatz (Hefeweizen), dann spricht man oft von Weißbier; auf solche terminologische Trennschärfe verlassen kann man sich freilich nicht. Bei diesem Bier handelt es sich um ein relativ liebliches, fruchtiges und spritziges (kohlensäurereiches) obergäriges Getränk, das auch als stärkerer Weizenbock angeboten wird. Früher fast nur in Flaschen abgefüllt, gibt es heute Weizenbier hell wie dunkel auch vom Fass. Amerikanisches Weizenbier (Wheat Beer) ist noch milder, belgisches (Bière Blanche, Witbier) wird gern mit Gewürzen etwas charaktervoller gestaltet, Berliner Weiße trinkt man mit Waldmeister- oder Himbeer-Zusatz.

DEUTSCHLAND

Nirgendwo gibt es so viele Brauereien wie zwischen Rhein und Oder, Nordsee und Alpen, und

mit über 5000 Bieren eine solche Vielfalt. Trotz eines auch hier stattfindenden Konzentrations-

prozesses gibt es noch zahllose unabhängige Brauhäuser. Nord- und Süddeutschland unter-

scheiden sich geschmacklich. Hier gilt in etwa: Je nördlicher, desto hopfenherber und damit

etwas schwächer. Obschon auch im Süden vermehrt Biere vom Pilstyp (ca. 4,9 Volumenprozent

Alkohol) getrunken werden, ist der Vollbier-, Export- und Lagerbieranteil (ca. 5,5 Prozent

Alkohol) deutlich höher. Die verbreitete norddeutsche Ansicht, bayerisches Bier sei schwach,

ist ein Vorurteil. Überhaupt prägen regionale Vorlieben die deutsche Bierlandschaft. Da gibt es

das Keller- und Rauchbierland um Bamberg, die Alt-Metropole Düsseldorf, Schwarzbierzonen

um Köstritz in Thüringen, Weizen- und Weißbierhochburgen, Bockbierdomänen oder Kloster-

bier-Paradiese wie Andechs. Alle haben ihre Fans, wie denn die deutschen Bierfreunde ohnedies konservativ sind. Nur allmählich kommt Bewegung in die Szene, die Marketing-Offensiven der Brauwirtschaft zeigen zunehmend Wirkung. Sie wären freilich zum Scheitern verdammt, wenn nicht die deutschen Konsumenten inzwischen gemerkt hätten, dass Biervielfalt auch spannende Entdeckungen verspricht. So weit wie ihre Nachbarn werden die Deutschen wohl aber noch lange nicht gehen: Biere zu akzeptieren, die nicht nach dem Reinheitsgebot von 1516 gebraut worden sind, weshalb Maisgebräu oder Fruchtbiere im Bierdorado Deutschland nur schwer zu bekommen sind. Die ausländischen Großbrauer wie zum Beispiel die belgische Interbrew-Gruppe sind daher von Exportbemühungen abgekommen und gleich zu kompletten Übernahmen deutscher Brauhäuser übergegangen, wobei sie deren Namen natürlich bewahren. **47**

Die große Brautradition deutschen Biers hat ihren Ursprung in den Klöstern. Unser Bild zeigt Kloster Ettal in Oberbayern – hier wird seit dem 14. Jahrhundert nicht nur ein berühmter Kräuterlikör, sondern auch ein über die Klostermauern hinaus bekanntes Bier, ein Zeugnis perfekter bayerischer Braukunst, gebraut.

Aalen

Löwenbrauerei Gebr. Barth KG

Straße	Galgenbergstr. 8–10
PLZ	73431
Gründung	1668
Inhaber	Familie Barth

Sorten Spezial, Löwenpils, Hochzeitsbier, Festbier – Spezialität: Zwickl (naturtrübes Pils) – Zwickl und Saisonbiere in 0,5-l-Bügelflaschen
Ausstoß 4000 hl
Bemerkung Schwäbische Spezialitäten zum Bier bietet der Brauereigasthof „Löwenkeller", dessen sehr gute bürgerliche Küche den besten Ruf genießt.

Aalen

Grünbaum Brauerei Christian Schmid

Straße	Ziegelstr. 9–17
PLZ	73431
Gründung	1686
Inhaber	Christian Schmid

Sorten Export, Festbier, Silberpils, Spionbräu, Hefepils naturtrüb
Ausstoß 2000 hl
Bemerkung Grünbaum bietet nur Fassabfüllung, 3-l-Flasche Spionbräu als Spezialität, mehrere eigene Gaststätten in der Region.

Aalen

Koepf Brauerei GmbH & Co.

Straße	Hirschbachstr. 6
PLZ	73431
Gründung	1680
Inhaber	Ursula Schepp

Sorten Kellerberg: -Festbier, -Lager, -Bock, -Privat, -Pils, -Hefeweizen
Ausstoß 20 000 hl
Bemerkung Brauereigaststätte „Zum roten Ochsen" (schwäbische und deutsche gehobene Küche).

Aalen-Wasseralfingen

Löwenbrauerei Anton Ebert GmbH & Co.

Straße	Wilhelmstr. 162
PLZ	73433
Gründung	1864
Inhaber	Virgil Schabel
Internet	www.wasser-alfinger.de

Sorten Wasseralfinger -Spezial, -Pils, -Bock, -Festbier
Ausstoß 65 000 hl
Bemerkung Besonders frisch schmecken die Wasseralfinger Biere im Brauereiausschank, der auch gutbürgerliche Küche bietet.

Abensberg

Weißbierbrauerei Kuchlbauer GmbH

Straße	Römerstr. 5–9
PLZ	93326
Gründung	1300
Inhaber	Leonhard Salleck
Internet	www.kuchl-bauer.de

Sorten Helles Bier, Sportsfreund, Alte Liebe (dunkle Weiße), Oh la la Weiße, Aloysius Weißbierbock – Spezialität: Kuchlbauer Weiße
Ausstoß 100 000 hl
Bemerkung Kuchlbauer unterhält einen Zweigbetrieb in Schierling. Durch das Haupthaus führt nach Vereinbarung der Chef persönlich und zeigt Besuchern das sehenswerte Brauereimuseum.

Abensberg

Ottenbräu

Straße	Schulhausplatz 2a
PLZ	93326
Gründung	seit 1846 im Familienbesitz
Inhaber	Robert Neumaier

Sorten Pils, Hefe Weizen, Dunkles Lagerbier, Märzen, Bock
Ausstoß 3000 hl
Bemerkung Übernachtungsmöglichkeit, regionale bayerische Küche. Stilvoll genießen kann der Bierfreund im Brauereiausschank. Zum Mitnehmen erhalten Kunden auf Vorbestellung Bier noch im Holzfass.

Abensberg

Hofbräu

Straße	Stadionstr. 3–9
PLZ	93326
Gründung	1487
Inhaber	Josef Neumeyer

Sorten Jubiläumsbier, Helles, Märzen-Spezial, Graf Niclas, Weiß-Blaues Hefeweißbier, Hofbräu Pils
Ausstoß 6000 hl

Abtsgmünd-Untergröningen

Lammbrauerei

Straße	Hallerstr. 2
PLZ	73453
Gründung	1830
Inhaber	Heinrich Kunz
Internet	www.lamm-brauerei.de

Sorten Naturtrübes Kellerbier, Kocherreiter Pils, Festbier, Kocherreiter Hell, Kocherreiter Dunkel naturtrüb, Kristall Pilsner, Bierappel in der Bügelflasche
Ausstoß 5000 hl
Bemerkung Angeschlossen an die Brauerei ist ein gemütlicher Braugasthof mit Hotel, in dem man sich ein ganzes Wochenende einmieten kann: Als Betthupferl gibt's statt Schokolade eine Flasche Bier aufs Kopfkissen.

Adelsdorf-Aisch

Brauerei Rittmayer

Straße	Aischer Hauptstr. 5
PLZ	91325
Gründung	1422
Inhaber	Alois Rittmayer

Sorten Aascher Hausbier
Ausstoß 1600 hl
Bemerkung Die Brauereigaststätte ist weithin bekannt für ihre deftige Küche, die Fleisch aus eigener Schlachtung verarbeitet. Im Winter sehr zu empfehlen: Karpfen aus dem eigenen Weiher. Serviert wird in der schönen Jahreszeit auch im schattigen Biergarten.

Adelsdorf-Neuhaus

Zum Löwenbräu

Straße	Neuhauser Hauptstr. 3
PLZ	91325
Gründung	1747
Inhaber	Benno Wirth
Internet	www.zum-loewenbraeu.de

Sorten Zwickelpilsener, naturtrübes Hausbräu, Vollbier, Märzen, Festbier
Ausstoß 3000 hl
Bemerkung Zur Brauerei gehört ein Ausschank, ein Hotel und eine Brennerei, deren „Bierbrand" dem Haus eine Goldmedaille eingebracht hat.

Ahorn-Schillingstadt

Brauerei Ludwig Dörzbacher

Straße	Lange Str. 53
PLZ	74744
Gründung	1760
Inhaber	L. Dörzbacher

Sorten Dörzbacher Export, Dörzbacher Edel-Pils
Ausstoß 5000 hl
Bemerkung Die Traditionsbrauerei stellt ausschließlich Fassbier her.

DÖRZBACHER
SEIT 1760
Pils
FEIN GEHOPFT
BRAUEREI DÖRZBACHER SCHILLINGSTADT

Ahorntal-Hintergreuth

Brauerei Stöckel

Straße	Nr. 4
PLZ	95491
Gründung	1866
Inhaber	Helmut Stöckel

Sorten Pils, Hell, Festbier – Spezialität: Ahorntaler Landbier
Ausstoß –
Bemerkung Aus eigener Schlachtung bekommt der Besucher in der Brauereigaststätte eine unvergleichliche Brotzeit.

Ahorntal-Oberailsfeld

Held-Bräu

Straße	Oberailsfeld 19
PLZ	95491
Gründung	1769
Inhaber	Helmut Polster

Sorten Hell, Pils – Spezialität: Altfränkisches Bauernbier dunkel
Ausstoß 4000 hl
Bemerkung Hier lohnt es sich, Station zu machen: Durchreisende finden Aufnahme im angeschlossenen Hotel und kulinarische Spezialitäten in der Brauereigaststätte wie im Biergarten: Schäuferla (herzhaft gewürzte Schweineschulter mit Schwarte), Braten, Bratwürste und vieles andere.

Aidenbach

Brauhaus Woerlein KG

Straße	Marktplatz 49
PLZ	94501
Gründung	1897
Inhaber	Familie Woerlein

Sorten Kellerbier naturtrüb, Braumeister Pils, Märzen, Altbayrisch Edel-Weizen, Weizen-Bock, Urtyp Hell
Ausstoß –
Bemerkung Unvergesslich bleiben den Besuchern der Brauereigaststätte die schmackhaften-kräftigen Brotzeiten.

Aldersbach

Brauerei Aldersbach Freiherr v. Aretin KG

Straße	Freiherr-von-Aretin-Platz 1
PLZ	94501
Gründung	1268
Inhaber	Georg Adam Freiherr von Aretin
Internet	www.aldersbacher.de

Sorten Klosterhell, Kloster Dunkel, Urhell, Dunkel Weizen, leichtes Weizen, Hoagart'n Weiße, Ursprung, Abtei Weizen, Freiherrn Pils
Ausstoß 95 000 hl
Bemerkung Bier wird durch Kultur erst schön, daher ein Tipp: Erst die Klosteranlage mit der schönen Kirche besichtigen, dann das Brauereimuseum und danach über das Gesehene beim Bier im Aldersbacher Bräustüberl sprechen.

Alpirsbach

Alpirsbacher Klosterbräu Glauner GmbH & Co.

Straße	Marktplatz 1
PLZ	72275
Gründung	1850
Inhaber	Claus Glauner
Internet	www.alpirsbacher.de

Sorten Alpirsbacher: -Weihnachtsbier, -Martini Bock, -Kellerbier naturtrüb, -Hefe Weizen hell und dunkel, -Pils, -Spezial, -schwarzes Pils, Schwarzwaldmädle Original
Ausstoß 220 000 hl
Bemerkung Im Sudhaus können Trauungen vorgenommen werden. Brauereiführungen sind auf Anfrage möglich. Das Unternehmen betreibt mehrere Brauereigaststätten und bietet Bierseminare an.

Brauerei Alsfeld AG

Straße	Grünberger Str. 68
PLZ	36304
Gründung	1858
Inhaber	Aktiengesellschaft, Tochter der Rhönsprudel Egon Schindel Ebersburg-Weyhers
Internet	www.alsfelder.de

Sorten Alsfelder: -Pilsner, -Alkoholfrei, -Rathaus Pilsner, -Weizen hell, dunkel, Kristall, -Golden Lager, -Export, -Schwarzbier
Ausstoß 90 000 hl
Bemerkung Brauereibesichtigungen sind nach Vereinbarung möglich, anschließend Verkostung der Bierspezialitäten im Schalander.

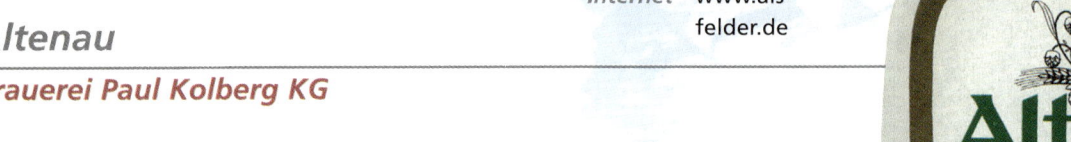

Altenau

Brauerei Paul Kolberg KG

Straße	Breite Str. 29
PLZ	38707
Gründung	1617
Inhaber	Hartmut Kolberg
Internet	www.altenau-oberharz.de

Sorten Altenauer Edel Pils, Fuß-Pils, Schierker Brockenquell, Harzer Urstoff, Altenauer Export, Altenauer Dunkel, Altenauer Maibock
Ausstoß 7000 hl
Bemerkung Einzige noch existierende Brauerei im Oberharz.

Altenburger Brauerei GmbH

Straße	Brauereistr. 20
PLZ	04600
Gründung	1871
Inhaber	Christine Leikeim
Internet	www.brauerei-altenburg.de

Sorten Festbier, Schwarze, Bock, Urhell, Premium, Privileg, Maibock, Urtyp hell
Ausstoß 140 000 hl
Bemerkung Die Altenburger Brauerei ist ein Tochterunternehmen der Firma Brauhaus Altenkunstadt.

Altenkunstadt

Brauhaus Altenkunstadt Andreas Leikeim GmbH & Co. KG

Straße	Langheimer Str. 14
PLZ	96264
Gründung	1887
Inhaber	Christine Leikeim
Internet	www.leikeim.de

Sorten Leikeim Premium, Wintertraum, White, Pils, Premium Weiße, Schwarze Weiße, Schwarzbier, Landbier hell, Kunator (Doppelbock)
Ausstoß 300 000 hl

Brauerei Dietl

Straße	Baumburg 20
PLZ	83352
Gründung	1612
Inhaber	Ludwig Dietl

Sorten Kloster Weiße hell und dunkel, Kloster Hell, Kloster Export, Kloster Festbier, Baumburger Pils
Ausstoß 4000 hl
Bemerkung Zum Bräustüberl, in dem vorzügliche einheimische Spezialitäten zum Bier serviert werden, gehört ein lauschiger, etwa 100 Personen fassender Biergarten.

Altenmünster

Kronenbräu Brauhaus Altenmünster GmbH

Straße	Hauptstr. 33	*Sorten*	Altenmünster Brauerbier
PLZ	86450	*Ausstoß*	45 000 hl
Gründung	1648	*Bemerkung*	Der Hauptbetrieb des
Inhaber	Gerd Borges		Brauhauses liegt in Marktoberdorf.
Internet	www.sailer-braeu.de		

Altmannstein-Sandersdorf

Schlossbrauerei zu Sandersdorf Schambachtal GmbH

Straße	Nürnberger Str. 13	*Sorten*	Baron Tassilo Premium Pilsener, Der Bassus Bock, Baron Ferdinand Premium Weizen hell und dunkel, Baron Maximilian Premium Lager, Baron Augustus Urtyp hell, Baron Dominikus Spezial dunkel
PLZ	93336		
Gründung	1550		
Inhaber	Herr Seifert		
		Ausstoß	15 000 hl
		Bemerkung	Die Schlossbrauerei exportiert nach Italien, die Niederlande, Südkorea.

Altöttinger Brauerei GmbH

Straße	Herrenmühl-str. 15
PLZ	84503
Gründung	1890
Inhaber	GF Georg Hell
Internet	www.alt-oettinger-hell-braeu.de

Sorten Altöttinger: fein herb, Bayerisch dunkel, Pils, Dult Märzen, Almrausch, Weißbier hell und dunkel, Doppelbock – alle Biere in Bügelflaschen
Ausstoß 15 000 hl
Bemerkung Im Brauereigasthof „Hell-Bräu" gibt es bayerische Küche, altbayerische Spezialitäten und Schmankerl.

Altötting

Weißes Bräuhaus

Straße	Graming 79
PLZ	84503
Gründung	1900
Inhaber	Karlmann Detter

Sorten Graminger Weißbier, Leichtere, Märzen, Pils, Kirta, Berggeist (dunkler Weizenbock)
Ausstoß 2000 hl
Bemerkung Rund 600 Gäste haben Platz in der Brauereigaststätte mit dem angeschlossenen Biergarten, wo zum Bier passende Spezialitäten gereicht werden: Weißbiercremesuppe, Bierkutscherschmaus u.a. Über-nachtungsmöglichkeit im Haus.

Altomünster

Maierbräu KG

Straße	Marktplatz 2
PLZ	85250
Gründung	1738
Inhaber	Familie Maier
Internet	www.maier-braeu.de

Sorten Landler Weiße, Alto-Dunkel, Export Hell, Jacobi Pils
Ausstoß 30 000 hl
Bemerkung Nach dem Besuch in einer der schönsten Kirchen Oberbayerns folgt die Brauereibesichtigung und die Einkehr in den Brauereigasthof „Maierbräu", der eine große Auswahl an bayerischen Gerichten und Schmankerln anbietet; über das ganze Jahr gibt es außerdem Spezialitätenwochen mit Speisen aus der Bierküche und Maierbräu Bierbrot. Gästezimmer im alpenländischen Stil sind zu mieten.

Altomünster

Kapplerbräu Hans Wiedemann KG

Straße	Am Vogel-garten 2
PLZ	85250
Gründung	1561
Inhaber	Hans und Wilhelm Wiedemann
Internet	www.kappler-braeu.de

Sorten Birgittenbier (dunkel-naturtrüb), Pater Simon Premium, Kapplerbräu: -Pils, -Export hell, -Hefe Weiße, Piccolo Weizen, Leichte Weiße, Vollbier Hell
Ausstoß 7000 hl
Bemerkung Zum empfehlen ist ein Besuch im sehr schönen Brauereimuseum und die Einkehr im historischen Brauereigasthof mit seinem Biergarten; aufgetischt werden dort u.a. Weißbierbraten mit Speckknödeln, Bierbrotsuppe, Kapplerbräuente in Biergewürzsoße und dazu oder besser danach Bierlikör.

Amberg

Brauerei Bruckmüller

Straße	Vilsstr. 2–6
PLZ	92224
Gründung	Braustätte seit 1490
Inhaber	Familie Bruckmüller
Internet	www.bruck-mueller.de

Sorten Hefeweizen, Pils 03, Hell, Superator, Kellerbier naturtrüb, Knappentrunk, Falk Weizenbiere
Ausstoß 30 000 hl
Bemerkung Über Jahre Auszeichnungen der Deutschen Landwirtschafts-Gesellschaft, u.a. Preis der Besten.

Amberg

Brauerei Kummert GmbH & Co. KG

Straße	Raigeringer Str. 11–15
PLZ	92224
Gründung	1927
Inhaber	GF Reinhold Kummert

Sorten Kurpfalz Hefe Weiße, Altbayerisch Weizen dunkel, Kristall Weizen, Vilsthaler Leichte, Weiße, Pils, Hell, Brauhaus Biere, Amberger Leicht, 27er Urtyp (Bügelflasche)
Ausstoß 20 000 hl
Bemerkung Wer gern an der Bierquelle sitzt, ist in der integrierten Brauereigaststätte oder im Biergarten mit altem Baumbestand und sehr guter regionaler Küche bestens aufgehoben.

Amberg

Brauerei Winkler GmbH & Co. KG

Straße	Schanz-gässchen 6
PLZ	92224
Gründung	seit 1617
Inhaber	Josef Winkler
Internet	www.brauerei-winkler.de

Sorten Pils, Doppelbock, Urhell, Hefe-Weizen, leichtes Helles, leichtes Weizen, 1617 Premium Lager, Schiessl Bräu.
Ausstoß 15 000 hl
Bemerkung In der Brauereigaststätte bayerische und internationale Spezialitäten, besonders saisonal Karpfen, malerischer Biergarten mit altem Baumbestand.

Amberg-Raigering

Brauerei Sterk

Straße	Hofmark 1–2
PLZ	92224
Gründung	1723
Inhaber	Martin Josef Sterk

Sorten Raigeringer: -Zoigl, -Edel Hell, -exx, -Pils, -Festbier, -Doppelbock
Ausstoß 1500 hl
Bemerkung Auch für den Hunger ist hier gesorgt: Die Speisekarte der Brauereigaststätte hat für jeden Appetit etwas, z.B. ungarische Spezialitäten, die auch in einem urigen Kastanienbiergarten verzehrt werden können.

Ammerndorf

Dorn-Bräu

Straße	Marktplatz 1–2
PLZ	90614
Gründung	1730
Inhaber	Helmut Murmann

Sorten Hell, Pils, Spezial, Landbier, Bockbier, Jubiläums Trunk
Ausstoß 10 000 hl
Bemerkung Für die Brotzeiten zwischendrin zu empfehlen ist die Brauereigaststätte, für die Hauptmahlzeiten und für Übernachtungsmöglichkeiten der Braugasthof „Zur Sonne". Er bietet durchgehend warme Küche. Ein Sommerkeller wird extra geführt.

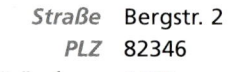

Andechs

Klosterbrauerei Andechs

Straße	Bergstr. 2
PLZ	82346
Gründung	1455
Inhaber	Abtei St. Bonifaz in München und Andechs
Internet	www.andechs.de

Sorten Andechser: Hell, -Spezial Hell, -Dunkel, -Weißbier Hell und Dunkel, -Bergbock Hell und Dunkel

Ausstoß 95 000 hl

Bemerkung Der Wallfahrtsort zeigt den Bierpilgern die bayerische Lebensart und ist seit Jahrhunderten eine Institution in Oberbayern. Ohne Besuch im Klosterstüberl oder im Klostergasthof wäre jeder Andechs-Besuch nur ein halber Besuch.

Apolda

Vereinsbrauerei GmbH

Straße	Topfmarkt 10
PLZ	99510
Gründung	1887
Inhaber	GF Detlef Projahn
Internet	www.vereinsbrauerei-apolda.de

Sorten Fest-Bock, Premium Pils, Export, Glockenpils, Bock hell, Glockenhell Maibock, Glockengießer Urtyp, Gambrinus Pilsener

Ausstoß 90 000 hl

Bemerkung Im Juli beginnt der Apoldaer Biersommer und Ende September ist ein Höhepunkt der Bockbieranstich.

Arnschwang

Brauerei Mühlbauer

Straße	Further Str. 10
PLZ	93473
Gründung	seit 1150 Schlossbrauerei, seit 1833 in Familienbesitz
Inhaber	Peter Mühlbauer

Sorten Bären Weiße, Der leichte Bär, Arnschwanger Pils, Edel-Hell (Gold. DLG Preis 2003), Späth-Bräu Drachenblut, Further Drachen Weiße

Ausstoß 11 500 hl

Bemerkung Die Brauerei gehört zu den ältesten weltlichen Braustätten.

Arnstein

Arnsteiner Brauerei Max Bender

Straße	Schweinfurter Str. 9
PLZ	97450
Gründung	1885
Inhaber	Dr. Susan Schubert
Internet	www.arnsteiner-brauerei.de

Sorten Arnsteiner Pilsener, Hefeweizen hell, Urweiße dunkel, Festbier, Dunkel spezial, Ernte hell

Ausstoß 21 000 hl

Bemerkung In Thüngen betreibt die Arnsteiner Brauerei den Zweigbetrieb Herzog von Franken, in Babenhausen die Michelsbräu.

Arnstorf

Schlossbrauerei

Straße	Oberes Schloss 3
PLZ	94424
Gründung	1618
Inhaber	Joseph Graf von Deym

Sorten Edel Pils, Export, Festbier, Plinganser Öko Bier

Ausstoß 5000 hl

Bemerkung Alle vier Jahre findet im Schlosspark und im Marktbereich ein mittelalterliches Fest statt, das nächste 2007.

Schwindbräu GmbH

Straße	Schweinheimer Str. 117
PLZ	63743
Gründung	1761
Inhaber	Alfred Kunkel

Sorten Pilsner exklusiv, Josefator, Export, Osterbock, Alt Schwoihier Dunkel
Ausstoß 25 000 hl
Bemerkung Das Bräustüberl mit angeschlossenem Hotel bietet leckere Kleinigkeiten aus der einheimischen Küche.

Aschau

Brauerei Ametsbichler

Straße	Hauptsstr. 13
PLZ	84544
Gründung	1876
Inhaber	Georg Ametsbichler
Internet	www.amets-bichler.de

Sorten Bairisches Pils, Aschauer Dunkel, Aschauer Hell, Prima Weiße Hell, -Dunkel, -Leicht
Ausstoß 9500 hl
Bemerkung Zum stimmungsvollen Genuss empfiehlt sich die Einkehr in das Braustüberl oder in den großen urigen Biergarten. Es wird einheimische Küche geboten, z.B. Bierbrauersteak, Schweinsbraten mit Aschauer Dunkel usw.

Au (Hallertau)

Schlossbrauerei Willibald Freiherr Beck von Peccoz GmbH & Co. KG

Straße	Schlossbräu-gasse 4
PLZ	84072
Gründung	1793
Inhaber	GF Eugen & Michael Freiherr Beck von Peccoz
Internet	www.auer-bier.de

Sorten Holledauer Weißes, Holledauer Light, Hopfengold, Auer Pils, -Hell, -Light, -Dunkel, -Spezial, Ecco Feinster Pilsner, Schloss-Bräu-Bock
Ausstoß 80 000 hl
Bemerkung Der Schloss-Bräu-Keller bietet Erlebnisgastronomie: bayerische Gemütlichkeit, bayerische Schmankerln. Es werden Wildwochen angeboten, u.a. auch Ritteressen. Das „Alte Sudhaus" ist geschmückt mit alten Emailleschildern.

Aufsess

Aufsesser Premium Bler Frank Rothenbach GmbH

Straße	Im Tal 70b
PLZ	91347
Gründung	1886
Inhaber	Frank Rothenbach
Internet	www.auf-sesser.de

Sorten Aufsesser: -Dunkel, -Pils, -Festbier, -Hefeweißbier, Dunkler Weihnachtsbock
Ausstoß 5000 hl
Bemerkung Hier haben wir es mit einem Rekord-Ort zu tun: In Aufsess entfällt auf je 375 Einwohner eine Brauerei. Zur richtigen Würdigung gehört die beliebte Bierprobe, die Bierwanderung und natürlich ein Besuch im Braugasthof mit Fremdenzimmern.

Aufsess

Kathi Bräu

Straße	Heckenhof 1
PLZ	91347
Gründung	um 1490
Inhaber	Josef Schmitt

Sorten dunkles Lagerbier, dunkles Leichtbier, dunkles Bockbier
Ausstoß 800 hl
Bemerkung In der Fränkischen Schweiz ist Aufsess mit der Kathi Bräu das bekannteste Bierausflugsziel.

Brauerei Reichold

Straße	Hochstahl 24	Sorten	Lagerbier
PLZ	91347	Ausstoß	1400 hl
Gründung	um 1825		
Inhaber	Hilmar Reichold		
Internet	www.reich-old.de		

Bemerkung Der Brauerei angeschlossen sind eine Pension sowie eine Gaststätte, die berühmt ist für ihre gute fränkische Küche und die Wildspezialitäten.

Aufsess

Brauerei Stadter

Straße	Sachsendorf 26	Sorten	dunkles Landbier
PLZ	91347	Ausstoß	500 hl
Gründung	im 17. Jahr-hundert		
Inhaber	Benedikt Stadter		
Internet	www.brau-lehrer.de		

Bemerkung Kalte wie warme fränkische Gerichte munden vor-trefflich im Brauereigasthof.

Augsburg

Augusta Brauerei GmbH

Straße	Lauterlech 10–14	Sorten	Kellerbier Augusta Pils, Jakober Kirchweih Festbier, Hunnen-Bock, Märzen, Weihnachtsbier, Privat, Schwarzbier, Urhell, Hefe-Weizen
PLZ	86152		
Gründung	1488		
Inhaber	Familie Engels-mann		
Internet	www.augusta-brauerei.de	Ausstoß	20 000 hl

Bemerkung Die Brauereigaststätte „Drei Königinnen" und ihr reizvoller Biergarten bieten zahlreiche kulturelle Veran-staltungen.

Augsburg

Brauerei S. Riegele

Straße	Frölichstr. 26	Sorten	Speziator, Riegele's Weiße, Alte Weiße, Würziges Export, Christkindlesmarkt premium Spezi Export, Panther Bier, Commerzienrat Riegele Privat, Feines Urhell
PLZ	86150		
Gründung	1884		
Inhaber	Riegele KG, Dr. Sebastian Priller		
Internet	www.riegele.de	Ausstoß	100 000 hl

Bemerkung Auf Anfrage kann die Brauerei besichtigt werden.

Augsburg

Tucher Bräu GmbH & Co. KG Braustätte Hasen-Bräu

Straße	Unterer Talweg 87	Sorten	Weißer Hase, Leichte Weiße, Oster Festbier, Extra Leicht, Pilsener, 33 Dry, Perlweizen, Urhell
PLZ	86179		
Gründung	1464		
Inhaber	Brau und Brunnen Dortmund	Ausstoß	180 000 hl
Internet	www.hasen-braeu.de		

Augsburg

Thorbräu

Straße	Wertachbrücker-Torstr. 9
PLZ	86152
Gründung	1582
Inhaber	Maximilian Kuhnle
Internet	www.thor-braeu.de

Sorten Pils, Maximilians Kellerbier, Hefeweizen, Portator, Leichte Weiße, Dunkel unfiltriert, Hell, Festbier, Augsburger Altstadt Weiße Dunkel, Maximilians Premium

Ausstoß 16 000 hl

Bemerkung Im Braustüberl „Zum Thorbräu" erwarten die Besucher neben Bierspezialitäten direkt aus dem Braukeller auch bayerische und schwäbische Schmankerln.

Aying

Brauerei Aying Franz Inselkammer KG

Straße	Zornedinger Str. 1
PLZ	85653
Gründung	1878
Inhaber	Franz Inselkammer
Internet	www.ayinger-bier.de

Sorten Ayinger Bierspezialitäten: -Bräu Weiße, -Ur-Weiße, -Fest Märzen, -Jahrhundert Bier, -Weihnachtsbock, -Altbayrisch Dunkel, -Platzl Bier, -Bräu Hell

Ausstoß 90 000 hl

Bemerkung Die zu einem eigenen Landwirtschaftsbetrieb gehörige Brauerei verfügt über einen Braugasthof, in dem zu den Spezialitäten u.a. Wildgerichte aus eigener Jagd zu haben sind. Die Ayinger Biere erhält man auch in München im Spezialausschank „Am Platzl".

Schlossbrauerei Unterbaar A. Freiherr Groß von Trockau

Straße	Hauptstr. 18
PLZ	86674
Gründung	1608
Inhaber	Albrecht Freiherr Groß von Trockau
Internet	www.schlossbrauerei-unterbaar.de

Sorten Unterbaarer: -Weizenbock, -Hefe Weizen hell und dunkel, -Export, -Hell, -Dunkel, -Meister Pils, -St. Laurentius Bock, -Alte Meister Weiße
Ausstoß 90 000 hl
Bemerkung Aus eigener Metzgerei werden im Bräustübl mit Biergarten deftige Brotzeiten serviert.

Babenhausen

Michelsbräu GmbH

Straße	Fahrstr. 83/85
PLZ	64832
Gründung	1815
Inhaber	Günther Schubert, Dr. Susan Schubert
Internet	www.michels-braeu-baben-hausen.de

Sorten Michel's Export, Michel's Pilsener, Michel's Kellerbier, Hexe Exportbier
Ausstoß 25 000 hl
Bemerkung Michelsbräu bildet mit der Brauerei Herzog von Franken in Thüngen und mit der Arnsteiner Brauerei Max Bender eine kleine private Brauerei-Gruppe.

Brauerei Berghammer

Straße	Donaustr. 55
PLZ	93077
Gründung	seit drei Generationen in Familienbesitz
Inhaber	Johann Berghammer
Internet	www.brauerei-berghammer.de

Sorten Weizenbier, Kupfer, Helles (alles naturtrüb in Bügelflaschen)
Ausstoß 1000 hl
Bemerkung Ideale Ergänzung zum Biergenuss sind die bodenständigen bayerischen Gerichte und die Brotzeitplatten aus eigener Schlachtung, die im Brauereigasthof gereicht werden.

Bad Arolsen

Privatbrauerei Brüne GmbH

Straße	Kaulbachstr. 33
PLZ	34454
Gründung	seit 1131 Klosterbrauerei, seit 1731 im Besitz der Fürsten von Waldeck-Pyrmont, seit 1890 Familienbesitz Brüne
Inhaber	Andreas, Heinrich-Otto & Dirk Brüne

Sorten Arolser Fürsten Pils, Arolser Pils, Arolser Export, Arolser Edel Bock, Waldecker Dunkel
Ausstoß 10 000 hl
Bemerkung Eine Braustätte mit so langer Tradition hat natürlich eine eigene Braugaststätte vom Feinsten.

Watzdorfer Traditions- und Spezialitätenbrauerei GmbH

Straße	Watzdorf 14
PLZ	07422
Gründung	1411
Inhaber	GF Dr. Gerhard Rögner
Internet	www.watzdorfer.de

Sorten Watzdorfer: -Schwarzbier, -Burg Bock, -Pils, -Export, Krabscher Festbier
Ausstoß –

Bad Endorf

Weissbräu

Straße	Bahnhofstr. 22
PLZ	83093
Gründung	1910
Inhaber	Dr. Karl Silbernagel-Erben

Sorten Hefe Weißbier hell und dunkel, Hell, Zwickelbier hell
Ausstoß –
Bemerkung Hier leitet eine der wenigen oberbayerischen Braumeisterinnen die Produktion: Maja Lange. Dass sie eine wirkliche Meisterin ist, lässt sich im Brauereiausschank kosten. Die bayerische Küche passt optimal dazu.

Bad Köstritz

Köstritzer Schwarzbierbrauerei GmbH & Co.

Straße	Heinrich-Schütz-Str. 16
PLZ	07586
Gründung	1543
Inhaber	Bitburger Brauerei Th. Simon Bitburg/Eifel
Internet	www.koestritzer.de

Sorten Kranich Bräu, Edel Pils, Oktoberfest-Bier, Dunkles Bock Bier, Spezialität: Köstritzer Schwarzbier
Ausstoß 806 000 hl

Bad Laasphe

Brauerei Bosch

Straße	Steinacher Str. 15
PLZ	57334
Gründung	1720
Inhaber	Hans-Eberhard Bosch
Internet	www.brauerei-bosch.de

Sorten Bosch Weizen, Bosch Lager, Bosch Pils, Bosch Porter, Doppelbock, Maibock, Bosch's Braunbier
Ausstoß 30 000 hl

Bad Mergentheim

Herbsthäuser Brauerei Wunderlich KG

Straße	Alte Kaiserstr. 28
PLZ	97980
Gründung	Stammhaus 1581
Inhaber	Klaus Wunderlich
Internet	www.herbsthaeuser.de

Sorten Herbsthäuser: -Edel Pils, -Gold-Märzen, -Weihnachtsbier, -Alt-Fränkisch, -Leichtes, -Hefe hell, -Hefe dunkel, -Kristallweizen, -Lager, -Schwarzer Schwan, -Heller Bock
Ausstoß 56 000 hl
Bemerkung Immer frisch fließt das Herbsthäuser im Brauereigasthof, der zudem beste einheimische Küche und Fremdenzimmer bietet. Das starke Herbsthäuser hat vor allem um Himmelfahrt (Vatertag) herum seine Hoch-Zeit, wenn das fünftägige Bockbierfest ansteht.

Bad Neustadt-Salz

Karmeliterbräu Bad Neustadt

Straße	Schweinfurter Str. 105–107
PLZ	97616
Gründung	1352
Inhaber	Familien Brust und Endres
Internet	www.karmeliter-braeu.de

Sorten Karmeliter: -Lager, -Edel Pils, -Märzen, -Weißbier, -Export, -Rhöner Dunkel
Ausstoß 18 000 hl
Bemerkung Das Haus ist eine der ältesten aktiven Brauereien der Welt. Es betreibt den Brauereiausschank „Rathausschänke", der fränkische Küche führt, und das Hotel „zum goldenen Löwen".

Bad Rappenau

Häffner-Bräu GmbH

Straße	Salinenstr. 24
PLZ	74906
Gründung	1881
Inhaber	Willi Häffner

Sorten Export, Kurpils, Schwärzberg Gold, Kellertrüb
Ausstoß 1500 hl
Bemerkung Im schönen Kurpark erwartet der Brauereigasthof Trink-, Essen- und Übernachtungsgäste. Zur Abrundung des Biergenusses sind hausgebrannte Obstschnäpse zu empfehlen.

Bad Reichenhall

Bürgerbräu A. Röhm & Söhne KG

Straße	Waaggasse 1–3
PLZ	83435
Gründung	1633
Inhaber	GF Christian Graschberger
Internet	www.buerger-braeu.com

Sorten Suffikator, Hallgrafen Bock, Rupertus Weizenbock, Hefe Weizen hell und dunkel, Das Pils, Ruperti Dunkel, Alt Reichenhaller Braumeister Bier, Reichenhaller Original
Ausstoß –

Bad Schussenried

Brauerei Ott

Straße	Wilhelm-Schussen-Str. 12
PLZ	88427
Gründung	1834
Inhaber	Jürgen Ott
Internet	www.schussenrieder.de

Sorten Spezialität: naturtrübes Schussenrieder, Weiße, Original Spezial, Schwarze Weiße, Pilsener, Urtyp Lager, Vollmondbier, Bergkristall Kristallweizen, Schwarzbier
Ausstoß 100 000 hl
Bemerkung Ott ist eine bemerkenswerte Erlebnisbrauerei mit Brotzeitstube – Attraktion: hausgebackenes Bauernbrot –, Gewölbekeller und dem 1994 eröffneten ersten Bierkrugmuseum Deutschlands.

Bad Staffelstein

Brauerei „Zum Pfau"

Straße	Frauendorf 11
PLZ	96231
Gründung	1820
Inhaber	Anton Hetzel

Sorten Zu Weihnachten: Festbier und Bockbier; Vollbier, Pils, Landbier
Ausstoß 3000 hl
Bemerkung Die Brauereigaststätte ist nur sonntags geöffnet und bietet dann Brotzeiten zu den sehr empfehlenswerten Bieren an.

Bad Staffelstein

Alte Klosterbrauerei Vierzehnheiligen Trunk OHG

Straße	Vierzehn-heiligen 3	*Sorten*	Nothelfer Trunk, Vollbier, Pils, Festbier, Erntebier, Bockbier
PLZ	96231	*Ausstoß*	4000 hl
Gründung	1803	*Bemerkung*	In der Braustube und im
Inhaber	Alfred & Andreas Trunk		Biergarten werden Brotzeiten und Spezialitäten angeboten wie G'rupfter, Pressack, Schinken.

Bad Staffelstein

Staffelberg Bräu Loffeld

Straße	Mühlteich 4	*Sorten*	Staffelberg Bierspezialitäten: Weißbier, Bayerisch Hell, Festbier, Pilsener, Märzen Doppelbock
PLZ	96231		
Gründung	1856		
Inhaber	Anton Geldner	*Ausstoß*	13 000 hl
		Bemerkung	Brotzeiten und diverse Braten mit Klößen aus eigener Schlachtung werden im Bräustübl und im Biergarten serviert. Übernachtungsmöglichkeiten vorhanden. Eine sehr empfehlenswerte Adresse.

Bad Staffelstein

Brauerei Reblitz Nedensdorf

Straße	Am Mahlberg 1	*Sorten*	Dunkles Lagerbier, auch zum Mitnehmen im 2-l-Siphon
PLZ	96231	*Ausstoß*	350 hl
Gründung	um 1800	*Bemerkung*	In der Stube und auf der Terrasse des Brauereigasthofs werden
Inhaber	Reinhold Reblitz		Gerichte und Hausmacher Brotzeiten aus fränkischer Küche aufgetischt; dazu Schnäpse aus der eigenen Brennerei.

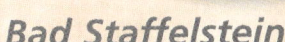

Bad Staffelstein

Brauerei Dinkel Stublang

Straße	Frauendorfer Str. 18	*Sorten*	Landbier dunkel vom Fass
PLZ	96231	*Ausstoß*	500 hl
Gründung	über 100 Jahre im Familien-besitz	*Bemerkung*	Dinkels Landbier gibt es nur in der eigenen Gaststätte, die zudem fränkische Wildspezialitäten aus eigener Jagd anbietet; Übernachtungsmöglichkeiten im angeschlossenen Hotel.
Inhaber	Andreas Dinkel		

Bad Staffelstein

Löwenbräu Peter Hennemann Stublang

Straße	Am Dorf-brunnen 13	*Sorten*	Dunkles Bier
PLZ	96231	*Ausstoß*	300 hl
Gründung	1862	*Bemerkung*	Das Haus verfügt über eine Wirtschaft mit Gästezimmern. Zum Bier bietet die Speisekarte fränkische
Inhaber	Peter Hennemann		Gerichte mit Fleisch aus eigener Schlachtung und mit selbstge-backenem Holzofenbauernbrot. Eigene Ferienwohnungen.

Bad Staffelstein

Brauerei Dinkel Uetzing

Straße	Serkendorfer Str. 11
PLZ	96231
Gründung	um 1900
Inhaber	Familie Dinkel

Sorten Dunkles Bier nur für Hausbrauer
Ausstoß 150 hl

Bad Staffelstein

Brauerei Hellmuth Wiesen

Straße	Wiesen 14
PLZ	96231
Gründung	1836
Inhaber	Georg Hellmuth
Internet	www.gasthaus-hellmuth.de

Sorten Eierberg Urstoff dunkles, naturtrübes Lagerbier auch im 5-l-Partyfass
Ausstoß 400 hl
Bemerkung Köchin Simone Hellmuth ist von der IHK für ihre gute fränkische Küche ausgezeichnet worden; eigene Schlachtung.

Bad Staffelstein

Brauerei Thomann Wiesen

Straße	Altmain Str. 5
PLZ	96231
Gründung	um 1870
Inhaber	Familie Thomann

Sorten Dunkles Lagerbier
Ausstoß 500 hl
Bemerkung Der Brauereigasthof Thomann serviert in der Wirtsstube wie auf der Terasse fränkische Gerichte wie verschiedene Braten mit Klößen und Hausmacher Brotzeiten mit Schinken, Leberwurst, Pressack aus eigener Schlachtung.

Bad Windsheim

Brauhaus Döbler

Straße	Kornmarkt 6
PLZ	91438
Gründung	1867
Inhaber	Wilhelm L. Döbler

Sorten Gründungsstoff, Festtagsbier, Döbler-Pils, Reichsstadtbier, Hefeweizen, Land Märzen, Altstadt Hell, Doppelbock, Löschauer Dunkel, Museums Dunkel
Ausstoß 5000 hl
Bemerkung Zum Brauhaus gehört eine traditionsreiche gemütliche Brauereigaststätte inmitten der historischen Altstadt, wo es fränkische Brotzeiten gibt. Bierseminare nach Vereinbarung.

Bad Wörishofen

Löwenbräu

Straße	Hermann-Aust-Str. 2
PLZ	86825
Gründung	1905
Inhaber	Familie Forster
Internet	www.loewen-braeu-bad-woerishofen.de

Sorten Löwen-Krone, Helles, Kur-Pils, Löwen-Urtrunk, Leusator Doppelbock, Spezial, Dunkel, Bad Wörishofer Weißbier
Ausstoß –
Bemerkung Gutbürgerliche Küche ergänzt im Brauereigasthof den löwigen Biergenuss. Ein angeschlossenes Hotel lädt zu längerem Verweilen.

BAMBERG

Gott danken die Franken für das reichhaltige Bierangebot. Hauptstadt dieses Bierlandes ist Bamberg mit seiner erstaunlichen Anzahl an Brauereien und einer Reihe nur hier erhältlicher Spezialitäten. Schon 1093 ist der erste Bierausschank belegt, eine Klosterbrauerei der Benediktiner bereits 1122. Einen Überblick über Tradition und Bierkultur gewährt das Fränkische Brauereimuseum von April bis Oktober an den Nachmittagen von Donnerstag bis Sonntag; für größere Gruppen wird auch zwischendrin aufgemacht.

Bamberg
Brauerei Fäßla OHG

Straße	Obere Königstr.19–21
PLZ	96052
Gründung	1649
Inhaber	Sebastian Kalb
Internet	www.bier-stadt.de/faessla

Sorten Spezialitäten: Bambergator (stärkstes Bier der Stadt), Bamberger Zwergla – das Dunkle, Gold-Pils, Lagerbier
Ausstoß 15 000 hl
Bemerkung Im urigen Braugasthof schafft deftige fränkische Küche die richtige Grundlage für den Biergenuss. Im Oktober empfiehlt sich frühe Buchung im Brauerei-Hotel, denn dann steht der Bockbieranstich ins Haus.

Bamberg
Brauerei Greifenklau

Straße	Laurenziplatz 20
PLZ	96049
Gründung	1719
Inhaber	Sigmund Brockard
Internet	www.greifen-klau.de

Sorten Lager, Weizen, Fest- und Bockbier
Ausstoß 2000 hl
Bemerkung Wahre Genießer trinken hier und tafeln zugleich. In der Brauereiwirtschaft mit ihrem Bierkeller haben sie Domblick, der die kernigen fränkischen Gerichte veredelt. Gesteigert wird der Effekt noch in der alljährlich im November begangenen Bockbierwoche. Dafür buchen im angeschlossenen Hotel Altenburgblick.

Brauerei Keesmann

Straße	Wunderburg 5
PLZ	96050
Gründung	1867
Inhaber	Familie Keesmann
Internet	www.bier-stadt.de/keesmann

Sorten Bamberger Herrenpils, Sternla Lager, Hell, Bock
Ausstoß 12 000 hl
Bemerkung Die Adresse „Wunderburg" würdigt erst der richtig, der sich im Biergarten des Brauerei-Innenhofes oder im Braugasthof fränkische Spezialitäten zum Bier servieren lässt. Ein Muss-Termin ist im Juli die Wunderburger Kirchweih.

Bamberg

Brauerei Spezial

Straße	Obere Königstr. 10
PLZ	96052
Gründung	1536
Inhaber	Christian Merz
Internet	www.bier-stadt.de/spezial

Sorten Rauchbiere: Lager, Märzen, Bock, eigene Mälzerei
Ausstoß 6000 hl
Bemerkung Die Brauwirtschaft lockt mit gutbürgerlicher fränkischer Küche; Übernachtung im angeschlossenen Hotel möglich. 800 Plätze hat der Biergarten am oberen Stephansberg, wo sehr gute Brotzeiten serviert werden.

Bamberg

Mahr's Bräu – Gebrüder Michel

Straße	Wunderburg 10
PLZ	96050
Gründung	1670
Inhaber	Ingmar Michel
Internet	www.mahrs-braeu.de

Sorten Pilsner, hell, leicht, Hefeweißbier, Bockbiere, Spezialitäten: Mahr's Bräu ungespundet/naturtrüb, Kutscherbier
Ausstoß 25 000 hl
Bemerkung Hier hat sich seit über einem Jahrhundert nichts geändert: Im urigen Brauereigasthof trinkt man Tradition mit. Ein besonderes Erlebnis ist der Hufbeschlag der Brauereipferde Ende September; Kutschfahrten auf Anfrage. Der Kellerbetrieb am oberen Stephansberg eignet sich sehr gut für Feiern.

Bamberg

„Heller-Bräu" – Schlenkerla –

Straße	Dominikaner-str. 6
PLZ	96049
Gründung	1678
Inhaber	Heller-Bräu Trum KG
Internet	www.bier-stadt.de/schlenkerla

Sorten Spezialität: Aecht Schlenkerla Rauchbier (gesetzl. geschützt)
Ausstoß 12 000 hl
Bemerkung Die meistbesuchte – und für viele originellste – Gaststätte der Stadt gehört zum Haus zu Füßen des Bamberger Doms.

Bamberg

Klosterbräu

Straße	Obere Mühlbrücke 3
PLZ	96049
Gründung	1533, älteste noch tätige Braustätte der Stadt
Inhaber	Anne-Rose Schröder-Braun
Internet	www.bier-stadt.de/kloster-braeu

Sorten Braunbier, Schwärzla, Lager, Bamberger Gold, Bockbier
Ausstoß 4000 hl
Bemerkung Das Haus im Herzen der Altstadt hält im historischen Ausschank nicht nur die begehrten Biere bereit, sondern auch einen beachtlichen Bierschnaps. Beliebt sind die Brauereifeste im mittelalterlichen Zehnthaus.

Maisel-Bräu

Straße	Moosstr. 46
PLZ	96050
Gründung	1894
Inhaber	Udo Zoebelein
Internet	www.bier-stadt.de/maisel

Sorten Domreiter Pils, Kellerbier, St. Michaelsberger, Bamberger Hell, Leichtes, Benediktiner dunkel, Eine Bamberger Weiße

Ausstoß 45 000 hl

Bemerkung Neben der Brauerei laden Maisel Keller und Biergarten ein; auf den Keller können Brotzeiten mitgebracht werden. Die Brauereigaststätte, das Bamberger Weißbierhaus, befindet sich in der Oberen Königstraße 38.

Bamberg

Kaiserdom Privatbrauerei Wörner GmbH & Co. KG

Straße	Breitäckerstr. 9
PLZ	96049
Gründung	1718
Inhaber	Georg Wörner
Internet	www.kaiser-dom.de

Sorten Alt-Bamberg Dunkel, Kaiserdom Premium Pilsener, Weizenland Weißbier, Prostel alkoholfrei

Ausstoß 300 000 hl

Bemerkung Drei Gaststätten gehören zum Brauhaus: Die direkt angeschlossene Wirtschaft zeichnet sich durch gehobene Küche aus, im Zentrum der Stadt findet man gute Bedienung in den Kaiserdom Stuben, und in der Laurenzistraße schmecken die Durstlöscher im Röckeleinskeller am Kaulberg.

Brauerei Sippel

Straße	Burgstr. 28
PLZ	96148
Gründung	1806 erste Erwähnung
Inhaber	Johann Baptist Fössel

Sorten dunkles Vollbier vom Fass

Ausstoß 350 hl

Bemerkung Gerühmt werden die fränkische Küche im Braugasthof und die Produkte der eigenen Schnapsbrennerei.

Baunatal

Hütt Brauerei Bettenhäuser KG

Straße	Knallhütte
PLZ	34225
Gründung	1752
Inhaber	Frank Bettenhäuser
Internet	www.huett.de

Sorten Hütt Knallhütter schwarzes Gold, Hütt Export, Hütt Pils, Hütt Urknall, Hütt Luxus Pils, Hütt naturtrüb, „Hütt Grimms" die marchenhafte Bierspezialität

Ausstoß 90 000 hl

Bemerkung Brauereiführungen nach Vereinbarung. Die Firma kann auf die längste Brautradition in Nordhessen zurückblicken. Im Brauhaus „Knallhütte" gibt es Speisen auch außer Haus sowie einen Partyservice.

Bayreuther Bierbrauerei AG

Straße	Hindenburg-str. 9
PLZ	95445
Gründung	1831
Inhaber	Vorstand: Andreas Maisel
Internet	www.bay-reuther-bier.de

Sorten Aktien-Original-Pilsner, -Export, -Fassquell, -Dunkel, Aktien Zwickel-Kellerbier

Ausstoß –

Bemerkung In der Brauereischänke und im urigen Biergarten bekommt man deftige fränkische Speisen, insbesondere Bierrippchen, Schweinshaxn, Nürnberger Bratwürste vom Grill.

Bayreuth

Becher-Bräu

Straße	St. Nikolaus-str. 25	*Sorten*	Becher-Hell, -Pils, -Spezial 205, -Bock, -Dunkel, Kräußen Pils naturtrüb
PLZ	95445	*Ausstoß*	2000 hl
Gründung	1781	*Bemerkung*	In der Brauereigaststätte und im Biergarten zu emp-
Inhaber	Anna Hacker		fehlen: Schäuferla, saure Bratwürste, fränkische Gerichte.

Bayreuth

Brauerei Gebrüder Maisel KG

Straße	Hindenburg-str. 9	*Sorten*	Maisel's: -Weiße Original, -Weiße Dunkel, -Weiße Kristallklar, -Weiße Light,
PLZ	95445		-Weiße Alkoholfrei, -Dampfbier, -Pilsner,
Gründung	1887		-Edelhopfen Diät Pilsner
Inhaber	Jeff Maisel, Peter Rutzen-höfer, Brauerei C. & A. Veltins Meschede (35 %)	*Ausstoß*	388 000 hl
		Bemerkung	„Goldener Löwe" heißt die Brauereigaststätte mit dem angeschlossenen Hotel. Auch bei Löwen-Appetit kommt hier der Gast auf seine Kosten bei der sehr guten fränkischen Küche. Nach einem ab-schließenden Bierschnaps „Weißer Blitz" ist man vorbereitet auf die Besichtigung des Brauereimuseums. Am Wochenende vor Himmelfahrt lockt das legendäre Maisel's Weißbierfest.
Internet	www.maisel.com		

Bayreuth

Exportbierbrauerei Richard Glenk OHG

Straße	Eichelweg 9–14	*Sorten*	Glenk: -Hell, -Pils, -Festbier, -Leicht, -Bock
PLZ	95445	*Ausstoß*	10 000 hl
Gründung	1852		
Inhaber	Heinrich und Pauline Glenk		

Bayreuth

Brauhaus Schinner

Straße	Bindlacher Str. 10	*Sorten*	Braunbier, Urstoff, Wurzinger Weiße, Kent's No. 1, Fränkisch Festbier,
PLZ	95445		Schinner: -Urhell, -Edel Pils, Markator,
Gründung	1860		Altfranken Urstoff, 1860 Premium,
Inhaber	Hans Schinner		Klassik Pils
		Ausstoß	20 000 hl
		Bemerkung	Das Braunbierhaus ist das älteste Gebäude in Bayreuth und führt fränkische Spezialitäten-Küche.

Beckum

Brauhaus Heinrich Jürgens

Straße	Mühlstr. 4–6
PLZ	59269
Gründung	1680
Inhaber	Heinrich Jürgens

Sorten Stiefel's Lagerbier, Altbier, Pils, Stiefel's Weizen
Ausstoß 800 hl
Bemerkung Im Brauereiausschank dieses ältesten westfälischen Brauhauses wird anerkannt gute Küche geboten. Dazu zapft der Braumeister höchstselbst die Kreationen des Hauses. Jede Familienfeier wird da zum Erfolg.

Beilngries

Schattenhofer-Bräu

Straße	Hauptstr. 44
PLZ	92339
Gründung	1363
Inhaber	Anita Schattenhofer
Internet	www.schatten-hofer.com

Sorten Urhell, Pils, Export, Wotans Trunk dunkel
Ausstoß 2500 hl
Bemerkung Im „Goldenen Hahn", dem Braugasthof mit Hotel, gibt's einheimische Spezialitäten sowie in Bier gegarte Speisen.

Bellheim

Park & Bellheimer AG

Straße	Karl-Silber-nagel-Str. 20
PLZ	76756
Gründung	1865
Inhaber	Vorst. Theo de Groen
Internet	www.park-bellheimer.de

Sorten Pfälzer Festbier, Bellheimer Naturtrüb, Edel Export, Silber Pils, Lord Light, Bellheimer Weizen Bräu, Bellheimer Lord Pils, Doppelbock
Ausstoß –
Bemerkung Der Hauptbetrieb produziert in Pirmasens.

Berching

Privatbrauerei Winkler

Straße	Reichenauplatz 22
PLZ	92334
Gründung	1826
Inhaber	Josef Winkler
Internet	www.brauerei gasthof-winkler.de

Sorten Winkler: -Bärentrunk, -Alt Berchinger Dunkel, -Josefi Bock; Berchinger: -Premium Pils, -Weißbier, -Lagerbier, -Leichte Weiße
Ausstoß 5000 hl
Bemerkung Im Gasthof der Brauhauses bekommt man die Biere, die alle das Gütesiegel tragen: „Qualität aus Bayern", zu gutbürgerlicher Küche. Das angeschlossene Hotel ist modern und großzügig eingerichtet.

Berching

Brauerei Schuller

Straße	St. Lorenz Str. 14
PLZ	92334
Gründung	um 1725
Inhaber	Franz Schuller

Sorten Vollbier hell und dunkel, Pils, Export, Bock, Weizen hell und dunkel
Ausstoß 2000 hl
Bemerkung Kenner trinken ihr Schuller im Brauereiausschank, der oberpfälzer Küche führt und Fleischspezialitäten aus eigener Landwirtschaft anbietet.

Hofbrauhaus Berchtesgaden

Straße	Bräuhausstr. 15
PLZ	83471
Gründung	1645
Inhaber	Dr. Jobst Kayser-Eichberg, Dr. Dieter Soltmann

Sorten „Das Bier vom Königssee" Festbier, Jubiläumsbier, Hell, Pils
Ausstoß 23 000 hl
Bemerkung Das Berchtesgadener Haus ist ein Zweigbetrieb der Gabriel Sedlmayr Spaten-Franziskaner-Bräu KGaA München.

Berg

von Koch'sche Brauerei GmbH & Co.

Straße	Gottsmannsgrün 33
PLZ	95180
Gründung	1535
Inhaber	GF Ernst-Albrecht Freiherr von Waldenfels

Sorten Gottsmannsgrüner: -Pils, -Schwarzbier, -Export, -Doppelbock, -Leicht, -Hefe Weiße, -Lager
Ausstoß 35 000 hl

Berliner Bürgerbräu GmbH

Straße	Müggelseedamm 164–166
PLZ	12587
Gründung	1901
Inhaber	Hofmark Brauerei Cham, Familie Häring

Sorten Berliner Bürgerbräu Pilsener, -Rotkehlchen, -Dunkler Bock, -Maibock, -Bernauer Schwarzbier
Ausstoß 80 000 hl

Berlin

Berliner-Schultheiss-Brauerei GmbH

Straße	Indira-Gandhi-Str. 66–69
PLZ	13053
Gründung	1842
Inhaber	Brau und Brunnen AG
Internet	www.berliner-pilsner.de, www.schultheiss.de

Sorten Berliner Pilsner, Schultheiss Pilsener, Aecht Patzenhofer, Schultheiss Lager schwarz, Schultheiss Original Berliner Weiße
Ausstoß 990 000 hl

Berliner Kindl Brauerei AG

Straße	Werbellinstr. 50
PLZ	12053
Gründung	1872
Inhaber	Vorstand K. Schütze

Sorten Berliner Kindl Jubiläums Pilsener, Berliner Kindl Pils, Berliner Kindl Weiße, Berliner Kindl Bock hell und dunkel, Johanniter Doppelbock, Potsdamer Rex Pils, Märkischer Landmann
Ausstoß 1,1 Mio. hl
Bemerkung Gehört zur Radeberger Brauereigruppe

Biberach

Brauerei Grüner Baum

Straße	Schulstr. 9
PLZ	88400
Gründung	1622
Inhaber	Theodor Schanz
Internet	www.gruener-baum-bc.de

Sorten Spezial, Pilsener, Goldweizen, Export, Hefeweizen hell, Hefeweizen dunkel
Ausstoß 2500 hl
Bemerkung Mitten in der historischen Altstadt laden der Brauereigasthof und sein Hotel zum Verweilen ein. Hier kann man sich zum Bier mit schwäbischen Spezialitäten aus gutbürgerlicher Küche verwöhnen lassen.

Bischberg

Brauerei zur Sonne

Straße	Regnitzstr. 2
PLZ	96120
Gründung	1587
Inhaber	Dieter und Christian Schuhmann

Sorten Sonnen Pils, Urtyp hell, Zunfttrunk
Ausstoß 2000 hl
Bemerkung Nirgendwo munden die „sonnigen" Biere so gut wie in der gemütlichen Brauereigaststätte.

Wahrzeichen Berlins, das Brandenburger Tor

Klosterbrauerei Kreuzberg
seit 1731

Vollbier
Brauerei - Abfüllung

Straße	–
PLZ	97653
Gründung	1731
Inhaber	Franziskaner-kloster Kreuzberg
Internet	www.kreuz-bergbier.de

Bischofsheim/Rhön

Klosterbrauerei Kreuzberg

Sorten Dunkel, Weizen, Pils, Weihnachtsbock (alle naturtrüb)
Ausstoß 6000 hl
Bemerkung Die Klosterschänke mit ihren Brotzeiten aus eigener Schlachtung und sommers der weitläufige Biergarten sind ein Muss. Übernachtungsmöglichkeit im Gasthof.

Bitburg

Bitburger Brauerei Th. Simon GmbH

Straße	Römermauer 3
PLZ	54634
Gründung	1817
Inhaber	GF Dr. Axel Th. Simon
Internet	www. bitburger.de

Sorten Bitburger Premium Pils, Bitburger Light, Bitburger Drive
Ausstoß 4,190 Mio. hl/ Bitburger Gruppe: 5,8 Mio. hl
Bemerkung Im den letzten Jahren hat sich das Unternehmen durch Beteiligungen zügig vergrößert: 1991 Köstritzer Schwarzbierbrauerei, 1993 Schultheis Brauerei Weißenthurm, 2002 Wernesgrüner Brauerei.

Bochum

Privatbrauerei Moritz Fiege

Straße	Scharnhorststr. 21–25
PLZ	44787
Gründung	1878
Inhaber	Jürgen und Hugo Fiege
Internet	www.moritz-fiege.de

Sorten Moritz Fiege Pils, -Leicht, -frei, -Gründer Hell
Ausstoß 140 000 hl
Bemerkung Sehr sehenswert das kleine Brauereimuseum „Fiege-Kontor". Alle Biere werden in Bügelflaschen abgefüllt.

Bockhorn

Schlossbrauerei Grünbach GmbH

Straße	Kellerberg 2
PLZ	85461
Gründung	1930
Inhaber	GF Alexander Noll
Internet	www.schloss-brauerei-gruenbach.de

Sorten Weißbier Spezialitäten: Braumeister Weizen, Alt Weizen dunkel, Prinzen Bock, Green Flash, Leichte Weiße, Alt Weizen Gold, Benno Scharl Weiße naturtrüb. Die Brennerei liefert Edelbrände: Grünbacher Gold, Grünbacher Schlossgeist
Ausstoß 25 000 hl
Bemerkung Das Bräustüberl ist bekannt für seine Behaglichkeit und Gastlichkeit.

SCHLOSSBRAUEREI GRÜNBACH
alt-weizen bier
DIE GUTE HEFEWEISSE

Bodenwöhr

Familienbrauerei Jacob

Straße	Ludwigsheide 2
PLZ	93439
Gründung	1758
Inhaber	Familie Jacob
Internet	www.brauerei-jacob.de

Sorten Atbayrisch Hell, Edel Pils, Jacobator Doppelbock, Spezial Export, Weißbier hell und dunkel
Ausstoß –
Bemerkung Einen Ausflug wert ist auch der Brauerei-gasthof mit dem angeschlossenen Hotel direkt am Hammersee im Naturpark „Vorderer Bayerischer Wald".

Böblingen

W. Dinkelaker Schönbuch-Bräu KG

Straße	Postplatz 6
PLZ	71032
Gründung	seit 1823 in Familienbesitz
Inhaber	GF Götz Habisreitinger, Werner Dinkelaker
Internet	www.schoen-buchbraeu.de, www.fetzig-weizig.de

Sorten Forstmeister Pils, Mechthild bernstein-farbenes Lagerbier, Roter Küster Pils, Billy Bob's Pils, Schönbuch Elch Test, Schönbuch Weizenbiere, Schönbuch Ur-Edel, Schönbuch Naturtrüb
Ausstoß 35 000 hl
Bemerkung Eine erste Böblinger Adresse sind die Braustuben mit ihrer gepflegten gutbür-gerlichen Küche.

Böbrach

Ecker-Bräu

Straße	Eck 1
PLZ	94255
Gründung	1462
Inhaber	Familie Schönberger
Internet	www.brauerei-eck.de

Sorten Wilderer Dunkel, Böbracher Pils, Export hell, Maibock vom Fass
Ausstoß 4000 hl
Bemerkung Rundum wohl fühlen sich die Besucher im urgemütlichen Brauereigasthof mit Hotel im Herzen des Bayerischen Waldes. Nicht nur Bier und „bierische" Küche gibt es zu genießen, sondern auch Schnaps aus der eigenen Brennerei. Auf keinen Fall einen Blick ins Schnapsmuseum versäumen.

Bopfingen

Brauerei Conrad Schwind „Zum Deutschen Hof"

Straße	Altbachweg 3
PLZ	73441
Gründung	1278
Inhaber	Conrad Schwind

Sorten Export hell, Weißbier, Bock, Export dunkel
Ausstoß 1500 hl
Bemerkung Bierkenner geraten in der Brauereigaststätte ins Schwärmen, denn hier im seit über einem Jahrhundert unveränderten Ambiente schmecken sie, mit welcher Liebe alle Sorten gebraut sind. Kulinarische Grundlage liefern Brotzeiten aus eigener Schlachtung, den i-Punkt setzt ein Bierschnaps aus eigener Brennerei. Top-Termine: 2. Sonntag im August Bräuhausfest, 17. Oktober Kirchweih.

Bräunlingen

Löwenbrauerei Friedrich Kalb KG

Straße	Friedhofstr. 4
PLZ	78199
Gründung	1803
Inhaber	Friedrich Kalb

Sorten Löwen Edel Export, Keller-Pils naturtrüb, Löwen Pils, Weißer Leo, Löwen Festbier
Ausstoß 5000 hl
Bemerkung Die Brauereigaststätte tischt Speisen aus badischer Küche auf.

Gräflich von Mengersen'sche Dampfbrauerei Rheder

Straße	Nethetalstr. 10	*Sorten*	Spezialitäten: St. Annen dunkel, Rheder Dampfbier naturtrüb, Doppelbock, Husarentrunk, Rheder Pils, Rheder Export
PLZ	33034		
Gründung	1686		
Inhaber	Elmar Freiherr von Spiegel von und zu Peckelsheim	*Ausstoß*	30 000 hl
		Bemerkung	Das geplegte Brauereigebäude steht unter Denkmalschutz.
Internet	www.schloss-brauerei-rheder.de		

Braunschweig

Brauerei Feldschlößchen AG

Straße	Wolfenbütteler Str. 33	*Sorten*	Feldschlößchen Pilsner Premium, Silberkrone, Streitberg Pils, Duckstein (rotblondes Oberbräu), Feldschlößchen Export
PLZ	38102		
Gründung	1888	*Ausstoß*	1,4 Mio. hl
Inhaber	Aufsichtsrats-vors. Christian R. Eisenbeiss	*Bemerkung*	Das Unternehmen gehört heute zur Holsten-Brauerei AG Hamburg.
Internet	www.feld-schloesschen.de		

Hofbrauhaus Wolters AG

Straße	Wolfenbütteler Str. 39	*Sorten*	Wolters Pilsener Premium, Wolters Pilsener, Prinzen Sud, Schwarzer Herzog, Oktober Bier
PLZ	38102		
Gründung	1627	*Ausstoß*	800 000 hl
Inhaber	Interbrew Deutschland Holding GmbH	*Bemerkung*	Das Unternehmen ist heute eine Tochtergesellschaft der Gilde Brauerei AG Hannover und gehört damit zur Interbrew Gruppe Belgien.
Internet	www.hofbrau-haus-wolters.de		

Breidenbach-Wolzhausen

Brauerei H. Thome KG Wolzhausen

Straße	Sandstr. 2	*Sorten*	Thome Pils, Thome Pils Stuppi, Braumeister Sud
PLZ	35236		
Gründung	1790		
Inhaber	Fritz Thome, Nils-Holger Thome	*Ausstoß*	10 000 hl
		Bemerkung	Kalte Brotzeiten gibt es in der Gaststätte „Zum alten Brauhaus" und im Biergarten davor.
Internet	www.brauerei-thome.de		

Brauerei Hümmer

Straße	Bamberger Str. 22	*Sorten*	Güßbacher Urtyp, Hümmer Pils, -Bock, -Lagerbier, Altfränkisches Dunkel, Altfränkische Weiße
PLZ	96149	*Ausstoß*	4000 hl
Gründung	1642	*Bemerkung*	Angeschlossen ist dem Brauhaus ein eigener Gasthof,
Inhaber	Georg Hümmer		bekannt für seine fränkische Küche, und das Hotel „4 Jahrezeiten".

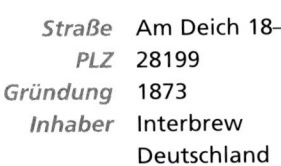

Bremen

Brauerei Beck GmbH &Co. KG

Straße	Am Deich 18–19	*Sorten*	Beck's Bier für sämtliche Erdteile, Beck's-Gold
PLZ	28199	*Ausstoß*	4,4 Mio. hl
Gründung	1873	*Bemerkung*	Die führende deutsche Exportbrauerei gehört seit 2002 zur Interbrew Gruppe Belgien.
Inhaber	Interbrew Deutschland Holding GmbH		
Internet	www.becks.de		

Bremen

Haake-Beck Brauerei GmbH

Straße	Am Deich 18–19	*Sorten*	Haake Beck Pils, -Dunkel, -Alkoholfrei, .-Export, -Edelhell, -Maibock, -Kräusen
PLZ	28199		
Gründung	1826		
Inhaber	Interbrew Deutschland Holding GmbH	*Ausstoß*	1,0 Mio. hl
		Bemerkung	Haake-Beck ist eine Marke der Brauerei Beck GmbH & Co. KG und gehört damit seit 2002 zum belgischen Brauereikonzern Interbrew.
Internet	www.haake-beck.de		

Bruckberg

Der Hausbrauer Dietz

Straße	Feuerbachstr. 1	*Sorten*	Helles, Pils, Dunkles Weizen
PLZ	91590	*Ausstoß*	2000 hl
Gründung	1616	*Bemerkung*	Gerühmt werden die Brotzeiten des Braugasthofes. Nach den kräftigen fränkischen Gerichten hilft ein Schnaps aus der eigenen Brennerei verdauen.
Inhaber	Helmut Dietz		

Bruckberg

Brauerei Dorn & Sohn

Straße	Markgrafenstr. 3	*Sorten*	Helles, Dunkles, Festbier, Pils, Doppelbock (zu Weihnachten)
PLZ	91590		
Gründung	1766		
Inhaber	Karl und Georg Dorn	*Ausstoß*	3000 hl
		Bemerkung	Frisch sind in der Brauwirtschaft nicht nur die Biere, sondern auch die Fleischgerichte aus eigener Schlachtung.

Bruckberg (Niederbayern)

Brauerei Wimmer

Straße	Bräuberg 1	*Sorten*	Bruckberger -Weiße, -Festbier, -Leichtes Helles, -Hell, -Export, -Dunkel, -Pils
PLZ	84079		
Gründung	1878	*Ausstoß*	8000 hl
Inhaber	Albert und Markus Kellerer	*Bemerkung*	Die gebrauten Biersorten sind im brauerei-eigenen Getränkemarkt und in vielen Gaststätten der Region erhältlich.

Brühl

Bischoff'sche Brauerei

Straße Weilerhof
PLZ 50321
Gründung 1961
Inhaber Wilhelm Bischoff

Sorten Bischoff-Kölsch
Ausstoß 2800 hl
Bemerkung Direktverkauf nur ab Brauerei auch im 2-l-Biersiphon.

Burgebrach

Schwanen-Bräu

Straße Hauptstr. 16
PLZ 96138
Gründung seit 1394, eine der ältesten Braustätten im Bamberger Land
Inhaber Familie Lechner
Internet www.schwana-wirt.de

Sorten Schwanen-Pils, Alexator-Doppelbock, Keller-Bier
Ausstoß 1200 hl
Bemerkung Der altehrwürdige Brauereiausschank erfreut sich mit seinen vorzüglichen fränkischen Gerichten großer Beliebtheit; ein großer Saal eignet sich bestens für Familienfeiern. Im Sommer werden Brotzeiten im Felsenkellerbetrieb gereicht.

Burgebrach

Brauerei Herrmann

Straße Brückenstr. 3
PLZ 96138
Gründung 1776
Inhaber Georg Herrmann

Sorten Vollbier, Bockbier, ungespundetes Lagerbier
Ausstoß 1000 hl
Bemerkung Hausmacher Brotzeiten, Pizza und Hähnchen ergänzen im Brauereiausschank den flüssigen Genuss; sehr schöner uriger Bierkeller mit Brotzeiten.

Burgebrach

Brauerei Kaiser

Straße Grasmannsdorf 9
PLZ 96138
Gründung seit über 100 Jahren in Familienbesitz
Inhaber Johann Kaiser
Internet www.brauerei-kaiser.de

Sorten Festbier, Bockbier, Kaiser Pils
Ausstoß 2000 hl
Bemerkung In der Brauereigaststätte ist alles frisch: Bier vom Hahn, Brotzeiten mit Wurst aus Hausschlachtung, Karpfen aus dem eigenen Weiher.

Burgebrach

Brauerei Zehendner GmbH

Straße	Mönchsam-bach 18	*Sorten* ungespundetes Lagerbier, Pils, Export, Weizen Bock, Maibock
PLZ	96138	*Ausstoß* 6000 hl
Gründung	1899	*Bemerkung* Weithin beliebt sind die
Inhaber	Stefan Zehendner	Bratwürste aus eigener Schlachtung, die im Brauereigasthof und im Biergarten des
Internet	www.brauerei-zehendner.de	Brauereihofes zu haben sind.

Burghausen

Klosterbrauerei

Straße	Raitenhaslach 2	*Sorten* Raitenhaslacher Klosterbier
PLZ	84489	*Ausstoß* 3000 hl
Gründung	1286	*Bemerkung* Klosterkirche und
Inhaber	Stadt Burghausen	Klostergaststätte mit Biergarten und einheimischer Küche lohnen den Besuch. Übernachtung möglich.

Burgkunstadt

Brauerei Hellmuth

Straße	Lend 9	*Sorten* Exportbier, Borkuschter Dunkel
PLZ	96224	*Ausstoß* 1000 hl
Gründung	um 1900	*Bemerkung* Zünftig genießt es sich im
Inhaber	Rita Deuerling	Brauereiausschank.

Burgkunstadt

Gick-Bräu

Straße	Lichtenfelser Str. 17	*Sorten* Export, Pils, Weihnachtsbock, Schuster Öl, Premium 2000, Ritter Kuno Trunk
PLZ	96224	*Ausstoß* 4000 hl
Gründung	1814	*Bemerkung* Da auch Hunger durch Bier erst
Inhaber	Adelbert Gick	wirklich schön wird, lohnt ein Blick auf die Speisenkarte des Brauereiausschanks; Spezialität: knusprige Hähnchen.

Burgkunstadt

Günther-Bräu

Straße	Kulmbacher Str. 36	*Sorten* Bernstein, Bockbier, Premium Pilsener, Dunkel Spezial, Festbier, Schwarzbier
PLZ	96224	*Ausstoß* 6000 hl
Gründung	1840	*Bemerkung* „Mit Liebe und Kohle", so heißt es bei den
Inhaber	Familie Günther	Stammkunden, werde hier der Braukessel befeuert. Der angeschlos-
Internet	www.guenther-braeu.de	senen Ausschank ist der beste Testort, berühmt nicht nur fürs Bier, sondern auch für seine vortrefflichen Bratwürste.

Brauerei Birkenseer

Straße	Friedhofstr. 8
PLZ	93133
Gründung	um 1910
Inhaber	Birkenseer GbR

Sorten Hell, Pils, Festbier, Hefe-Weißbier, Edelbock
Ausstoß –
Bemerkung Die eigene Metzgerei zur Brauerei ergibt die ideale Gastwirtschaft, die warmen Hausmacher Leberkäs offeriert.

Buttenheim

Löwenbräu

Straße	Marktstr. 8
PLZ	96155
Gründung	1880
Inhaber	Johann Modschiedler
Internet	www.loewen-braeu-buttenheim.de

Sorten Vollbier, Märzen, Pils, Leicht, Annafestbier, Bockbier; Spezialität: Löwenbräu-Kellerbier ungespundet
Ausstoß 15 000 hl
Bemerkung Ganzjährig geöffnet sind Brauereigaststätte und der Löwenbräukeller, wo es deftige Brotzeiten und fränkische Spezialitäten gibt; besonders zu empfehlen: Wild und Karpfen.

Buttenheim

St. Georgenbräu Gg. Modschiedler OHG

Straße	Marktstr. 12
PLZ	96155
Gründung	1624
Inhaber	Familie Modschiedler
Internet	www.keller-bier.de

Sorten St. Georgen: -Pils, -Helles Vollbier, -Weißbier, -Kellerbier ungespundet hefetrüb, dunkles Landbier

Ausstoß 80 000 hl

Bemerkung Koch und Braumeister streiten, ob eher die Biere oder eher die vorzüglichen fränkischen Gerichte für den enormen Besucherzustrom sorgen. Kommen lohnt jedenfalls, sommers in den Kellerbetrieb.

Buttenheim

Brauerei Meusel

Straße	Dreuschendorf 27
PLZ	96155
Gründung	15. Jahrhundert, seit 1929 in Familienbesitz
Inhaber	Ottmar Meusel

Sorten Meusel Pilsener, Vollbier, Bock hell und dunkel, Fein & Leicht, Alkoholfrei, ungespundetes Lagerbier

Ausstoß 25 000 hl im Heimdienst

Bemerkung Hochmoderne Einrichtung kennzeichnet das Brauhaus.

Buttenheim

Brauerei Sauer Gunzendorf

Straße	Jurastr. 30
PLZ	96155
Gründung	1612
Inhaber	Marianne Sauer, Susanne Boeser

Sorten Lagerbier, Andreasbock, Vollbier, Edelpils, Weiße

Ausstoß 5000 hl

Bemerkung Erstaunlich auf den ersten, erfreulich auf den zweiten Blick: Der Brauereigasthof bietet Erlebnisgastronomie mit Tanzsaal. Lagerbier und Bauernbrotzeiten mit Brot aus eigenem Holzbackofen gibt es auf dem Senftenberger Felsenkeller, der landschaftlich sehr reizvoll gelegen ist.

Buttenwiesen

Privatbrauerei Lauterbach L. Ehnle GmbH & Co. KG

Straße	Badstr. 2–5
PLZ	86647
Gründung	1651
Inhaber	Ludwig Ehnle
Internet	www.lauterbacher.de

Sorten Pilsener, Brotzeitbier, Festbier, Urtyp, Export Hell, Georg Bader; Spezialität Weizenbier mit folgenden Sorten: Jahrtausendweiße, Stephani Weiße, Schlanke Weiße, Bayrischer Hiasl, Weißer Bock; neu: Eisbock

Ausstoß 55 000 hl

Bemerkung Das alteingesessene Unternehmen betreibt einen renommierten Brauereigasthof.

Celle

Brauerei Carl Betz GmbH

Straße	Waldweg 101–103
PLZ	29221
Gründung	1893
Inhaber	Familie Betz
Internet	www.celler-bier.de

Sorten Celler Pilsener, -Urtyp, -Dunkel Festbier, -Bekenner Bock, Becefa-Extra Farbebier

Ausstoß 4500 hl

Bemerkung Drei Brauereigaststätten gehören zum Haus: „Zur Tenne" (direkt an der Brauerei), „Altes Schützenhaus" (Westercelle), Alter Kanal".

Cham

Brauerei Hintereder

Straße	Ortsteil Chammünster
PLZ	93413
Gründung	1421
Inhaber	Alfons Hintereder

Sorten Münster Hell, Münster Märzen
Ausstoß 5000 hl
Bemerkung Das Taditionshaus ist die älteste Brauerei Altbayerns. Ihr Bier verkostet sich in alter Frische am besten zu Brotzeiten in der angeschlossenen Wirtschaft.

Cham-Loifling

Hofmark Brauerei

Straße	Hofmarkstr. 15
PLZ	93455
Gründung	1590
Inhaber	Paul Häring KG

Sorten Bierspezialitäten in der Bügelflasche: Hofmark würzig herb, Hofmark würzig mild, Hofmark helles und dunkles Weißbier
Ausstoß –
Bemerkung Hofmark hat noch eine Tochter in Berlin: Bürger-Bräu sowie eine gemütliche Brauereigaststätte „Zum Hofmarkbräu".

Chemnitz

Einsiedler Brauhaus GmbH

Straße	Einsiedler Hauptstr. 144
PLZ	09123
Gründung	1885
Inhaber	Frank Kapp, Hans-Dieter Oermann
Internet	www.ein-siedler.de

Sorten Einsiedler Landbier, Privat Pils, Doppelbock, Maibock, Schwarzbier St. Peter, Weißbier hell und dunkel, Klausner, Jubiläumspils, Zwickelbier
Ausstoß 196 000 hl
Bemerkung Diese starke Regionalbrauerei mit der reichen Sorten-Palette liegt unabhängig am Rande des Erzgebirges.

Chemnitz

Braustolz GmbH

Straße	Am Feld-schlösschen 18
PLZ	09116
Gründung	1868
Inhaber	Kulmbacher Brauerei AG
Internet	www.brau-stolz.de

Sorten Braustolz: -Pils, -Bock, -Lager, -Pils Spezial, -Pils Premium, Black Art, Kappler Braumeister, Kappler Festbier
Ausstoß 180 000 hl

Chemnitz

Brauerei Reichenbrand

Straße	Zwickauer Str. 478
PLZ	09117
Gründung	1874
Inhaber	Joachim Bergt
Internet	www.brauerei-bergt.de

Sorten Reichenbrander -Bock, -Unser Helles, -Classic Pilsener, -Premium, Vam Bier, Kellerbier
Ausstoß 30 000 hl

Coburg

Coburger Brauerei AG

Straße Callenberger Str. 35
PLZ 96450
Gründung siehe Bemerkung
Inhaber Kulmbacher Brauerei AG

Sorten Coburger Pilsener
Ausstoß 30 000 hl
Bemerkung Das Unternehmen ist entstanden aus den Brauereien St. Scheidmantel seit 1834 und Anton Sturm, Erste Coburger Exportbrauerei AG seit 1833.

Colbitz

Heidebrauerei GmbH

Straße Brauereistr. 1
PLZ 39326
Gründung seit 1846
Inhaber GF Chr. August
Internet www.colbitzer-heide-brauerei.de

Sorten Heide: -Pils, -Starkbier, -Schwarzbier, Ritter Bock, Narren-Bräu, Rubin, Colbitzer Ritter Premium, Jubiläums Pils, Guericke Bier
Ausstoß 33 000 hl

Crailsheim

Engel-Bräu G. Fach

Straße Haller Str. 29
PLZ 74564
Gründung 1877
Inhaber Wilhelm Fach
Internet www.engel-bier.de

Sorten Alt Crailsheimer Dunkel, Oster-Engel, Keller Bier, Engele; Engel: -Pilsener, -Landbier, -Bock, -Gold, -Export; Weltmeister Bier, Volksfestbier, Unser Helles
Ausstoß 60 000 hl

Creußen

Brauerei Kürzdörfer

Straße Lindenhardt 16
PLZ 95473
Gründung um 1850
Inhaber Heinrich Kürzdörfer

Sorten Vollbier, Landbier, Bock
Ausstoß 1500 hl
Bemerkung In der Braugaststätte und am urigen Bierkeller werden vortreffliche Brotzeiten mit Geräuchertem serviert.

Darmstadt

Brauerei Grohe GmbH

Straße Nieder-Ramstädter-Str. 3
PLZ 64283
Gründung 1896
Inhaber Wolfgang und Christine Koehler

Sorten Pils, Export, Märzen, Bock
Ausstoß 5000 hl
Bemerkung Brauhaus und zugehörige Gaststätte sind ein Darmstädter Muss. An schönen Tagen lockt der Biergarten im Brauereihof.

Darmstädter Privatbrauerei Wilhelm Rummel GmbH & Co. KG

Straße Goebelstr. 7
PLZ 64293
Gründung 1847
Inhaber Wolfgang Koehler
Internet www.darm-staedter.de

Sorten Bräustübl Pilsener Premium, Bräustübl Pilsener, -Weißbier hell und dunkel, Darmstädter Pilsner, -Helles Export, -Zwickel
Ausstoß 60 000 hl
Bemerkung Regionale Spezialitäten wie Hausmacher Brotzeiten serviert man im Bräustüb'l.

Deisenhofen

Weißbräu Deisenhofen

Straße Hubertusplatz 5
PLZ 82041
Gründung 1899
Inhaber Bartholomäus Gmeineder
Internet www.hotel-weissbraeu.de

Sorten hervorragendes Weißbier
Ausstoß 600 hl
Bemerkung Bayerisch-gemütlich genießt man die regionale Küche der Brauereigaststätte, die auch über Fremdenzimmer verfügt.

Dentlein

Haufbräu OHG

Straße Dinkelsbühler Str. 5
PLZ 91599
Gründung 1680
Inhaber Familie Hauf

Sorten Forst: -Hell, -Pils, -Festbier, -Hefeweizen, -Quell, -Trunk
Ausstoß 10 000 hl
Bemerkung Die Haufbräu verfügt über eine eigene Mälzerei.

Dessow

Brauerei Dessow

Straße Neuruppiner Str. 2
PLZ 16845
Gründung 1867
Inhaber Oettinger Brauerei (86732 Oettingen)
Internet www.oettinger-bier.de

Sorten Oettinger Bier – gebraut in Dessow, Märkisches Export, Märkisches Pils, Märkischer Bock, Märkisches Urbräu
Ausstoß 270 000 hl

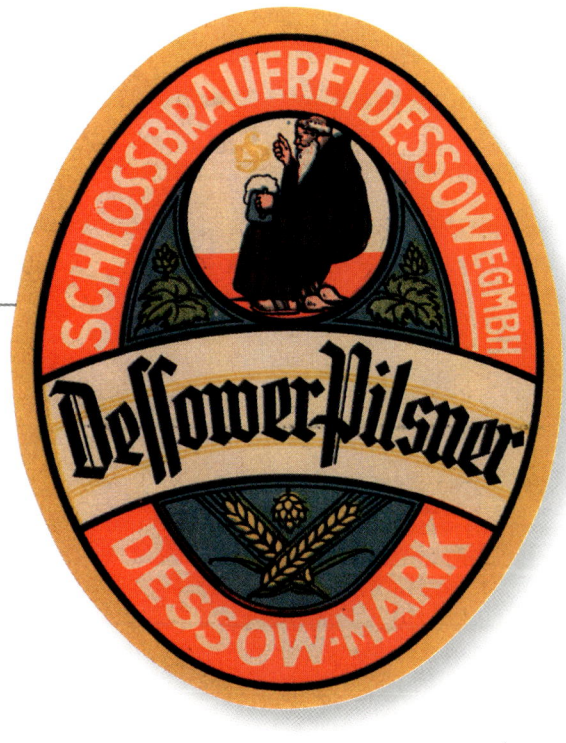

Detmold

Privatbrauerei Strate

Straße	Palaisstr. 1–13	
PLZ	32756	
Gründung	1863	
Inhaber	Familie Strate	

Sorten Detmolder Landbier, Alt Detmolder, Detmolder Pilsener
Ausstoß 160 000 hl
Bemerkung Schön umrahmt von der Detmolder Altstadt präsentiert sich der liebevoll eingerichtete Brauereiausschank mit biertypischen Gerichten.

Deuerling

Brauerei Goss

Straße	Regensburger Str. 16
PLZ	93180
Gründung	1863
Inhaber	Josef Goss

Sorten Hell, Märzen, Bock, Pils
Ausstoß 2000 hl
Bemerkung Bier aus erster Quelle und Fleischgerichte aus eigener Schlachtung gibt's im Brauereiausschank. Übernachtungen möglich.

Dingolfing

Brauerei Xaver Wasserburger

Straße	Bräuhausgasse 10–12
PLZ	84130
Gründung	seit 1857 in Familienbesitz
Inhaber	Franz Xaver Wasserburger

Sorten Hefe Weißbier, Festbier, Tassilator, Felsentrunk, Prinzensud, Pils, Ludwigs Bock, Schwarzer 5er, Urtyp hell, Dunkel Export
Ausstoß 14 000 hl

Dingsleben

Privatbrauerei Metzler

Straße	An der Klinge 1
PLZ	98646
Gründung	1895
Inhaber	Ulrich Metzler
Internet	www.dingslebenerbrauerei.de

Sorten Dingslebener: -Landbier, -Edel Pils, -Bock, -Lava Schwarzbier
Ausstoß 40 000 hl

Dinkelsbühl

Brauerei Hauf GmbH

Straße	Heininger Str. 28
PLZ	91550
Gründung	seit 1901 in Familienbesitz
Inhaber	GF Bernd Hauf

Sorten Edel Hell, Pils, Export, Weißbier hell und dunkel, Helle Halbe, Dinkelator, Festbier, Kellerbier
Ausstoß 20 000 hl
Bemerkung Es geht wesentlich gesitteter zu als der Name vermuten lässt: In der Brauereigaststätte „Wilder Mann" lässt es sich gemütlich tafeln bei fränkischen Spezialitäten wie Schweinshax'n oder Schäuferla (Schweineschulter mit Schwarte).

Hirsch-Bräu

Straße	Mühlsbachstr. 14
PLZ	87742
Gründung	1806
Inhaber	Hans Lederle

Sorten Vollbier hell, Export, Festbier
Ausstoß 1500 hl
Bemerkung Historisches Sudhaus aus dem Jahr 1911. Brotzeiten auf Vorbestellung sind in der Brauereigaststätte erhältlich.

Dischingen

Härtsfelder Familienbrauerei

Straße	Hofener Str. 19
PLZ	89651
Gründung	1926
Inhaber	Christoph Hald

Sorten Härtsfelder Bierspezialitäten: Festengel, Christophorus, Kloster Braunbier, Maximilians, Landbier, Premium, Meister Pils, Gold Engel, Helles Vollbier, Ursprung Export
Ausstoß 20 000 hl
Bemerkung Angeschlossen ist eine Brauereigaststätte.

Donaueschingen

Fürstlich Fürstenbergische Brauerei KG

Straße	Postplatz 1–4
PLZ	78166
Gründung	1283
Inhaber	Joachim Fürst zu Fürstenberg, Heinrich Erbprinz zu Fürstenberg
Internet	www.fuerstenberg.de

Sorten Fürstenberg: -Premium Pilsener, -frei, -Light, -Export, -Fastnachtsbier, -Festbier, -Weizen hell, dunkel und klar, Bären Pilsner, Bären dark
Ausstoß 700 000 hl
Bemerkung In Riegel/Kaiserstuhl: Tochterfirma Riegeler Brauerei.

Dorfen

Brauerei Josef Bachmayer's Nachf. GmbH & Co.

Straße	Marienplatz 1
PLZ	84405
Gründung	1512
Inhaber	Familie Hörmann

Sorten Classic Pils, Festbier dunkel, Bayrisch hell, Export Dunkel, Bayrisch Spezial, Josefator
Ausstoß –

Dorfen

Bräu z'Loh

Straße	Loh 7
PLZ	84405
Gründung	1928
Inhaber	Nikolaus Lohmeier

Sorten Kirta Bier, Heller Bock, Pils, Märzen, Dunkel, Hell; Spezialität: Weißbier
Ausstoß –
Bemerkung Bier ist ein besonderer „Saft", wenn er so gekonnt mit Lust und Liebe gebraut ist. Kenner schwärmen: Hier könnte das Bier erfunden worden sein. Bei einer Besichtigung unbedingt ins Büro schauen: Es ist im Altväterstil eingerichtet und hat zur Inspiration sogar ein Klavier.

DORTMUND

Wo immer auf der Welt von Bier die Rede ist, fällt irgendwann der Name Dortmund. Die westfälische Metropole gilt noch heute als ein Brau-Mekka, auch wenn die einst acht Brauereien auf zwei große Braustätten zusammengeschmolzen sind. Deren Ausstoß und Angebotspalette aber sind immer noch beeindruckend, und ebenso sehen lassen kann sich die gastronomische Landschaft der Stadt. An über 1500 Stellen, von der Eckkneipe bis zum Luxushotel wird das edle Dortmunder Bier ausgeschenkt. Die Zahl der Trinkstellen weltweit, in denen es zu haben ist, liegt beim Zigfachen.

Dortmund
DAB Dortmunder Actien Brauerei AG

Straße	Steigerstr. 20	*Sorten* DAB-Pilsener, DAB-Original, DAB-Export, DAB-Alt,
PLZ	44145	Dortmunder Kronen Bier, Dortmunder Thier-Pils,
Gründung	1867	Dortmunder Hansa Bier, Andreas Pils, Osnabrücker,
Inhaber	Vorstand	Felskrone, Freigraf, Linden-Bier, Hövels
	Werner Röttger,	*Ausstoß* 3,418 Mio. hl
	Aktionär	*Bemerkung* Die DAB gehört zur Brauereigruppe
	Binding	Radeberger.
	Brauerei AG	
	Frankfurt	
Internet	www.dab.de	

Dortmund
Brauerei Brinkhoff GmbH

Straße	Lütgendortmunder Hellweg 242	*Sorten* Brinkhoffs Premium Pilsener No. 1, Dortmunder Union Siegel Pils, Dortmunder Union Export, Ritter First,
PLZ	44388	Schlösser Alt (früher Düsseldorf), Maxi Malz, Wicküler Pilsener
Gründung	siehe Bemerkung	*Ausstoß* 1,25 Mio. hl
Inhaber	Brau und Brunnen	*Bemerkung* Das Unternehmen, benannt nach dem ersten Braumeister der Dortmunder Union Brauerei, ist
Internet	www.brinkhoffs.de	hervorgegangen aus der 1873 gegründeten Dortmunder Union Brauerei und der 1899 entstandenen Dortmunder Ritter Brauerei, die sich 1995 zur Dortmunder Union-Ritter Brauerei zusammenschlossen und seit 2002 unter dem heutigen Namen firmieren.

Schlossbräu Richard Bruckmayer KG

Straße	Hofmark 1
PLZ	94256
Gründung	1650
Inhaber	Marianne Bruckmayer
Internet	www.schloss-braeu.de

Sorten Zellertal Premium, Nobles Pils, Festbier, Respektbier, Waidler Gold, Lager, Kini, Red No. 1, Respektator, Zellertal Hell, Zellertal Weiße
Ausstoß 30 000 hl
Bemerkung Auch die zugehörige Brauereigaststätte heißt „Zum Schlossbräu".

Drachselsried

Falterbräu OHG

Straße	Hofmark 5
PLZ	94256
Gründung	–
Inhaber	Eduard Falter

Sorten Falter: -Arber Hell, -Export, -Arber Pils, -Festbier
Ausstoß 5000 hl
Bemerkung Einheimische Küche führt die Brauereigaststätte „Falter".

Brauerei Feldschlößchen AG

Straße	Cunnersdorfer Str. 25
PLZ	01189
Gründung	1858
Inhaber	Holsten Brauerei AG Hamburg
Internet	www.feld-schloesschen.de

Sorten Feldschlößchen Pilsener, Feldschlößchen Export, Loschützer Pils, Silber Krone, Burgwappen, Markgrafen, Dresdener Felsenkeller: -Urhell, -Spezial, Schwarzer Steiger
Ausstoß 1,8 Mio. hl

Dürmentingen

Adlerbrauerei Hailtingen

Straße	Betzenweilerstr. 15
PLZ	88525
Gründung	1760
Inhaber	Anna & Alfons Rupf

Sorten Festbier, Spezial, Bussen Kindle
Ausstoß 1200 hl
Bemerkung Im Bräuhaus gibt es schwäbische Spezialitäten und dazu Schnaps aus der eigenen Brennerei.

DÜSSELDORF

Richtig berühmt als Bierdorado ist die nordrhein-westfälische Hauptstadt erst dadurch geworden, dass sich alle Welt auf die untergärige Brauweise nach Pilsener Art gestürzt hatte. Der Sieges-zug der herben Hellen kam an der Düssel zum Stehen. Hier hielt man treu am überkommenen Obergärigen und mithin am Alt fest, das inzwischen ein richtiges Kultgetränk geworden ist und auch anderswo hergestellt wird wie z.B. das früher in Düsseldorf beheimatete Schlösser Alt, das heute aus Dortmund kommt. Sein wahres Aroma entfaltet Alt am besten in Düsseldorf selbst, und zwar namensgetreu in der Altstadt. Dort fließt es an der „längsten Theke der Welt" in Strömen und ist frischer als irgendwo sonst. 260 Kneipen ballen sich auf nur einem Quadratkilometer.

Düsseldorf

Brauerei „Im Füchschen"

Straße	Ratinger Str. 28	*Sorten* Füchschen Alt	
PLZ	40213	*Ausstoß* 19 000 hl	
Gründung	1848	*Bemerkung* Der Brauereiausschank in der	
Inhaber	Peter König jr.	Altstadt ist ein Wallfahrtsort für Alt-	
Internet	www.	Liebhaber; hausgemachte Spezialitäten legen	
	fuechschen.de	eine gute Trinkunterlage.	

Düsseldorf

Brauerei Ferdinand Schumacher

Straße	Oststr. 123	*Sorten* Schumacher Alt, Schumacher Latzenbier
PLZ	40210	*Ausstoß* 40 000 hl
Gründung	1838	*Bemerkung* Das beliebte und für viele Kenner auch
Inhaber	Gertrud	beste Altbier unterstreicht seine Spitzenstellung am
	Schnitzler-	gekonntesten im Brauereiausschank in der Oststraße,
	Ungermann	wo auch ein Biergarten im Brauereihof zum Verweilen
Internet	www.brauerei-	lädt, und „Im goldenen Kessel", dem Ausschank in der
	schumacher.de	Altstadt (Bolkerstraße).

Düsseldorf

„Uerige" Obergärige Hausbrauerei GmbH

Straße	Bergerstr. 1
PLZ	40213
Gründung	1862
Inhaber	Familie Schnitzler
Internet	www.uerige.de

Sorten Ueriges, Ueriges Sticke, Ueriges Weizen
Ausstoß 21 000 hl
Bemerkung „Dat leckere Dröppke", so der Uerige-Slogan, ist ein Markenzeichen Düsseldorfs und der berühmte zugehörige Brauereiausschank ein Muss für jeden Besucher der Rheinstadt.

Düsseldorf

Hausbrauerei „Zum Schlüssel"

Straße	Bolkerstr. 41–47
PLZ	40213
Gründung	1850
Inhaber	Schlüssel GmbH & Co. KG

Sorten Original Schlüssel Alt
Ausstoß 17 000 hl
Bemerkung Die Schlüssel-Fans wissen: Am besten schmeckt es im Brauereiausschank.

Düsseldorf

Privatbrauerei Frankenheim GmbH & Co. KG

Straße	Wielandstr. 12
PLZ	40211
Gründung	1873
Inhaber	Familie Frankenheim
Internet	www.franken-heim.de

Sorten Frankenheim Alt
Ausstoß 515 000 hl
Bemerkung Der Braubetrieb befindet sich in Neuss-Holzheim, der Brauereiausschank im Stammhaus Wielandstr. 12.

Duisburg

König-Brauerei GmbH & Co. KG

Straße	Friedrich-Ebert-Str. 255–263
PLZ	47139
Gründung	1858
Inhaber	Holsten Brauerei AG Hamburg
Internet	www.koenig.de

Sorten König Pilsener, Kelts Alkoholfrei
Ausstoß 2,16 Mio. hl
Bemerkung Das auch bei Damen beliebte „König der Biere" gehört seit Februar 2001 zur Holsten Brauerei AG Hamburg.

Ebensfeld

Schwanenbrauerei

Straße	Oberer Kehlbachdamm 7
PLZ	96250
Gründung	1752
Inhaber	Hans Karl Engelhardt

Sorten Fränkisches Landbier, Adam Riese Urtrunk, Pilsener, Helles Vollbier, heller und dunkler Bock
Ausstoß 6000 hl
Bemerkung Das Bier wird noch schöner im Schwanenbräu Keller bei einer Portion der weithin berühmten Rostbratwürste.

Ebensfeld

Brauerei Leicht

Straße	Pferdsfeld Nr. 3
PLZ	96250
Gründung	Braurecht seit vier Jahrhunderten
Inhaber	Familie Leicht

Sorten beste helle und dunkle Biere nur vom Fass
Ausstoß 250 hl
Bemerkung Klein ist wirklich fein: Der Brauereigasthof bietet fränkische Küche aus eigener Schlachtung und Fremdenzimmer.

Ebensfeld

Brauerei Martin Unterneuses

Straße	Viehtriebweg 3
PLZ	96250
Gründung	um 1900
Inhaber	Familie Martin

Sorten halbdunkles Vollbier
Ausstoß 200 hl
Bemerkung Fränkische Spezialitäten aus Hausschlachtung erhöhen im angeschlossenen Gasthof den Biergenuss; Übernachtung möglich auf Vorbestellung.

Ebermannstadt

Sonnenbräu

Straße	Hauptst. 29
PLZ	91320
Gründung	1803
Inhaber	Joseph Herbst

Sorten Sonnengold, Sonnenpils, Eber-Weiße
Ausstoß 2000 hl
Bemerkung Hotel und Restaurant sind dem Brauhaus angegliedert. Man sollte einige der Speise-Spezialitäten kosten, insbesondere Forelle, Karpfen, Schäuferla sowie die kräftigen Brotzeiten. Ein Schnaps aus eigener Brennerei schließt den Magen.

Ebermannstadt

Schwanen-Bräu

Straße	Marktplatz 2
PLZ	91320
Gründung	1812
Inhaber	Familie Dotterweich

Sorten Dampfbahn Bier, Märzen, Lager, Pils, Bock
Ausstoß 1500 hl
Bemerkung Aperitif gefällig? Dann am besten ein Kartoffelschnaps aus der eigenen Brennerei zur Vorbereitung auf Wildgerichte oder Karpfen aus der Brauereigasthofküche. Ein Hotel gehört zum Haus.

Straße	Sulzbacher Str. 3	*Sorten*	„Blaustopsel" Export, Pils, Helles Vollbier
PLZ	92265	*Ausstoß*	2500 hl
Gründung	1877	*Bemerkung*	Spezialitäten aus der Region werden in der
Inhaber	Michael		Brauereigaststätte „Goldener Greif" serviert.
	Heldrich		

Eggolsheim

Privatbrauerei Goldener Löwe

Straße	Drügendorf 26	*Sorten*	Lagerbier ungespundet, Premium, Edelpils, Export
PLZ	91330	*Ausstoß*	5000 hl
Gründung	1525	*Bemerkung*	In der Braugaststätte wird Schnaps aus der eigenen
Inhaber	Gerhard Först		Brennerei ausgeschenkt zu fränkischen Fleischgerichten aus eigener
Internet	www.brauerei-foerst.de		Schlachtung.

Straße	Eggerbachstr. 22	*Sorten*	Schwarzes Keller Bier, Landbier, Weißbier, Pils, Festbier (alles aus Rohstoffen aus ökologischem Anbau)
PLZ	91330	*Ausstoß*	1600 hl
Gründung	1848	*Bemerkung*	Zeit und am besten ein Zimmer nehmen im Brauereigasthof, wo in fränkischer Küche Karpfen, Forellen und diverse Braten zubereitet werden, angenehm nachgewärmt durch einen Schnaps aus der eigenen Brennerei.
Inhaber	Familie Pfister		

Ehingen

Brauerei Rößle

Straße	Hauptstr. 171	*Sorten*	Spezialbier Dunkel, Festbier, Edel Spezial, Edel Ross, Pils Spezial
PLZ	89584	*Ausstoß*	3000 hl
Gründung	1663	*Bemerkung*	Übernachten und vespern kann man in der Brauereigaststätte.
Inhaber	Friedrich Buckenmaier		

Ehingen

Brauerei zum Schwert

Straße	Viehmarkt 9
PLZ	89584
Gründung	1889
Inhaber	Siegfried Einsiedler

Sorten Pils, Dunkel, Kellerpils (naturbelassen), Festbier, Hefeweizen hell und dunkel, Weizenbock im Winter. Das Malz kommt aus der eigenen Mälzerei.
Ausstoß 2500 hl
Bemerkung Schwäbische gutbürgerliche Küche gibt es in der Brauereigaststätte mit Hotelbetrieb.

Ehingen
Schwanen-Brauerei

Straße	Herrengasse 7
PLZ	89584
Gründung	1697
Inhaber	Karl Miller

Sorten Spezial, Edelhell, Festbier, dunkles Jubelbier
Ausstoß 450 hl
Bemerkung Regionale und saisonale Spezialitäten bereitet die schwäbische Küche der Brauereigaststätte „Schwanen" zu, dazu Bierschnaps aus der eigenen Brennerei.

Ehingen

Berg-Brauerei Ulrich Zimmermann GmbH & Co. KG

Straße	Brauhausstr. 2 (Ortsteil Berg)
PLZ	89584
Gründung	1466
Inhaber	Uli Zimmermann
Internet	www.berg-bier.de

Sorten Hefeweizen, Original, Spezial, Bräumeister Pils; Spezialität: St. Ulrichsbier zum Ulrichsfest
Ausstoß 30 000 hl
Bemerkung Bierspezialitäten sind in Bügelflaschen zu haben. Das Unternehmen ist Gründungsmitglied der Gütergemeinschaft Traditionsbier und betreibt ein kleines Brauereimuseum sowie eine Brauereigaststätte.

Ehingen
Adler-Brauerei

Straße	Rißstr. 2 (Ortsteil Rißtissen)
PLZ	89584
Gründung	1785
Inhaber	Gebhard Föhr

Sorten Edel Pils, Heller Bock, Hefe Weizen
Ausstoß 2500 hl
Bemerkung Eine eigene Brennerei gehört zum Brauhaus.

Ehrenfriedersdorf

Privatbrauerei Specht

Straße	Thomas-Mann-Str. 17
PLZ	09427
Gründung	1844
Inhaber	Gerd Specht

Sorten Specht: -Spezial, -Export, -Pilsener, -Bock, -Starkbier, Greifensteinquell Landbier, Specht Lagerbier
Ausstoß 6000 hl

Münch-Bräu GmbH

Straße	Neueibauer Str. 9
PLZ	02739
Gründung	1810
Inhaber	GF J. Wesenberg, A. Burkmann
Internet	www.eibauer.de

Sorten Eibauer: -Schwarzbier, -Pilsener, -Heller Bock, Lausitzer dunkel, Porter, Klosterbier St. Marienthal, Krawallor dunkler Bock, schwarzes Klosterfestbier
Ausstoß 95 000 hl

Eichendorf-Adldorf

Gräfliche Brauerei Arco-Valley

Straße	Hauptstr. 14
PLZ	94428
Gründung	1514
Inhaber	Monica Gräfin von Arco auf Valley
Internet	www.graf-arco.de

Sorten Grafen Hell, Export Hell, Light, Grafen Trunk, Arcolator, Graf Arco Pils, Festbier, Heller Bock
Ausstoß 80 000 hl

Privatbrauerei Hofmühl

Straße	Hofmühlstr. 10
PLZ	85072
Gründung	1492
Inhaber	Benno Emslander
Internet	www.hofmuehl.de

Sorten Hofmühl: -Alligator, -Weihnachtsbier, -Ur Weiße, -Märzen, -Weißbier, -Privat Pils, -Hell, -Dunkel, -Volksfestbier; Willibaldi Sud, Emslander Privat Pils, Octopus Weizenbock, VIPils
Ausstoß 30 000 hl

Einbeck

Einbecker Brauhaus AG

Straße	Papenstr. 4–7
PLZ	37574
Gründung	1378
Inhaber	Vorstand Reinhold Sauer
Internet	www.einbecker-bier.de

Sorten Einbecker Brauherren Pils, Einbecker Urbock, Einbecker Spezial, Einbecker Mai Urbock, Einbecker Dunkel, Braumeister Biere, Kronsberg
Ausstoß 580 000 hl
Bemerkung Zum Unternehmen gehört der Zweigbetrieb Martini Brauerei in Kassel.

Eisenacher Brauerei GmbH

Straße	Wartburgallee 25a
PLZ	99817
Gründung	1828
Inhaber	Frau Henke-Müller
Internet	www.eisenacherbrauerei.de

Sorten Rennsteig Spezial, Schwarzbier Schwarzer Drachen, Wartburg: -Export, -Pils, -Märzen, -Bock, Winterpils
Ausstoß 35 000 hl

Eisenberg-Maria Hilf

Kössel-Bräu

Straße	Maria Hilfer Str. 17
PLZ	87637
Gründung	1800
Inhaber	Anton Kössel

Sorten Starkbier, Maibock, Festbier, Weizen, Vollbier hell
Ausstoß 2000 hl
Bemerkung 1992 eröffnete Kössel wieder die 1965 geschlossene Brauerei Stolz Maria Hilf als Brauereigasthof zum Wohlfühlen bei deftigen Speisen.

Eitting

Eittinger Fischerbräu

Straße	St.Georg-Str. 8
PLZ	85462
Gründung	1932
Inhaber	Christoph Vincenti
Internet	www.eittinger-fischerbraeu.de

Sorten Hell, Weißbier, Spezial, Urtyp Dunkel
Ausstoß 7000 hl
Bemerkung Gemütlichkeit ist Trumpf im Brauerei-ausschank.

Ellingen

Fürstliches Brauhaus Ellingen

Straße	Schlossstr. 19
PLZ	91792
Gründung	1690
Inhaber	Fürst Carl F. von Wrede
Internet	www.fuerst-carl.de

Sorten Fürst Carl: -Josefi Bock, -Weihnachtsbier, -Premium Pils, -Urhell Lager Bier, -Schloss Gold Export, -Dunkles Lager Bier, Schwarzbär, Hoch-zeitsfestbier, Schloss Quell
Ausstoß 18 000 hl

Ellwangen

Rotochsen-Brauerei

Straße	Alte Steige 4
PLZ	73479
Gründung	1680
Inhaber	Hermann Veit
Internet	www.roter-ochsen-ellwangen.de

Sorten Rotochsen: -Edel Export, -Stiftsherren Pils, -Traditionsbock, -Leicht, -Weihnachtsbier
Ausstoß –
Bemerkung Im Brauereigasthof des Rotochsen ist nicht nur gut trinken, sondern auch gut schwäbisch essen, vor allem in Bier Gegartes sowie Spezialitäten wie Spargel-, Lamm- und Gans-Gerichte.

Elsendorf

Brauerei Horneck

Straße	Horneck 7
PLZ	84094
Gründung	1881
Inhaber	Josef Stempfhuber

Sorten Hornecker: -Pils, -Festbier, -Spezial, -Hefeweizen hell und dunkel, -Märzen, -Dunkel, -Edel Hell, Braumeister Biere, Bergkrone, Meister Biere
Ausstoß –
Bemerkung Horneck ist die einzige Privatbrauerei Bayerns, die ausschließlich mit eigenen Rohstoffen – Wasser, Malz, Hopfen – braut.

Lamm-Bräu

Straße	Marktplatz 11	*Sorten* Spezialität Eltmänner Weiße, Lager, Dunkles, Pils
PLZ	97483	*Ausstoß* 1900 hl
Gründung	1768	*Bemerkung* Die Brotzeiten muss man aus der gegenüber liegen-
Inhaber	Franz Engel jun.	den Metzgerei selber mitbringen. Sehr gutes hausgemachtes
		Bier.

Eltmann

Eschenbacher Privatbrauerei

Straße	Eltmanner Str. 12	*Sorten* Eschenbacher: -Premium Pilsener, -Urtyp, -Export,
PLZ	97483	-Frankentrunk dunkel
Gründung	1750	*Ausstoß* 100 000 hl
Inhaber	Karl Werner Wagner	

Thein-Bräu-Lembach

Straße	Steinhauser Str. 28	*Sorten* Pils, Lager Festbier
PLZ	97483	*Ausstoß* 3000 hl
Gründung	1866	*Bemerkung* Zur Brauerei gehört
Inhaber	Leo Thein	eine Brennerei und ein Bräu-
		stüberl, wo es sich urig Brotzeit
		machen lässt.

Eltmann

Brauerei Bräutigam Weisbrunn

Straße	Dorfstr. 12	*Sorten* Pils, Festbier
PLZ	97483	*Ausstoß* 420 hl
Gründung	um 1830	*Bemerkung* Bocksbraten ist eine Spezialität des
Inhaber	Baptist Bräutigam	Brauereigasthofes, der Fleisch aus eigener Schlachtung
		verarbeitet und Schnaps aus eigener Brennerei ausschenkt.

Elzach

Löwenbrauerei

Straße	Neulindenstr. 6
PLZ	79215
Gründung	1856
Inhaber	Familie Dold

Sorten Kräusenpils naturbelassen, Der weiße Löwe (feines Hefeweißbier), Pils, Festbier, Export
Ausstoß 5000 hl

Engelsberg-Wiesmühl

Brauerei Wieser Wiesmühl/Alz

Straße	–
PLZ	84549
Gründung	1824
Inhaber	Familie Wieser

Sorten Edel-Pils, Export Hell, Export Dunkel, Josephi Weizen, Festbier, Kellerbier naturtrüb
Ausstoß 10 000 hl
Bemerkung Hotelzimmer und Biergarten hat das „Brauhaus Wiesmühl", das gehobene bayerische Küche pflegt; Spezialität: Bierkutscherteller (Schweinefiletspitzen in Dunkelbiersoße)

Eppingen

Palmbräu Zorn Söhne KG

Straße	Brettener Str. 12
PLZ	75031
Gründung	1835
Inhaber	GF Georg & Andreas Polster
Internet	www.palm-braeu.de

Sorten Unser Bestes, Kraichgau Pilsner, Export Classic, Ur-märzen, Zornickel, Weihnachtsbier, Rezent Weizen: -Hefe hell und -Hefe dunkel, -Kristall
Ausstoß 70 000 hl
Bemerkung Seit Mai 2003 ist Palmbräu mehrheitlich im Besitz der Welde-Bräu, Plankstadt-Schwetzingen.

Erbach

Privatbrauerei Erbacher Brauhaus J. Wörner & Söhne KG

Straße	Auf der Kandelwiese
PLZ	64711
Gründung	1762
Inhaber	GF Franz-Peter Wörner
Internet	www.erbacher-brauhaus.de

Sorten Erbacher Premium Pils, Habereckl, Mainzer Aktien, Caspary
Ausstoß 100 000 hl
Bemerkung Das Unternehmen gehört zur Radeberger Brauereigruppe.

Erbach/Donau

Adlerbrauerei Dellmensingen

Straße	Adlergasse 2
PLZ	89155
Gründung	1349
Inhaber	Alfons Brehm

Sorten Brehm's Urbier hell und dunkel, Brehm's Haferbier, Hefeweizen hell, Pils, Export
Ausstoß 1200 hl
Bemerkung Hier geht man zum Bier in den Brauereiausschank „Zum Adler", der schwäbische und internationale Küche sowie Biergarten und Fremdenzimmer bietet.

Erding

Privatbrauerei Erdinger Weißbräu Werner Brombach GmbH

Straße	Lange Zeile 1–3	*Sorten* Erdinger: -Weißbier hell und dunkel, -Pikantus Weizenbock, -Weißbier alkoholfrei	
PLZ	85435		
Gründung	1886	*Ausstoß* 1,372 Mio. hl	
Inhaber	Werner Brombach	*Bemerkung* Bayerns größte Weißbierbrauerei genießt einen guten Ruf weit über die Landesgrenzen hinaus.	
Internet	www.erdinger.de		

Erfurt

Braugold Brauerei Riebeck GmbH & Co. KG

Straße	Schillerstr. 7	*Sorten* Braugold: -Spezial Pilsner, -Festbier, -Hell, -Bock, Angerbräu Premium Pils, Riebeck Premium Pilsener, Riebeck
PLZ	99096	
Gründung	1888	
Inhaber	Frau Henke-Müller	*Ausstoß* 145 000 hl
Internet	www.braugold.de	

Erharting

Brauerei Erharting Jakob Röhrl OHG

Straße	Haupstr. 6	*Sorten* Doppel Ritter, Hefe Weiße, Dunkle Ritter Weiße, Pils, Export, Ritter Zwerg, Festbier, Dunkel
PLZ	84513	
Gründung	1872	
Inhaber	Familie Röhrl	*Ausstoß* 20 000 hl
Internet	www.brauerei-erharting.de	*Bemerkung* Gerste und Weizen aus der eigenen Landwirtschaft werden in der eigenen Mälzerei verarbeitet.

Erlangen

Kitzmann-Bräu KG

Straße	Südliche Stadtmauerstr. 25	*Sorten* Echtes Erlanger Bergkirchweihbier, Edelpils, Urhell, Wintergold, Urbock, Jubiläums Erlanger, Märzen dunkel
PLZ	91054	
Gründung	1712	
Inhaber	Karl Kitzmann, Friedrich Peter Kitzmann	*Ausstoß* 130 000 hl
Internet	www.kitzmann.de	*Bemerkung* Für die Bergkirchweih an Pfingsten ist das Haus mit einem eigenen Bier gerüstet; viele Gaststätten der Region schenken Kitzmann-Bier aus.

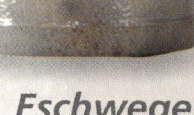

Eschwege

Eschweger Klosterbrauerei GmbH

Straße	Klosterstr. 1	*Sorten* Eschweger Klosterbräu: -Export, -Pils, -Festbier, Altstadt Pils, Jacobinus: -Classic, -Schwarzbier, -Weizen
PLZ	37269	
Gründung	1839	
Inhaber	Familie Andreas	*Ausstoß* 75 000 hl
Internet	www.eschweger-kloster-brauerei.de	

Privatbrauerei Bauriedl

Straße	Ludwig-Müller-Str. 21	**Sorten** Vollbier hell, Märzen, Festbier, Pils, Hefeweizen
PLZ	92693	**Ausstoß** 4100 hl
Gründung	1874	**Bemerkung** Im März findet ein Starkbierfest im Saale des Brau-
Inhaber	Josef Bauriedl	gasthofs statt, im Sommer ist der zugehörige Biergarten täglich geöffnet.

Essen

Privatbrauerei Jacob Stauder

Straße	Stauderstr. 88	**Sorten** Stauder Pils – die kleine Persönlichkeit,
PLZ	45326	Stauder Spezial, Qualitäts Malz „tut gut"
Gründung	1867	**Ausstoß** 210 000 hl
Inhaber	Familie Stauder	**Bemerkung** Zur Brauereibesichtigung gehört
Internet	www.stauder.de	ein Besuch im angeschlossenen kleinen Brauereimuseum.

Stern- und Dampfbierbrauerei von 1896 AG

Straße	Heinrich-Brauns-Str. 9	**Sorten** Borbecker Salonbier, Fastenbock, Weihnachtsbock, Maibock, Borbecker Helles Dampfbier, Stern Pils, Stern Export
PLZ	45355	**Ausstoß** –
Gründung	1896	**Bemerkung** Das Unternehmen firmierte bis 1980 als
Inhaber	Privatbrauerei Jacob Stauder	Kronen Brauerei AG, dann als Borbecker Dampfbier-
Internet	www. dampfe.de	brauerei und seit 1990 unter dem heutigen Namen, üblicherweise kurz „Die Dampfe" genannt.

Essing

Josef Schneider's „Kleines Brauhaus im Altmühltal"

Straße	Altmühlgasse 10	**Sorten** Hell und Dunkel, Weizenbier, Starkbier
PLZ	93343	**Ausstoß** 2500 hl
Gründung	1640	**Bemerkung** Klein, aber von großem Geschmack sind Bier
Inhaber	Josef Schneider	wie Speisen im Brauereigasthof (mit Hotel), dessen
Internet	www.brauerei-gasthof-schneider.de	Küche im Fach „Fisch" Besonderes leistet. Zum Magen-schluss ein Weizenbierbrand, für die Damen vielleicht in Form von Weizenbierbrandpralinen.

Klosterbrauerei Ettal

Straße	Kaiser-Ludwig-Platz 1	**Sorten** Original Ettaler Klosterbier: Benediktiner Trunk (Export hell), Kloster dunkel (Export dunkel), Curator (dunkler Doppelbock), helles und dunkles Hefeweizen
PLZ	82488	**Ausstoß** 11 000 hl
Gründung	1609	**Bemerkung** Zur Anlage gehören: Klosterbräustüberl, Kloster Hotel
Inhaber	Ettaler Kloster-betriebe GmbH	„Ludwig der Bayer", eigene Bäckerei und eigene Likörherstellung.
Internet	www.kloster-ettal.de	

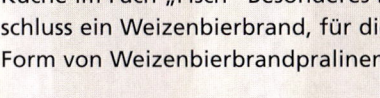

Flensburger Brauerei GmbH & Co. KG

Straße	Munketoft 12
PLZ	24937
Gründung	1888
Inhaber	GF Lorenz Dethleffsen, Uwe Müller
Internet	www.flens.de

Sorten Flensburger: -Pilsener, -Dunkel, -frei, -Weizen
Ausstoß 510 000 hl
Bemerkung Das scherzhaft „Bölkstoff" oder kurz „Flens" genannte Bier ist als Fassbier und in Bügelflaschen erhältlich.

Forchheim

Brauerei Josef Greif

Straße	Serlbacher Str. 10
PLZ	91301
Gründung	1848
Inhaber	Christian Schuster

Sorten Greif: -Hell, -leicht, -Edel-Pils, -Hefe Weizen hell und dunkel, -Weizen Bock, -Lagerbier, -Annafestbier, -Weihnachtsfestbier
Ausstoß 13 000 hl
Bemerkung Das seit Jahren vielfach preisgekrönte Bier schmeckt im Bräustüberl am besten; Brotzeiten muss sich der Gast allerdings selbst mitbringen.

Brauerei Hebendanz

Straße	Sattlertorstr. 14
PLZ	91301
Gründung	1579
Inhaber	Fritz Hebendanz

Sorten Festbier, Leicht, Export hell, Edel-Pils, Bockbier, Annafestbier, „Der starke Fritz" (nach dem Inhaber)
Ausstoß 10 000 hl
Bemerkung Der herrliche Fachwerkgiebel des Brauereiausschanks leuchtet Ende Juli besonders, wenn das Annafest begangen wird, zu dem ein eigenes Bier gebraut wird.

Forchheim

Brauerei Eichhorn e.K.

Straße	Bamberger Str. 9
PLZ	91301
Gründung	1835
Inhaber	Konrad Greif

Sorten Vollbier, Pils, Märzen, Festbier
Ausstoß 2500 hl
Bemerkung Eine Brauereigaststätte ist vorhanden.

Brauerei Neder GmbH

Straße	Sattlertorstr. 10
PLZ	91301
Gründung	1554
Inhaber	GF Betty Neder

Sorten Neder Pils, Schwarze Anna, Export, Annafestbier, Märzenbier, Lager unfiltriert
Ausstoß 8000 hl
Bemerkung Brauereiausschank und Felsenkeller sind ganzjährig geöffnet.

Frammersbach

Waldschlossbrauerei

Straße	Orberstr. 103
PLZ	97833
Gründung	1886
Inhaber	Familie Reinhart

Sorten Waldschloss: -Pils, -Export, -Bock, -Zwickelbier ungefiltert
Ausstoß 15 000 hl
Bemerkung Frisch und Alt treffen sich im historischen Bräustüberl.

FRANKFURT AM MAIN

Nur noch eine Braustätte arbeitet in „Mainhattan". Die Brauerei, die dem Wahrzeichen Henninger Turm den Namen gegeben hat, ist am 31.10.2002 an Binding gegangen.

Frankfurt am Main

Binding-Brauerei AG

Straße	Darmstädter Landstr. 185
PLZ	60598
Gründung	1870
Inhaber	Vorstand Ulrich Kallmeyer
Internet	www. binding.de

Sorten Binding: -Römer Pils, -Lager, Kutscher alt, Carolus Doppelbock, Schöfferhofer Weizen, Henninger Kaiser Pilsener, Henninger Export
Ausstoß 1,8 Mio. hl
Bemerkung Das Unternehmen gehört zur Radeberger Brauereigruppe.

Frechen

Huechelner Urstoff Brauhaus

Straße	Aegidiusstr. 56
PLZ	50226
Gründung	1750
Inhaber	Familien Hintermeier & Trunz

Sorten Stecken-Kölsch, Hüchelner Urstoff naturtrüb – die Spezialität, Bartmanns Kölsch
Ausstoß 5000 hl
Bemerkung Deftiges aus der Region wird zum sehr schmackhaften Bier im historischen Brauereiausschank und in seinem Biergarten serviert.

Freiberger Brauhaus AG

Straße	Am Fürsten-wald	*Sorten* Freiberger Premium Pils, Freibergisch Export-Spezial, -Bock dunkel, -schwarzes Bergbier, -Jubiläums Festbier
PLZ	09599	*Ausstoß* 660 000 hl
Gründung	1850	
Inhaber	ACTRIS AG Mannheim	
Internet	www.frei-berger-brauhaus.de	

Freiburg i.Br.

Brauerei Ganter GmbH & Co. KG

Straße	Schwarzwaldstr. 43	*Sorten* Ganter: -Pilsener, -Export, -Greif Bier, -Alkoholfrei, -Maibock, -Wodan (Dunkler Doppelbock), -Festbier, -Badisch Weizen (hell, dunkel, Kristall)
PLZ	79117	*Ausstoß* 220 000 hl
Gründung	1865	*Bemerkung* Der Ausschank der Brauerei verfügt über einen schönen Biergarten.
Inhaber	GF Ernst Ludwig Ganter	
Internet	www.brauerei-ganter.de	

Hausbrauerei Feierling GmbH

Straße	Gerberau 46	*Sorten* Inselhopf naturtrüb; Saisonale Spez.: Festmärzen, Doppelbock, dunkles Weizen
PLZ	79098	*Ausstoß* 1200 hl
Gründung	1877	*Bemerkung* Nachfolgefirma der 1981 geschlossenen Inselbrauerei Julius Feierling. Die gutbürgerliche Küche bereitet regionale Speisen in der Brauereigaststätte im Herzen der Freiburger Altstadt; schattiger Biergarten unter Kastanien.
Inhaber	Familie Feierling-Rombach	
Internet	www.feierling.de	

Freilassing

Weissbräu

Straße	Bräuhausstr. 5	*Sorten* Weißbier hell, Weißbier dunkel, Weizenbock
PLZ	97450	*Ausstoß* 600 hl
Gründung	1910	*Bemerkung* Der Brauereiausschank mit seiner einheimischen Küche ist ein Tipp für Kenner. Übernachtung möglich.
Inhaber	Renate Kuhn	

Gräfliches Hofbräuhaus Freising GmbH

Straße	Mainburger Str. 26	*Sorten* Huber Weiße: -Original, -Dunkel, -Kristallklar, -Leicht, Urhell, Dunkel, Jägerbier Export hell, Festbier, Leicht, Graf Ignaz Premium Pilsener
PLZ	85356	*Ausstoß* 250 000 hl
Gründung	1160	*Bemerkung* Das Unternehmen entstand 1998 durch den Zusammenschluss der Moy'schen Brauereien (Freising-Haag-Stepperg) und Graf Toerring (Jettenbach und Pörnbach).
Inhaber	Graf zu Toerring-Jettenbach	
Internet	www.hof-brauhaus-freising.de	

Bayerische Staatsbrauerei Weihenstephan

Straße	Alte Akademie 2
PLZ	85354
Gründung	1040
Inhaber	Freistaat Bayern
Internet	www.weihen-stephaner.de

Sorten Weihenstephaner: -Hefeweißbier (hell, dunkel, leicht), -Kristallweißbier, -Original, -Tradition, -Pilsener, -Korbinian (Starkbier)
Ausstoß 190 000 hl
Bemerkung Das Staatsunternehmen ist die älteste noch aktive Brauerei der Welt.

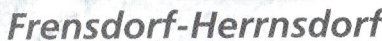

Frensdorf-Reundorf

Müller-Bräu

Straße	Lange Gasse 2
PLZ	96158
Gründung	1874
Inhaber	Andreas Müller
Internet	www.schmausen-keller.com

Sorten Pils, Bock, Vollbier
Ausstoß 1000 hl
Bemerkung Ist die Brauereigaststätte schon wegen der einheimischen Küche hoch zu empfehlen, so wirbt der Kellerbetrieb mit Lagerbier vom Holzfass für sich selbst: Er ist einer der schönsten im gesamten Bamberger Gebiet.

Frensdorf-Herrnsdorf

Brauerei Barnickel

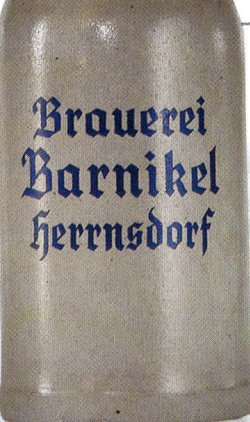

Straße	Herrnsdorf 5
PLZ	96158
Gründung	1366
Inhaber	Friedrich Barnickel

Sorten Lagerbier, Rauchbier, Bock – alle Sorten in Bügelflaschen
Ausstoß 2000 hl
Bemerkung Je nach Saison serviert die Brauereigaststätte Wild-, Spargel- oder Karpfen-Gerichte. Ein Schnaps aus eigener Brennerei setzt den wohligen Schlusspunkt.

Frensdorf- Untergereuth

Brauerei Büttner

Straße	Untergereuth 8
PLZ	96158
Gründung	1782
Inhaber	Michael Büttner

Sorten Vollbier
Ausstoß 1500 hl
Bemerkung Was die Brotzeiten im Brauereigasthof so begehrt macht, sind die Fleisch- und Wurstspezialitäten aus Hausschlachtung.

Freudenberg

Brauerei Märkl

Straße	Hauptstr. 11
PLZ	92272
Gründung	1466
Inhaber	Alwin Märkl

Sorten Hell, Pils, Märkator (dunkler Doppelbock), Festbier, Leichtes Helles
Ausstoß 4000 hl
Bemerkung Aus Wald und Weiher frisch auf den Tisch: Das ist die Devise des Brauereigasthofs, der für seine Fisch- und Wild-Spezialitäten bekannt ist.

Straße	Langgasse 2	*Sorten* Lang-Bräu: -Hell, -Pils, -Märzen,
PLZ	94078	-Festbier, -Export Dunkel, -Leichtes, -dunkle
Gründung	1856	Bockbier, Hefeweißbier hell und dunkel
Inhaber	Erika Lang	*Ausstoß* 30 000 hl
Internet	www.lang-	*Bemerkung* Die vielfach ausgezeichneten
	braeu-	Biere gibt es besonders frisch im Braustübe
	freyung.de	am Stadtplatz, das gutbürgerliche Küche
		anbietet.

Friedenfels

Schlossbrauerei

Straße	Gemminger	*Sorten* Edel, Zwickl (naturtrüb), Urtyp
	Str. 33	hell, leichtes Pilsner, Pilsner,
PLZ	95688	Hefeweizen (hell, dunkel, leicht);
Gründung	1886	Spezialität: Zoigl Schwarzer Ritter
Inhaber	Eberhard	(dunkel)
	Freiherr von	*Ausstoß* 55 000 hl
	Gemmingen-	*Bemerkung* Zum Bier reicht die
	Hornberg	Schlossschänke oberpfälzische und
Internet	www.schloss-	böhmische Gerichte.
	brauerei-	
	friedenfels.de	

Schlossbrauerei Fürstlich Drehna der Germania Brauerei GmbH

Straße	Lindenplatz 10	*Sorten* Schlossbräu: -Edelhell,
PLZ	03246	-Dunkler Bock, -Pils, -Maibock,
Gründung	1745	Spreewaldbier, Wolfsblut,
Inhaber	GF Malte	Fürst Lynar
	Starostik	*Ausstoß* 15 000 hl

Fulda

Hochstiftliches Brauhaus GmbH

Straße	Leipziger Str. 12	*Sorten* Hochstift Pils, Schwarzer Hahn –
PLZ	36037	Orignal Rhöner Landbier, Giesel's
Gründung	1848	Felsenkeller Bier, Fuldaer excellent,
Inhaber	GF Bernd	Hochstift Weihnachtsbier
	Klesper	*Ausstoß* 65 000 hl
		Bemerkung Zwei Tochterfirmen:
		Hochstiftliches Brauhaus Motten/Bayern
		und Lauterbacher Burgbrauerei GmbH

Straße	Waldschmidtstr.	*Sorten* Hofer Pils, Hofer Export, Grenzfähnlein, Hefe Weiße,
	20	Hofer Bock, Hofer Dunkel, Hofer Festbier, Schwirza Halbe
PLZ	93437	(naturtrüb, dunkel)
Gründung	1909	*Ausstoß* –
Inhaber	Hans Hofer	*Bemerkung* Eine Brauereigaststätte mit Hotel ist angeschlossen.

Furth i. Wald

Dimpflbräu Strauß KG

Straße Bräuhausstr. 34
PLZ 93437
Gründung um 1600
Inhaber Matthias Strauß
Internet www.dimpfl.de

Sorten Further Ritterschaft (feines Spezialbier), Dimpfl: -Pilsner, -Vollbier, -Export, Urbräu Vollbier Hell
Ausstoß 10 000 hl
Bemerkung Neben dem Hauptgrund Bier gibt es Mitte August einen weiteren Grund zum Besuch in Furth: Die Aufführung des uralten Volksschauspiels „Der Further Drachenstich".

Gaildorf

Brauerei Häberlen

Straße Karlstr. 66
PLZ 74405
Gründung 1875
Inhaber Christina Manske

Sorten Edel Pils, Spezial, Spezial dunkel, Festbier (größtenteils in Bügelflaschen)
Ausstoß –
Bemerkung Bierisch gut zum Pils oder Dunkel schmeckt der Bierschnaps aus der eigenen Brennerei.

Bonifatiusplatz in der Altstadt von Fulda

Gangkofen

Klosterbräu Seemannshausen

Straße	–
PLZ	84140
Gründung	1355
Inhaber	Lene Obermayr

Sorten Pater Export, Pater Gold
Ausstoß 3000 hl

Gardelegen

Garley Spezialitäten Brauerei GmbH

Straße	Sandstr. 58–60
PLZ	39638
Gründung	1314
Inhaber	GF Albert Hösl
Internet	www.garley.de

Sorten Altmärker Narrenbräu, Bismarck Pilsner Premium, Garley: -Bock, -Premium Pilsner, -„Swartet Beer", -Jubiläums Pilsner, -Premium Export
Ausstoß 40 000 hl

Gars

Brauerei Baumer

Straße	Marktplatz 1
PLZ	83536
Gründung	–
Inhaber	Christine Mürkens

Sorten Export hell, Export dunkel, Märzen, Hefeweißbier
Ausstoß –
Bemerkung Einen schmackhaften Mittagstisch bietet das Braustüberl an.

Gars-Au

Kloster-Bräu

Straße	Klosterhof 3
PLZ	83546
Gründung	1635
Inhaber	Hubert Gassner e.K.
Internet	www.kloster-braeu.de

Sorten Kloster Hell, Kloster Märzen, Kloster dunkel, Kloster Doppelbock
Ausstoß 5000 hl
Bemerkung Bier, Brotzeiten, Braten – der schmackhafte Akkord im Klosterbräustüberl und im schattigen, 300 Plätze großen Biergarten.

Geiselhöring

Brauerei Ludwig Erl

Straße	Straubinger Str. 10
PLZ	94333
Gründung	1871
Inhaber	Ludwig Erl
Internet	www. erl-braeu.de

Sorten Erl: -Hell, -Dunkel, -Weiße, -Bock; Erlkönig: -Extra Hell, Bügel Weiße, -Pilsener
Ausstoß 35 000 hl
Bemerkung Gasthof – Hotel – Biergarten: Erl-Bräu hat an alles gedacht.

Geislingen

Kaiser-Brauerei W. Kumpf GmbH & Co.

Straße	Schubartstr. 24/26
PLZ	73312
Gründung	1881
Inhaber	Familie Kumpf
Internet	www.kaiser-brauerei.de

Sorten Geislinger Keller Pils, Kaiser Edel Pils, Kaiser Original, Kaiser Weizen Hefe natur, Kaiser Schwarzes Hefe Weizen, Kaiser Weizen Kristall klar, Kaiser Weizen leichtes Hefe, Kaiser Schubart Dunkel, Junker Leicht & Frisch, Staufen Biere, Achalm Bräu Biere
Ausstoß –

Geislingen

Adlerbrauerei Altenstadt

Straße	Stuttgarter Str. 214
PLZ	73312
Gründung	1686
Inhaber	Karl Götz

Sorten Dunkle Bartelsteiner Weiße, Gutshof Weizen, Kristall Weizen, Filstal Pils, Exquisit, Weihnachtsbier, OHA Bräu
Ausstoß –

Geltendorf

König Ludwig GmbH & Co. KG, Schlossbrauerei Kaltenberg

Straße	Schlossstr. 8
PLZ	82269
Gründung	1871 im Schloss Kaltenberg
Inhaber	Luipold Prinz von Bayern
Internet	www.koenig-ludwig.com

Sorten Konig Ludwig Dunkel, Prinzregent Luitpold Weißbier hell und dunkel, Kaltenberg: -hell, -Ritterbock, -Königl. Festtagsbier, -Pils
Ausstoß 360 000 hl
Bemerkung Am Unternehmen ist die Warsteiner Brauerei beteiligt; es betreibt Lizenzproduktion im Ausland; der Hauptbetrieb ist in Fürstenfeldbruck. Die weltberühmten Ritterspiele aber gibt es auf Schloss Kaltenberg.

Gersdorf

Glückauf-Brauerei GmbH

Straße	Hauptstr. 176
PLZ	09355
Gründung	1880
Inhaber	GF Renate Scheibner
Internet	www.glueck-aufbiere.de

Sorten Glückauf: -Pilsener, -Edel, -Bock, -Schwarzes, Karl May Premium Pils, Das Deputat, Bäcker Pils
Ausstoß 55 000 hl
Bemerkung Ein Muss für Durstige ist das Brauereifest im Juni. Eine bewundernswerte Frau: Renate Schreibner ist die Präsidentin der mittelständigen Privatbrauereien in Deutschland.

Brauerei Schimpfle

Straße	Hauptstr. 16
PLZ	86459
Gründung	1864
Inhaber	Josef & Alfons Schimpfle
Internet	www.loesch-zwerg.de

Sorten Spez.: Lösch-Zwerg würzig, Lösch-Zwerg herb (Bier des Jahres 2002), Schimpfle: -Spezial, -Dunkel, -Weiße, -Pils, -Unser Bestes, -Weizenperle, Edelhell, Lindenbräu
Ausstoß –
Bemerkung Bier aus dem Naturpark „Augsburg westliche Wälder".

Giengen

Schlüsselbräu

Straße	Oggenhauser Str. 34
PLZ	89537
Gründung	1838
Inhaber	Helmut Bosch

Sorten Giengener: -Weizen Hefe, Weizen Kristall, -Premium, -Spezial, -Festbier
Ausstoß –
Bemerkung Warme und kalte bayerische Spezialitäten werden in der Brauereigaststätte und im Biergarten serviert. Übernachtung möglich.

Giessener Brauhaus A&W Denninghoff GmbH & Co. KG

Straße	Teichweg 8
PLZ	35396
Gründung	1899
Inhaber	Klaus Denninghoff
Internet	www.giessener-brauhaus.de

Sorten Giessener: -Pilsener, -Export; Denninhoff Weiße naturtrüb und kristallklar
Ausstoß 70 000 hl

Görlitz

Landskron-Brauerei GmbH

Straße	An der Lands-kronbrauerei 116
PLZ	02826
Gründung	1869
Inhaber	Holsten Brauerei AG Hamburg
Internet	www.lands-kron.de

Sorten Landskron: -Hell, -Dunkel, -Pilsener, -Goldbach, -Maibock, -Winterhopfen; Lausitzer Kindl, Ein Schlesier Export, Pupen-Schultzes Schwarzes
Ausstoß 186 000 hl
Bemerkung Das Unternehmen wurde im Jahr 2002 mehrheitlich von der Holsten Brauerei Hamburg übernommen.

Brauerei Gotha

Straße	Leinastr. 50
PLZ	99867
Gründung	1836
Inhaber	Oettinger Brauerei, 86732 Oettingen
Internet	www.oettinger-bier.de

Sorten Oettinger Bier gebraut in Gotha, St. Gotthardus Bock, Schloss: -Pils, -Spezial, -Maibock
Ausstoß 1,4 Mio. hl

Gräfenberg
Linden-Bräu

Straße	Am Bach 3
PLZ	91322
Gründung	seit 1932 in Familienbesitz
Inhaber	Irene Brehmer-Stockum

Sorten Bock, Pilsner, Märzen, Vollbier, Weißbier
Ausstoß 4000 hl
Bemerkung Hausschlachtung sorgt im Gasthof des Brauhauses für deftige Kost. Dazu Bier und danach einen Bierschnaps aus der eigenen Brennerei. Wer verweilen will, findet freundliche Fremdenzimmer.

Gräfenberg
Brauerei Friedmann

Straße	Jägersberg 16
PLZ	91322
Gründung	1875
Inhaber	Siglinde Friedmann

Sorten Hell, Pils, Hefeweizen, Sigi's Lager, Ritter-Wirnt-Trunk
Ausstoß 5000 hl
Bemerkung Trinken, Speisen, Übernachten: alles möglich im gemütlichen Bräustüberl, das für fränkische Kost bekannt ist: Braten, Karpfen, Schäuferla (Schweinsschulter mit Schwarte).

Blick auf die Altstadt von Görlitz

Gräfenberg

Brauerei Hofmann

Straße	Hohenschwärz 16
PLZ	91322
Gründung	1897
Inhaber	Elfriede Hofmann, Gerlinde Nentwig

Sorten Export dunkel, Festbier
Ausstoß 2500 hl
Bemerkung Fränkische Gerichte aus eigener Schlachtung sind das Gütesiegel der Braugaststätte, die auch Übernachtungsmöglichkeiten bietet und zur „Guten Nacht" einen Schnaps aus eigener Brennerei.

Grafenau

Bucher-Bräu GmbH & Co. KG

Straße	Elsenthaler Str. 5–7
PLZ	94481
Gründung	1843
Inhaber	GF Hans-Ulrich Wiedemann
Internet	www.bucher-braeu.de

Sorten Hefe Weißbier, XXL Doppelbock, Bucher Pils, Bucher Premium, Grafenauer Alt Bayrisch Dunkel
Ausstoß –
Bemerkung Ein Gedicht: die Brotzeiten im Bräustüberl.

Grafenhausen

Badische Staatsbrauerei Rothaus AG

Straße	Ortsteil Rothaus
PLZ	79865
Gründung	1791
Inhaber	Land Baden-Württemberg
Internet	www.rothaus.de

Sorten Rothaus: -Pils, -Tannenzäpfle, -Weizen, -Weizenzäpfle, -Eiszäpfle
Ausstoß 775 000 hl
Bemerkung Das Schönste am Schwarzwald – Tannenzäpfle.

Grafing

Wildbräu Grafing vor München

Straße	Rotterstr. 15
PLZ	85567
Gründung	1616
Inhaber	Familie Schlederer
Internet	www.wild-braeu.de

Sorten Landpils, Bayrisch Hell, Bayrisch Dunkel, Meistersud, Jagahalbe, Hefeweißbier, Dunkle Weiße, Leichte Weiße, Grandauer Biere
Ausstoß 20 000 hl

Greiz

Vereinsbrauerei Greiz GmbH

Straße	Lindenstr. 60
PLZ	07973
Gründung	1872
Inhaber	Nicolaus Wagner

Sorten Urbräu, Spezial, Bock Maibock, Schloss Pils
Ausstoß 60 000 hl
Bemerkung Das Unternehmen ist seit 1.10.2002 im Besitz der Rosenbrauerei Pößneck.

Großostheim

Eder & Heylands Brauerei GmbH & Co. KG

Straße	Aschaffen- burger Str. 3–5
PLZ	63762
Gründung	1872
Inhaber	GF Friedbert Eder, Ev Eder- Widmann
Internet	www.eder- heylands.de

Sorten Eders: -Export, -Pilsener, -Alt-Ostheimer, -Leichtes; Bavaria: -Hefeweizen Hell und Dunkel, -Kristallweizen, -Dunkles Starkbier; Schlappeseppel: -Export, -Pilsener, Das Schlappeseppel; Heylands: -Export, -Premium Pilsener, -Anno 1792, -Helles und Dunkles Weizen; Thüngener: -Schloss Pils, -Schloss Export
Ausstoß 298 000 hl
Bemerkung Eder fungiert seit 2001 als Braustätte der Heylands Produkte.

Großröhrsdorf

Böhmisches Brauhaus GmbH & Co. KG

Straße	Bahnhofstr. 11
PLZ	01900
Gründung	1887
Inhaber	GF Herr Hartmann

Sorten Edel-Sünde Schwarzbier, Eisbier, Bock, Pilsener, Rödertaler Bock
Ausstoß 25 000 hl

Gruibingen

Lamm-Bräu

Straße	Hauptstr. 37
PLZ	73344
Gründung	1728
Inhaber	Hans-Dieter Hilsenbeck

Sorten Gruibinger Stiefel Pils, Weihnachtsbier, Naturtrübes Brunnenbier, Gosbacher Fasnetsbier, Dorfbräu Export
Ausstoß 6500 hl

Günzburg

Radbrauerei Gebr. Bucher KG

Straße	Peter-Henlein- Str. 8
PLZ	89312
Gründung	um 1590
Inhaber	Georg & Hans Bucher
Internet	www.guenz- burger- weizen.de

Sorten Günzburger: -Hefeweizen, -Leichtes Weizen, -Ur Weizen, -Weizenbock, -Märzen Spezial, -Radbier hell
Ausstoß 55 000 hl
Bemerkung Bucher ist vor allem regional stark, genießt aber auch darüber hinaus einen guten Ruf.

Gundelfingen

Kronenbrauerei

Straße	Prof.-Bamann- Str. 20
PLZ	89423
Gründung	1543
Inhaber	Rudolf Wahl
Internet	www.kronen- brauerei.de & www.canna- bia.de

Sorten Kronen: -Märzen, -Export, -Vollbier, -Pils, -Bock, -Weizen; Ökokrone: -Export, -Leicht, -Hefeweizen; Cannabia – der erste Hanftrunk
Ausstoß 8000 hl

Spezialbierbrauerei Bucher

Straße	Untere Vorstadt 15–19
PLZ	89423
Gründung	1644
Inhaber	Alois Bucher
Internet	www.brauerei-bucher.de

Sorten Bucher Markenbiere: -Sud, -Export, -Spezial, -pils, -Urdeutsch, -Pils Juwel, -Hefe Weizen, -Kristall Weizen, -Dunkle Weiße, -Fit Weizen, -Bockbier, -Öko Urtyp, -Lager
Ausstoß 38 000 hl
Bemerkung Die Bucher-Biere haben vielfach Preise der Deutschen Landwirtschafts-Gesellschaft gewonnen.

Gutenstetten

Brauerei Gebr. Windsheimer

Straße	Hauptstr. 13
PLZ	91468
Gründung	1767
Inhaber	Familie Windsheimer
Internet	www.bier-strasse.de

Sorten Pils, Märzen, Vollbier hell, Vollbier dunkel, Aischgründer Lagerbier in der 0,5-l-Bügelflasche
Ausstoß 6000 hl
Bemerkung Der kleine Brauereigasthof liegt in der Mitte des Ortes.

Gutenstetten

Privatbrauerei Hofmann Pahres

Straße	Dettendorfer Str. 1
PLZ	91468
Gründung	1663
Inhaber	Georg Hofmann
Internet	www.hofmann-bier.de

Sorten Helles Landbier, Hopfengold-Pilsener, Fest-Märzen, Alt Pahreser Dunkel, Doppel-Bock, Lagerbier, Weihnachtsfestbier, Weißbier; Spezialität: Ex – der kleine Hofmann
Ausstoß 30 000 hl

Haag

Unertl Weißbier GmbH

Straße	Lerchenbergerstr. 6
PLZ	83527
Gründung	um 1900
Inhaber	Alois Unertl
Internet	www.unertl.de

Sorten Weißbierspezialitäten: Unertl Weißbier, Unertl Ursud, Die Unertl Bügelflasche, Unertl Weißer Bock, Unertl Leichte Weiße
Ausstoß 20 000 hl
Bemerkung Ein gemütliches oberbayerisches Bräustüberl gehört zur Brauerei, das auch Fremdenzimmer bereithält. Ein selbst gebrannter Bierschnaps eignet sich als Betthupferl.

Hachenburg

Westerwald Brauerei H. Schneider KG

Straße	Gehlerter Straße
PLZ	57627
Gründung	1861
Inhaber	Heiner Schneider
Internet	www.hachen-burger.de

Sorten Hachenburger: -Pils, -Schwarzbier Schwarze Sau, -Special, -Urtrüb
Ausstoß 100 000 hl
Bemerkung Tradition und Moderne geben sich hier die Hand: Eine der ältesten Pilsbrauereien Deutschlands präsentiert sich zugleich als „Erlebnisbrauerei".

Hagen-Dahl

Vormann Brauerei

Straße	Braugasse 3–5
PLZ	58091
Gründung	1877
Inhaber	Eduard Detlef Vormann
Internet	www.brauerei-vormann.de

Sorten Vormann Pilsener, Alt aus Dahl, Sauerländer Weizen, Vormann Malz, Doppelbock, Dahler Urbräu (ungefiltert, naturtrüb)
Ausstoß 5500 hl

Hahnstätten

Nassauische Privatbrauerei

Straße	Rößlerstr. 3
PLZ	65623
Gründung	1842
Inhaber	G. Siebel, H. Schmidt, Th. Trappmann

Sorten Nassauer: -Pils, -Export, -Alt, -Kellerpils; Oraniensteiner Pils, Hahnstätter Weizen, Pax Dei Schwarzbier
Ausstoß 13 000 hl
Bemerkung Die Brennerei bietet Bierbrand aus Pils und aus Weizenbier an.

Haimhausen

Haniel von Haimhausen'sche Schlossbrauerei

Straße	Hauptstr. 3a
PLZ	85778
Gründung	1608
Inhaber	Erben-gemeinschaft

Sorten Haniel: -Hell, -Export, -Pils; Schloss-Weiße
Ausstoß 6000 hl

Halfing

Brauerei Rothmoos

Straße	Rothmoos 2
PLZ	83128
Gründung	1927
Inhaber	Anton Kirnberger
Internet	www.roth-mooser.de

Sorten Rothmooser: -Hefeweißbier, -Premium Hell, -Festbier, -Weißbierbock, -Classic Pils 0,33
Ausstoß 5000 hl
Bemerkung Alle Biere, die im Bräustüberl zu den einheimischen Brotzeiten bestens munden, sind mit Rohstoffen aus kontrolliertem bayerischen Vertragsanbau gebraut.

Hallerndorf

Brauerei Rittmayer

Straße	Trailsdorfer Str. 4
PLZ	91352
Gründung	1422
Inhaber	Familie Rittmayer

Sorten Urtyp Export, Maibock, Hefeweißbier, Bockbier, Raiterla Rauchbier, Leichtes Weizen, Kellerbier, Winter Weizen, Landbier hell und dunkel
Ausstoß 7000 hl
Bemerkung Das Unternehmen dient auch als Abfüllzentrum für verschiedene Brauereien, die Bügelverschlussflaschen anbieten. – Fränkische Brotzeiten gibt's im Kreuzbergkeller, fränkische Vollgerichte in der Brauereigaststätte.

Hallerndorf

Brauerei Lieberth

Straße	Forchheimer Str. 2
PLZ	91352
Gründung	1679
Inhaber	Familie Volkmuth

Sorten Pilsner, Märzen, Lagerbier, Bock
Ausstoß 2500 hl
Bemerkung Im Kreuzbergkeller lässt man sich deftige Brotzeiten mit schwarzgeräuchertem Schinken und Sülze aus Hausschlachtung schmecken. Im Brauereigasthof ist Karpfen aus dem eigenen Weiher der Star auf der Speisekarte.

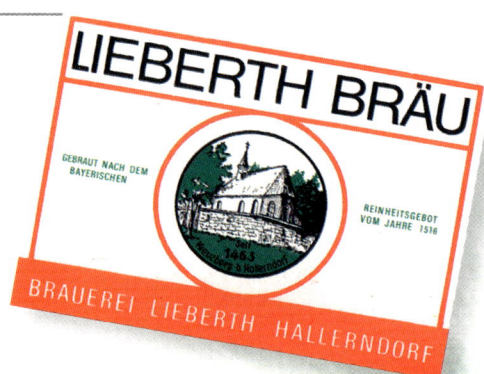

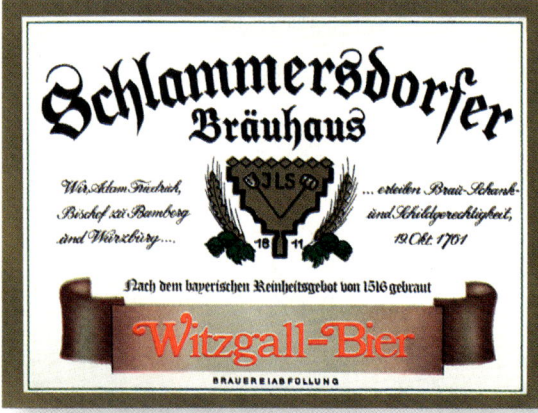

Hallerndorf-Schlammersdorf

Brauerei Witzgall

Straße	Schlammersdorfer Str. 17
PLZ	91352
Gründung	1898
Inhaber	Helmut Witzgall

Sorten Vollbier, Landbier naturtrüb
Ausstoß 1300 hl
Bemerkung Zum Haus gehören eine Brauereigaststätte und der Witzgall Keller, die sich beide mit kernigen Brotzeiten einen Namen gemacht haben.

Hallerndorf-Schnaid

Brauerei Friedel

Straße	Schnaid Nr. 10
PLZ	91352
Gründung	1461
Inhaber	Luitgard Friedel-Winkelmann

Sorten Fränkisch Urtyp
Ausstoß –
Bemerkung Gegrillte Hax'n und Brotzeiten sind die Renner in Friedel's Keller (Kreuzberg), Täubla, Enten und Karpfen machen den Besuch in der Brauereigaststätte zum kulinarischen Erlebnis. Darauf einen Bierschnaps aus eigener Brennerei.

Hallerndorf-Stiebarlimbach

Brauerei Roppelt

Straße	Stiebarlimbach 9
PLZ	91352
Gründung	um 1850
Inhaber	Franz Roppelt
Internet	www.brauerei-roppelt.de & www.roppelt-fanclub.de

Sorten Kellerbier, Festbier, Weißbier
Ausstoß 3000 hl
Bemerkung Im Felsenkeller genießt man fränkische Spezialitäten wie Knöchla, Schäuferla, Adlerhaxen und Kaiserfleisch. Highlights im Brauereiausschank sind Karpfengerichte.

Hallstadt-Dörfleins

Brauerei „Schwarzer Adler"

Straße	Dörfleins 43
PLZ	96103
Gründung	1840
Inhaber	Alfons Eichhorn

Sorten Bockbier, ungespundetes Kellerbier, Export
Ausstoß –
Bemerkung An der Quelle in der Bierwirtschaft des Hauses halten Bier und Brotzeiten Leib und Seele zusammen.

Hamburg

Holsten Brauerei AG

Straße	Holstenstr. 224
PLZ	22765
Gründung	1879
Inhaber	AG, Aufsichts-ratsvors. Christian R. Eisenbeiss
Internet	www. holsten.de

Sorten Holsten Pilsener, Astra-Biere
Ausstoß 11,0 Mio. hl (Holstengruppe insgesamt)
Bemerkung Zum Konzern gehören: König Brauerei Duisburg, Brauerei Feldschlößchen AG Dresden, Brauerei Feldschlößchen AG Braunschweig, Mecklenburgische Brauerei Lübz, Licher Brauerei, Landskron Brauerei Görlitz.

Feldschlösschen-Brauerei

Straße	Brauereistr. 2
PLZ	46499
Gründung	1852
Inhaber	Familie Kloppert
Internet	www.feld-schloesschen-brauerei.de

Sorten Spezialität: Malzgetränke
Ausstoß 60 000 hl

Hannover

Gilde Brauerei AG

Straße	Hildesheimer Str. 132
PLZ	30177
Gründung	1526
Inhaber	Interbrew Deutschland Holding GmbH
Internet	www.gilde-brauerei.de

Sorten Gilde Ratskeller, Gilde Pilsener, Gilde Free, Lindener Spezial, Lüttje Lagen, Wilkenburger dunkel
Ausstoß 1,34 Mio. hl (4,46 Mio. hl Gesamtgruppe)
Bemerkung Die gesamte Gilde-Gruppe gehört seit 2002 zum Interbrew-Konzern Belgien. Zum Unternehmen gehören: Hasseröder Brauerei GmbH Wernigerode und Hofbrauhaus Wolters AG Braunschweig.

Hannover

Brauerei Herrenhausen KG

Straße	Herrenhäuser Str. 89–99
PLZ	30419
Gründung	1868
Inhaber	Familie Middendorf
Internet	www.herren-haeuser.de

Sorten Herrenhäuser: -Pilsener, -Bio Bier, -Ice Beer
Ausstoß 250 000 hl

Hartmannsdorf

Mittweidaer Löwenbräu GmbH

Straße	Chemnitzer Str. 5
PLZ	09232
Gründung	1996 neu aufgebaut
Inhaber	Boon Rawd Brewery C. Ltd. Bangkok

Sorten Hartmannsdorfer: -Pils, -Hell, -Bock; Strup Ice beer eiskalt, Strup Pilsener spezial; Singha Bier in Lizenz für Thai Gastronomie und Asia Läden im europäischen Raum, Zweigbetrieb in Mittweida
Ausstoß 55 000 hl

Hausen

Rother Bräu, Bayerische Exportbierbrauerei Roth

Straße	Birkenweg 2
PLZ	97647
Gründung	1788
Inhaber	Familie Weydringer

Sorten Öko Urtrunk, Öko Urweizen, Öko Ur Pils; Rother: -Pils, -Export, -Festbier, -Bock
Ausstoß 40 000 hl
Bemerkung Ein rustikales Bräustüberl gehört zum Haus, das fränkische Küche und Übernachtungsmöglichkeiten bietet.

Hausham

Brauhaus Hausham

Straße	Schlierseestr. 8
PLZ	83734
Gründung	1935
Inhaber	Peter Auer

Sorten Auer Hell, Auer Weißbier, Auer Märzen in der Bügelflasche
Ausstoß 1000 hl
Bemerkung Klein, aber fein – das trifft auch auf das vortreffliche Angebot des Bräustüberl zu.

Hauzenberg

Apostelbräu

Straße	Eben 11–15
PLZ	94051
Gründung	1890
Inhaber	Max Hirz

Sorten Weizenbier, 1. Original Dinkelbier
Ausstoß 8000 hl
Bemerkung Die hauseigene Brennerei stellt Dinkeltropfen und Dinkelgeist her.

Heidelberg

Heidelberger Brauerei GmbH

Straße	Kurpfalz-ring 112
PLZ	69123
Gründung	1753
Inhaber	Dietmar Hopp
Internet	www.heidel-berger-brauerei.com

Sorten Heidelberger: -1603 Pilsener, -Export, -Pils, -Weizenbiere, -Osterbier, -Weihnachtsbier, -Original hell, -Original dunkel
Ausstoß 55 000 hl

Heidenheim

Königsbräu Majer GmbH & Co. KG

Straße	Oggenhauser Hauptstr. 1
PLZ	89522
Gründung	1827
Inhaber	GF Christiane Majer-Allgeier
Internet	www.koenigs-braeu.de

Sorten Königsbräu: -Weißbier (Hell, Dunkel, Leicht, Kristall, King), -Spezial, -Dunkles, -Pilsner, -Edel-Pils, -Festbier
Ausstoß 50 000 hl

Heilbronn-Biberach

Kronenbrauerei Halter GmbH

Straße	Bonfelder Str. 26
PLZ	74078
Gründung	1894
Inhaber	GF Harald Halter
Internet	www.kronen-brauerei-halter.de

Sorten Kronenbräu: -Export, -Pils, -Festbier
Ausstoß –
Bemerkung Gutbürgerliche Küche und einheimische Spezialitäten bietet die Brauereigaststätte „Krone" zu Export dunkel und Pilsener naturtrüb vom Fass.

Straße	Marktplatz 5	*Sorten* dunkles Lagerbier
PLZ	91332	*Ausstoß* 600–700 hl – je nach Durst des Braumeisters
Gründung	1888	*Bemerkung* Konsumiert wird vor allem im Gasthof des Hauses, der
Inhaber	Erwin Aichinger	gutbürgerliche Küche und Brotzeiten aus eigener Schlachtung anbietet.

Heiligenstadt

Brauerei Ott

Straße	Oberleinleiter 6	*Sorten* „Bier aus dem Leinleitertal": -Pils, -Export, -Bock, -Festbier
PLZ	91332	
Gründung	seit 1825 in Familienbesitz	*Ausstoß* 5000 hl
Inhaber	Manfred Ott	*Bemerkung* Die Fleischgerichte aus eigener Schlachtung sind die
Internet	www.brauerei-ott.de	beste Grundlage für den Biergenuss in der Brauereigaststätte.

Straße	Meckatz 10	*Sorten* Spezialität: Weiß-Gold (meistgetrunkene Allgäuer Biermarke), Meckatzer: -Pils, -Weizen, -Urweizen, -Fest-Märzen
PLZ	88178	
Gründung	1738	*Ausstoß* 180 000 hl
Inhaber	Familien Weiß	*Bemerkung* Spezialitäten der Region serviert die Brauereigaststätte.
Internet	www.meckatzer.de	

Herbertingen

Adlerbrauerei Hundersingen

Straße	Ortsstr. 1	*Sorten* Adler: -Pils, -Export, -Zwickelbier naturtrüb, Festbier
PLZ	88518	
Gründung	um 1700	*Ausstoß* 800 hl
Inhaber	Anton Bischofberger	*Bemerkung* Übernachten und natürlich speisen kann man im schwäbisch-gemütlichen
Internet	www.adler-brauerei.com	Brauereigasthof, der hausgemachte Spätzle und schwäbische Gerichte anbietet.

Herborn

HB Herborner Bärenbräu GmbH

Straße	Alte Marburger Str. 2–8
PLZ	35745
Gründung	1879
Inhaber	Egon Schindel Holding

Sorten Bären: -Weiße, -hell, -Edel-Pils, -Malz, -Classix, -Export, -Drive
Ausstoß 70 000 hl
Bemerkung In Strömen fließen die Bären-Köstlichkeiten beim Herborner Sommerfest Ende Juli.

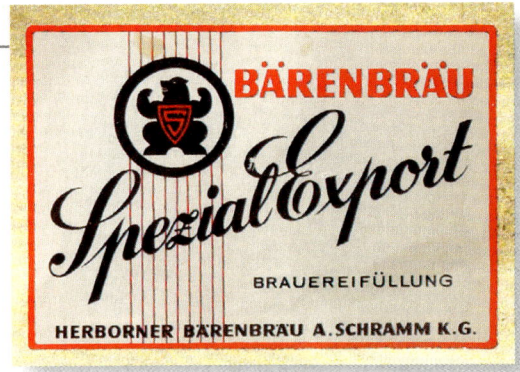

Herford

Brauerei Felsenkeller Gebr. Uekermann GmbH & Co.

Straße	–
PLZ	32003
Gründung	1878
Inhaber	Uekermann Verwaltungsges. mbH
Internet	www.herforder-pils.de

Sorten Herforder: -Pils, -Alkoholfrei, -Export, -Felsenkeller Premium, -Lager Dunkel, -Weihnacht, -Maibock
Ausstoß 640 000 hl

Herrngiersdorf

Schlossbrauerei

Straße	Schlossallee 5
PLZ	84097
Gründung	1131
Inhaber	Paul Pausinger
Internet	www.schloss-brauerei-herrngiers-dorf.de & www.pausin-ger.de

Sorten Sündenbock, Publiner (tief dunkel), Trausnitz Pils, Jadwiga Hell, Fanfaren Weiße
Ausstoß 13 000 hl
Bemerkung Die älteste noch aktive Privatbrauerei der Welt verfügt über einen urgemütlichen Gasthof mit Biergarten.

Hersbruck

Bürgerbräu Hersbruck Deinlein & Co. KG

Straße	Lohwey 38
PLZ	91217
Gründung	1920
Inhaber	GF Lotte Götz

Sorten Albweizen hell und dunkel, Weizenbock, Dampfsud, Edel-Pils, Märzen, Festbier, Kloster-Bock
Ausstoß 18 000 hl

Herzogenaurach

Brauerei Hans Heller

Straße	Hauptstr. 33
PLZ	91074
Gründung	1874
Inhaber	Hans Heller

Sorten Fest Märzen, Hell Export, Pils, Heller Schwarzes, Hefe Rauchbier, Bock, Vollbier, Kirchweih Bier
Ausstoß 5000 hl
Bemerkung Nur eine Speise gibt's im Brauereigasthof, aber die ist wie geschaffen zu den vorzüglichen Bieren: fränkische Bratwürste vom Feinsten.

Heubach

Hirschbrauerei Heubach L. Mayer

Straße	Hauptstr. 86–99
PLZ	73540
Gründung	1725
Inhaber	Familien Caliz und Mayer
Internet	www.heubacher.de

Sorten Albfels Pilsner, Uralb Spezial, Altes Sudhaus, Hopfen Leicht, Heubacher Weizen (Hell, Dunkel, Kristall)
Ausstoß 60 000 hl
Bemerkung Direkt an der Quelle sitzen die Bierfreunde in der Brauereigaststätte „Altes Sudhaus".

Heusweiler-Eiweiler

Grosswald Brauerei Bauer GmbH & Co. KG

Straße	Großwaldstr. 132
PLZ	66265
Gründung	1860
Inhaber	Alexander Kleber
Internet	www.grosswald.de

Sorten Grosswald: -Festtrunk, -Zwickel, -Landbier, -Export, -Pilsener, -Hofgut Pils (Unser bestes); Euro Export und Pils, Markgrafen Bräu (Export und Pilsener)
Ausstoß 90 000 hl

Hirschaid

Brauerei Kraus

Straße	Luitpoldstr. 11
PLZ	96114
Gründung	1845
Inhaber	Familie Kraus
Internet	www.brauerei-kraus.de

Sorten Festbier, Bock, Vollbier, Hirschen Trunk, Weißbier, Pils, Lager hell, Leichtes
Ausstoß 11 000 hl
Bemerkung Rundum versorgt ist der Gast in der Brauereiwirtschaft, der Hotel und Biergarten angeschlossen sind. An Speisen werden fränkische Gerichte aus eigener Schlachtung angeboten, wobei besonders Wild, Karpfen und Forellen zu empfehlen sind.

Hirschaid

Brauerei Brütting Friesen

Straße	Friesener Hauptstr. 16
PLZ	96114
Gründung	1865
Inhaber	Rudolf Brütting

Sorten Brütting Vollbier
Ausstoß 1000 hl
Bemerkung Ist die Preistafel seit den 1970er Jahren nicht mehr geändert worden? So günstig wie im Brauereigasthof bekommt man seine Halbe oder – norddeutsch gesagt – seinen halben Liter nirgendwo. Außerdem gibt's fränkische Küche mit Schäuferla, Knöchla und anderen Spezialitäten.

Hirschaid

Brauerei Weber Röbersdorf

Straße	Ringstr. 46
PLZ	96114
Gründung	1800
Inhaber	Friedrich Weber

Sorten Landbier Alt, Landbier Dunkel, Landbier Hell
Ausstoß 2000 hl
Bemerkung Hier sei zu Braten geraten, im Brauereigasthof, der sich auf fränkische Hausmacher-Kost und -Spezialitäten versteht.

Hirschau

Schlossbrauerei

Straße	Mühlstr. 2
PLZ	92242
Gründung	1811
Inhaber	Hans Dorfner

Sorten Dorfner: -Bock, -Hell, -Spezial, -Festbier, -Keller Bier Spezial; Weißbier, Kristallweizen und Schwarzbier im Lohnbrau
Ausstoß –
Bemerkung Zum Schlosshotel gehört der Brauereigasthof, der einheimische Köstlichkeiten serviert und an jedem 23. April den Tag des deutschen Bieres mit in Bier zubereiteten Speisen krönt.

Höchstadt/Aisch

Brauerei „Blauer Löwe"

Straße	Brückenstr. 9
PLZ	91315
Gründung	1658
Inhaber	Brigitte & Ingo Sauer

Sorten Hefe Weißbier vom Feinsten, Winter-Weiße, Vollbier, Pils, Dunkel, Jubiläumsbier, Märzen, Blue Lion Weißbier
Ausstoß 5500 hl
Bemerkung Unter den einheimischen Spezialitäten, die der Brauereigasthof anbietet, ist Aischgründer Karpfen die erste Wahl.

Straße	Kellerstr. 11
PLZ	91315
Gründung	1926
Inhaber	Vorstand Baptist Ackermann

Sorten Brauhaus: -Pils, -Hell, -Leichtes, -Kellerberg, -Doppelbock, -Festbier
Ausstoß 10 000 hl
Bemerkung An Pfingsten geht es hier hoch her, wenn beim Brauereifest die Gläser und Krüge überschäumen.

Höchstadt/Aisch

Brauerei Fischer Greuth

Straße	Greuth 11
PLZ	91315
Gründung	1702
Inhaber	Norbert Fischer

Sorten Lagerbier, Rauchbier, Bock
Ausstoß 1000 hl
Bemerkung Im Sommer im schattigen Biergarten, sonst in der Stube des Brauereigasthofs gibt's zum Bier Deftiges aus eigener Schlachtung.

Höchstadt/Aisch

Brauerei Friedel Zentbechhofen

Straße	Höchstadter Str. 1
PLZ	91315
Gründung	1467
Inhaber	Michaela Baier

Sorten Märzen, Vollbier, Festbier
Ausstoß 2200 hl
Bemerkung Fränkische Brotzeiten aus eigener Schlachtung sind das Markenzeichen der Brauereigaststätte.

Hof

Georg Meinel Bierbrauerei KG

Straße	Alte Plauener Str. 24
PLZ	95028
Gründung	1731
Inhaber	Gisela Meinel-Hansen
Internet	www.meinel-braeu.de

Sorten Meinel: -Hell, -Märzen, -Pils, -Doppelbock; Absolvinator, Jubiläumsbier Absolventrunk
Ausstoß 15 000 hl
Bemerkung Das Haus erhielt als erste Brauerei der Region das Herkunftssiegel „Qualität aus Bayern". Das haben die Brauereigaststätte „Meinel's Bas" und ihr Biergarten ebenso verdient wie die Brennerei, deren Bierbrand und Hopfengeist sich größter Beliebtheit erfreuen.

Hof

Zeltbräu Hof GmbH

Straße	Schleizer Str. 28
PLZ	95028
Gründung	1592
Inhaber	GF Lars Bredow
Internet	www.zelt-braeu.de

Sorten Hofer Schlappenbier, Hofer Hell, Kristall Pils, Edelgold, Hofatius Starkbier, Hofer Gassenhauer Dunkel
Ausstoß –

Hof

Privatbrauerei Scherdel OHG

Straße	Unterkotzauer Weg 14
PLZ	95028
Gründung	1831
Inhaber	P. Scherdel, A. Scherdel, H. Vasel
Internet	www.scherdel-bier.de

Sorten Scherdel: -Premium Pilsner, -Edelhell, -Märzen, -Helle, -Dunkle, -Kristall Weiße, -Doppelbock, -Lager, Schwarzes Scherdel
Ausstoß 115 000 hl
Bemerkung Angeboten wird eine Brauereiführung (nur nach Anmeldung) mit anschließender Bierprobe im Präsentier- und Studierlokal „Schmidt's Keller". Daneben bietet das Bräustüberl mit angeschlossenem Hotel leckere Kleinigkeiten aus der einheimischen Küche.

Hof

Bürger-Bräu-Hof

Straße	Ascher Str. 3–5
PLZ	95028
Gründung	1864
Inhaber	Maria Ried

Sorten Edel-Weiße, Edel-Pils, Vollbier, Bockbier, Export
Ausstoß –
Bemerkung Bierkultur für jeden Geschmack bieten die Gastronomie im Bürger-Bräu-Brauereimuseum, die Galerie im Gerstenboden, die Kneipe Kuriosa und das Theater im Brauereimuseum.

Hof-Unterkotzau

Schlossbrauerei Alois Falter

Straße	Hirschberger Str. 6
PLZ	95030
Gründung	1734
Inhaber	Werner Falter
Internet	www.brauerei-falter.de

Sorten Falter: -Lager hell, -Pils, -Weißbier hell und dunkel, -Aitermoser Weißbier, -Weizenbock, -Kellertrunk, -Bockbier
Ausstoß 15 000 hl
Bemerkung Aus der Brauerei direkt auf den Tisch kommt das Bier im angeschlossenen Gasthof, der auch Fremdenzimmer anbietet.

Hofheim

Brauerei Raab

Straße	Johannisstr. 11
PLZ	97461
Gründung	1937
Inhaber	Michael Raab

Sorten Pils, Landbier, Bock, Märzen, Dunkel
Ausstoß 8000 hl
Bemerkung Der von einem Pächter betriebene Brauereigasthof sorgt für feste und flüssige Nahrung.

Hohenthann

Schlossbrauerei Hohenthann OHG

Straße	Brauhausstr. 1
PLZ	84098
Gründung	1864
Inhaber	GF Klaus Rauchenecker jun.
Internet	www.hohenthanner.de

Sorten St. Sixtus Doppelbock dunkel, Holzhacker Dunkle Weiße, Tannen Pils, Urtyp dunkel, Tannen leicht, Leichte Weiße, Winterfestbier, Hohenthanner Weiße, Premium Lager Hell
Ausstoß –
Bemerkung Für die beiden letztgenannten Biere wurde das Haus mit Goldmedaillen der Deutschen Landwirtschafts-Gesellschaft ausgezeichnet.

Straße	Industriestr. 5	
PLZ	83607	
Gründung	1605	
Inhaber	Friedrich Wochinger	
Internet	www.ober-braeu-holz-kirchen.de	

Sorten Holzkirchner Weiße (hell, dunkel, leicht), Urtyp Hell, Edel Export, Pils, Laurenzi, Festbier, Holzkirchner Zwickl, Gamsbier Hell und Export, Holzkirchner Hell und Gold
Ausstoß 50 000 hl
Bemerkung Die Traditionsbrauerei produziert heute in einem modernen Gebäude im Industriegebiet.

Holzminden

Brauerei Allersheim GmbH

Straße	Allersheim 6
PLZ	37603
Gründung	1854
Inhaber	GF H.J. Breuer
Internet	www.brauerei-allersheim.de

Sorten Allersheimer: -Urpils, -Festbock, -Maibock, -Urbräu dunkel, -Bügelpils; Gutsherren Pils, Braumeister, Grafen Krone, Kadetten
Ausstoß 100 000 hl

Homburg

Karlsberg Brauerei KG Weber

Straße	Eisenbahnstr. 49
PLZ	66424
Gründung	1878
Inhaber	Richard Weber (55 %), Paulaner München (22,5 %), Heineken N.V. Amsterdam (22,5 %)
Internet	www.karls-berg.de

Sorten Karlsberg: -Ur-Pils, -Blondes; Karlsberger-Hof in der Bügel-flasche, Becker's, Schloss, Trierer Löwen, Merziger Bier-Eiche
Ausstoß 3,595 Mio. hl
Bemerkung Zum Unternehmen gehören die Tochterfirmen Königsbacher Brauerei Koblenz und Karlsbräu France S.A. Saverne.

Hornberg

Privatbrauerei M. Ketterer

Straße	Frombachstr. 27
PLZ	78132
Gründung	1877
Inhaber	Familie Ketterer
Internet	www.ketterer-bier.de

Sorten Ketterer: -s'Fläschle 0,33, -Edel-Export, -Pils, -Schützen Bock, -Ur Weiße (Hell, Dunkel, Kristall), -Weihnachtsbier, -Zwickel Pils
Ausstoß –

Hutthurm

Hutthurmer Bayerwald Brauerei

Straße	Marktplatz 5
PLZ	94116
Gründung	1577
Inhaber	Raiffeisenbank Landkreis Passau Nord
Internet	www.hutthurmer.de

Sorten Bayerwald: -Urtyp Hell, -Bayerisch Hell, -Festbier, -Tradition Export, -Tradition Dunkel, -Pils, -Medium, -Hefe, -Dunkle, -Leichte Weiße; Gourmet Bier sowie diverse Trendbiere
Ausstoß 80 000 hl

Ichenhausen-Autenried

Schlossbrauerei Autenried

Straße	Bräuhausstr. 2
PLZ	89335
Gründung	1650
Inhaber	Familie Feuchtmayr
Internet	www.autenrieder.de

Sorten Autenrieder: -Pilsner, -Urtyp hell, -Urtyp dunkel, -Schlossbräu leicht, -Leonardi Bock, -Weizenbier, -Dunkles Weizen, -Ernte Weizen
Ausstoß 65 000 hl
Bemerkung Die vielfach ausgezeichneten Biere und gut bürgerliche Küche mit Fleischgerichten aus eigener Schlachtung sind im Biergarten und in der Stube des Brauereigasthofs zu haben, der auch modern eingerichtete Fremdenzimmer anbietet.

Igling-Holzhausen

Landbrauerei Holzhausen

Straße	Hauptstr. 8
PLZ	86859
Gründung	1771
Inhaber	Familie Egner

Sorten Holzhausener Landbier gebraut wie Anno dazumal mit historischen Braugeräten
Ausstoß 400 hl
Bemerkung Das Unternehmen ist ein Pachtbetrieb der Aktienbrauerei Kaufbeuren. Es verfügt über einen Brauereigasthof und einen urigen Biergarten, wo zum naturtrüben unfiltrierten Landbier kernige schwäbische und bayerische Brotzeiten serviert werden.

Illertissen

Schlossbrauerei Illertissen

Straße	Bräuhausstr. 17
PLZ	89257
Gründung	1686
Inhaber	Rudolf Endres

Sorten Spezial, Pils, Hefeweizen, Dunkel
Ausstoß 1500 hl
Bemerkung Die Brauerfamilie betreibt einen Gasthof mit urigem Biergarten unterhalb des Schlosses, wo die schwäbische Küche und die deftigen Brotzeiten vortrefflich munden.

Ilmtal-Singen

Brauerei Schmitt

Straße	–
PLZ	99326
Gründung	1885
Inhaber	Uwe Obstfelder

Sorten Singer-Bier
Ausstoß 800 hl
Bemerkung In der seit 1976 unter Denkmalschutz stehenden Brauerei braut man das Bier noch wie vor hundert Jahren.

Herrnbräu Bürgerliches Brauhaus Ingolstadt AG

Straße Manchinger Str. 95
PLZ 85053
Gründung 1882
Inhaber Bayerische Landesbank München
Internet www.herrn-braeu.de

Sorten Weißbierspezialitäten: Hefeweißbier Hell-Dunkel-Leicht-Kristall, St. Martini Weizenbock; Herrntrunk Hell und Dunkel, Herrn Pils, Herrn Edel Export, Tradition, Panther Lager
Ausstoß 105 000 hl

Ingolstadt

Nordbräu Ingolstadt

Straße Gutsstr. 5
PLZ 85055
Gründung 1693
Inhaber Familie Wittmann
Internet www.nord-braeu.de

Sorten Edel Weiße, Schanzer Weiße, Leichte Weiße, 93'er Bier, Urtyp hell, Schanzer Wappen, Privat-Pilsner, Festbier, Anno Domini, Eisbock, Dr. Max, Dr. Max Gold, Landgraf Biere, Geisenfelder
Ausstoß 90 000 hl

Neues Schloss in Ingolstadt

Ingolstadt

Ingobräu Ingolstadt GmbH

Straße	Harderstr. 20
PLZ	85049
Gründung	1507
Inhaber	F. & M. Dittmar Erben
Internet	www.ingo-braeu.de

Sorten Ingobräu: -Hell, -Meistersud, -Edel Weiße, -Dunkle Weiße, -Donauthaler, -Festbier, -Honorator, -Zwickl; Tilly Bräu, Domherren, Fredo, Landgraf
Ausstoß 60 000 hl
Bemerkung Für viele Biere konnte sich das Unternehmen immer wieder über goldene Medaillen der Deutschen Landwirtschafts-Gesellschaft freuen.

Irchenrieth

Brauerei Johann Hösl

Straße	Braugasse 3
PLZ	92699
Gründung	um 1750
Inhaber	Arne Luchner, Claudia Molter

Sorten Irchenriether: -Zoigl, -Edelweiße, -Echtes, -Füchserl
Ausstoß –
Bemerkung Hier wird noch gebraut wie vor fünfzig Jahren.

Irlbach

Freiherr v. Poschinger-Bray'sche Schlossbrauerei Irlbach GmbH

Straße	Graf-von-Bray-Str. 14
PLZ	94342
Gründung	vor 1800
Inhaber	Franz Gabriel Frhr. von Poschinger-Bray
Internet	www.irlbacher.de

Sorten Graf Bray-Klassik, Baron's flash american typ beer; Irlbacher: -Festbier, -Vollbier, -Premium Pils, -Exzellent, -Schlossherrn Weiße, -Hefeweißbier, Alt Irlbacher Dunkel
Ausstoß 90 000 hl

Irsee

Irseer Klosterbräu

Straße	Klosterring 1
PLZ	87660
Gründung	1182
Inhaber	Herbert & Rosemarie Paulus
Internet	www.irseer-klosterbraeu.de

Sorten Kloster Urtrunk, Kloster Urweiße; Kloster Bieredelbrand, Klosterlikör
Ausstoß 10 000 hl
Bemerkung Ein Muster an bayerischer Gastlichkeit ist der Brauereigasthof mit angeschlossenem Hotel. Einen Besuch wert ist das sehr schön gestaltete Brauereimuseum.

Iserlohn

Brauerei Iserlohn

Straße	Grüne Talstr. 40–50
PLZ	58644
Gründung	1899
Inhaber	G. Hentelbeck, P. Michaelis, Chr. Ilske
Internet	www.iserlohner.de

Sorten Iserlohner Pilsner, Sauerländer 1899 dunkel, Sauerländer Winter, Germania Biere
Ausstoß 170 000 hl
Bemerkung Die Brauerei ist seit Mai 2003 in Privatbesitz.

Brauerei Stolz

Straße	Rotenbacher Weg 2	*Sorten*	Spezialität: Isnyer Weizenbiere (Hefe, Leicht, Kristall); Stolz: -Export, -Pils, -Hell, -Blaubändele (Lagerbier)
PLZ	88316	*Ausstoß*	18 000 hl
Gründung	1919	*Bemerkung*	„Zum Engel" heißt die Brauereigaststätte, deren Gerichte aus der Allgäuer Küche ebenso herzhaft sind wie die Brotzeiten.
Inhaber	Josef & Hans Stolz		
Internet	www.brauerei-stolz.de		

Issum

Interbrew Deutschland Brauerei Diebels GmbH & Co. KG

Straße	Brauerei-Diebels-Str. 1	*Sorten*	Diebels: -Alt, -Light, -Alkoholfrei
PLZ	47661	*Ausstoß*	1,5 Mio. hl
Gründung	1878	*Bemerkung*	Das Unternehmen gehört zur belgischen Interbrew Gruppe.
Inhaber	Interbrew Deutschland Holding GmbH		
Internet	www.diebels.de		

Brauerei Schleicher Kaltenbrunn

Straße	Coburger Str. 22	*Sorten*	Itzgrunder Landbier; Kaltenbrunner: -Pils, -Bock, -Vollbier
PLZ	96274	*Ausstoß*	6000 hl
Gründung	seit 1880 in Familienbesitz		
Inhaber	Oskar Döllinger		

Jandelsbrunn

Privatbrauerei Josef Lang GmbH & Co. KG

Straße	Hauptstr.17	*Sorten*	Jandelsbrunner: -Hell, -Dunkel, -Festbier, -Weiße, -leichte Weiße, -Helyator, -Pils; Rauhnachtsbier (natur-trüb) in 2,0-l-Siphon-flaschen
PLZ	94118		
Gründung	1850		
Inhaber	GF Eugen Brühmüller		
Internet	www.jandels-brunner.de		
		Ausstoß	14 000 hl

Rösslebräu Ummenhofen

Straße	St. Antoniusstr. 32	*Sorten*	Exportbier hell
PLZ	86860	*Ausstoß*	1000 hl
Gründung	seit vier Generationen in Familien-besitz	*Bemerkung*	Nach der Brauereiführung, die an jedem ersten Samstag im Monat stattfindet, und auch sonst stärken sich die Besucher im Brauereigasthof oder im Biergarten, wo zum Bier Hausmacher-Brotzeiten serviert werden.
Inhaber	Robert Kunz		
Internet	www.roessle-braeu.de		

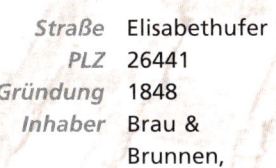

Jever

Friesisches Brauhaus zu Jever GmbH & Co. KG

Straße Elisabethufer 18
PLZ 26441
Gründung 1848
Inhaber Brau & Brunnen, Dortmund
Internet www.jever.de

Sorten Jever: -Pilsener, -Light, -Fun, -Dark
Ausstoß 1,654 Mio. hl
Bemerkung Im Anschluss an eine Besichtigung des sehenswerten Brauereimuseums empfiehlt sich die Einkehr in den Brauereiausschank.

Jüchsen

Brauerei „Zur goldenen Henne"

Straße Witte 6
PLZ 98631
Gründung 1890
Inhaber Hans Reizlein jun.

Sorten Juechsner: -Pilsner, -dunkler Bock, -Schwarzbier naturtrüb (die Spezialität vom Fass)
Ausstoß 1500 hl
Bemerkung Thüringer Spezialitäten werden im Brauereiausschank serviert, zu dem ein Hotel, ein Biergarten und eine Kegelbahn gehören. Führungen sind möglich nach Vereinbarung.

Kaltennordheim

Rhönbrauerei Dittmar

Straße Fuldaer Str. 6
PLZ 36452
Gründung 1875
Inhaber Friedrich Dittmar, Christel Reukauf
Internet www.rhoen-brauerei.de

Sorten Rhöner: -Export, -Spezial, -Pils, -Bock hell, -Land Premium, -Weihnachtsbier, -Urtyp, -Pummpils (naturtrüb)
Ausstoß 30 000 hl
Bemerkung Gern werfen die Besucher im Brauereimuseum einen Blick in die Geschichte des Hauses und der regionalen Bierkultur.

Kammerstein

Brauerei Gundel Barthelmesaurach

Straße Nördlinger Str. 15
PLZ 91126
Gründung 1602
Inhaber Georg Gundel

Sorten Gundel: -Urhell, -Pils, -Festbier, -Export, -Bock
Ausstoß 3000 hl
Bemerkung Die fränkische Küche der Brauereigaststätte leistet Besonderes in Sachen Braten, Karpfen und Brotzeiten.

Karlsruhe

Brauerei Moninger AG

Straße Durmesheimer Str. 59
PLZ 76185
Gründung 1856
Inhaber Vorstand M. Winterberg
Internet www.moninger.de

Sorten Moninger: -Export, -Pilsener, -Extra Dry, -Zwickel hefetrüb, -Festbier, -Berthold Bock dunkel
Ausstoß 140 000 hl
Bemerkung Das Unternehmen gehört zur Stuttgarter Hofbräu.

Karlsruhe

Brauerei Max Wolf GmbH

Straße	Marienstr. 38
PLZ	76137
Gründung	1885
Inhaber	GF Ulrich Schultz
Internet	www.wolf-braeu.de

Sorten Wolf: -Export, -Pils, -Indianerbock, -Hefeweizen hell und dunkel, -das Schwarze; Wölfle Pils, Wolfsblut
Ausstoß 15 000 hl

Karlsruhe

Privatbrauerei Hoepfner

Straße	Haid-und-Neu-Str. 18
PLZ	76131
Gründung	1798
Inhaber	Dr. F. G. Hoepfner
Internet	www.hoepfner.de

Sorten Hoepfner: -Pilsner, -Goldköpfle, -Weißbiere, -Export, -Porter, -Kräusen (naturtrüb), -Inselbier, -Maibock, -Leicht
Ausstoß 193 000 hl
Bemerkung An Pfingsten lockt Hoepfners Burgfest mit Bier, aber auch mit anderen Leckereien. In regelmäßigen Abständen demonstrieren zudem in Hoepfner-Lokalen renommierte Gastwirte die Zubereitung diverser Biermenüs.

Kassel

Martini-Brauerei

Straße	Kölnische Str. 94–104
PLZ	34119
Gründung	1859
Inhaber	GF R. Sauer, L. Gauß

Sorten Martini: -Weißbiere, -Winterbier, -Schwarzbier; Kasseler Premium Pils
Ausstoß 140 000 hl
Bemerkung Martini gehört zur Einbecker Brauhaus AG Einbeck.

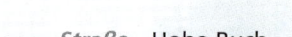

Kaufbeuren

Aktien-Brauerei Kaufbeuren AG

Straße	Hohe Buchleuthe 3
PLZ	87600
Gründung	1308
Inhaber	Vorstand Dr. Klaus Rübelmann, Jens Schleifenbaum
Internet	www.aktien-brauerei.de

Sorten Kaufbeurer: -Pils, -Festbier, -Allgäu Stoff, -Hell, -Jubiläums Pils, -Steingadener Weiße, -St. Martin Doppelbock, -Weizen Anno 25, -Urbayerisch Dunkel; Kaiser Maximilian leichte Weiße, Kaufbeurer Original Schankbier, Kellerbier Anno 1308, Weizen Anno 1885
Ausstoß 125 000 hl

Kelheim

Brauerei Aukofer

Straße	Alleestr. 27
PLZ	93309
Gründung	1874
Inhaber	Johann Aukofer

Sorten Aukofer: -Hell, -Dunkel, -Pils, -Festbier, -Märzen; Klösterl Weiße hell und dunkel
Ausstoß –
Bemerkung Regionale Spezialitäten im Brauereiausschank lassen sich bei frischem Bier besonders genießen. Übernachtungsmöglichkeit im zugehörigen Hotel.

Kelheim

Brauerei Frischeisen

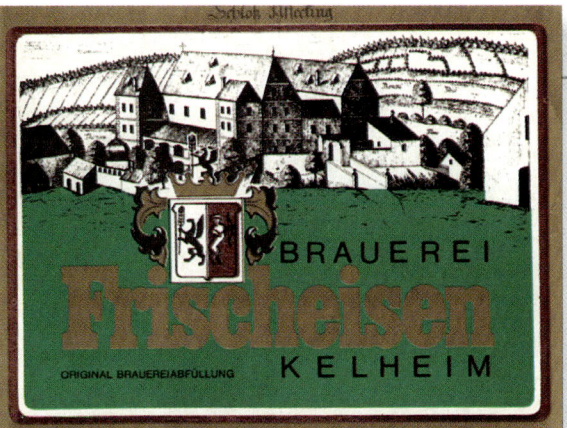

Straße	Regensburger Str. 69
PLZ	93309
Gründung	1851
Inhaber	Cornelia Auer

Sorten Frischeisen: -Pils, -Weihnachtsbier, -Urtyp Hell, -Märzen Spezial, -Festbier
Ausstoß 7000 hl

Kelheim

Weißbierbrauerei G. Schneider & Sohn GmbH

Straße	Emil-Ott-Str. 1–5
PLZ	93309
Gründung	1872
Inhaber	Familie Georg Schneider
Internet	www.schneider-weisse.de

Sorten Schneider Weiße original, Weizenhell, Kristall, Leicht, Aventius Weizenbock, Alkoholfreies Weizen
Ausstoß 288 000 hl
Bemerkung Die älteste Weizenbierbrauerei Bayerns ist an der Karmelitenbrauerei Straubing teilweise beteiligt.

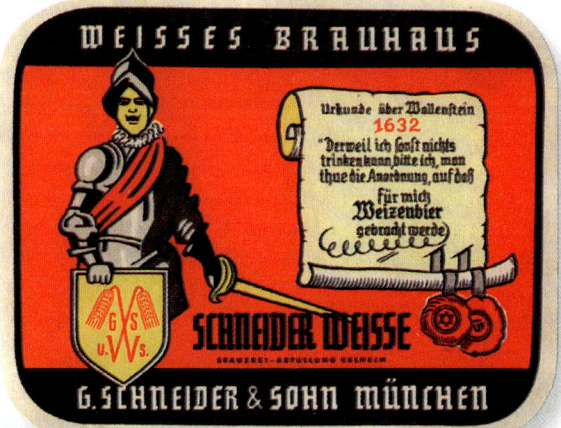

Karlsruher Schloss

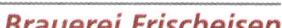

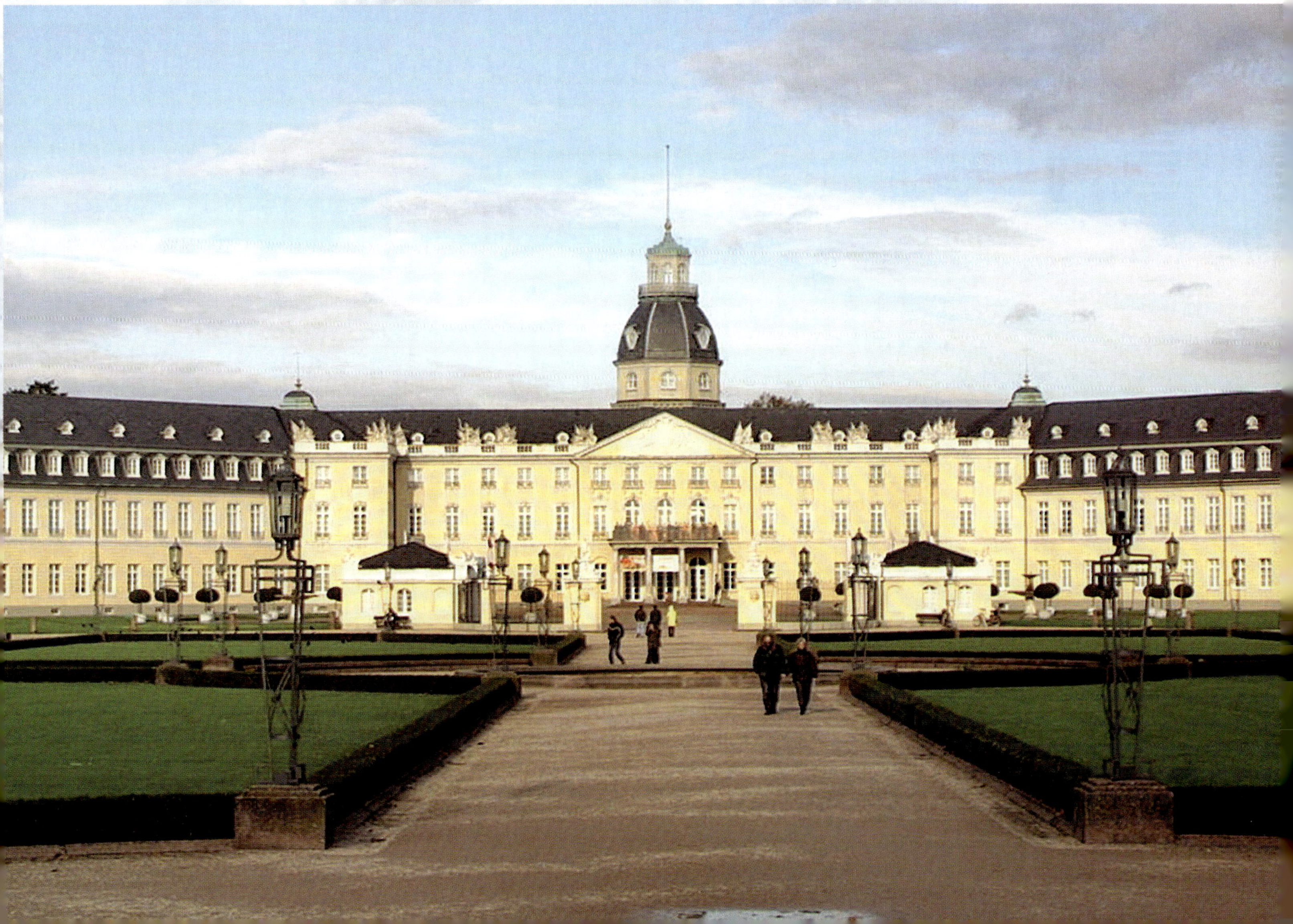

Kelheim

Klosterbrauerei Weltenburg GmbH

Straße	Asamstr. 32
PLZ	93309
Gründung	1050
Inhaber	Kloster Weltenburg
Internet	www.weltenburger.de

Sorten Weltenburger: -Kloster Hell, -Barock Dunkel, -Hefeweißbier, -Asam Bock, -Barock Hell, -Urtyp Hell, -Anno 1050
Ausstoß –
Bemerkung Die älteste aktive Klosterbrauerei der Welt ist ein beliebtes Ausflugsziel, nicht zuletzt wegen der gemütlichen Klosterschänke mit ihrem herrlichen Biergarten. Die Verwaltung betreibt die Brauerei Bischofshof Regensburg.

Kemmern

Wagner-Bräu

Straße	Hauptstr. 15
PLZ	96164
Gründung	1788
Inhaber	Georg Wagner
Internet	www.brauerei-wagner.de

Sorten Wagner: -Pils, -Vollbier, -Weißbier, -Märzen, -Schwarzbier, -Festbier, -Bock; Spezialität: ungespundetes Lagerbier
Ausstoß 8000 hl
Bemerkung Fränkisch, deftig und reichhaltig sind die Gerichte in der urigen Brauereigaststätte mit Biergarten und Sommerkeller; besonders zu rühmen: Hausmacher Brotzeiten.

Kemnath

Klosterbrauerei Kemnath

Straße	Klosterhofstr. 6
PLZ	95478
Gründung	1660
Inhaber	Familien Neumann & Ponnath
Internet	www.klosterbrauerei-kemnath.de

Sorten Kloster: -Festbier, -Märzen, -Hell, -Dunkel, -Pils
Ausstoß 5500 hl

Kempten

Allgäuer Brauhaus AG

Straße	Beethovenstr. 7
PLZ	87435
Gründung	1911
Inhaber	Vorstand Harald Platz
Internet	www.allgaeuer-brauhaus.de

Sorten Teutsch Pils, 1394 Premium Lager, Urtyp Export, Fürstabt Weizen, Festbier, Cambonator, St. Magnus, Büble Bier, Bayernstoff Biere, Altbairisch Dunkel, Das Helle
Ausstoß 130 000 hl
Bemerkung Das Unternehmen gehört zur Radeberger Brauereigruppe.

Kenzingen

Brauerei Hirschen

Straße	Hirschengasse 4
PLZ	79341
Gründung	1649
Inhaber	Norbert Weber

Sorten Hirschen: -Pils, -Export, -Dunkel, -Bock
Ausstoß 2200 hl
Bemerkung Zum Haus gehört eine Gaststätte mit Saal und Biergarten, wo badische Spezialitäten gereicht werden.

Kippenheim

Schlossbrauerei Stöckle zu Schmieheim

Straße	Schlossstr. 64
PLZ	77971
Gründung	1843
Inhaber	Jörg Lusch
Internet	www.hierony-mus-bier.info

Sorten Schloss: -Spezial, -Bock, -Pils; Spezialität: Hieronymus
Ausstoß –
Bemerkung Ganz im historischen Stil gehalten ist der Brauereiausschank mit schönen alten Emailleschildern.

Kirchheim

Brauerei Lechler

Straße	Brandgasse 1
PLZ	87757
Gründung	1905
Inhaber	Lothar Lang

Sorten Export, Dunkel, Festbier, Hefeweißbier hell, Gaiß'n Maß vom Fass
Ausstoß 1000 hl
Bemerkung Unter den schattigen Kastanien des Biergartens und in der gemütlichen Brauereigaststätte wird Bier durch Brotzeiten und einheimische Spezialitäten noch schöner. Inbesondere, wenn man den Appetit durch eine vorangegangene Brauereiführung (nach Vereinbarung) geschärft hat.

Kirn

Kirner Privatbrauerei

Straße	Kallenfelser Str. 2–4
PLZ	55606
Gründung	1798
Inhaber	GF Eberhard Andres (GFG)
Internet	www.kirner.de

Sorten Kirner: -Pils, -Pur (naturtrübe Bier-spezialität), -1798 (bernsteinfarbene Bierspezialität), -Frei, -Kyr, -Leicht
Ausstoß 120 000 hl

Kißlegg-Dürren

Edelweißbrauerei Oskar Farny

Straße	Hofgut Dürren
PLZ	88353
Gründung	1833
Inhaber	Farny Stiftung
Internet	www.farny.de

Sorten Schambrinus, Humpis Original (naturtrüb), Alt-Dürrener Weiße; Farny: -Oskar Farny Premium Pils, -Edelweiß, -Kristall Weizen, -Hofgutbier
Ausstoß 100 000 hl
Bemerkung Farny übernahm 2001 das Bürgerl. Brauhaus Ravensburg AG.

Koblenz

Königsbacher Brauerei GmbH & Co. KG

Straße	An der Königs-bach 8
PLZ	56075
Gründung	1689
Inhaber	Geschäfts-leitung: K.H. Haupt, A. Wunderlich
Internet	www.koenigs-bacher.de

Sorten Königsbacher: -Pils, -Maibock, -Alt, -Spezial, -Diät Pils, -Light and Dry; Speziali-tät: Zischke – naturtrübes Kellerbier in 0,5- und 3-l-Bügelflasche
Ausstoß 150 000 hl
Bemerkung Das Unternehmen wird seit 1992 vom Karlsberg-Verbund-Homburg/Saar betrieben. Schönste Trinkstelle ist der Brauereiausschank mit Blick auf den Rhein.

KÖLN

Wie die Rivalin Düsseldorf hat Köln sich die alte Brautradition trotz der Pils-Offensive bewahrt. Es dominiert ungebrochen der obergärige Trend, nur dass statt des dunklen Alt ein helles, hochvergorenes, hopfenbetontes Kölsch in der Domstadt kredenzt wird. Neun verschiedene Brauereien wetteifern um die Aufmerksamkeit der Kölner Kunden und der Touristen, die schnell heraushaben, wie erfrischend das blonde Gebräu ist. Und wie das Alt wird es aus allerdings schlankeren 0,2-l-„Stangen" getrunken, aber anders als das Alt gibt's Kölsch wirklich nur im Kölner Raum. Am besten schmeckt Kölsch natürlich frisch vom Fass im jeweiligen Brauhaus oder in einer der urigen alten Kölner „Weetschaften", doch auch Flaschenfreunde der diversen Kölsch-Versionen kommen nicht zu kurz.

Köln

Brauerei Päffgen

Straße	Friesenstr. 64/66	*Sorten* Päffgen Kölsch	
PLZ	50670	*Ausstoß* 6000 hl	
Gründung	1883	*Bemerkung* „Das beste an Köln",	
Inhaber	Rudolf Päffgen	sagen die Fans des Päffgen und	

Bemerkung „Das beste an Köln", sagen die Fans des Päffgen und seiner Brauereigaststätte, die zu den altehrwürdigen Institutionen der Stadt gehört. Dort und im Biergarten im Brauereiinnenhof werden Bier und Kölsche Spezialitäten zum Erlebnis.

Köln

Brauerei zur Malzmühle

Straße	Heumarkt 6	*Sorten* Mühlen Kölsch, Koch'sches
PLZ	50667	Malzbier
Gründung	1858	*Ausstoß* 45 000 hl
Inhaber	Josef Schwartz	*Bemerkung* Im unverwechselbaren

Bemerkung Im unverwechselbaren kölschen Stil gehalten ist der Brauereiausschank, wo das Bier ohne Kohlensäurezusatz gezapft wird und Spezialitäten der einheimischen Küche den Biergenuss abrunden.

Köln

Cölner Hofbräu P. Josef Früh

Straße	Am Hof 12–14	*Sorten* Früh-Kölsch (in Fässern, Flaschen und
PLZ	50667	Dosen)
Gründung	1904	*Ausstoß* 443 000 hl
Inhaber	H.R. Müller	*Bemerkung* Der Brauereiausschank befindet
	(GFG), A. Rolff	sich in der Nähe des Kölner Doms, die Brau-
	(GFG)	stätte in der Robert-Bosch-Str. 15, 50769 Köln.
Internet	www.frueh.de	

Köln

Brauerei Sünner GmbH & Co. KG

Straße	Kalker Hauptstr.	*Sorten* Sünner Kölsch, Sünner Malz, Sünner Weizen, Cramer
	260	Biere, Schopen Biere
PLZ	51103	*Ausstoß* 60 000 hl
Gründung	1830	*Bemerkung* Ein Bier für alle Jahreszeiten, das im Sommer
Inhaber	Ingrid Müller-	am besten schmeckt. Wie das? Da hat der Brauerei-Bier-
	Sünner,	garten geöffnet. Ganzjährig gibt's Hochprozentiges aus
	L. Becher,	der eigenen Brennerei.
	G. Schulz	

Köln

DOM-Brauerei GmbH

Straße	Alteburger Str.	*Sorten* DOM Kölsch, RATS Kölsch
	145–155	*Ausstoß* 210 000 hl
PLZ	50968	*Bemerkung* DOM-Braustätte ist seit November 2002 die ehemalige Küppers-
Gründung	1894	Kölsch Brauerei, deren Biergarten im Sommer einlädt und die ein Brauerei-
Inhaber	Graf von	museum betreibt.
	Dürckheim	
Internet	www.dom-	
	brauerei.de	

Köln

Privatbrauerei Gaffel Becker & Co.

Straße	Eigelstein	*Sorten* Gaffel: -Kölsch, -Kölsch Light,
PLZ	50668	-Kölsch frei, -1396
Gründung	1908	*Ausstoß* 470 000 hl
Inhaber	Familie Becker	*Bemerkung* Alter Markt ist eine der
Internet	www.gaffel.de,	Top-Adressen in Köln, denn dort
	www.bier-	steht das „Gaffel-Haus", der
	plakate.de,	Brauereiausschank.
	www.1396-	
	bier.de	

Köln

Privatbrauerei Heinrich Reissdorf GmbH & Co. KG

Straße	Emil-Hoffmann-	*Sorten* Reissdorf Kölsch
	Str. 4–10	*Ausstoß* 490 000 hl
PLZ	50996	*Bemerkung* Den Brauereiausschank finden
Gründung	1894	die Reissdorf-Freunde am Stammhaus in
Inhaber	GF Michael	der Severinstraße.
	v. Rieff	
Internet	www.reiss-	
	dorf.de	

Köln

Richmodis Bräu vorm. Brauhaus Friedr. Winter GmbH

Straße	Welserstr. 16	*Sorten*	Garde Kölsch, Richmodis Kölsch
PLZ	51149	*Ausstoß*	–
Gründung	1875		
Inhaber	Familie Becker		

Köln

Gilden-Kölsch-Brauerei GmbH

Straße	Bergisch Gladbacher Str. 116–134
PLZ	51065
Gründung	1296
Inhaber	Brau & Brunnen Dortmund
Internet	www.gilden-koelsch.de

Sorten Gilden-Kölsch, Küppers-Kölsch, Ganser-Kölsch, Sion-Kölsch, Römer-Kölsch, Kurfürsten-Kölsch, Maximilians-Kölsch, Sester-Kölsch

Ausstoß 440 000 hl

Bemerkung Gilden ist eine Unternehmen der Gruppe Brau und Brunnen Dortmund.

Königseggwald

Königsegger Walder Bräu AG

Straße	Hauptstr. 6
PLZ	88376
Gründung	1822
Inhaber	Vorstand Anton Michelberger
Internet	www.koenigs-egger.de

Sorten Walder Bräu: -Naturtrüb Hell, -Königsegger Biere

Ausstoß 10 000 hl

Bemerkung Am 1.4.2003 hat die Walder Bräu die Braustätte der insolventen Härle Bräu übernommen.

Königsfeld

Brauerei Grasser Huppendorf

Straße	Huppendorf 25
PLZ	96167
Gründung	seit 1750 in Familienbesitz
Inhaber	Johannes Grasser

Sorten Pils, Festbier, Bock, Dunkles, Hefeweizen, Zwergla, Josefi Bock, Kathrein Bock; Spezialität: ungespundetes Lagerbier

Ausstoß 8000 hl

Bemerkung Übernachten und gut fränkisch speisen lässt es sich bestens im Brauereigasthof, der Fleischgerichte aus eigener Schlachtung anbietet und als Aperitif oder Magenschluss einen Bierschnaps aus der eigenen Brennerei serviert.

Kößlarn

Weißbräu

Straße	Marktplatz 13
PLZ	94149
Gründung	1847
Inhaber	Sven Grünleitner

Sorten Kößlarner: -Weißbier, -Pils, -Weizenbock, Köss Helles Bier

Ausstoß 2500 hl

Bemerkung Im ältesten Gebäude Kößlarns ist die historische Gaststätte untergebracht, die fünf Fremdenzimmer vermietet. In der altersschwarzen Gaststube erhält man zum sehr guten Bier schmackhafte, reichliche Fleischgerichte, Suppen, Toasts und Brotzeiten der herzhaften Art aus Produkten der Region.

Kötzting

Brauerei Kolbeck

Straße	Weißenregener Str. 4
PLZ	93444
Gründung	um 1870
Inhaber	Heinrich Kolbeck

Sorten Kaitersberg Dunkel, Kaitersberg Export, Bock hell und dunkel, Doppelbock, Maibock – alles in der Bügelflasche

Ausstoß 3000 hl

Bemerkung In der Fastenzeit ist die ganzjährig beliebte Brauereigaststätte an den Samstagen Treffpunkt der Starkbierfreunde. Sommers lockt der Biergarten.

Konradsreuth

Ahornberger Landbrauerei Strößner KG

Straße	Brauereiweg 7
PLZ	95176
Gründung	1739
Inhaber	Olga Schödel
Internet	www.ahornberger.de

Sorten Landbier: -Dunkel, -würzig, -hopfig; Maibock, Wiesenfestbier

Ausstoß 70 000 hl

Konstanz

Ruppaner-Brauerei

Straße	Hoheneggstr. 41–51
PLZ	78464
Gründung	1795
Inhaber	K.B. Ruppaner, A. Scheidtweiler
Internet	www.ruppaner.de

Sorten Ruppaner: -Hefeweizen Hell und Dunkel, -Kristallweizen, -Edel-Pils, -Export, -Lagerbier, -Schimmele naturtrüb, -Hecker Dunkel

Ausstoß 50 000 hl

Bemerkung Biergarten und die Brauereigaststätte „zur Hohenegg" erfreuen sich regen Zuspruchs, nicht zuletzt wegen der Lage direkt am Bodensee und wegen der regionalen Spezialitäten, darunter vor allem Bodenseefische.

Konzell

Brauerei Kienberger

Straße	Dachauer Str. 8
PLZ	94357
Gründung	seit 1884 in Familienbesitz
Inhaber	Otto Kienberger

Sorten Klett-Bräu: -Pils, -Festbier, -Urhell, -Dunkle Weiße; Konzeller Weiße, Gallner Perle Export

Ausstoß 5000 hl

Bemerkung Der Name Kienberger findet sich laufend auf den Listen der Prämierungen durch die Deutsche Landwirtschafts-Gesellschaft.

Bolten-Brauerei

Straße	Rheydter Str. 138
PLZ	41352
Gründung	1266
Inhaber	Hans-Otto Bolten

Sorten Bolten-Alt, Bolten-Ur-Alt, Bolten's Ur-Weizen unfiltriert, weitere Spezialbiere in der Bügelflasche
Ausstoß 35 000 hl
Bemerkung Bolten ist die älteste noch aktive Altbierbrauerei der Welt und übernimmt auch Lohnabfüllung in Bügelflaschen für andere Brauereien.

Krefeld

Brauerei Gleumes

Straße	Sternstr. 12–14
PLZ	47798
Gründung	1807
Inhaber	Georg Mäurers
Internet	www.brauerei-gleumes.de

Sorten Obergärige Spezialitäten: Gleumes: -Lager, -Weizen, -Hell
Ausstoß 3000 hl
Bemerkung Bierkutscher-Gulasch, Schnibbelskuchen oder Krustenbraten? Der historische Brauereiausschank hält rustikale Spezialitäten bereit und bezaubert mit historischem Flair und urigem Biergarten.

Kreuztal-Eichen

Eichener-Brauerei

Straße	Eichener Str. 38–40
PLZ	57223
Gründung	1888
Inhaber	Krombacher Brauerei
Internet	www.eichener.de

Sorten Eichener: -Pils, -Gold, -Dark Lager, -Zwickel Bier; Rhenania Alt
Ausstoß 80 000 hl
Bemerkung Zum Maibock-Anstich feiern die Gäste jedes Jahr eine Dark-Lager-Party.

Kreuztal-Krombach

Krombacher Brauerei KG

Straße	Hagener Str. 261
PLZ	57223
Gründung	1803
Inhaber	Familie Schadeberg
Internet	www.krombacher.de

Sorten Krombacher: -Pils, -Alkoholfrei
Ausstoß 4,8 Mio. hl

Kreuzwertheim

Spessart-Brauerei GmbH

Straße Junkergasse 2
PLZ 97892
Gründung 1887
Inhaber Dr. Horst Müller

Sorten Spessart: -Pils, -Edel Export, -Gold Specht; Schwarzer Specht, Spessart Weizen, Jubilator Doppelbock, Spessart Gold-Märzen
Ausstoß –
Bemerkung „Zum Stern" heißt der Brauereigasthof, und Sternstunden kann der Besucher dort erleben bei Bier und fränkischen wie bayerischen Spezialitäten.

Kronach

Brauerei Kaiserhof Gebr. Kaiser

Straße Friesener Str. 1
PLZ 96317
Gründung 1872
Inhaber Familie Kaiser
Internet www.kaiserhof-brauerei.de

Sorten Kaiserhof: -Pilsner, -Schützenfestbier; Lucas Cranach Lagerbier, Schwedentrunk, Kronator, Hefeweizen Weißer Kaiser, Hefeweizen Schwarzer Kaiser
Ausstoß 10 000 hl
Bemerkung Im Biergarten im Brauereihof wie im Kaiserhof Ausschank werden gutbürgerliche Gerichte und fränkische Brotzeiten aufgetischt.

Kronburg

Brauerei Kronburg

Straße Hauptstr. 21
PLZ 87758
Gründung 1893
Inhaber Josef Schweighart
Internet www.brauerei-kronburg.de

Sorten Kronburger: -Hell, -Dunkel, -Spezial, -Hefeweizen, -Pils, -Bock
Ausstoß –
Bemerkung Unter schattigen Kastanien im Biergarten oder in der gemütlichen Brauereigaststätte verwöhnt die schwäbische Küche die Besucher mit Brotzeiten aus eigener Schlachtung und Spezialitäten wie Leber sauer, Kässpatzen oder Bierbraten.

Krostitz

Krostitzer Brauerei GmbH

Straße Brauereistr. 12
PLZ 04509
Gründung 1534
Inhaber Radeberger Brauereigruppe
Internet www.ur-krostitzer.de

Sorten Ur-Krostitzer: Pilsner, -Schwarze, Schwedenquell
Ausstoß 300 000 hl

Kühbach

Brauerei Kühbach Freiherr von Beck-Peccoz

Straße Großhausener Str. 2
PLZ 86556
Gründung 1862
Inhaber Familie Freiherr von Beck-Peccoz
Internet www.brauerei-kuehbach.de

Sorten Kühbacher: -Hell, -Export, -Josefi Bier, -Festbier, -Helles Weizen, -Dunkles Weizen, -Leichtes Weizen, -Lager, -Premium Pils
Ausstoß 25 000 hl
Bemerkung Trink- und Speise-Erlebnisse sind die Brotzeiten im Biergarten des Schlossparks, wo Ende Mai auch das Brauereifest veranstaltet wird.

Kulmbacher Brauerei AG

Straße	Lichtenfelser Str. 9
PLZ	95326
Gründung	s. Bemerkung
Inhaber	Vorstandsvors. Jürgen Brinkmann
Internet	www.kulmbacher.de

Sorten Kulmbacher: -Leicht, -Lager, -Edelkulm, -Alkoholfrei, -Festbier, -Export, -Edelherb Premium Pils; EKU-Biere, Kapuziner Weizenbiere, Mönchshof Biere
Ausstoß 1,3 Mio. hl
Bemerkung Die heutige Firma ist 1996 aus der 1846 entstandenen Reichelbräu und der 1872 gegründeten Ersten Kulmbacher Actienbrauerei (EKU) hervorgegangen und gehört zur Paulaner Gruppe München. Einen Blick in ihre und in die Geschichte der Bierregion erlaubt das angeschlossene bayerische Brauereimuseum.

Kutzenhausen

Brauerei Rapp KG

Straße	Augsburger Str. 14
PLZ	86500
Gründung	1893
Inhaber	Familie Rapp
Internet	www.brauerei-rapp.de

Sorten Rapp: -Export, -Pilsner, -Hell, -Leicht, -Alkoholfrei, -Pils Premium, -Festbier, -Märzen; Rappen 1893, Rappen Lager, Rappen Bock, Leichte-, Helle-, Dunkle-, Kristallweiße
Ausstoß 250 000 hl
Bemerkung Rapp vertreibt seine Produkte in eigener Mehrwegflasche ausschließlich über den firmeneigenen Heimdienst im gesamten süddeutschen Raum.

Laaber

Brauerei Plank

Straße	Marktplatz 1
PLZ	93164
Gründung	1617
Inhaber	Michael Plank
Internet	www.brauerei-plank.de

Sorten Hefeweizen, Vollbier Hell, Red Lion, Hefeweiße Leicht, Schwarzer Weizenbock
Ausstoß 12 000 hl
Bemerkung Brauereiführungen nach Vereinbarung sind möglich. Sie beschließt man am besten im Brauereigasthof oder bei gutem Wetter in dessen Biergarten, wo zum schmackhaften Schluck gutbürgerliche Gerichte serviert werden.

Lahnstein

St. Martin Brauerei

Straße	Sandstr. 1
PLZ	56112
Gründung	1894
Inhaber	Dr. R. Fohr
Internet	www.st-martin-brauerei.de

Sorten Fürsten Pils, Zwickel Bier (naturtrüb), Alt Lahnsteiner, Schneebock, Jägerbock
Ausstoß 30 000 hl

Landau

Brauerei Wilhelm Krieger e.K.

Straße	Hauptstr. 88
PLZ	94405
Gründung	1804
Inhaber	Helene Sturm

Sorten Ludwig der Kelheimer (dunkel), Isartaler (leichtes Hefeweißbier); Krieger: -Pils, -Hell, -Weißbier, -Festbier

Ausstoß 20 000 hl

Bemerkung Vorzüglich speist man im Brauereigasthof „Zur Post".

Landshut

Brauerei C. Wittmann OHG

Straße	Ländgasse 50
PLZ	84028
Gründung	1838
Inhaber	Utta Kell
Internet	www.brauerei-wittmann.de

Sorten Landshuter Dult Bier, Ergolator, Weihnachtsbier, Leichte Weiße, Medium 2,9, Wittmann Premium Extra Pils, Urhell, Landshuter Hochzeitstrunk, Hefe Weiße, Festbier, Schwarz-Weiße

Ausstoß –

Bemerkung Die Brennerei des Hauses stellt Hochzeitsbrand, Ergolatorbrand und L.A.-Brandy her.

Landshut

Landshuter Brauhaus Koller-Fleischmann AG

Straße	Pulverturmstr. 6
PLZ	84028
Gründung	1493
Inhaber	Vorstand Stephan Koller
Internet	www.landshuter-brauhaus.de

Sorten Kollerbräu hell, Edelhell, Helm Pils, Dunkel, Prädikator, Hefe Weiße hell und dunkel, Leichte Weiße, Premium Light, Landshuter Hochzeitsbier, Koller's Klassik, Ostersud, Festbier

Ausstoß –

Langenau

Pflugbrauerei Hörvelsingen

Straße	Wirtsgasse 7
PLZ	89129
Gründung	1681
Inhaber	Fritz Gnann

Sorten Pflug: -Festbier, -Bock, -Spezial, -Pils, Hefe dunkel

Ausstoß 5000 hl

Bemerkung Das Brauhaus verfügt über einen eigenen Gerstenanbau und eine eigene Mälzerei. Die Kühlung erfolgt noch mit Natureis mittels historischem Eisgerüst. An jedem 1. Mai steigt das beliebte Maibockfest.

Langenberg

Privat Brauerei Hohenfelde GmbH

Straße	Wiedenbrücker Str. 155
PLZ	33449
Gründung	1845
Inhaber	Dr. Edgar Schütze
Internet	www.hohenfelder.de

Sorten Hohenfelder Pilsener, Lappmann's Dunkel, Maximum Starkbierspezialität, Hohenfelder Kellerbier

Ausstoß 95 000 hl

Bemerkung Das Pilsener erhielt 2002 den Großen Preis der Deutschen Landwirtschafts-Gesellschaft. Es fließt wie die anderen Biere in Strömen beim jährlichen Hohenfelder Brauereihoffest.

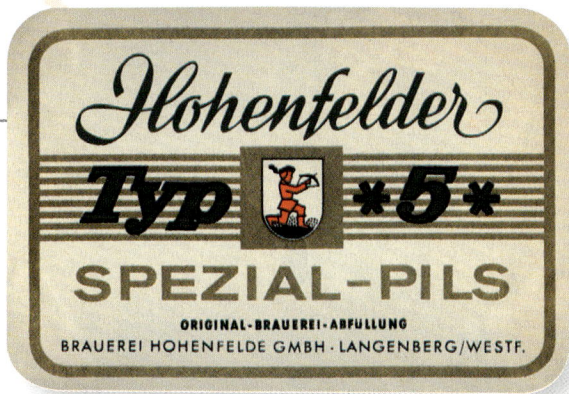

Rupp Bräu

Straße	Feggendorfer Str. 10
PLZ	31867
Gründung	1536
Inhaber	Familie Rupp

Sorten Rupp: -Pilsner, -Dunkles, -Leichtes; je nach Saison heller oder dunkler Doppelbock
Ausstoß 3500 hl
Bemerkung Gemütlicher als im Brauereiausschank geht es kaum, denn die Braukessel befinden sich in der Gaststätte. Außerdem werden dort und im urigen Biergarten herzhafte einheimische Spezialitäten gereicht. Übernachtungsmöglichkeiten vorhanden.

Lauf

Dreykorn-Bräu KG

Straße	Mauergasse 9
PLZ	91207
Gründung	1831
Inhaber	Friedrich Vogel

Sorten Dreykorn: -Dunkel, -Hell, -Pilsener, -Bockbier, St. Kunigunden Festbier
Ausstoß 8000 hl
Bemerkung Dreykorn-Biere fließen in Strömen beim Altstadtfest am letzten Sonntag im Juni und gleich darauf beim Kunigundenfest am 1. Sonntag im Juli.

Lauf

Weißbierbrauerei Simon KG

Straße	Heroldstr. 12
PLZ	91207
Gründung	um 1830
Inhaber	Familie Laus

Sorten Kunigunden Festbier, Simon Hell; Spezialität: Erstes Laufer Weißbier
Ausstoß 15 000 hl
Bemerkung Das Unternehmen ist eine Tochterfirma der Kaiser-Bräu Neuhaus. Es betreibt den Brauereiausschank „Kunigundenberg", der Übernachtungsmöglichkeiten bietet und in der Gaststätte wie im schattigen Biergarten Speisen nach fränkischer Art und einheimische Spezialitäten serviert.

Lauf-Neunhof

Brauerei Wiethaler

Straße	Welserplatz 6/7
PLZ	91207
Gründung	1498
Inhaber	Sabine Wiethaler-Dorn

Sorten Vollbier hell, Wiethaler Weiße, Neunhofer Pils, Festbiere; Spezialität: Wiethaler Landbier in der Bügelflasche
Ausstoß 2700 hl
Bemerkung Fränkische Fleischgerichte aus eigener Schlachtung genießen die Gäste im Braugasthof „Goldene Krone" und im schattigen Biergarten; ein Bierschnaps aus eigener Brennerei fördert die Verdauung.

Lauterbach

Lauterbacher Burgbrauerei GmbH

Straße	Cent 8
PLZ	36341
Gründung	1527
Inhaber	Hochstiftliches Brauhaus Fulda GmbH
Internet	www.hochstift.de

Sorten Lauterbacher: -Pils, -Export, -Leicht, -Hefeweizen
Ausstoß 90 000 hl

Leimen

Bergbrauerei Leimen GmbH & Co. KG

Straße	Heltenstr. 2–4
PLZ	69181
Gründung	1862
Inhaber	Familie Stumpe

Sorten Bergbräu Spezial Export, Leimener-Pilsener, Leimener Kellermeister naturtrüb
Ausstoß 25 000 hl
Bemerkung Badische und internationale Küche hat der Brauereigasthof zu bieten.

Leinburg

Brauerei Bub

Straße	Marktplatz 14
PLZ	91227
Gründung	1617
Inhaber	Cornelia Bub
Internet	www.lein-burger-bier.de

Sorten Leinburger: -Dunkel Export, -Hell, -Pils, -Festbier, -Lager, -Hefeweißbier
Ausstoß 10 000 hl
Bemerkung Zum zünftigen Brauereigasthof gehört ein Biergarten vor dem Sudhaus und das historische Kellerlokal „Braugewölbe", das mit alten Brauereigeräten dekoriert ist.

Leipziger Familienbrauerei Ernst Bauer KG

Straße	Täubchenweg 5–7
PLZ	04103
Gründung	1881
Inhaber	GF Hans Bauer
Internet	www.bauer-bier.de

Sorten Bauer: -Pils, -Hell, -Bock; Bauer's schwarzes Bier, Kellerbier naturtrüb
Ausstoß 35 000 hl
Bemerkung Nicht entgehen lassen sollte man sich das Bockbierfest bei Bauer Ende September.

Leipzig

Leipziger Brauhaus zu Reudnitz GmbH

Straße	Mühlstr. 13
PLZ	04317
Gründung	1862
Inhaber	Brau & Brunnen Dortmund
Internet	www.reudnitzer.de

Sorten Reudnitzer: -Pilsener Premium, -Export, -Urbock, -Schwarzbier, -Diätbier, -Weihnachtsbier
Ausstoß 900 000 hl

Lenzkirch

Brauerei Ernst Rogg

Straße	Bonndorfer Str. 61
PLZ	79853
Gründung	1846
Inhaber	Hilde Rogg
Internet	www.brauerei-rogg.de

Sorten Lenzkircher: -Pils, -Rogg-Zipfel, -Hefeweizen hell, -Hefeweizen dunkel, -Spezial hell, -Spezial dunkel
Ausstoß 6500 hl
Bemerkung Bierbegleitende einheimische badische Speisen, insbesondere Brauschnitzel und Forelle, werden im Brauereiausschank und im Biergarten serviert. Ein Bierschnaps aus eigener Brennerei ist als Magenschluss oder als Betthupferl zu empfehlen, denn Übernachtungsmöglichkeiten gibt es ebenfalls.

Leutenbach

Brauerei Drummer

Straße	Dorfstr. 10
PLZ	91359
Gründung	–
Inhaber	Peter Drummer

Sorten dunkles Vollbier
Ausstoß 900 hl
Bemerkung Enten und Schäuferla aus eigener Schlachtung sind die Spezialitäten der fränkischen Küche des Brauereigasthofs, der auch einen bekömmlichen Bierschnaps und Fremdenzimmer bereithält.

Leutenbach

Brauerei Alt Dietzhof

Straße	Dietzhof Nr. 8
PLZ	91359
Gründung	1851
Inhaber	Raimund Alt

Sorten Vollbier in Bügelflaschen
Ausstoß 1800 hl
Bemerkung Viel gerühmt werden die fränkischen Brotzeiten im Brauereigasthof, auf dessen Sonnenterrasse auch Hax'n, Ente, Schäuferla oder Gänsebraten als Spezialitäten des Hauses munden.

Leutershausen

Brauerei Reindler Jochsberg

Straße	Am Ring 5
PLZ	91578
Gründung	1663
Inhaber	Familie Reindler

Sorten Reindler: -Edel Pils, -Seckenator, -Hell, -Gold Export, -Dunkel
Ausstoß 7500 hl
Bemerkung Die Mieter der Ferienwohnung in der Brauereigaststätte schwärmen vom selbst gebackenen Brot des Hauses und von seinen Hausmacher Brotzeiten aus eigener Schlachtung.

Leutkirch

Brauerei Clemens Härle

Straße	Am Hopfengarten 5
PLZ	88299
Gründung	1897
Inhaber	Familie Härle
Internet	www.haerle.de

Sorten Härle: -Gold, -Pilsener; Clemens-Spezial, Hopfenleicht, Härle's Feine Weiße, Härle's Dunkle Weiße, Clemens ohne Filter (naturtrüb), Fläsch
Ausstoß 30 000 hl

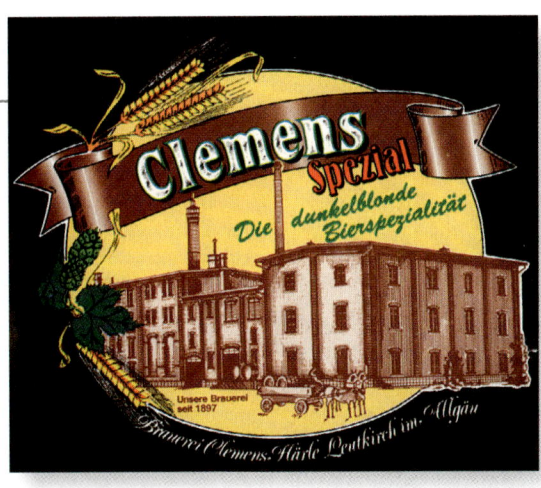

Lich

Licher Privatbrauerei Ihring Melchior GmbH & Co. KG

Straße	In den Hardtberggärten
PLZ	35423
Gründung	1854
Inhaber	Holsten Brauerei Hamburg
Internet	www.licher.de

Sorten Licher: -Pilsner, -Export, -Leicht, -Doppelbock, -Alkoholfrei
Ausstoß 1,0 Mio. hl
Bemerkung Das Haus mit dem seit 30 Jahren verwendeten Wahlspruch „Aus dem Herzen der Natur" engagiert sich seit vielen Jahren im Natursponsoring.

Lichtenau

Hauff-Bräu R. Weid KG

Straße	Hindenburgplatz 1
PLZ	91586
Gründung	1589
Inhaber	Familie Weid
Internet	www.hauff-lichtenau.de

Sorten Hauff: -Krönungsstoff, -Heller Bock, -Cronator, -Export Hell, -Festbier, -Pils, -Gold, -Urhell; Lichtenauer Weißbier, Frankenländer Landbier, Frankenländer Schwarzbier
Ausstoß 90 000 hl

Lichtenberg

Sonnenbräu

Straße	Nailaer Str. 20
PLZ	95192
Gründung	1904
Inhaber	Peter Trier

Sorten Hopfenperle Pils, Sonnen-Weiße, Raubritter Dunkel, Sonnengold Bock
Ausstoß 2500 hl
Bemerkung Das Unternehmen betreibt die Tochterfirma Schlossbrauerei Schwarzbach und den Brauereiausschank „Zur goldenen Sonne", der fränkische Spezialitäten anbietet, sowie ein kleines Brauereimuseum.

Lichtenfels

Brauerei Wichert

Straße	Alte Reichs-str. 50
PLZ	96215
Gründung	um 1850
Inhaber	Familie Wichert

Sorten Wichert: -Pils, -Dunkel, -Doppelbock
Ausstoß 3100 hl
Bemerkung Pfannengerichte nach fränkischer Art und aus eigener Schlachtung sind die Renner in der Brauereigaststätte und ihrem Biergarten.

Linnich

Brauerei & Brennerei Jacob Rainer & Sohn

Straße	Kreisstr. 31–33
PLZ	52441
Gründung	1828
Inhaber	Berthold Rainer

Sorten Lambertus Alt, Schwarzbier, Rainer Pils
Ausstoß 2000 hl
Bemerkung Bier wie Schnäpse aus der Brennerei sind handwerklich sorgfältig hergestellt und lassen sich besonders gut im urigen Brauereiausschank mit seinem Biergarten im Innenhof der Brauerei genießen.

Linz

Privatbrauerei Steffens

Straße	St. Severinsberg
PLZ	53545
Gründung	1866
Inhaber	GF Christian Runkel
Internet	www.brauerei-steffens.de

Sorten Steffens Pils, Steffi obergärig, Steffens Alt, Casbacher Braunbier, Steffens Kräusen naturtrüb
Ausstoß 50 000 hl
Bemerkung Stärkung finden Hungrige und Durstige im Brauereiausschank und im Biergarten, wo herzhafte einheimische Spezialitäten aufgetischt werden.

Lisberg-Trabelsdorf

Beck-Bräu OHG

Straße	Steigerwaldstr. 8
PLZ	96170
Gründung	1895
Inhaber	Familie Beck

Sorten Beck: -Pilsener, -Hell, -Weißbier, -Bock; Spezialitäten: Lisberger Lager, Beck Jahrhundertbier
Ausstoß 5000 hl
Bemerkung Nicht nur Bier gibt's im Brauereiausschank, sondern auch den schmackhaften Beck-Bierschnaps.

Litzendorf-Lohndorf

Privatbrauerei Reh OHG

Straße	Ellertalstr. 36	*Sorten* Reh: -Pils, -Landbier hell, -Landbier dunkel, -Bock; Ellertaler Weiße
PLZ	96123	
Gründung	1901	*Ausstoß* 6000 hl
Inhaber	Familie Reh	
Internet	www.reh-bier.de	

Litzendorf-Lohndorf

Brauerei Hölzlein-Löwenbräu

Straße	Ellertalstr. 13	*Sorten* Vollbier
PLZ	96123	*Ausstoß* 1500 hl
Gründung	1781	*Bemerkung* Hausmacher-Brotzeiten aus eigener Schlachtung sind immer eine Einkehr in den Brauereigasthof und in den urigen alten Biergarten wert.
Inhaber	Heinrich Hölzlein	

Litzendorf-Melkendorf

Brauerei Winkler

Straße	Otterbachstr. 13	*Sorten* Vollbier
PLZ	96123	*Ausstoß* 1000 hl
Gründung	1889	*Bemerkung* Moderne Fremdenzimmer laden zum längeren Verweilen im Brauereiausschank, der auch mit seinem Biergarten am Fuß des Geisberges lockt. Die einheimischen Spezialitäten aus eigener Schlachtung erhöhen den Biergenuss.
Inhaber	Friedrich Winkler	
Internet	www.brauerei-winkler.online-home.de	

Litzendorf-Schammelsdorf

Brauerei Knoblach

Straße	Kremmeldorfer Str. 1	*Sorten* Märzen, Lagerbier, Festbier, Bockbier
PLZ	96123	*Ausstoß* 2000 hl
Gründung	1880	*Bemerkung* Weltbekannt sind die Schammelsdorfer Biertage an Pfingsten, und dann hat auch die Brauereigaststätte Hochkonjunktur, denn ihre fränkischen Spezialitäten sind genauso beliebt wie ihr Bierschnaps aus der eigenen Brennerei.
Inhaber	Michael Knoblach	

Litzendorf-Tiefenellern

Brauerei Hönig „zur Post"

Straße	Ellerbergstr. 15	*Sorten* Lagerbier, Festbier, Pils
PLZ	96123	*Ausstoß* 5500 hl
Gründung	1813	*Bemerkung* „Zur Post" heißt auch der Brauereigasthof mit seinem schattigen urigen Biergarten. Fränkisches aus eigener Schlachtung empfiehlt die Speisekarte.
Inhaber	Familie Hönig	

Löbau

Bergquell Brauerei Löbau

Straße	Weststr. 7
PLZ	02708
Gründung	1846
Inhaber	GF Steffen Dittmar
Internet	www.bergquell-loebau.de

Sorten Löbauer Bergquell: -Bergquellgold, -Pilsner, -Lausitzer Porter, -Hefeweizen, -Strong Porter, -Maibock, -Lausitzer Mühlen Pils, -Goldener Reiter
Ausstoß 35 000 hl

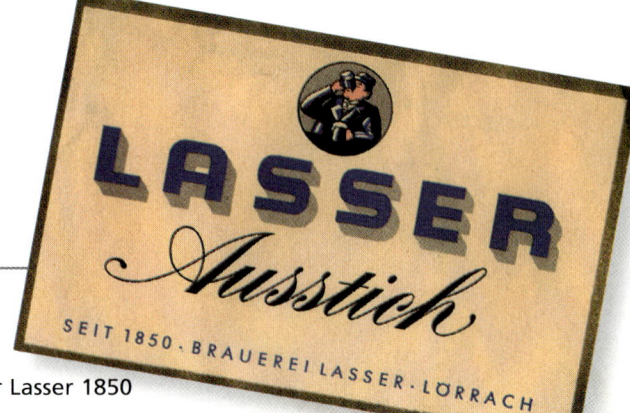

Lörrach

Brauerei Lasser GmbH

Straße	Belchenstr. 5
PLZ	79539
Gründung	1850
Inhaber	Dorothee Walter, geb. Lasser
Internet	www.lasser.de

Sorten Lasser: -Premium Pils, -Export, -Dunkel, -Urtrunk, -Urbock; Jubiläumsbier Lasser 1850
Ausstoß 50 000 hl
Bemerkung 2002 wurde dem Haus der Preis der Besten verliehen, 2003 gewann es drei Gold- und Silbermedaillen der Deutschen Landwirtschafts-Gesellschaft.

Lohberg

Späth-Bräu

Straße	Pfarrweg 8	**Sorten** Osser: -Hell, -Pils, -Weiße, -Gold, -Weihnachtsbier
PLZ	93470	**Ausstoß** –
Gründung	1861	**Bemerkung** Zum Brauhaus gehören eigene Ferien-
Inhaber	August Späth	wohnungen.
Internet	www.osser-bier.de	

Lohr

Lohrer Bier GmbH

Straße	Ludwigstr. 3	**Sorten** Lohrer Pils
PLZ	97816	**Ausstoß** 25 000 hl
Gründung	1878	
Inhaber	Würzburger Hofbräu AG	
Internet	www.lohrer-bier.de	

Lonnerstadt

Brauerei Hausmann

Straße	Mühlgasse 10	**Sorten** helles Vollbier
PLZ	91475	**Ausstoß** 300 hl
Gründung	um 1800	**Bemerkung** Zum Bier zu empfehlen sind die fränkischen
Inhaber	Irmgard Reif	Spezialitäten aus eigener Schlachtung des zugehörigen Gasthofs.

Luckenwalde

Luckenwalder Spezialitäten Brauerei

Straße	Haag 11	**Sorten** Luckenwalder: -Premium Pilsner, -Spezial, -Edel-Bock,
PLZ	14943	-Festbier – alle Sorten in der 0,5-l-Bügelflasche
Gründung	1906	**Ausstoß** 5000 hl
Inhaber	Ingrid Hösl	

Ludwigshafen

Brauerei Gebr. Mayer OHG

Straße	Schillerstr. 8	**Sorten** Mayer's: -Stammhaus Bier, -Keller Bier, -Pilsener,
PLZ	67071	-150er Schwarzbier, -Sommer Bier, -Kristall, -Hefe
Gründung	1846	Weizen hell, -Hefe Weizen dunkel, -Halali Edelbock,
Inhaber	Familie Mayer	saisonale Festbiere
Internet	www.mayer-braeu.de	**Ausstoß** 30 000 hl
		Bemerkung Mayer ist die älteste Brauerei der Pfalz.

Jahn's Bräu Christoph Jahn Erben GmbH & Co. KG

Straße	Kronacher Str. 22
PLZ	96337
Gründung	1402 Braurecht – seit 1871 in Familienbesitz
Inhaber	GF H. Vetter
Internet	www.jahns-braeu.de

Sorten Christoph's Premium, Falkensteiner Premium Hefe Weizen, Jahns: -Pilsner, -Löwen Bock, -Urhell, -Export, -Schützenbier, -Christoph's Keller-Gold
Ausstoß 60 000 hl

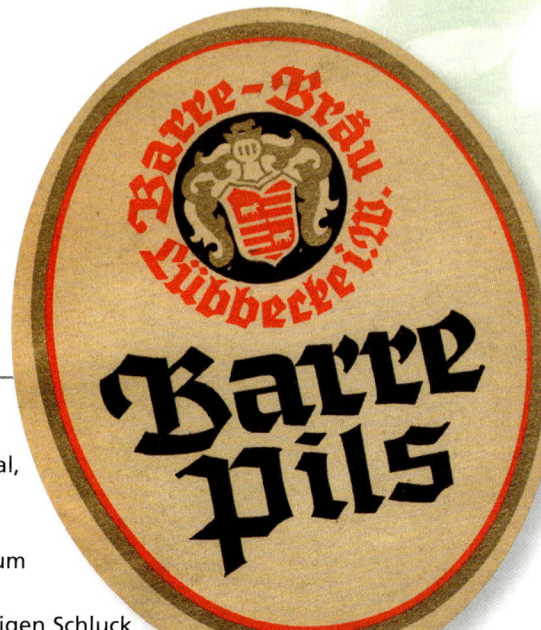

Lübbecke

Privatbrauerei Ernst Barre GmbH

Straße	Berliner Str. 122–124
PLZ	32312
Gründung	1842
Inhaber	Familie Barre
Internet	www.barre.de

Sorten Barre Bräu: -Pilsener, -Ernst Johann Original, -Mai-Bock, -Frey Bier (alkoholfrei), Altstadt Alt
Ausstoß 220 000 hl
Bemerkung Nach einem Besuch im Brauereimuseum „Barre's Brauwelt" kann man das Gesehene im Brauereiausschank „Alter Lagerkeller" beim würzigen Schluck noch einmal Revue passieren lassen.

Mecklenburgische Brauerei Lübz GmbH

Straße	Eisenbeisstr. 1
PLZ	19386
Gründung	1877
Inhaber	Holsten Brauerei Hamburg (seit 1991)
Internet	www.luebzer.de

Sorten Lübzer Pils
Ausstoß 1,1 Mio. hl

Mainburg

Ziegler Bräu

Straße	Scharfstr. 22
PLZ	84084
Gründung	1892
Inhaber	Hermine Randeltshofer
Internet	www.ziegler-braeu-main-burg.de

Sorten Herminator Doppelbock, Premium Hell, Lager Hell, Ziegler Pils, Spezialitäten: Hopfazupfa Weiße, Kellerbier
Ausstoß 6000 hl
Bemerkung Preisgünstige, reichhaltige und schmackhafte Gerichte sowie hausgemachte Brotzeiten machen den Biergartenbesuch in der einzigen noch produzierenden Brauerei von Mainburg zum kulinarischen Erlebnis.

Maisach

Privatbrauerei Maisach

Straße	Hauptstr. 24
PLZ	82216
Gründung	1556
Inhaber	Jakob Sedlmayr
Internet	www.brauerei-maisach.de

Sorten Brucker Landbier, Heller Bock, Räuber Kneißl dunkel, Sedlmayr Weizen; Maisacher: -Perle, -Pils, -Leicht

Ausstoß 20 000 hl

Bemerkung Rustikal-deftig-bayerisch speist man im Brauereigasthof.

Malgersdorf

Brauerei Büchner

Straße	Heilmfurt
PLZ	84333
Gründung	um 1775
Inhaber	Stefan Büchner
Internet	www.brauerei-wirtshaus.de

Sorten naturtrübes Kellerbier (Märzen)

Ausstoß 300 hl

Bemerkung Brauerei, Brauereiausschank, Bauern- und Handwerkermuseum, Karpfenzucht (Fütterung mit Trebern) – das kleine Brauhaus hat mehr zu bieten als manches große. Angetan haben es vielen Gästen vor allem die bayerischen Spezialitäten und Schmankerln der Gaststätte, die Karpfen aus dem eigenen Weiher anbietet.

Mallersdorf

Privatbrauerei Stöttner

Straße	Marktplatz 9 (Ortsteil Pfaffenberg)
PLZ	84066
Gründung	1832
Inhaber	Andreas & Karl Stöttner
Internet	www.stoettner.de & www.weissbier-profi.de

Sorten Pfaffenberger Ur-Pils, Neues Helles, Export Hell, Pfaffengold, Schwarzbier Schwarzer Pfaff, Pfaffenberger: -Original Weiße, -Dunkle Weiße, -Leichte Weiße; saisonale Spezialitäten, Stöttner Lager

Ausstoß 12 000 hl

Bemerkung Die Original Weiße erhielt im Jahr 2000 den großen Preis der Deutschen Landwirtschafts-Gesellschaft. Kosten sollte man das Bier im Brauereigasthof, der als Grundlage gutbürgerliche Gerichte anbietet.

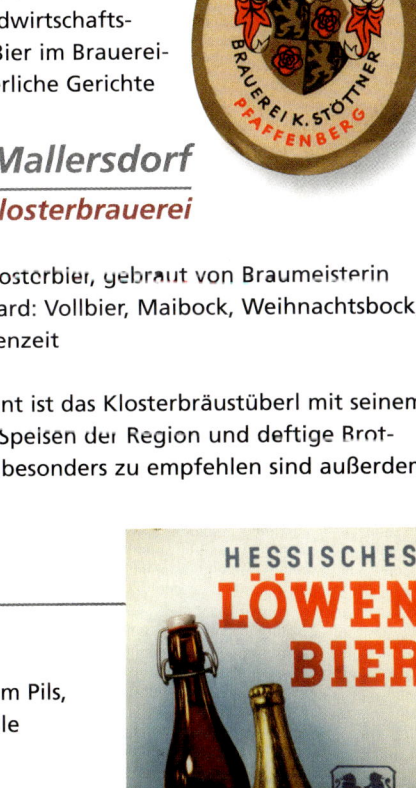

Mallersdorf

Klosterbrauerei

Straße	Klosterberg 1
PLZ	84066
Gründung	1623 erstmals erwähnt
Inhaber	Religiöse Genossenschaft der armen Franziskanerinnen

Sorten Mallersdorfer Klosterbier, gebraut von Braumeisterin Schwester Doris Engelhard: Vollbier, Maibock, Weihnachtsbock, Doppelbock in der Fastenzeit

Ausstoß 3000 hl

Bemerkung Weit bekannt ist das Klosterbräustüberl mit seinem großen Biergarten, wo Speisen der Region und deftige Brotzeiten serviert werden; besonders zu empfehlen sind außerdem die Fischspezialitäten.

Malsfeld

Gastwirte-Genossenschafts-Brauerei Malsfeld eG

Straße	Brauereistr. 5
PLZ	34323
Gründung	1928 als Genossenschaft
Inhaber	ca. 100 Gastwirte aus dem Schwalm-Eder-Kreis
Internet	www.brauerei-malsfeld.de

Sorten Hessisches Löwenbier: -Heller Bock, -Export, -Premium Pils, -Maibock, -Bartenwetzer Dunkel, -Oktoberfestbier, -saisonale Spezialitäten

Ausstoß 15 000 hl

Bemerkung Ein Muss-Termin für Bierfreunde in Malsfeld ist das alljährliche Brauereifest im Mai.

Eichbaum-Brauerei AG

Straße	Käfertaler Str. 170
PLZ	68167
Gründung	1679
Inhaber	ACTRIS AG Mannheim
Internet	www.eichbaum.de

Sorten Eichbaum: -Ureich Premium Pils, -Export, -Pilsener, -Festbier, -Schwarzbier, -Apostulator, -Apostel-Bräu, -Hefe Weizen, -Dunkles Weizen, -Kristall Weizen
Ausstoß 1,641 Mio. hl
Bemerkung Zum Unternehmen gehört die Tochterfirma Freiberger Brauhaus AG.

Marburg

Marburger Spezialitäten-Brauerei Klaus Rauh GmbH

Straße	Pilgrimstein 16–18
PLZ	35037
Gründung	1663
Inhaber	Klaus Rauh

Sorten Marburger: -Premium Pils, -Landgrafen Pils, -Edel Export, -Kräußen Pils (naturtrüb), -Doppelbock, Alt Marburger Dunkel
Ausstoß 30 000 hl

Marktbreit

Brauerei Düll Gnodstadt

Straße	Pfarrer-Geyer-Str. 1
PLZ	97340
Gründung	1840
Inhaber	Familie Rank

Sorten Pils in der Bügelflasche, in der kalten Jahreszeit dunkler Bock
Ausstoß 1500 hl
Bemerkung Solide gutbürgerliche Kost bietet der Braugasthof, der für Spezialitäten wie Schlachtschüssel, Brotzeiten, diverse Braten, Wild je nach Jahreszeit aus heimischer Jagd bekannt ist.

Marktheidenfeld

Martinsbräu GmbH & Co. KG

Straße	Georg-Mayr-Str. 4
PLZ	97828
Gründung	1883
Inhaber	Maria Martin

Sorten Martinsbräu: -Pils, -Doppelbock, -Hefe Weißbier, -Hefe Weißbier dunkel, -Laurenzi Festbier, -Export, -Hell, -Leicht, Martins-Gans-Bier
Ausstoß 40 000 hl

Marktoberndorf

Privatbrauerei Franz-Joseph-Sailer

Straße	Schwendener Str. 18
PLZ	87616
Gründung	1544, seit 1897 in Familienbesitz
Inhaber	Familie Borges
Internet	www.sailer-braeu.de

Sorten Altenmünster Brauerbier, Franz-Joseph-Sailer Jubelbier, Rauchenfels Steinbier, Oberdorfer Weißbier, Urgäuer Weizen
Ausstoß 300 000 hl
Bemerkung Nach einem Besuch des Braugasthofs „Adler" fühlt man sich wirklich beflügelt und nimmt gern einen der schmucken Geschenkkrüge von 0,5 l, 1 l oder 2 l Fassungsvermögen mit; das Unternehmen ist auf diesem Sektor Weltmarktführer.

Brauerei Nothhaft

Straße	Ottostr. 30
PLZ	95615
Gründung	1882
Inhaber	Otto Nothhaft
Internet	www.brauerei-nothhaft.de

Sorten Nothhaft: -Urhell, -Edel Pils, -Zwickelbier, Rawetzer Zoigl, -Premium, Antonius Starkbier
Ausstoß 18 000 hl
Bemerkung Rippla und Schäuferla aus eigener Schlachtung hat die Brauereigaststätte neben anderen sehr guten fränkischen Spezialitäten zu bieten; bei schönem Wetter geht es lebhaft zu im schönen Biergarten.

Markt Schwaben

Landbierbrauerei Widmann

Straße	Marktplatz 8
PLZ	85570
Gründung	1896
Inhaber	Christine Widmann
Internet	www.widmann-bier.de

Sorten Grandus (Weißbierbock), Heller Bock, Schwarzbier, Helle, Weiße, naturtrüb
Ausstoß 3000 hl

Privatbrauerei Schweiger GmbH & Co. KG

Straße	Ebersberger Str. 25
PLZ	85570
Gründung	1934
Inhaber	Familie Schweiger
Internet	www.schweiger-bier.de

Sorten Schweiger: -Premium Pilsener, -Helles Export, -Blond Lager, -Altbayrisch Dunkel, -Leichte Sport Weiße, -Schmankerl Weiße hell und dunkel
Ausstoß –
Bemerkung Die vielfach mit Medaillen der Deutschen Landwirtschafts-Gesellschaft ausgezeichneten Biere entfalten ihr volles Aroma im Braustüberl und im zugehörigen Biergarten.

Marktsteft

Privatbrauerei Kesselring GmbH & Co. KG

Straße	Leithenbuk-weg 13
PLZ	97342
Gründung	1688
Inhaber	Familie Himmel-Kesselring
Internet	www.kessel-ring-bier.de

Sorten Premium Pils, Urfränkisches Landbier, Schlemmer Weißbier, Schlemmer Schwarze, Kristall Weizen, Steffen Leicht, Kesselring: -Hell, -Export, -Bock
Ausstoß 45 000 hl

Dithmarscher Brauerei Karl Hintz GmbH & Co. KG

Straße	Oesterstr. 18
PLZ	25709
Gründung	1775
Inhaber	K.F. Hintz, W.O. Hintz
Internet	www.dith-marscher.de

Sorten Dithmarscher: -Pilsener, -Dunkel, -Urtyp, -Maibock, -Urbock
Ausstoß 140 000 hl
Bemerkung Das Unternehmen ist die einzige private Landbrauerei Norddeutschlands.

Maroldsweisach

Brauerei Hartleb

Straße	Herrenstr. 9
PLZ	96126
Gründung	1520
Inhaber	Irmgard Hartleb

Sorten dunkles Lagerbier
Ausstoß 800 hl
Bemerkung Fremdenzimmer, fränkische Küche, Hausschlachtung, eigene Schnapsbrennerei – das kleine Brauhaus bietet Rundumversorgung.

Marsberg

Gräflich zu Stolberg'sche Brauerei Westheim

Straße	Kasseler Str. 7
PLZ	34431
Gründung	1840
Inhaber	Josef Freiherr von Twickel
Internet	www.brauerei-westheim.de

Sorten Westheimer Premium Pilsener, Westheimer Lager, Graf Stolberg Dunkel
Ausstoß 90 000 hl
Bemerkung Alles strömt zum Brauereifest am 1. Mai.

Meckesheim

Bierbrauerei Fridolin Mall

Straße	Eschelbronner Str. 23
PLZ	74909
Gründung	1870
Inhaber	Fridolin Mall

Sorten Hugo's spezial, Export, Hefe Weizen, Pils, Martinsbier, Alt Meckesheimer dunkel, Bockbier, Ur Weizen
Ausstoß –

Meiningen

Meininger Privatbrauerei GmbH

Straße	Am Bielstein 3
PLZ	98617
Gründung	1841
Inhaber	Klaus Weydringer

Sorten Meininger: -Frisches Pilsener, -Winterbock, -Weizen
Ausstoß 80 000 hl
Bemerkung Das Pilsener erhielt 2003 den Goldenen Preis der Deutschen Landwirtschafts-Gesellschaft.

Meißen

Schwerter Brauerei Wohlers KG

Straße	Ziegelstr. 6
PLZ	01662
Gründung	1460
Inhaber	Andreas Girbig, Elke Wohlers
Internet	www.schwerter-brauerei.de

Sorten Meißner Schwerter: -Privat Pils, -Red Lager, -German Porter, -St. Afra Dunkel
Ausstoß 12 000 hl
Bemerkung Vorzügliche bierbegleitende Speisen serviert der Spezialausschank „Zum Schwerter Bräu" und dazu das naturbelassene Spitzenbier: Schwerter Privat Pils naturtrüb.

Memmelsdorf

Brauerei „3 Kronen" Straub KG

Straße	Hauptstr. 19
PLZ	96117
Gründung	1457
Inhaber	Hans-Ludwig Straub
Internet	www.drei-kronen-mem-melsdorf.de

Sorten Lager und Stöffla, beides naturtrüb in 0,5-l-Bügelflaschen
Ausstoß 400 hl
Bemerkung Hotel und Restaurant hat der Brauereigasthof zu bieten sowie natürlich frische fränkische Küche.

Memmelsdorf

Brauerei Höhn

Straße	Hauptstr. 11
PLZ	96117
Gründung	1783
Inhaber	Georg Höhn
Internet	www.gasthof-hoehn.de

Sorten naturtrübes, ungefiltertes Landbier nach Pilsener Art
Ausstoß 300 hl
Bemerkung Hier wird der Braukessel noch mit Holz und Kohle geheizt. Die fränkische Küche setzt ebenfalls auf Tradition mit ihren saisonalen Spezialitäten und heimatlichen Schmankerln. Zum längeren Verweilen lädt das angeschlossene Hotel ein.

Meißen, Blick auf Altstadt und Dom

Straße	Scheßlitzer Str. 7
PLZ	96117
Gründung	1865
Inhaber	Familie Göller

Sorten Göller Lager, Göller Pils
Ausstoß 1000 hl
Bemerkung Zünftig tafelt es sich im Brauereigasthof mit seinem Biergarten im Hof des Hauses. Erste Wahl sind Schlachtspezialitäten wie Hausmacher Wurst, aber auch Räucherforelle und wechselnde Tagesgerichte. Zu großer Form läuft die Wirtschaft am 2. Sonntag im August auf, denn da ist Brauereikerwa (Kirchweih).

Memmelsdorf

Brauerei Hummel Merkendorf

Straße	Lindenstr. 9
PLZ	96117
Gründung	1846
Inhaber	Julius Hummel

Sorten Festbier, Kellerbier, Märzen, Pils, Heller Maibock, Bock Dunkel, Hefeweizen, Räucherla
Ausstoß 7000 hl
Bemerkung Was Küche und Keller des Braugasthofs hergeben, lässt sich nur andeuten: diverse Braten-Gerichte mit fränkischen Klößen, Wild, Fleischspeisen aus eigener Schlachtung, Ziebeleskäs, Obatzda, deftige Hausmacher Brotzeiten und dazu naturtrübes Kellerbier.

Straße	Pointstr. 1
PLZ	96117
Gründung	1797
Inhaber	Richard Wagner

Sorten Pils, Bock hell, Bock dunkel, Festbier, Märzen, Hefeweizen, Spezialität: Lagerbier ungespundet
Ausstoß 10 000 hl
Bemerkung In zünftige Zeiten versetzt fühlt sich der Gast im Biergarten und in der Brauereigaststätte, die mit alten Braugeräten dekoriert ist. Und auch die Kost ist altfränkisch: Fleischgerichte aus eigener Schlachtung, Ziebeleskäs, Zwetschgenbames und wechselnde Tagesgerichte.

Memmingen

Memminger Brauerei AG

Straße	Dr.-Karl-Lenz-Str. 8
PLZ	87700
Gründung	1911
Inhaber	Familie Kesselschläger
Internet	www. memminger-brauerei.de

Sorten Memminger: -Gold, -Premium, -Weizen, -Keller Pils (vom Fass), -Lagerschwarz, -Kristall Weizen, -Dunkle Weiße, -Leichte Weiße, -Karthäuser Spezialbier, Ulmer Münster Biere, Alpkönig Biere
Ausstoß 220 000 hl
Bemerkung Die Memminger Brauerei AG hat im Jahr 2001 die Ulmer-Münster Brauerei übernommen.

Mendig

Vulkan-Brauerei GmbH vormals Wölker-Brauerei

Straße	Laacher See Str. 2
PLZ	56743
Gründung	1875
Inhaber	Petra Pickel, geb. Weber
Internet	www.vulkan-brauerei.de

Sorten Vulkan Bock, Vulkan Bräu hell, Vulkan Bräu dunkel
Ausstoß 2500 hl
Bemerkung Die Brauerei, wo die Tradition des Vorgängerunternehmens liebevoll gepflegt wird, lohnt eine Besichtigung, insbesondere die noch vorhandenen tiefsten Lagerkeller der Welt. Nach dem Rundgang trinkt es sich doppelt gut in der historischen Brauereigaststätte.

Meschede

Brauerei C&A Veltins Grevenstein

Straße	An der Streue
PLZ	59872
Gründung	1824
Inhaber	Susanne Veltins
Internet	www.veltins.de

Sorten Veltins Pilsener
Ausstoß 2,370 Mio. hl
Bemerkung Veltins ist eine der bedeutendsten Privatbrauereien.

Michelsneukirchen

Schröttinger Bräu

Straße	Schrötting 1
PLZ	93185
Gründung	1902
Inhaber	Wolfgang Krottenthaler jun.

Sorten Schröttinger: -Hell, -Weiße hell, -Weiße leicht, -Pilsner, -Bock hell und dunkel, -Festbier, -Urweizen, -Märzen
Ausstoß 7000 hl
Bemerkung Hotel, Biergarten und Gasthof gehören zum Haus und führen regionale wie internationale Küche.

Michelstadt

Brauerei Dörr

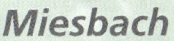

Straße	Hochstr. 15
PLZ	64720
Gründung	um 1750
Inhaber	Georg Dörr

Sorten Michelstädter: -Hefeweizen hell und dunkel, -Kristallweizen, -Export, -Bockbier, -Pilsener, -Alt Michelstaedter Ratsherren dunkel
Ausstoß 8000 hl
Bemerkung „Zum Deutschen Haus" nennt sich der Brauereigasthof, und gutbürgerliche deutsche Küche führt er auch; gut wählt, wer etwa den herzhaften Braumeisterbraten bestellt, der wie die anderen Speisen sommers auch im historischen Biergarten serviert wird.

Miesbach

Weißbierbrauerei Hopf GmbH & Co.

Straße	Schützenstr. 8–10
PLZ	83714
Gründung	1921
Inhaber	Familie Hopf
Internet	www.hopf-weisse.de & www.eisweiss-bier.de

Sorten Hopf: -Weiße Export, -Weißer Bock, -Die Leichtere, -Dunkle Weiße, Wendelsteiner Weißbier; Hopf's: -White, -Red, -Ice (Eisweißbierbock)
Ausstoß 43 000 hl
Bemerkung Hopf-Produkte sind in letzter Zeit 15-mal mit Goldmedaillen der Deutschen Landwirtschafts-Gesellschaft ausgezeichnet worden.

Miltenberg
Kalt-Loch-Bräu GmbH

Straße	Hauptstr. 201
PLZ	63897
Gründung	1580
Inhaber	Gebr. Schohe

Sorten Schloss Pils, Export Hell, Fränkisches Landbier dunkel, Kalomator Doppelbock, Hefe Weiße hell und dunkel, Osterbock, Weihnachtsbock
Ausstoß 4000 hl
Bemerkung Gutbürgerliche Küche bieten das Bräustüberl wie der Gasthof „Goldene Krone", der wegen seiner Hax'n und diverser Bratengerichte beliebt ist.

Miltenberg
Brauhaus Faust OHG vormals Löwenbrauerei

Straße	Hauptstr. 219
PLZ	63897
Gründung	1654
Inhaber	Familie Faust
Internet	www.faust.de

Sorten Faust: -Pils, -Export, -Märzen, -Kräusen, -Festbier, -Weihnachtsbier, -Hefe Weizen, -Schwarzviertler, -Leichtes, -Doppelbock
Ausstoß 42 000 hl
Bemerkung Behaglich sitzt es sich unter dem Laubdach der Kastanien im Biergarten des gemütlichen Bräustüberls.

Mindelheim
Lindenbrauerei

Straße	Memminger Str. 21
PLZ	87719
Gründung	1900
Inhaber	Adolf Müller

Sorten Spezial Bier, Vollbier Hell, Festbier, Frundsberg Rittertrunk, Zwickelbier naturtrüb
Ausstoß 3000 hl
Bemerkung Gutbürgerliche schwäbische Küche bietet die Brauereigaststätte „3 König" ihren Gästen.

Mintraching
Gutsbrauerei Moosham

Straße	Regensburger Str. 5
PLZ	93098
Gründung	1641
Inhaber	Hugo Meyringer
Internet	www.brauerei-meyringer.de

Sorten Meyringer: -Pilsner, -Echt bayerisch dunkel, -Vollbier Hell, -Georgi Märzen, -Georgi Export
Ausstoß 3000 hl
Bemerkung Zum Bier zu empfehlen sind die Hausmacher Brotzeiten im Mooshamer Bierstüberl.

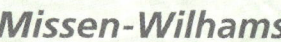

Missen-Wilhams
Brauerei Schäffler Hanspeter Graßl KG

Straße	Hauptstr. 17
PLZ	87547
Gründung	1868
Inhaber	Hanspeter Graßl
Internet	www.schaeffler-braeu.de

Sorten Schäffler: -Premium Pils, -Weißer Bock, -Leichte Weiße, -Hefe Weißbier, -Premium Gold, -Festbier, -Schwarzbier Schwarzer Peter, -Dunkle Weiße
Ausstoß 10 000 hl
Bemerkung Auf der Speisekarte des Brauereigasthofs finden sich bierige Spezialitäten wie diverse Brauer-Gerichte, zu denen selbstgebackenes Treberbrot gereicht wird. Zudem ist Bierschnaps aus eigener Brennerei erhältlich. Im Schankraum steht die kleinste Miniaturbrauerei der Welt, mit der Brauvorgänge im Kleinmaßstab vorgeführt werden.

Mittenwald

Brauerei Mittenwald Johann Neuner GmbH & Co.

Straße	Innsbrucker Str. 13
PLZ	82481
Gründung	1808
Inhaber	Mathias Neuner
Internet	www.brauerei-mittenwald.de

Sorten Mittenwalder: -Berg Gold, -Karwendel Hell, -Jager dunkel, -Edel Märzen, -Leicht, -Premium Pils, -Josefi Bock, -Heller Bock, -Weihnachtsbock dunkel, Werdenfelser Weiße
Ausstoß 15 000 hl
Bemerkung Zünftige Brotzeiten und bayerische Schmankerl stehen in der Brauereigaststätte „Postkeller" auf der Karte.

Mitterteich

Hösl & Co. Brauhaus GmbH

Straße	Bahnhofstr. 1
PLZ	95666
Gründung	1906
Inhaber	Michael Hösl
Internet	www.hoesl-braeu.de

Sorten Weißbier Resi (Hell, Kristall, Dunkel), Edel Export, Märzen, Edel Pilsener, Helles, Zoigl, Abt Andreas, Burgensteiner, Hösl Urstoff, Hochzeitsweizen, Süffikus
Ausstoß 25 000 hl
Bemerkung Höhepunkt des Jahres ist das Brauereifest im August. Doch auch sonst empfiehlt sich ein Besuch im Brauereigasthof, dessen gutbürgerliche Küche bayerische Spezialitäten im Angebot hat.

Mittweida

Mittweidaer Löwenbräu GmbH

Straße	Bahnhofstr. 15
PLZ	09648
Gründung	1874
Inhaber	Boon Rawd Brewery Co. Ltd. Bangkok

Sorten Mittweidaer Löwenbräu: -Pils, -Export, Black Lion
Ausstoß –
Bemerkung Hauptbetrieb in Hartmannsdorf.

Mitwitz-Neundorf

Franken Bräu Lorenz Bauer GmbH & Co. KG

Straße	Neundorf 41
PLZ	96268
Gründung	1520
Inhaber	Heinrich Bauer
Internet	www.franken-braeu.de

Sorten Pilsener Premium, Festbier, Schwarzbier, Pilsener, Weißbier Urhell
Ausstoß 60 000 hl

Mögglingen

Adler-Brauerei

Straße	Hauptstr. 22
PLZ	73563
Gründung	um 1424
Inhaber	Hans Dodell

Sorten Mögglinger: -Meister Pils, -Premium, -Spezial
Ausstoß 3000 hl
Bemerkung Gerichte aus gutbürgerlicher einheimischer Küche gibt es in der Brauereigaststätte, die auch Fremdenzimmer anbietet.

Hannen Brauerei GmbH

Straße	Senefelder Str. 25
PLZ	41066
Gründung	1725
Inhaber	Oettinger Brauerei GmbH Oettingen (seit Juli 2003)
Internet	www.oettinger-bier.de

Sorten Hannen Alt, Tuborg Pilsener, Carlsberg Beer, Gatzweiler Alt, Oettinger Bier, Urfels Alt + Pils, Traugott Simon Biere, Oskar Maxxum Biere
Ausstoß 1,2 Mio. hl
Bemerkung Hannen war früher die größte Altbierbrauerei Deutschlands.

Mössingen

Fischer's Brauhaus

Straße	Auf der Lehr 30
PLZ	72116
Gründung	1938
Inhaber	Heinrich Fischer
Internet	www.fischers-frisches.de & www.brauhaus-moessingen.de

Sorten Neckarmüller Weiße, Heinerle, Dreifürsten Pils, Fischer's Pilsner, Fischer's Kellerbier, Fischer's Böckle
Ausstoß –
Bemerkung Mit handwerklicher Sorgfalt, ja Liebe kümmert man sich hier um alle Sparten und feiert das Ergebnis alljährlich beim Brauhaus Fest im April. Fischer's Hotel garni direkt neben der Brauerei lädt zu längerem Aufenthalt ein.

Monheim

Peters und Bambeck Privatbrauerei

Straße	Krummstr. 30
PLZ	40789
Gründung	1847
Inhaber	Hans Peters & Hanns Bambeck
Internet	www.peters-koelsch.de

Sorten Peters Kölsch, Düssel Alt, Kräußen Pils
Ausstoß 33 000 hl
Bemerkung Ein beliebter Treffpunkt ist „Peters Brauhaus" in der Kölner Altstadt.

Moos

Arcobräu Gräfliches Brauhaus

Straße	Schlossallee 1
PLZ	94554
Gründung	1567
Inhaber	Riprand Graf von und zu Arco-Zinneberg
Internet	www.arco-braeu.de

Sorten Urfass, Pilsener, Schloss Hell, Schloss Dunkel, Coronator, Weißbier hell, Weißbier dunkel, Weißbier leicht, Christkindl
Ausstoß 90 000 hl

Moosbach

Private Landbrauerei Scheuerer

Straße	Bräugasse 7
PLZ	92709
Gründung	1887
Inhaber	Erhard Scheuerer

Sorten Moosbacher: -Weißbier, -Dunkle Weiße, -Leichte Weiße, -Pilsener, -Export, -Hell, -Classic Gold, Alt Moosbacher Kellerbier

Ausstoß 18 000 hl

Bemerkung Zweimal im Jahr ist im Braustüberl auf dem Brauereihof besonders viel los: beim Weißbierfest im November und beim Starkbierfest im April.

Mossautal

Privat-Brauerei Schmucker Ober-Mossau KG

Straße	Hauptstr. 89
PLZ	64756
Gründung	1780
Inhaber	F.M. Lippmann
Internet	www.schmucker-bier.de

Sorten Schmucker: -Meister Pils, -Privat Export, -Märzen, Schwarz Bier, -Doppel Bock, -Rosé Bock, -Hefe Weizen hell, -Hefe Weizen dunkel, -Kristall Weizen

Ausstoß 180 000 hl

Bemerkung Der Brauereigasthof ist für sein vorzügliches Hotel, für gutes Essen und für deftige Odenwalder Spezialitäten bekannt. Bierfreunde schätzen auch seinen Bockbierbrand.

Motten

Hochstiftliches Brauhaus in Bayern GmbH & Co. KG

Straße	Brückenauer Str. 6
PLZ	97786
Gründung	1791
Inhaber	Hochstiftliches Brauhaus Fulda
Internet	www.hoch-stift.de

Sorten Original Bayerisch Urtyp, Original Bayerisch Hefeweizen; Will: -Pils de Luxe, -Pilsner, -Kristall Weizen, -Urbock; Rhönräuber Pils, Stiftsherren Pils

Ausstoß 140 000 hl

Bemerkung Eine reichhaltige Speisekarte mit einheimischen Wildspezialitäten macht Appetit im Brauereigasthof „Will-Bräu", der auch über moderne Fremdenzimmer verfügt.

Mühldorf

Weißbräu Unertl KG

Straße	Weißgerber-str. 7
PLZ	84453
Gründung	1929
Inhaber	Familien Unertl
Internet	www.brauerei-unertl.de

Sorten Mühldorfer Weißbier, Leichte Weiße, Gourmet Weiße, Weißbier hell, Bio-Dinkel Weiße

Ausstoß 9500 hl

Bemerkung Weltweit einzigartig ist die Bio-Dinkel Weiße, entsprechend interessant daher auch der Bio-Dinkel Weißbierbrand und die Weißbierbrand-trüffeln (Pralinen) des Hauses, dessen Gaststätte „Beim Schreindl" deftig-bayerische Küche pflegt.

Mühlhausen

Brauerei Bender

Straße	Kirchgasse 7–9
PLZ	92360
Gründung	1482
Inhaber	Dieter Atzler

Sorten Wolfsteiner Grafen Pils, Hefe Weizen hell und dunkel, Landl hell, Festbier

Ausstoß 2500 hl

Bemerkung In der Brauereigaststätte und auf ihrer Sommerterrasse werden Kleinigkeiten serviert, insbesondere Bratwürste und Schaschlik. Ein großer Saal steht für Familien- oder Vereinsfeiern bereit.

MÜNCHEN

Die bayerische Hauptstadt ist zugleich Deutschlands Biermetropole, denn Bayern ist führend, was die Anzahl der Brauereien wie den Pro-Kopf-Verbrauch angeht. Das allein aber hätte noch nicht die Ausnahmestellung der Isarstadt begründet, wäre da nicht noch das Oktoberfest, das Ende September auf der Theresienwiese beginnt und Bier- und Münchenfreunde aus aller Welt anzieht. Es ist die größte denkbare Gerstensaftsause und trägt nicht zuletzt zum legendären Ruf des Münchener Bieres bei, das in über hundert Länder exportiert wird. Und des deutschen Bieres überhaupt, dessen Grundgesetz, das Reinheitsgebot von 1516, in Bayern kodifiziert wurde. Schon vorher kreierten Münchener Mönche das Starkbier für die Fastenzeit, das bewies: Bier macht frei. Noch heute werden die Mächtigen beim Starkbieranstich auf dem Nockherberg durch den Kakao gezogen, „derbleckt" heißt das auf Einheimisch.

München
Augustiner-Bräu Wagner KG

Straße	Landsberger Str. 31–35
PLZ	80339
Gründung	1328
Inhaber	Kommand.: Edith-Haberland-Wagner-Stiftung, Dr. H. Inselkammer
Internet	www. augustiner-braeu.de

Sorten Augustiner: -Edelstoff, -Lagerbier Hell, -Oktoberfestbier, -Pils, -Heller Bock, -Dunkel, -Maximator, -Hefeweißbier
Ausstoß 820 000 hl
Bemerkung Neben der Brauerei laden die Augustiner Bräustuben ein, zum Stammhaus gehören die Augustiner Großgaststätten, und am Hirschgarten haben im Augustiner Biergarten 8000 Menschen Platz.

München
Forschungsbrauerei

Straße	Unterhachinger Str. 76
PLZ	81737
Gründung	1930
Inhaber	Stefan Jakob

Sorten St. Jakobus Blonder Bock, Pilsissimus
Ausstoß –
Bemerkung Durch Brauversuche werden hier Rohstoffe überprüft. Das Bier des Hauses lässt sich von Anfang März bis Mitte Oktober im Bräustüberl überprüfen, in dem an Speisen alles angeboten wird, was zum Bier passt, insbesondere Surhax'n, Ripperl, Wammerl mit Kraut, Wacholderfleisch und Hendl. Einen Bier-Vertrieb gibt es nicht, der Verkauf erfolgt nur direkt ab Brauerei.

München

Spaten-Franziskaner-Bräu KGaA Gabriel Sedlmayr

Straße	Marsstr. 46/48
PLZ	80335
Gründung	1397
Inhaber	GFG J. Kayser-Eichberg, Sedlmayr Geschäfts-führungs-gesellschaft mbH
Internet	www.spaten-braeu.de & www.franziskanerbraeu.de

Sorten Spaten Oktoberfestbier, Alkoholfrei, Spaten Pils, Münchener Hell, Franziskaner Weißbiere
Ausstoß 1,2 Mio. hl
Bemerkung Zur Spaten Brauereigruppe gehören: Dinkelacker-Schwaben Bräu AG Stuttgart, Löwenbräu AG München, Mauritius Brauerei Zwickau, Hofbrauhaus Berchtesgaden.

München

Löwenbräu AG

Straße	Nymphen-burger Str. 4
PLZ	80335
Gründung	1383
Inhaber	Vorstand J. Kayser-Eichberg
Internet	www.loewen-braeu.de

Sorten Löwenbräu Original, Hefe Weißbier, Schwarze Weiße, Kristallweizen, Premium Pils, Triumphator, Oktoberfestbier, Dunkel
Ausstoß 950 000 hl
Bemerkung Das Unternehmen gehört zur Spaten-Gruppe.

München

Paulaner Brauerei GmbH & Co. KG

Straße	Hochstr. 75
PLZ	81541
Gründung	1634
Inhaber	Familie Schörg-huber (75 %), Heineken N.V. Amsterdam (25 %)
Internet	www.paulaner.de

Sorten Hefe Weißbier Naturtrüb – Dunkel und Leicht, Salvator, Original Münchener Dunkel, Paulaner Pils, Thurn & Taxis Biere
Ausstoß 2,633 Mio. hl (inkl. Marke Hacker-Pschorr)
Bemerkung Zu Paulaner gehört die Kulmbacher Brauereigruppe mit den Zweigbetrieben Plauen und Chemnitz. Eine Tochterfirma ist die Auer Bräu AG Rosenheim.

München

Staatliches Hofbräuhaus in München

Straße	Hofbräuallee 1
PLZ	81829
Gründung	1589
Inhaber	Freistaat Bayern
Internet	www.hofbraeu-haus.com

Sorten Hofbräu: Original, Dunkel, Schwarze Weiße, -Maibock, -Festbier, -Delicator, -Oktoberfestbier, Münchner Kindl Weißbier
Ausstoß 207 000 hl
Bemerkung Weltberühmt ist der Brauereiausschank, das Hofbräuhaus am Platzl.

Münchsteinach

Brauerei Loscher KG

Straße	Steigerwaldstr. 21–23
PLZ	91481
Gründung	1881
Inhaber	Andreas Loscher
Internet	www.brauerei-loscher.de

Sorten Loscher: -Schwarzbier, -Zwickel Pils, -Pils, -Hell, -Export
Ausstoß 15 000 hl
Bemerkung Fränkische Küche zelebriert der Brauereigasthof, Spezialitäten: Aischgründer Karpfen, Schäuferla. Serviert wird auch im großen schattigen Biergarten, der sich oft schon während der Biertage Mitte April großen Zuspruchs erfreut.

Kloster-Brauerei Münnerstadt

Straße	Am Dicken Turm 14
PLZ	97702
Gründung	1381
Inhaber	Tobias & Xaver Weydringer

Sorten Kloster-Urstoff, Kloster Pils
Ausstoß 4000 hl
Bemerkung Das Unternehmen ist ein Zweigbetrieb der Rother-Bräu Hausen/Rhön.

Münster

Brauerei Pinkus Müller

Straße	Kreuzstr. 4–10
PLZ	48143
Gründung	1816
Inhaber	Hans & Barbara Müller
Internet	www.pinkus-mueller.de

Sorten Pinkus: -Original Münstersch Alt, -Spezial, -Pils, -Weizen
Ausstoß 25 000 hl
Bemerkung Zu empfehlen sind die Gerichte aus der westfälischen Küche des historischen alt münsterschen Brauereiausschanks.

Brauerei Karg GmbH & Co.KG

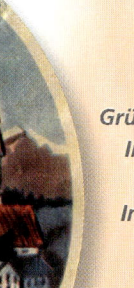

Straße	Untermarkt 27
PLZ	82418
Gründung	1912
Inhaber	GF Franz Schubert
Internet	www.brauerei-karg.de

Sorten Weißbier Hell, Dunkles Hefe Weißbier, Weizen Bock
Ausstoß 20 000 hl
Bemerkung Schweinshax'n, Spanferkel, Rollbraten sind die Spezialitäten der gutbürgerlichen bayerischen Küche von Kargs Bräustüberl mit seinem kleinen Biergarten.

Nagold

Anker-Brauerei Nagold

Straße	Freudenstädter Str. 14
PLZ	72202
Gründung	1880
Inhaber	Familie Walz

Sorten Nagolder: -Urtyp, -Pilsner, -Herren Pils, -Weizenbier, -Weißbier, -Martinator, -Osterhäsle, -Weihnachtsbier
Ausstoß 5000 hl
Bemerkung Schwäbische Gerichte rund ums Bier serviert der Brauereigasthof „Anker", sommers auch im Biergarten; Spezialitäten: Braumeisterpfännchen, Braumeistersalat, Weißwurstfrühstück. Für Sportsfreunde stehen vier Bundeskegelbahnen zur Verfügung.

Hochdorfer Kronenbrauerei Otto Haizmann KG

Straße	Rottweiler Str. 16–20
PLZ	72202
Gründung	1827
Inhaber	Eberhard Haizmann
Internet	www.hoch-dorfer.de

Sorten Hochdorfer: -Gold, -Pilsener, -Pils-Krone, -Hopfen-Leicht, -Weizen Hefe hell, -Weizen Hefe dunkel, -Weizen Kristall, -Fasnets Fläschle, -Maibock, -Barbara Bock, Horber Ritter, Steinhauer Braun Bier
Ausstoß 75 000 hl
Bemerkung Im Brauereigasthof und seinem Biergarten genießen die Gäste die schwäbische Küche des Hauses. Spezialität: Schwarzbierbraten und danach ein Bierlikör.

Naila

Bürgerbräu Naila Andreas Wohn OHG

Straße	Hofer Str. 21
PLZ	95119
Gründung	1755
Inhaber	Familie Wohn
Internet	www.wohn-bier.de

Sorten Wohn: -Pilsner, -Lager Hell, -Alt Nailaer Dunkel, -Braumeister Original, -Hefeweißbier, -Wilder Mann (dunkles Starkbier), -Heller Bock

Ausstoß 33 000 hl

Nattheim

Privatbrauerei Gebr. Schlumberger KG

Straße	Heidenheimer Str. 9
PLZ	89564
Gründung	1847
Inhaber	Familie Schlumberger
Internet	www.natt-heimer.de

Sorten Ochsenbräu: -Hefeweizen, -Dunkles Weizen, -Dinkel, -Kristallweizen, -Spezial, -Pilsner, - Edel Pils, -Festbier, -Schwarzer Ochs, -Doppelbock, -Bierchen

Ausstoß 40 000 hl

Bemerkung Im Brauereigasthof „Ochsen" stehen Fremdenzimmer zur Verfügung.

Nennslingen

Ritter St. Georgenbrauerei Karl Gloßner GmbH & Co. KG

Straße	Marktplatz 1
PLZ	91790
Gründung	1645
Inhaber	Dietmar Gloßner
Internet	www.ritter-bier.de

Sorten Ritter Bier: -Weihnachtsbock, -Georgi Sud, -Weihnachtsbier, -Mai Bock, -Märzen, -Pils, -Hell, -Weißer Franke (Hefeweißbier), -Weißer Franke leicht, Schwarzer Ritter

Ausstoß 10 000 hl

Bemerkung Georgi Sud und Märzen sind in der 3-l-Geschenkflasche erhältlich. Einkehr möglich im Bräustüberl mit Terrasse.

Nesselwang

Post-Brauerei Karl Meyer

Straße	Hauptstr. 25
PLZ	87484
Gründung	1650
Inhaber	Karl Meyer
Internet	www.post-brauerei-nessel-wang.de

Sorten Posthorn Gold, Der Postillion, Postwirt's Dunkel, Allgäuer Landbier, Geburtstags Bier, Edel Pils, Lager hell, Traditions Bock, Mai-Bock, Osterbier, Weihnachtsbier

Ausstoß 15 000 hl

Bemerkung Der Postillion erhielt 2003 den Goldenen Preis der Deutschen Landwirtschafts-Gesellschaft. Das Unternehmen bietet Brauerei- und Museumsführungen an. Im familiengeführten vorzüglichen Brauereigasthof und Hotel „Post" findet der Gast Erholung.

Neuburg

Julius Bräu

Straße	Augsburger Str. 35
PLZ	86633
Gründung	1828
Inhaber	Gabriele Bauer

Sorten Märzen Spezial, Vollbier Hell, Lager Hell, Julius Heller Bock, Gambrinus-Festbier, Ottheinrich-Jubiläumsbier, Laetitia 0,33 Export

Ausstoß 3500 hl

Bemerkung Biergarten und Fremdenzimmer stehen im Brauereigasthof zur Verfügung, der gutbürgerliche Küche anbietet.

Neudrossenfeld

Brauerei Schnupp

Straße	Hauptstr. 8
PLZ	95512
Gründung	1726
Inhaber	Adolf Schnupp

Sorten Vollbier, Altfränkisch Dunkel, Storchen-Leicht, Edelpilsner
Ausstoß 3000 hl
Bemerkung Die herzhaft fränkische Küche des Brauereigasthofs hat Spezialitäten zu bieten wie deftige Brotzeiten, diverse Braten, Wildgerichte, Forellen. Ein Gambrinus Bierschnaps aus der eigenen Brennerei fördert die Verdauung. Die Fremdenzimmer im Haus sind modern eingerichtet.

Neuhaus

Kaiser-Bräu GmbH & Co. KG Anna und Andreas Laus

Straße	Oberer Markt 1
PLZ	91284
Gründung	1929
Inhaber	Familie Laus
Internet	www.kaiser-braeu.de

Sorten Kaiser: -Alkoholfrei, -Export, -Hell, -Juragold, -Light, -Pils, Burgkrone Pils, Falkenhaus; Veldensteiner: -Landbier, -Original Lager, -Premium Pils, Festbier, -Weißbier
Ausstoß 320 000 hl

Neukirchen

Schlossbrauerei Holnstein

Straße	Holnstein 1
PLZ	92259
Gründung	1502
Inhaber	Karola Haberler

Sorten Holnsteiner Ahnentrunk, Pils, Vollbier, Ahnengold Festbier
Ausstoß –
Bemerkung Nicht nur im Brauereigasthof „Weißes Roß" (eigene Metzgerei) fließt das Bier in Strömen beim Kellerfest im Juli und beim Schlossfest am dritten Wochenende im August.

Neuler

Brauerei Ladenburger GmbH

Straße	Hauptstr. 16
PLZ	73491
Gründung	1789
Inhaber	K. Ladenburger
Internet	www.brauerei-ladenburger.de

Sorten Hefe Weizen hell und dunkel, Weizen Bock dunkel, Jahrhundertbier, Alt Schwäbisch Dunkel, Pils, Weihnachtsbier, Exclusiv Pils, Finkbeiner Privat Export, Meisterbräu, Kristall Weizen
Ausstoß 40 000 hl

Neumarkt

Gansbrauerei

Straße	Ringstr. 4
PLZ	92318
Gründung	um 1600
Inhaber	Ludwig Ehrnsperger

Sorten Gansbräu: -Pils, -Hell, -Dunkel, -Urtyp, -Keller Pils (hefetrüb), -Festbier
Ausstoß 16 000 hl

Neumarkt

Neumarkter Lammsbräu Gebr. Ehrnsperger

Straße	Amberger Str. 1
PLZ	92318
Gründung	1628
Inhaber	Franz Ehrnsperger
Internet	www.lamm-braeu.de

Sorten Edelpils, Alkoholfrei, Dinkel, Urstoff, Dunkel, Schankbier, Pilsner, Schwarze Weiße, Schwarzes Zzzisch, Weißbier, Kristall Weizen, Leichtes Hefweizen

Ausstoß 65 000 hl

Bemerkung Alle Rohstoffe kommen zu hundert Prozent aus ökologischem Anbau; hier fängt das deutsche Reinheitsgebot schon auf dem Acker an.

Neumarkt

Brauerei Xaver Glossner

Straße	Schwestern-hausgasse 8–16
PLZ	92318
Gründung	1574
Inhaber	Franz Xaver Glossner
Internet	www.glossner.de

Sorten Weihnachts-Glöckl, Helle Wolke, Dunkle Wolke, Original Neumarkter Hell, Mariahilfberger Weizenbock, Hefe-Weiß, Torschmied's Dunkel, Light, Neumarkter Schwarzbier, Keller Märzen, Hopfengarten Pils, Lager

Ausstoß 38 000 hl

Bemerkung Das Haus ist seit 13 Generationen im Besitz der Familie Glossner. Sie betreibt auch ein Bräustüberl mit Biergarten, der deftige einheimische Hausmacherkost, verschiedene Tagesgerichte und einen Bierschnaps anbietet. Sehenswert das zugehörige kleine Brauereimuseum.

Neunburg v.W.

Weißes Brauhaus Neunburg v.W.

Straße	Bachgasse 26
PLZ	92431
Gründung	1354
Inhaber	Wolfgang Mehringer
Internet	www. mehringer-weissbier.de

Sorten Altbayerisches Weißbier, Altbayerisches Weißbier Dunkel, Leichte Weiße, Ruprechtus Weißbier Bock
Ausstoß 7000 hl
Bemerkung Wie ernst hier Tradition und berufliches Engagement genommen werden, das schmeckt man bei jeder Flasche. Sehenswert ist der historische Weißbier Keller.

Neunkirchen

Brauerei Vasold & Schmitt GmbH & Co. KG

Straße	Schellenberger Weg 3
PLZ	91077
Gründung	1888
Inhaber	Familien Vasold & Schmitt

Sorten Vasold: -Pilsener, -Urtyp, -Festbier, Benedikt Dunkel
Ausstoß 7000 hl
Bemerkung Vasold wird in Gaststätten des Ortes und der Region ausgeschenkt.

Neunkirchen am Sand

Brauerei Wolfshöhe

Straße	Wolfshöhe Nr. 3
PLZ	91233
Gründung	1872
Inhaber	Stephan Weber
Internet	www.wolfs-hoeher.de

Sorten Wolfshöher: -Premium, -Kellerbier, -Pilsner, -Schwarzbier, -Vollmond Bier, -Ur Hell, -Festbier, -Hefeweißbier hell und dunkel, -Altes Wolfshöher
Ausstoß 80 000 hl

Neuötting

Müllerbräu Neuötting Karl Müller

Straße	Burghauser Str. 2
PLZ	84524
Gründung	1768
Inhaber	Reinhard Müller
Internet	www.mueller-braeu.de

Sorten Müllerbräu: -Altbayerisch Dunkel, -Pils, -Jahrtausendbock, -Silo Pils, -Bockser (Doppelbock), -Neuöttinger Export, -Lutscher, -Weißbiere
Ausstoß 18 000 hl
Bemerkung Die Müllerbräu-Produkte sind mehrmals mit Goldmedaillen der Deutschen Landwirtschafts-Gesellschaft ausgezeichnet worden. Im Brauerei-ausschank gibt es außer Bier auch Bockbierbrand und Bockbieressig.

Neustetten

Kronenbrauerei Remmingsheim

Straße	Hauptstr. 1
PLZ	72149
Gründung	1870
Inhaber	Alfred Schimpf
Internet	www.brauerei-schimpf.de

Sorten Schimpf: -Trend, -Urtrüb, -Krone Pils, -Spezial, -Hefe Weizen hell und dunkel, -Kristall Weizen
Ausstoß 11 000 hl

Brauerei Schlößle

Straße	Schlössleweg 3
PLZ	89231
Gründung	1690
Inhaber	Familien Zoller & Mayländer
Internet	www.schloessle.com

Sorten Schlößle: -Bock, -Festbier, -Weizen, -Spezial, -Zwickel (kellertrüb)
Ausstoß 1300 hl
Bemerkung Ein urgemütliches Speiselokal mit denkmalgeschützten Räumen ist die Brauereigaststätte und ihr Biergarten.

Neuzelle

Neuzeller Klosterbrauerei GmbH

Straße	Brauhausplatz 1
PLZ	15898
Gründung	1589
Inhaber	Helmut Fritsche
Internet	www.neuzeller-bier.de

Sorten Schwarzer Abt, Closter Zell, Mönchpils, Winzerbier, Bibulibus, Bock, Schlaubetaler, Kirschbier, Schwarzbier extra, Badebier
Ausstoß 30 000 hl
Bemerkung Außer Bier stellt das Haus Neuzeller Klosterbierbrand, Schwarzbierlikör und Kirsch-Bier-Gelee her.

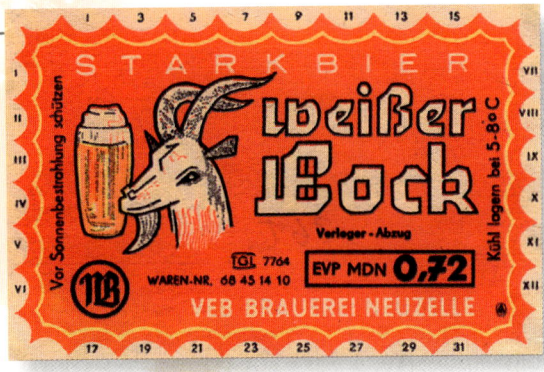

Brauhaus Nittenau

Straße	Brauhausstr. 5
PLZ	93149
Gründung	1923
Inhaber	Josef Jakob

Sorten Regental Pils, Export, Vollbier Hell, Stockenfelser Geisterbräu, Festbier
Ausstoß 3000 hl
Bemerkung Speisen der Region stehen auf der Karte des Brauereigasthofs, der auch Übernachtungsmöglichkeiten bietet.

Nittendorf

Schlossbrauerei Eichhofen

Straße	von Rosenbuschstr. 8
PLZ	93149
Gründung	1692
Inhaber	Michael Andreas Schönharting
Internet	www.eichhofener.de

Sorten Eichhofener: -Premium Pils, -Helles, -Festbier, -Spezial Dunkel, -Doppelbock, -Leichtes Helles
Ausstoß 22 000 hl
Bemerkung Landesübliche Gerichte erhält man im Brauereigasthof und im Biergarten; besonders hervorzuheben: Biersuppe, Biergulasch und Bierkotelette.

Ankerbräu Nördlingen GmbH & Co. KG

Straße	Ankergasse 4
PLZ	86720
Gründung	1608
Inhaber	Elisabeth Koch-Schneider, Waltraud Haag
Internet	www.anker-brauerei.de

Sorten Nördlinger: -Daniel Trunk, -Edel Tropfen, -Lager Hell, -Premium Pils, -Festbier, -Ice Bier, Staben Festbier, Rieser: -Hefe Weizen, -Dunkles Weizen, -Kristall Weizen
Ausstoß 20 000 hl
Bemerkung Zum Haus gehört der Brauereigasthof „zum Fuchs".

Nürnberg

Tucher-Bräu GmbH & Co. KG Brauereibetriebsgesellschaft

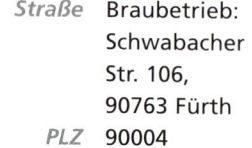

Straße	Braubetrieb: Schwabacher Str. 106, 90763 Fürth
PLZ	90004
Gründung	1672
Inhaber	Brau & Brunnen Dortmund (seit 2003)
Internet	www.tucher.de

Sorten Tucher: -Hefeweizen (hell, dunkel, leicht), -Kristallweizen, -Pilsener, -Übersee Export, -Bajuvator, -Urbräu hell, Patrizier, Lederer, Grüner, Falkenfelser, Zeltner, Humbser
Ausstoß 840 000 hl
Bemerkung Von den einst vielen Braustätten in Nünberg und Fürth gibt es nur noch diese.

Oberaudorfer Weißbierbrauerei Bals KG

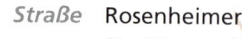

Straße	Rosenheimer Str. 21
PLZ	83080
Gründung	1912, seit 1927 in Familienbesitz
Inhaber	Familie Bals
Internet	www.brauerei-bals.de

Sorten Oberaudorfer Weißbier, dunkelfarbig Boisei, helles Goldweizen
Ausstoß 2000 hl

Oberaurach

Brauerei Zenglein Oberschleichach

Straße	Oberschleichach Nr. 13
PLZ	97514
Gründung	1846
Inhaber	Friedrich Zenglein

Sorten Lagerbier, Pils, Weihnachtsbock
Ausstoß 2000 hl
Bemerkung Über Fremdenzimmer und Biergarten verfügt der Brauereigasthof, der fränkische Küche pflegt; Spezialitäten: verschiedene Braten, Karpfen, Hax'n, Brotzeiten.

Brauerei Roppelt Trossenfurt

Straße	An der Steige 2
PLZ	97514
Gründung	1701
Inhaber	Michael Roppelt

Sorten Lagerbier, Festbier, Pils
Ausstoß 1000 hl
Bemerkung Aus eigener Schlachtung kommen die Fleischgerichte der fränkischen Küche der Brauereigaststätte, die auch Schnaps aus eigener Brennerei anbietet.

Oberaurach

Löwenbräu Neeb Unterschleichach

Straße Michelsberg 1
PLZ 97514
Gründung 1929
Inhaber Adam Neeb

Sorten Steigerwald: -Pilsner, -Vollbier, -Aurator, -Bauernbier, -Weiße
Ausstoß 4000 hl
Bemerkung Übernachten und speisen kann man in der Brauereigaststätte, deren fränkische Küche als Spezialitäten Wild und Hausmacher Brotzeiten zubereitet; dazu bestellen viele einen Schnaps aus der hauseigenen Brennerei.

Oberdachstetten

Brauerei Haag

Straße Hauptstr. 18
PLZ 91617
Gründung um 1700
Inhaber Christa Haag-Lohner

Sorten Haag: -Pils, -Vollbier, -Landbier, Bockbier
Ausstoß 2300 hl
Bemerkung Die Flaschenbiere kommen aus der Brauerei Oechsner in Ochsenfurt.

Oberhaid

Brauerei Wagner

Straße Bamberger Str. 2
PLZ 96173
Gründung 1550
Inhaber Klaus Bendner

Sorten Pilsner, Vollbier, Kellerbier
Ausstoß 3000 hl
Bemerkung In der Brauereigaststätte und auf dem Felsenkeller, im Volksmund „Hannla Keller" genannt, gibt's zum vortrefflichen Bier herzhafte Hausmacher Brotzeiten.

Oberhaid

Brauerei Hertlein Staffelbach

Straße Hallstadter Str. 12
PLZ 96173
Gründung um 1750
Inhaber Veronika Wolter

Sorten Lagerbier dunkel
Ausstoß 400 hl
Bemerkung Fränkische Küche mit Brotzeiten aus eigener Schlachtung serviert die Brauereigaststätte; an Sonntagen ist der Sommerkeller geöffnet.

Oberkotzau

Schlossbrauerei Stelzer Fattigau

Straße Hauptstr. 3
PLZ 95145
Gründung 1353
Inhaber Theodor Stelzer
Internet www.schloss-brauerei-stelzer.de

Sorten Urtyp-Hell, Schloss-Pils, Schloß-Export, Zwickl-Pils, Ritter Trunk, Schloß-Bock, Helles Biogold, Doppel-Hopfen-Premium-Pils
Ausstoß 14 000 hl
Bemerkung Das Unternehmen ist die erste oberfänkische Bio-Bier-Brauerei. Zum Haus gehören Fremdenzimmer, Biergarten und Braukeller. Deftige Hausmannskost steht auf dem Programm.

Oberndorfer Privat-Brauerei Graf-Eder

Straße	Rosenbergstr. 2–6
PLZ	78727
Gründung	1827
Inhaber	Familien Graf & Eder
Internet	www.oberndorfer-privat-brauerei.de

Sorten Oberndorfer: -Privat, -Fasnets Bier, -Berg Quell, -Juwel, -Premium Pilsener, -Zwicklbier, -Schwanen Weiße
Ausstoß 45 000 hl
Bemerkung Schwäbische Küche ist das Markenzeichen der Brauereigaststätte mit ihrem kleinen Biergarten, wobei besonders der Bierbraten und das Braumeistersteak zu empfehlen sind. Der Bierbrand aus eigener Brennerei rundet den Genuss ab. Übernachtungsmöglichkeiten sind auch vorhanden.

Oberreichenbach

Brauerei Geyer

Straße	Hauptstr. 18
PLZ	91097
Gründung	1893
Inhaber	Reinhard Geyer

Sorten Vollbier, Pils, Festbier
Ausstoß 1200 hl
Bemerkung Karpfen und fränkische Hausmacher Brotzeiten aus eigener Schlachtung sind die Spezialitäten der Brauereigaststätte, die auch Fremdenzimmer und einen Bierschnaps aus eigener Brennerei anbietet.

Oberroth

Brauerei Reitinger

Straße	Haus 28
PLZ	89294
Gründung	1860
Inhaber	Josef Reitinger

Sorten Reitinger: -Dunkel, -Festbier, -Märzen, -Hell, -Pils, -Weizen
Ausstoß 1000 hl
Bemerkung Fremdenzimmer offeriert die Brauereigaststätte und gute bayerisch-schwäbische Küche mit Fleischgerichten und Brotzeiten aus eigener Schlachtung.

Obertaufkirchen

Brauerei Stierberg

Straße	Stierberg 12
PLZ	84419
Gründung	1908
Inhaber	Annemarie Kammhuber-Hartinger

Sorten Hell, Märzen, Hochzeitsbier dunkel unfiltriert, Eis-Pils
Ausstoß –
Bemerkung Herzhafte Hausmacher Brotzeiten schmecken in der Brauereigaststätte und im historischen Biergarten besonders gut.

Ochsenfurt

D. Oechsner Ankerbräu KG

Straße	Klinge 2
PLZ	97199
Gründung	1693
Inhaber	Familie Oechsner
Internet	www.oechsner.de

Sorten Oechsner: -Schwarzbier, -Medium, -Wintermärchen, -Urbock, -Premium Pils, -Lager, -Märzen Gold

Ausstoß 30 000 hl

Ochsenfurt

Kauzen-Bräu GmbH & Co. KG

Straße	Uffenheimer Str. 17
PLZ	97199
Gründung	1809
Inhaber	GF K.-H. Pritzl
Internet	www.kauzen.de

Sorten Kauzen: -Premium Pils, -Alt Fränkisch, -Bock, -Festbier, -Helles Landbier, -Käuzle, -Original 1809, -Pils, -Weißbier hell, Weißbier dunkel

Ausstoß 70 000 hl

Odelzhausen

Schloßbrauerei

Straße	Am Schloßberg 1
PLZ	85235
Gründung	1450
Inhaber	Hans Eser

Sorten Traditions Export hell, Traditions Export dunkel, Operator Doppelbock

Ausstoß 3000 hl

Bemerkung Naturtrübe Bierspezialitäten sind erste Getränk-Wahl im Schloßbräustüberl. Bei den Speisen rangieren ganz oben: Spezialitäten aus eigener Jagd und Fischerei, hausgemachter Pressack und selbstgebackenes Holzofenbrot.

Oelde

Pott's Brauerei GmbH

Straße	In der Geist 120
PLZ	59302
Gründung	1769
Inhaber	Rainer Pott
Internet	www.potts.de

Sorten Alt Pott's Landbier, Pott's Pilsener, Paddy Lagerbier, Pott's Weizen naturtrüb

Ausstoß 100 000 hl

Bemerkung Alt Pott's Landbier wurde ausgezeichnet als Bier des Jahres 2003. Pott's Brau- und Backhaus bringt täglich selbstgebackenes Landbierbrot und westfälische Spezialitäten frisch auf den Tisch. Besondere Attraktion des Hauses ist das weltweit einzigartige Georg-Lechner-Biermuseum.

Oettingen

Oettinger Brauerei GmbH

Straße	Brauhausstr. 8
PLZ	86732
Gründung	1930 als Genossenschaftsbrauerei
Inhaber	Familie Kollmar
Internet	www.oettinger-bier.de & www.forstquell.de

Sorten Oettinger: -Hefeweißbier Hell und Dunkel, -Kristall Weizen, -Alt, -Schwarzbier, -Winterbier, -Vollbier Hell, -Urtyp, -Original, -Pils, -Export, -Leicht

Ausstoß 1,62 Mio. hl

Bemerkung Zweigbetriebe des Unternehmens arbeiten in Gotha, Dessow, Schwerin und Mönchengladbach; das Stammhaus der Familie Kollmar befindet sich in Fürnheim mit dem Brauereiausschank „Forstquellbrauerei" und mit einem Brauereimuseum.

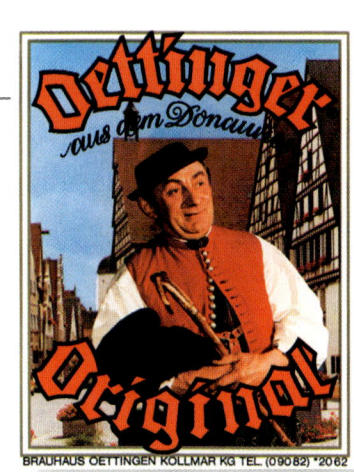

Kronen-Brauhaus Offenburg

Straße	Zeller Str. 46
PLZ	77654
Gründung	1847
Inhaber	Familien Gille, Nitze, Stetter
Internet	www.kronen-brauhaus.de

Sorten Kronen: -Pilsner, -Märzen, -Premium Exquisit, -Festbier, -Export, -Dunkel, -Anno 1847; Burgenfels, Burgen, Burg, Bergkrone, Wagner
Ausstoß 100 000 hl

Olbernhau

Privatbrauerei Olbernhau

Straße	Blumenauer Str. 25
PLZ	09526
Gründung	1896
Inhaber	Günter Tippmann

Sorten Böhmisch, Pilsner, Export, Obernhauer Bockbier dunkel, Stülpner-Bräu
Ausstoß 11 000 hl
Bemerkung Vorzüglich lassen sich die Bierspezialitäten im Bräustüberl verkosten, das sich auch für Familien- oder Vereinsfeiern eignet.

Deil Bräu

Straße	Babenhauser Str. 2
PLZ	89296
Gründung	1878
Inhaber	Georg Deil
Internet	www.deil.de

Sorten Deil: -Märzen Spezial, -Urtyp, -Hefe Weizen, -Zwickel hefetrüb, -Weihnachtsbier, -Frühjahrsweizen
Ausstoß 15 000 hl
Bemerkung „Die Braumeisterei" heißt der angeschlossene Gasthof, der wechselnde regionale Spezialitäten anbietet, darunter ein Brauermenü. Von der gemütlich-rustikalen Atmosphäre des Hauses profitieren auch die hier abgehaltenen Bierseminare und die Gruppen, die zu Besichtigungen der Brauerei kommen.

Ostheim

Streck-Bräu e.K.

Straße	Ludwig-Jahn-Str. 11
PLZ	97645
Gründung	1718
Inhaber	Axel Kochinki
Internet	www.streck-bier.de

Sorten Burgherren Pils, Export, Fest Bock, Turm Export, Turm-Pilsner, Ostheimer Dunkel
Ausstoß 17 000 hl

Privatbrauerei Peter KG

Straße	Nordheimer Str. 14
PLZ	97645
Gründung	seit 1827 in Familienbesitz
Inhaber	Sigrid Peter-Leipold
Internet	www.bionade.de

Sorten Rhön: -Pils, -Exquisit, -Export, -Weiße
Ausstoß 20 000 hl
Bemerkung Fränkische und thüringische Küche pflegt das Bräustüberl, zu dem Biergarten, Saal und Kegelbahn gehören.

Paderborn

Paderborner Brauerei Haus Cramer KG

Straße	Halberstädter Str. 45
PLZ	33106
Gründung	1990
Inhaber	Albert Cramer

Sorten Paderborner, Isenbeck, Weißenburger
Ausstoß 628 000 hl
Bemerkung Das Unternehmen ist ein Zweigbetrieb der Warsteiner Brauerei. Die Gesellschaft hat die Brauerei-Aktivitäten der ehemaligen westfälischen Privatbrauereien Nies übernommen, die 1984 aus den Brauereien Weißenburg Lippstadt, Isenbeck Hamm und der Paderborner Brauerei entstanden waren.

Pappenheim

„Hirschbräu" Friedrich Wurm KG Bieswang

Straße	Hutgasse 2
PLZ	91788
Gründung	1612
Inhaber	Familie Wurm

Sorten Wurm: -Hefe Weizen, -Märzen, -Pils Export Premium, -Jura Quell (Dunkler Bock), -Turnier Bock Hell, -Festbier, -Vollbier Hell, -Vollbier Dunkel
Ausstoß 15 000 hl
Bemerkung Die Brauereigaststätte ist z. Z. nur für Gesellschaften geöffnet.

Paderborner Rathaus

Bayerische Löwenbrauerei Franz Stockbauer AG

Straße Franz-Stockbauer-Weg 13
PLZ 94032
Gründung 1873
Inhaber Franz und Maria Stockbauer'sche Stiftung
Internet www.loewen-brauerei.de

Sorten Hefe Weißbier, Dunkles Weizen, Urtyp Hell, Pils, Export Hell, Festbier, Leichtes Weizen, Spezial Dunkel, Kristall Weizen
Ausstoß 100 000 hl
Bemerkung Zum Unternehmen gehört der Zweigbetrieb Schlossbrauerei Haselbach. In Bräustüberl und Biergarten erhält der Gast Speisen der Region.

Passau-Ries

Weizenbierbrauerei Andorfer

Straße Rennweg 2
PLZ 94034
Gründung 1919
Inhaber Thomas Andorfer

Sorten Andorfer: -Weizen, -Weizen leicht, -Weizen Bock, -Claudiator Weizendoppelbock, -Weihnachtsbier, -Kellerhell ungefiltert
Ausstoß 2000 hl
Bemerkung Einheimisch bayerisch speist es sich in der Brauereigaststätte und im Biergarten: zu empfehlen sind Schweinsbraten, Biergulasch, Bierkutschersteak. Davor, dazu oder danach vielleicht einen Weißbierbrand oder einen Weißbierlikör.

Innstadt-Brauerei Bierspezialitäten GmbH

Straße Schmiedgasse 23
PLZ 94032
Gründung 1318
Inhaber Ottakringer Brauerei Wien
Internet www.inn-stadt.de

Sorten Innstadt: -Edelsud, -Neues Helles, -Neue Weiße, -Bock Weiße, -Extra Schwarze, -Pilsener, -Hefeweizen, -Dunkles Weizen, -Leichte Weiße, -Kristall Weizen, -Leicht&Hell, -Export, -Original Hell, -Festbier, -Kapuziner Doppelbock
Ausstoß 81 000 hl

Passau

Brauerei E.F. Peschl

Straße Auerspergstr. 2
PLZ 94032
Gründung 1259
Inhaber Ernst Peschl
Internet www.brauerei-peschl.de

Sorten Peschl: -altbairisches Hefe-Weißbier, -Ur-Hell, -Weihnachts-Festbier, -Meistertrunk (dunkel), -Dunkle Weiße, -Leicht, -Festbier, -Pils, Stephanus Doppelbock
Ausstoß 20 000 hl
Bemerkung Speschl im Steinkrug und unfiltriertes Zwickelbier sind die bierischen Spezialitäten, bayerische Schmankerl die kulinarischen der Brauereigaststätte „Peschl-Terrasse", die auch Bierschnaps serviert.

Passau

Brauerei Hacklberg

Straße	Bräuhausplatz 3
PLZ	94034
Gründung	1618
Inhaber	Bischöfliches Klerikalseminar St. Stephan Passau
Internet	www.hacklberg.de

Sorten Hacklberger: -Urhell, -Edelhell-Export, -Festbier, -Dunkel Spezial, -Hochfürst Pilsener, -Hefeweizen, -Dunkle Weiße, -Leichte Weiße, -Weizenbock, -Humorator (Doppelbock), -Weihnachtstrunk

Ausstoß 165 000 hl

Bemerkung Den Titel „schönster Biergarten Niederbayerns" trägt die zum Bräustüberl gehörige Freiluftwirtschaft wegen des uralten Baumbestands. Die Küche kann sich mit bayerischen Speisen sehen lassen, insbesondere mit Hax'n, Hausmacher Brotzeiten, geräucherten Ripperl.

Pegnitz

Jura Bräu Hans Knopf

Straße	Am Buchauer Berg 8–10
PLZ	91257
Gründung	1900
Inhaber	Wilhelm Knopf

Sorten Jura: -Pils, -Lager, -Flinderer Spezialbier, -Anno 1900 in der Bügelflasche

Ausstoß 9000 hl

Bemerkung Von Ende April bis Mitte Juni finden die „Flinderer" Schlachtfestwochen in verschiedenen Pegnitzer Gaststätten statt.

Pegnitz

Brauer Vereinigung Pegnitz GmbH

Straße	Am Buchauer Berg 4
PLZ	91257
Gründung	1923
Inhaber	GF Rainer Deinzer
Internet	www.brauervereinigung.de

Sorten Böheim: -Altfränkisch Landbier, -Flinderer Spezialbier, -Festbier, -Pils, -Hell

Ausstoß 4500 hl

Bemerkung Von Ende April bis Mitte Juni finden die „Flinderer" Schlachtfestwochen in verschiedenen Pegnitzer Gaststätten statt.

Pegnitz

Brauerei Herold Büchenbach

Straße	Marktstr. 29
PLZ	91257
Gründung	seit etwa 1575 in Familienbesitz
Inhaber	J. Herold
Internet	www.becknbier.de

Sorten Beck'n Bier (dunkel), Beck'n Bock

Ausstoß 1900 hl

Bemerkung Hausmacher Brotzeiten aus eigener Schlachtung werden im Brauereigasthof und im zugehörigen kleinen Biergarten serviert; Fremdenzimmer stehen zur Verfügung.

Pegnitz

Brauerei Gradl Leups

Straße	Leups Nr. 6
PLZ	91257
Gründung	1683
Inhaber	Hans Wolfring

Sorten Dunkles Vollbier, Leupser Pils
Ausstoß 1000 hl
Bemerkung Frisch aus eigener Schlachtung auf den Tisch der Brauereigaststätte kommen u.a. Hausmacher Brotzeiten, Bratwürste und Sülze, die auch im kleinen Biergarten im Hof zu haben sind.

Peine

Privatbrauerei Härke KG

Straße	Am Werderpark 5
PLZ	31224
Gründung	1890
Inhaber	Hans-Peter Härke
Internet	www.haerke-brauerei.de

Sorten Härke: -Pils, -Tradition (Dunkel), -Zwickel (Naturtrüb), -Doppelbock
Ausstoß 90 000 hl
Bemerkung Gut essen und vor allem trinken ist im Brauereiausschank „Härke Sudhaus", wo es auch Härke Bierbrand und Härke Bier-Hopfen-Kräuterlikör gibt. Alljährlich steigt auf dem Brauereigelände ein Hoffest.

Penig

Peniger Spezialitätenbrauerei GmbH

Straße	Lutherplatz 2
PLZ	09322
Gründung	1706
Inhaber	Ingrid Hösl

Sorten Peniger: -Premium Pils, -Gold Siegel Spezial, -Edel Bock, -Weihnachtstraum, -Kellerberg Schwarzbier – alles in 0,5-l-Bügelflaschen
Ausstoß 12 000 hl
Bemerkung Das Kellerberglabyrinth, wo vor Jahrhunderten das gebraute Bier eingelagert wurde, ist auf Anfrage zu besichtigen.

Petersaurach

Löwenbräu Vestenberg Simon Dorn & Sohn OHG

Straße	Brauhausstr. 9
PLZ	91580
Gründung	seit dem 15. Jahrhundert
Inhaber	Familie Dorn

Sorten Gold Export, Pilsner, Export Dunkel, Vollbier Hell, Doppelbock
Ausstoß 3000 hl
Bemerkung Regionale Küche mit Hausmacher Brotzeiten führt die Brauereigaststätte.

Pettendorf

Prößlbräu Adlersberg

Straße	Dominikaner-innenstr. 2–3
PLZ	93186
Gründung	1838
Inhaber	Heinrich Prößl

Sorten Kloster-Pils, Vollbier Hell, Bayerisch Dunkel, Export Hell, Spezialität: Doppelbock Palmator

Ausstoß 7000 hl

Bemerkung Ein Muss für jeden Bierkenner ist der Palmator-Anstich am Palmsonntag. Auch ein Besuch des Brauereigasthofs lohnt wegen der bayerischen Küche, die Wildgerichte aus eigener Jagd anbietet und Fleischgerichte aus eigener Schlachtung. Übernachtungsmöglichkeiten vorhanden.

Petting-Schönram

Brauerei Schönram

Straße	Salzburger Str. 10–14
PLZ	83367
Gründung	1780
Inhaber	Alfred Oberlindober
Internet	www.brauerei-schönram.de

Sorten Schönramer: -Hell, -Dunkel, -Gold, -Weihnachtsbier, -Jubiläums Pils; Surtaler Leichter Typ

Ausstoß 20 000 hl

Bemerkung Für Interessierte werden Brauereiführungen angeboten.

Pfaffenhausen

Storchenbräu Hans Roth KG

Straße	Kirchplatz 5–7
PLZ	87772
Gründung	1804
Inhaber	Hans Roth
Internet	www.storchen-braeu.de

Sorten Storchen: -Leicht, -Bayrisch Hell, -Export, -Pils, -Dunkel, -St. Stephanus-Bock-Dunkel, -Spezial, -Störchle 0,33 l

Ausstoß –

Bemerkung Das Haus engagiert sich im Umweltsponsoring für den Storch. Im Bräustüble speist man gutbürgerlich nach Rezepten der bayerischen, schwäbischen und österreichischen Küche; serviert wird auch im Biergarten.

Pfaffenhofen

Müllerbräu GmbH & Co. KG Gebr. Müller

Straße	Hauptplatz 36
PLZ	85276
Gründung	1775
Inhaber	Familie Müller
Internet	www.mueller-braeu.com

Sorten Müller: -Weißbier Premium, -Dunkel, -Leicht, -Bavariator (dunkler Doppelbock), -Festbier, -Gold Export, -Hopfenland Pils, -Altbayrisch Hell, -Altbayrisch Dunkel

Ausstoß 22 000 hl

Bemerkung Hotel, Biergarten und Brauereiausschank gehören zum Haus, dessen Spezialitäten Wildgerichte und bayerische Brotzeiten sind.

Pfaffenhofen

Brauhaus Pfaffenhofen Urban KG

Straße	Kellerstr. 36
PLZ	85276
Gründung	1612
Inhaber	Familie Urban

Sorten Urbanus: -Leichte Weiße, -Perlweizen, -Leicht, -Brauhaus Weizen Hell und Dunkel, -Premium Hell, -Altbayrisch Dunkel, -Spezial Export,- Festmärzen, Spezialitäten: -Kellerweizen, -St. Urbanus Doppelbock dunkel

Ausstoß 45 000 hl

Bemerkung An der Quelle sitzt man in der Brauereigaststätte „Zum Wohlherrn".

Straße	Münchner Str. 23
PLZ	83539
Gründung	1871
Inhaber	Unternehmens-genossenschaft

Sorten Gut Forsting: -Export hell, -Export dunkel, Weißbier hell, -Kirta Bier, -Weihnachtsbier, Xamax Lager

Ausstoß 15 000 hl

Bemerkung Naturtrübes Kellerbier kredenzt der Brauereigasthof „Gut Forsting", wo bayerische Gerichte und bierbegleitende Speisen gereicht werden. Ein uriger Biergarten und ein Hotel gehören dazu.

Pfarrkirchen

Alois Gässl Brauerei

Straße	Alois-Gässl-Str. 1
PLZ	84347
Gründung	1843
Inhaber	Burgl Schieder-mair

Sorten Gässl: -Vollbier, -Festbier, -Export, -Hefe Weiß, -Hefe Weiß dunkel

Ausstoß 8000 hl

Pfeffenhausen

Brauerei Pöllinger

Straße	Moosburger Str. 65
PLZ	84076
Gründung	1850
Inhaber	Hans-Peter Rank
Internet	www.brauerei-poellinger.de

Sorten Pfeffenhausener Kellerbier naturtrüb; Pöllinger: -Hell, -Export, -Weizenperle, -Dunkles Weizen, -Pils, -Braunbier Anno 1402

Ausstoß 20 000 hl

Pforzheim

Bayerisches Brauhaus Pforzheim GmbH

Straße	St.-Georgen-steige 12
PLZ	75175
Gründung	1886
Inhaber	Familien Scheidtweiler und Ruppaner
Internet	www.brauhaus-pforzheim.de

Sorten Brauhaus: -Goldstadt Premium, -Export, -Hefeweizen, -Weizen, -Ratskeller Pils, -Goldstadt Pilsner, -Jubiläums Dunkel, -Flößer Bier, -St. Georgen Bock

Ausstoß 30 000 hl

Bemerkung Schwäbisch-badische und internationale Küche bietet der Brauereiausschank „Ratskeller"; gemütlich sitzt es sich im urigen Kellerlokal „Bottich".

Pforzheim

Privatbrauerei Wilh. Ketterer KG

Straße	Jahnstr. 10
PLZ	75173
Gründung	1888
Inhaber	Familie Ketterer
Internet	www.brauerei-ketterer.de

Sorten Ketterer: -Edel Pils, -Gold Privat, -Heller Bock, -Maibock, -Pilsener, -Sebastian Hefe Weißbier hell und dunkel, -Trumpf (Doppelbock), -Weihnachtsbier
Ausstoß 40 000 hl

Pfungstadt

Pfungstädter Brauerei Hildebrand GmbH & Co. KG

Straße	Eberstädter Str. 89
PLZ	64319
Gründung	1831
Inhaber	Hildebrand GmbH & Co. KG
Internet	www.pfung-staedter.de

Sorten Pfungstädter: -Edel Pils Premium, -1831 Schwarzbier, -Export, -Maibock, -St. Nikolaus, -Leicht, -Frei
Ausstoß 315 000 hl
Bemerkung Die Pfungstädter ist Hessens größte Privatbrauerei.

Pilsting

Privatbrauerei Heinrich Egerer Großköllnbach

Straße	Dachinger Str. 27
PLZ	94431
Gründung	1930
Inhaber	Heinrich Egerer
Internet	www.egerer.de

Sorten Bierkutscher: -Hell Urtyp, -Original Export, -Gold Märzen, -Altbayerisch Dunkel; Egerer: -Weihnachtsfestbier, -St. Georg Vollbier, -Edel Pils, -Hell Urtyp, -Böckli; GOGGO Hell, GOGGO Dunkel
Ausstoß 50 000 hl
Bemerkung Fremdenzimmer und Biergarten hat der Brauereigasthof zu bieten, der einheimische Küche pflegt; Spezialitäten: Wild, Spanferkel, diverse Grillgerichte.

Pirk

Pirker Brauhaus

Straße	Braugasse 1–7
PLZ	92712
Gründung	1545
Inhaber	Dr. Hermann Schwab

Sorten Pirker: -Edelpils, -Märzen, -Lager hell, -Pirkator; Spezialität: Zoigl helles und dunkles Kellerbier (naturtrüb)
Ausstoß 8000 hl
Bemerkung Im urigen Biergarten mit einem Bestand von 500-jährigen Eichen und in der Brauereigaststätte gibt es sehr gute einheimische Gerichte.

Pirmasens

Park & Bellheimer AG

Straße	Zweibrücker Str. 4
PLZ	66953
Gründung	1888
Inhaber	Vorstand Theo de Groen
Internet	www.park-bell-heimer.de

Sorten Park: -Pils, -Export, -Hefeweizen hell und dunkel, -Primus, -Schwarzbock, -Pirminator
Ausstoß 350 000 hl (Gesamtausstoß)
Bemerkung Zum Unternehmen gehört ein Zweigbetrieb in Bellheim.

Plankstadt

Welde-Bräu GmbH & Co. KG

Straße	Brauereistr. 1
PLZ	68723
Gründung	1752
Inhaber	Dr. Hans Spielmann
Internet	www.welde.de

Sorten Welde: -No 1 und No 1 Light, -Schwarze Weiße, -Silber, -Weizen Wonne, -Weizen Lust, -Kristall Weizen, -Kraftprotz (Starkbier), -Ex
Ausstoß 95 000 hl
Bemerkung Künstler entwerfen für Welde Etiketten, Gläser und Flaschen nach den Slogans: „Außen Kunst, innen Braukunst" und „Kunstgenuss für den Lebenskünstler".

Plauen

Sternquell-Brauerei GmbH

Straße	Dobenaustr. 83
PLZ	08523
Gründung	1857
Inhaber	Kulmbacher Brauerei AG Kulmbach
Internet	www.stern-quell.de

Sorten Sternquell Premium Pils
Ausstoß 452 000 hl

Plößberg

Brauerei Hans Riedl

Straße	Kirchenstr. 2
PLZ	95703
Gründung	1875
Inhaber	Angela Riedl e. K.

Sorten Riedl: -Pils, -Märzen, -Vollbier, -Bock; Spezialität: Zoigl Bier
Ausstoß 1200 hl
Bemerkung In der Brauereigaststätte stärken sich die Besucher des kleinen Brauereimuseums mit einheimischen Brotzeiten. Im März kommen viele zur Feier des Starkbierfestes.

Pösing

Brauerei Drexler

Straße	Bräustr. 3	*Sorten*	Waldquell: -Urhell, -Pils, -Kristall
PLZ	93483		Export
Gründung	1850	*Ausstoß*	3000 hl
Inhaber	Josef Drexler	*Bemerkung*	Deftige Hausmacher

Brotzeiten bietet das Bräustüberl an.

Pößneck

Rosenbrauerei Pößneck GmbH

Straße	Karl-Marx-Str. 3	*Sorten*	Rosen: -Pils, -Spezial Pils, -Dunkler Bock;
PLZ	07381		Schwarze Rose
Gründung	1866	*Ausstoß*	75 000 hl
Inhaber	Familie Wagner	*Bemerkung*	Zweigbetriebe des Unternehmens sind in
Internet	www.rosen-		Greiz und Weimar-Ehringsdorf. Das kleine
	brauerei.de		Brauereimuseum lohnt einen Besuch.

Pommersfelden

Brauerei Hennemann Sambach

Straße	Sambach Nr. 33	*Sorten*	Lagerbier, Bockbier
PLZ	96178		dunkel
Gründung	um 1880	*Ausstoß*	1000 hl
Inhaber	Hans	*Bemerkung*	Zum zünftigen
	Hennemann		Umtrunk im Brauereigast-

hof sind die Brotzeiten aus eigener Schlachtung zu empfehlen.

Poppenhausen

Werner Bräu GmbH

Straße	Hauptstr. 13–15	*Sorten*	–
PLZ	97490	*Ausstoß*	–
Gründung	1791	*Bemerkung*	Nur noch Sudbetrieb
Inhaber	Würzburger		für die Würzburger Hofbräu AG.
	Hofbräu		

Pottenstein

Brauerei Mager

Straße	Hauptstr. 17	*Sorten*	Märzen, Dunkel, Pils, Hell
PLZ	91278	*Ausstoß*	2400 hl
Gründung	1774	*Bemerkung*	Die Brauereigaststätte verfügt
Inhaber	Georg Mager		über Fremdenzimmer und einen Biergarten.

Serviert werden diverse Braten, Schäuferla, Brotzeiten u.a. Dazu mundet ein Bierschnaps aus der eigenen Brennerei.

Brauerei Hufeisen

Straße	Hauptstr. 38
PLZ	91278
Gründung	1738
Inhaber	Josef Wiegärtner
Internet	www.hufeisen-braeu.de

Sorten Hufeisen Kellerweizen, Pottensteiner Urdunkel, Pottenstein's Premium Pils
Ausstoß 1500 hl
Bemerkung Zum Haus gehört eine Kellerschänke, die deftige Brotzeiten zubereitet, und eine Brauereigaststätte, die zu fränkischen Spezialitäten einen Hufeisen Bierbrand aus der eigenen Brennerei kredenzt.

Pretzfeld

Brauerei Penning vorm. Zeissler Hetzelsdorf

Straße	Hetzelsdorf 9
PLZ	91362
Gründung	1820
Inhaber	Karl Penning

Sorten Pilsner, Festbier, fränkisches Vollbier
Ausstoß 3000 hl
Bemerkung Fleischgerichte aus eigener Schlachtung, insbesondere diverse Braten, Schäuferla und Hausmacher Brotzeiten, sind die Stars auf der Karte der Brauereigaststätte und ihres Biergartens.

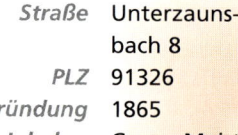

Pretzfeld

Brauerei Meister Unterzaunsbach

Straße	Unterzaunsbach 8
PLZ	91326
Gründung	1865
Inhaber	Georg Meister

Sorten Meisterbräu: -Festbier, -Vollbier
Ausstoß 1600 hl
Bemerkung Bier natürlich, aber auch Bierschnaps aus eigener Brennerei, sowie fränkische Spezialitäten wie verschiedene Braten, Schäuferla, Karpfen, Forelle und Hausmacher Brotzeiten gibt es im Brauereigasthof, der zudem Fremdenzimmer anbietet.

Priesendorf

Brauerei Schrüfer

Straße	Hauptstr. 31
PLZ	96170
Gründung	1870
Inhaber	Otto Schrüfer

Sorten Vollbier
Ausstoß 1000 hl
Bemerkung Für Sonnenanbeter wie Schattenfreunde Plätze hat der Biergarten des Brauereigasthofs, der Hausmacher Brotzeiten aus eigener Schlachtung serviert.

Radeberg

Radeberger Exportbierbrauerei GmbH

Straße	Dresdener Str. 2
PLZ	01454
Gründung	1872
Inhaber	Binding Brauerei AG Frankfurt
Internet	www.radeberger.de

Sorten Radeberger Pilsner
Ausstoß 2,0 Mio. hl

Ransbach

Brauerei Gebr. Fohr OHG

Straße Westallee 11
PLZ 56235
Gründung 1676
Inhaber Familie Fohr

Sorten Fohr Pils
Ausstoß 25 000 hl
Bemerkung Hier steht der größte handgedrehte Bierkrug der Welt.

Rastatt

Hofbrauhaus Hatz AG

Straße Kapellenstr. 36
PLZ 76437
Gründung 1863
Inhaber Vorstand Dr. Thomas Hatz
Internet www.hatz.de

Sorten Hatz: -Pils, -Export, -Weizen hefetrüb, -Weizen dunkel, -Weizen kristallklar, -Privat
Ausstoß 100 000 hl
Bemerkung Badische Traditionsküche mit Speisen der Saison pflegt das Bräustüb'l Hatz.

Rastatt

Brauerei C. Franz GmbH

Straße	Rauentaler Str. 4
PLZ	76437
Gründung	1842
Inhaber	Stiftung für Umwelt-Natur und Tierschutz

Sorten Schloss-Favorite-Export, Freiheitsbier dunkel, Uhl-Pils, Kellerbier, Türkenlouis Bock hell und dunkel
Ausstoß 15 000 hl
Bemerkung Einkehren kann man ins Bräustübel „zum Franz".

Rattelsdorf-Ebing

Schwanen Bräu

Straße	Marktplatz 11
PLZ	96179
Gründung	1859
Inhaber	Barbara Hübner

Sorten Vollbier Dunkel (auch im 5-l-Partyfass)
Ausstoß 1400 hl
Bemerkung Die Gaststätte des Hauses verfügt über Fremdenzimmer mit Dusche und WC, führt fränkische Küche mit Hausmacher Brotzeiten aus eigener Schlachtung und serviert Bierschnaps aus der eigenen Brennerei. Der Brauereihof ist überdacht.

Rattelsdorf-Freudeneck

Brauerei Fischer

Straße	Freudeneck 2
PLZ	96179
Gründung	um 1880
Inhaber	Jürgen Fischer

Sorten Fischer-Bier: Pils
Ausstoß 500 hl
Bemerkung Herzhafte fränkische Brotzeiten aus eigener Schlachtung offeriert die Brauereigaststätte.

Rattelsdorf-Höfen

Brauerei „Zum Goldenen Adler"

Straße	Höfen 21
PLZ	96179
Gründung	um 1775
Inhaber	Adam Endres

Sorten Lagerbier aus historischen Braugeräten
Ausstoß 150 hl
Bemerkung Das Bier ist nur im eigenen Brauereiausschank erhältlich, der fränkische Küche vom Feinsten auftischt; alle Gerichte und besonders die Hausmacher Brotzeiten sind sehr zu empfehlen.

Rattelsdorf-Mürsbach

Brauerei „Zur Sonne"

Straße	Zaugendorfer Str. 4
PLZ	96179
Gründung	1868
Inhaber	Familie Schmitt
Internet	www.gasthaus-schmitt.de

Sorten Vollbier
Ausstoß 550 hl
Bemerkung Fränkische Hausmannskost aus eigener Schlachtung steht auf der Karte des Brauereigasthofs, der als Spezialitäten Wild- und Geflügelgerichte empfiehlt.

Rauhenebrach

Brauerei Bayer Theinheim

Straße	Schulterbach-str. 15
PLZ	96181
Gründung	1718
Inhaber	Familie Bayer
Internet	www.bayer-theinheim.de

Sorten Bayer Bier hausgebraut
Ausstoß 600 hl
Bemerkung Das Haus bietet ein Biererlebnis-wochenende mit Brauereiführung an, bei der ein spe-zielles Biermenü gereicht wird. Bekannt für ausge-zeichnete bayerische Küche ist die Braugaststätte, die auch einen Bierlikör aus der eigenen Brennerei anbietet. Übernachten kann man in der Pension gleich nebenan.

Ravensburg

Brauerei Max Leibinger GmbH

Straße	Friedhofstr. 20-36
PLZ	88212
Gründung	1894
Inhaber	Familie Leibinger
Internet	www.leibin-ger.de

Sorten Leibinger: -Edel Pils, -Edel Spezial, -Kristall Weizen, -Edel Leicht, -Gold, -Hefe Weizen, -Bierbuckel, -Dunkles Weizen, -Alkoholfrei
Ausstoß 100 000 hl
Bemerkung Kernige regionale Spezialitäten werden im Bräustüble gereicht.

Ravenstein

Brauerei Spall Ballenberg

Straße	Jörg-Metzler-Str. 21
PLZ	74747
Gründung	1883
Inhaber	Albert Spall

Sorten Ravensteiner Pils, Spallator (Doppelbock), Keller Pils naturtrüb
Ausstoß 5000 hl
Bemerkung Einheimische Spezialitäten, insbesondere Wild, werden in der Brauereigaststätte „Zum Ochsen" serviert, der auch über einen Biergarten und Fremdenzimmer verfügt.

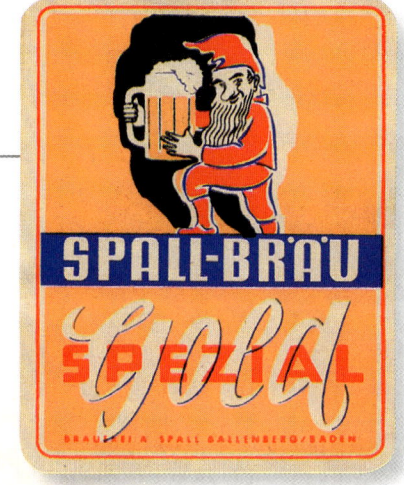

Rechenberg-Bienenmühle

Brauerei Rechenberg, Private Traditionsbrauerei Meyer OHG

Straße	An der Schanze 3
PLZ	09623
Gründung	1558
Inhaber	Gebr. Meyer
Internet	www.brauerei-rechenberg.de und www.museums-brauerei.de

Sorten Rechenberger: -Pilsner, -Dunkel, -Bockbier, -Festbier
Ausstoß –
Bemerkung Erst das Schau-, dann das Brauvergnügen: Nach einer Besichtigung des Brauereimuseums Rechenberg lohnt die Einkehr in den Brauereiausschank, wo zum Bier u.a. Rechenberger Schwarz-bierbraten zu haben ist.

Reckendorf

Brauerei Schroll

Straße	Hauptstr. 38
PLZ	96182
Gründung	seit mehreren Generationen Familienbesitz
Inhaber	Familie Schroll

Sorten vorzügliches Landbier „Edeltrunk" (auch in Flaschen), in der Fastenzeit dunkles Bockbier
Ausstoß 2000 hl
Bemerkung Brotzeiten nach fränkischer Art, Bratwürste und geräucherter roher Schinken – die Brauereigaststätte bietet Kerniges und sonntags auch verschiedene Braten.

Schloßbrauerei Reckendorf Georg Dirauf GmbH & Co. KG

Straße	Mühlweg 16
PLZ	96182
Gründung	1597
Inhaber	Dominik Eichhorn
Internet	www.recken.de

Sorten Recken: -Edel Pils, -Weißbier, -Export, -Kellerbier, -Lagerbier, -Dunkel, -1597, -Light, -Henrici Bock
Ausstoß 25 000 hl
Bemerkung Im Brauereiausschank „Schloßgaststätte" und in seinem schattigen Biergarten vor dem Sudhaus werden fränkische Gerichte aus eigener Schlachtung serviert.

Regen

Privatbrauerei J.B. Falter

Straße	Am Sand 15
PLZ	94209
Gründung	1649
Inhaber	Josef Falter
Internet	www.jb-falter.de.

Sorten Falter's: -Export Hell, -Privat Pils, -Lager, -Privat Hell, -Weißbier, -Leichte Weiße, -Leichte Blonde, .-Pichelsteiner Festbier, -Weißer Bock, -Regenator, -Weißensteiner Weißbier
Ausstoß 50 000 hl
Bemerkung Ein Pächter betreibt den Brauereigasthof.

Regensburg

Brauerei Bischofshof

Straße	Heitzerstr. 2
PLZ	93049
Gründung	1649
Inhaber	Bischöfliches Knabenseminarstiftung der Diözese Regensburg
Internet	www.bischofs-hof.de und www.weltenburger.de

Sorten Bischofshof: -Urhell, -Premium Light, -Original 1649, -Export, -Pils, -Hefe Weißbier Hell und Dunkel, -Malteser Weiße naturtrüb, -Kristall Weizen, -Leichte Weiße
Ausstoß 180 000 hl
Bemerkung Das Unternehmen sorgt auch für Führung und Verwaltung der Klosterbrauerei Weltenburg. Sehr gute regionale Küche kostet man im Brauereiausschank.

Regensburg

Brauerei Johann Kneitinger

Straße	Kreuzgasse 7
PLZ	93047
Gründung	1530
Inhaber	Hans und Sofie Kneitinger Stiftung
Internet	www.kneitinger.de

Sorten Kneitinger: -Edel Pils, -Dunkel Export, -Bock
Ausstoß 27 000 hl
Bemerkung Im Brauereigasthof „Kneitinger" ist es so urbayerisch gemütlich, und es munden dort die bayerischen Schmankerln so gut, dass viele schwärmen: Wer nicht beim „Kneitinger" war, war nicht in Regensburg. Bayerische Brotzeiten und traditionelle Küche bietet auch der Kneitinger „Keller" an.

Regensburg

Spitalbrauerei Regensburg

Straße	Am Brücken-fuß 1
PLZ	93059
Gründung	1226
Inhaber	St. Katharinen-spitalstiftung Abt. Brauerei
Internet	www.spital.de

Sorten Spital: -Helles, -Pils, -Dunkel, -Maibock, -St. Katharinen Spezial, -Festbier, Weizen
Ausstoß 15 000 hl
Bemerkung Zum Unternehmen gehören die Traditionsgaststätte „Spitalgarten" an der Steinernen Brücke und der Spitalkeller, von dessen Biergarten man den schönsten Blick über Regensburg hat.

Rehling

Schlossbrauerei Scherneck

Straße	Scherneck 1
PLZ	86508
Gründung	1719
Inhaber	Dr. Christian Siedler
Internet	www.schloss-scherneck.de

Sorten Schloss: -Pils, -Export, -Dunkel; Doppelbock, Gutshofbier, Bernstein-Pils – alle naturbelassen und ungefiltert
Ausstoß 3000 hl
Bemerkung Das historische Kellergewölbe eignet sich für Festlichkeiten aller Art. Internationale und nationale Spezialitätenküche führt das Schlossbräustüberl, das auch über einen Biergarten verfügt.

Reichenberg-Fuchsstadt

Private Brauerei Georg Wolf KG

Straße	Brauereistr. 2
PLZ	97234
Gründung	1739
Inhaber	Harald Wolf
Internet	www.wolf-bier.de

Sorten Fuchsstadter: -Wolf Pils, -Leichte, -Keller Pils, -Weißbier, -Leichtes Weißbier, -Dunkles Weißbier, -Wolf Spirit, -Heller Bock
Ausstoß 18 000 hl
Bemerkung Schattig unter Kastanien sitzt man im Biergarten der Wolf Bräustube, die einheimische Spezialitäten führt.

Reisbach

Brauerei Xaver Lang OHG

Straße	Marktplatz 27
PLZ	94419
Gründung	1670
Inhaber	K. Lang und A. Lang-Koller

Sorten Lang-Bräu: -Lang Pils, -Leichte Weiße, -Dunkle Weiße, -Hell, -Dunkel, -Lang Weiße
Ausstoß 12 000 hl

Reischach

Brauerei Berger

Straße	Öttinger Str. 3	*Sorten*	Märzen Spezial, Vollbier dunkel, Vollbier hell
PLZ	84571		– alles in der 0,5-l-Bügelflasche
Gründung	1929	*Ausstoß*	1000 hl
Inhaber	Karl Berger	*Bemerkung*	Gemütlich und bayerisch-schmackhaft

Bemerkung Gemütlich und bayerisch-schmackhaft Brotzeit machen lässt es sich im Bräustüberl.

Renchen-Ulm

Familienbrauerei Bauhöfer Ulm

Straße	Ullenburgstr. 12	*Sorten*	Ulmer: -Pilsener, -Export, -Märzenbock,
PLZ	77871		-Vollmond-Bier; Der Ulmer Maibock,
Gründung	1852	*Ausstoß*	45 000 hl
Inhaber	Familie Bauhöfer	*Bemerkung*	Wohnen und genießen kann der
Internet	www.ulmer-bier.de		Besucher in Bauhöfer's „Bräustüb'l", das badisch-elsässische Küche führt.

Rettenberg

Adlerbrauerei Rettenberg Herbert Zötler GmbH

Straße	Grüntenstr. 2	*Sorten*	Zötler Bier: -Privat Pils, -Gold,
PLZ	87549		-Bayerisch Hell, -Hefe Weizen Hell, Hefe
Gründung	1447		Weizen Dunkel, -Vollmond-Bier; Joe's
Inhaber	Herbert Zötler		Lagerbier, Korbinian Dunkel, St. Stephan
Internet	www.zoetler.de		Bock, Hefe Weizen Leicht

Ausstoß 65 000 hl
Bemerkung Besichtigungen der Brauerei sind nach Vereinbarung möglich. Die Brauereigaststätte bietet Übernachtungsmöglichkeiten und einheimische Spezialitäten an. Allmonatlich steigt hier ein Vollmondfest.

Rettenberg

Engelbräu Rettenberg Hermann Widenmayer KG

Straße	Burgberger Str. 7	*Sorten*	Grünten Pils Premium, Grüntengold, Urtyp Hell,
PLZ	87549		Full-Pull, Urtyp Dunkel, Jubiläums Bier, Leonhardi
Gründung	1668		Doppelbock, Festbier
Inhaber	Hermann Widenmayer	*Ausstoß*	30 000 hl
Internet	www.engel-braeu.de	*Bemerkung*	Besichtigungen der Brauerei sind nach Vereinbarung möglich. Der gemütliche Brauereigasthof offeriert regionale Speisen:

Schlossbrauerei Reuth GmbH

Straße	Hauptstr. 22
PLZ	92717
Gründung	1742
Inhaber	Rigobert Bergler
Internet	www.schloss-braureuth.de

Sorten Reuther: -Lagerbier, -Weißbier, -Schwarzes Lager, -Schlosspils, -leichtes Weißbier, -Zoigl, -Bock; Alt Reuther Spezial
Ausstoß 15 000 hl
Bemerkung In dreijährigem Turnus steigt im Schlosshof ein „Bürgerfest".

Riedenburg

Brauerei Riemhofer

Straße	Austr. 45
PLZ	93339
Gründung	1683
Inhaber	Friedrich Riemhofer
Internet	www.riemho-fer.com

Sorten Weizen exklusiv, Weizen dunkel, Exportbier 300 Jahr-Bier, leichtes Weizen, Weizen hell, Helles Vollbier, Schwanenpower-Pils
Ausstoß 15 000 hl
Bemerkung Gutbürgerliche Küche pflegt der Brauereigasthof „Hotel zum Schwan".

Riedenburger Brauhaus Michael Krieger KG

Straße	Hammerweg 5
PLZ	93339
Gründung	1866
Inhaber	Familie Krieger
Internet	www.rieden-burger.de

Sorten Riedenburger: -Weiße Premium, -Weiße Export, -Michaeli (Weizen Dunkel), -Weiße Leicht, -Alkoholfrei mit Dinkelmalz hergestellt
Ausstoß 20 000 hl
Bemerkung Riedenburger stellt ausschließlich ökologische Bierspezialitäten her; Brauereibesichtigung nach Vereinbarung. Krieger's Bräustüberl verfügt über Fremdenzimmer und Biergarten, die Küche setzt auf gutbürgerliche regionale Speisen.

Riedlingen

Brauerei Blank Zwiefaltendorf

Straße	Von-Speth-Str. 19
PLZ	88499
Gründung	1878
Inhaber	Thomas Blank

Sorten Blank: -Edelbier, -Pilsner Naturtrüb, -Pilsner dunkel naturtrüb, -Weiße – alle im Felsenkeller gelagert
Ausstoß 900 hl
Bemerkung Der Brauereigasthof überzeugt mit sehr guter urschwäbischer Küche; die Forellen werden nach der Bestellung im Bach hinter dem Haus gefangen. Bierkenner und Freunde kerniger Gerichte müssen einmal im Leben hier gewesen sein und auch Schnaps und Most aus der eigenen Brennerei und Mosterei verkostet haben. Übernachtungsmöglichkeiten sind vorhanden.

Riegeler Brauerei

Straße	Postfach 20
PLZ	79357
Gründung	1834
Inhaber	Fürstlich Fürstenbergische Brauerei KG Donaueschingen
Internet	www.fuersten-berg.de

Sorten Riegeler: -Felsenpils, -Altbadisch Bock, -Felsenpils naturtrüb, -Spezial Export, -Schwarzer Markgraf
Ausstoß –
Bemerkung Der Hauptbetrieb ist in Donaueschingen.

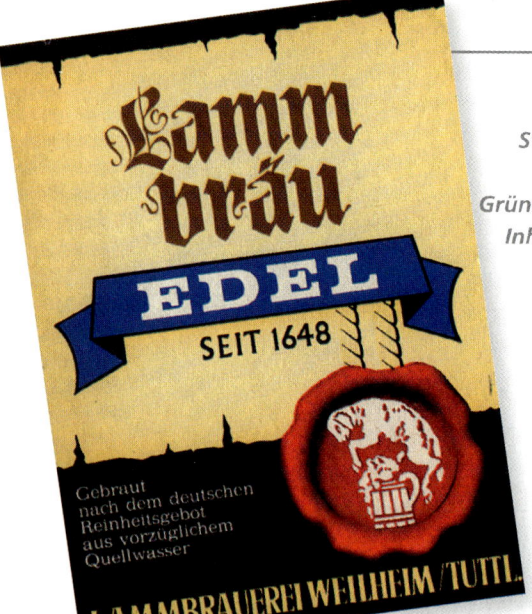

Straße	Schillerstr. 3	
PLZ	78604	
Gründung	1648	
Inhaber	Horst Storz	

Sorten Weilheimer: -Bockbier, -Premium Pils, -Export, -Germanen Trunk
Ausstoß 11 000 hl
Bemerkung Hotel und Restaurant „Lamm" gehören zum Brauereigasthof, dessen Küche Frisches aus der Region zubereitet, Spezialität: Wildgerichte.

Roding

Brauerei Brantl

Straße	Regensburger Str. 16
PLZ	93426
Gründung	um 1930
Inhaber	Josef Brantl

Sorten Edel Pils, Export, Vollbier Hell, Festbier, Heller Bock
Ausstoß 4000 hl
Bemerkung Bayerisches wird im Brauereigasthof aufgetischt; ein Hotel ist angeschlossen.

Roding

Brauerei Greiner GmbH

Straße	Chamer Str. 10
PLZ	93426
Gründung	1926
Inhaber	Markus Schindler
Internet	www.brauerei-greiner.de

Sorten Greiner: -Bayrisch Hell, -Export, -Pils, -Festbier, -Rodinger Weiße, -Hefeweizen Dunkel
Ausstoß 20 000 hl
Bemerkung Brotzeiten, Wild und Fischspezialitäten sind in der Brauereigaststätte und im Biergarten die kulinarischen Stars der bayerischen Küche, die zudem wechselnde Tagesmenüs anbietet.

Rödental

Brauerei Grosch

Straße	Oeslauer Str. 115
PLZ	96472
Gründung	1492
Inhaber	Kerstin Pilarzyk
Internet	www.m-ein-bier.de

Sorten Grosch's Pilsner, Fuhrmannstrunk (Schwarzbierspezialität), Zwicklbier, Bockbier, Erntebier
Ausstoß 4000 hl
Bemerkung Zum privat geführten Brauereigasthof gehören Hotel und Biergarten. Die Küche bereitet bierige bayerische Speisen zu, die mehrfach ausgezeichnet worden sind; Spezialitäten: Wild, Forelle, Karpfen, Spargel. Brauereibesichtigungen sind nach Vereinbarung möglich.

Römerstein

Hirschbrauerei Schilling KG Boehringen

Straße	Aglishardter Str. 37
PLZ	72587
Gründung	1826
Inhaber	Marianne Spitzer
Internet	www.boehringer-biere.de

Sorten Römerstein: -Pils, -Urtyp, -Pilsner, -Kellerpils, -Bockbier, -Johannes-Dunkel
Ausstoß 5000 hl

Röttenbach

Brauerei Sauer

Straße	Hauptstr. 45
PLZ	91341
Gründung	1890
Inhaber	Herbert Sauer

Sorten Export, Pils, Festbier
Ausstoß 3000 hl
Bemerkung Zum Besuch empfohlen sei die Brauereigaststätte mit ihrem urigen Biergarten, wo Hausmacher Brotzeiten gereicht werden, und der schöne Felsenkeller unter alten Linden in der Ortschaft; Öffnungszeiten auf Anfrage.

Rötz

Genossenschaftsbrauerei Rötz e.G.

Straße	Hussenstr. 17
PLZ	92444
Gründung	1921
Inhaber	GF Johann Dirscherl

Sorten Vollbier hell, Festbier, „Guttensteiner Halbe" zu den Burgfestspielen
Ausstoß 5000 hl

Roggenburg-Biberach

Brauerei Schmid Biberach

Straße	Weißenhorner Str. 24
PLZ	89297
Gründung	1844
Inhaber	Richard Schmid

Sorten Ur-dunkel, Biberacher Land Bier, Märzen Bier
Ausstoß 1300 hl
Bemerkung Als Spezialität werden im Brauereigasthof und Brauereihof Braumeisterschnitzel in Biersoße serviert.

Roggenburg-Meßhofen

Brauerei Kolb Meßhofen

Straße	Illertisser Str. 24
PLZ	89297
Gründung	seit 1841 in Familienbesitz
Inhaber	Clemens Kolb

Sorten Meßhofener Märzen, Meßhofener Weizen
Ausstoß 800 hl
Bemerkung Die Produkte vollkommener Braukunst genießt der Besucher in der urigen Brauereigaststätte, die hervorragende Brotzeiten und warmes Essen aus feinster Küche auf Vorbestellung für Gesellschaften bereitet. Im Biergarten vor dem Haus kann man bei besonderen Gelegenheiten der Meßhofener Blasmusik lauschen.

Rosenfeld

Günther-Lehner-Stiftung GmbH Abt. Brauerei

Straße	Balinger Str. 7
PLZ	72348
Gründung	1931
Inhaber	Günther-Lehner-Stiftung

Sorten Lehner: -Export Spezial, -Edel-Pils, -Pilsener, -Landbier Kellertrüb, -Heller Maibock, -Dunkler Winterbock
Ausstoß 8000 hl
Bemerkung Eine hauseigene Brennerei produziert Bockbier- und Hefebrand.

Rosenheim

Auer Bräu AG

Straße	Münchener Str. 80
PLZ	83022
Gründung	1889
Inhaber	Paulaner Bräu München
Internet	www.auer-braeu.de

Sorten Rosenheimer: -Hefe Weißbier, -Bajuwaren Dunkel, -Herbstfest Märzen, -Export, -Leichte Weiße, -Helles, -Pils, -Weizenbock, 111 Zwickel, 111 Hefeflaschl Weiße
Ausstoß 69 000 hl

Rosenheim

Flötzinger-Bräu Franz Steegmüller

Straße	Herzog-Heinrich-Str. 7
PLZ	83022
Gründung	1543
Inhaber	Franz Steegmüller sen. und jun.
Internet	www.floetzinger-braeu.de

Sorten Leichte Weiße, Wies'nbier, Hell, Josefi Bock, Mai Bock, Altbayerisches Hefe Weizen Hell und Dunkel
Ausstoß –
Bemerkung Zum Einkehren lädt die Flötzinger Brauereigaststätte.

Rostock

Hanseatische Brauerei Rostock GmbH

Straße	Doberaner Str. 27
PLZ	18057
Gründung	1878
Inhaber	Brau und Brunnen AG Dortmund

Sorten Rostocker: -Pils, -Export, -Hansebräu, -Dunkel, -Bockbier hell und dunkel, -Freibeuter Starkbier, -Maibock
Ausstoß 380 000 hl

Roth

Stadtbrauerei Roth

Straße	Büchenbacher Weg 8
PLZ	91154
Gründung	1924
Inhaber	Stadtgemeinde Roth
Internet	www.stadtbrauereiroth.de

Sorten Stadtbrauerei: -Hell, -Pils, -Schloßtrunk, -Spezial, -Festbier
Ausstoß 15 000 hl

Rothenfels

Bayer-Bräu

Straße	Hauptstr. 77
PLZ	97851
Gründung	seit 1896 in Familienbesitz
Inhaber	Familie Bayer

Sorten Rothenfelser Raubritter, Schwarzes Röslein, Jahrhundert Trunk, Dunkles Weißbier, Festbier, Jubiläums Export, Pilsener, Bayerator Starkbier
Ausstoß 4000 hl
Bemerkung Die mehrfach ausgezeichnete fränkische Küche des Bräustüberls offeriert Schäuferla, außerdem Steaks und zum Verdauen Hopfenschnaps. Biergarten und Fremdenzimmer sind angeschlossen. Täglich von 16 Uhr an, sonntags ganztägig geöffnet.

Rottenburg-Baisingen

Baisinger Löwenbrauerei Teufel GmbH

Straße	Ergenzinger Str. 13
PLZ	72108
Gründung	1775
Inhaber	Familie Teufel
Internet	www.baisinger.de

Sorten Baisinger: -Teufel's Weiße (Hefe, Dunkel, Kristall), -Teufel's Bock hell, -Spezial, -Pilsner, -Weihnachtsbier, -Leichte, -Löwen Pils Luxus; Gäubräu: -Landbier, -Hopfenblume
Ausstoß 30 000 hl

Der Hafen der Ostseestadt Rostock

Rottenburg-Ergenzingen

Hirsch-Brauerei Wilh. Grammer

Straße	Stuttgarter Str. 7
PLZ	72108
Gründung	1866
Inhaber	Wilhelm Grammer

Sorten Hirsch Bräu: -Pilsner, -Bockbier, Fasnetsbier, Alt Ergenzinger Spezial Bier hell und dunkel in der Bügelflasche, Hirschle 2000 (naturtrüb)
Ausstoß 3900 hl
Bemerkung Fremdenzimmer und ein kleiner Biergarten gehören zum Brauereigasthof „Hirsch", der schwäbische und internationale Küche führt.

Rottenburg-Ergenzingen

Brauerei Ochsen

Straße	Albrecht-Wirt-Str. 5
PLZ	72108
Gründung	1824
Inhaber	Franz Digeser

Sorten Ochsen: -Bock, -Pils, -Export, -Pilsner, -Fasnetsbier, -Keller-Bier naturtrüb
Ausstoß 2200 hl

Rüdenhausen

Brauerei Wolf

Straße	Paul-Gerhard-Platz 7
PLZ	97355
Gründung	1746
Inhaber	Karl Heinrich Wolf

Sorten Wolf: -Pils, -Dunkel, -Bock
Ausstoß 2000 hl
Bemerkung Fleischgerichte zumeist aus eigener Schlachtung hält der Brauereigasthof bereit, außerdem fränkische Spezialitäten, diverse Braten, Hausmacher Brotzeiten und Wild. Zum Haus, das auch Fremdenzimmer anbietet, gehört eine eigene Brennerei.

Rügland-Unternbibert

Brauerei Reuter Unternbibert

Straße	Hauptstr. 17
PLZ	91622
Gründung	1717
Inhaber	Ludwig Reuter

Sorten Vollbier dunkel
Ausstoß 1500 hl
Bemerkung Knöchla, Schweinebraten, Bratwurst, herzhafte Brotzeiten aus eigener Schlachtung auf fränkische Art zubereitet kommen aus der Küche des Brauereigasthofs frisch auf den Tisch.

Schloßbrauerei Runding

Straße	Dorfplatz 6
PLZ	93486
Gründung	1386
Inhaber	Otto Kopp jun.

Sorten Spezial, Hell, Festbier
Ausstoß 2000 hl
Bemerkung Steaks nach geheimem Würzrezept sind eine Spezialität des Brauereigasthofs, der zudem einheimische Gerichte aus eigener Schlachtung anbietet. Im Bierzeltverleih gibt es Modelle von 25x25 m bis zu 95x25 m.

Saal-Waltershausen

Privatbrauerei Lang Waltershausen

Straße	Charlotte-v.-Kalb-Str. 13
PLZ	97633
Gründung	1844
Inhaber	Werner Lang
Internet	www.brauerei-lang.de

Sorten Lang Pils, Mephisto Weiße, Kupferbier Dunkel, Lang Urbräu
Ausstoß 4000 hl
Bemerkung Herzhaft futtern wie bei Muttern, und zwar typisch fränkische Gerichte, kann der Gast im Bräustüble und im Biergarten.

Bürgerliches Brauhaus Saalfeld GmbH

Straße	Pößnecker Str. 55
PLZ	07318
Gründung	1892
Inhaber	Familie Gramelsberger
Internet	www.brauhaus-saalfeld.de

Sorten Saalfelder: -Premium Pilsner, -Pilsner, -Dunkel, -Blond Lagerbier, -Bock hell, Gaudi Weizen, Grotten Pils, Ur-Saalfelder, Jubiläums Bier
Ausstoß 25 000 hl

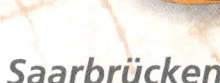

Saarbrücken

Brauerei G.A. Bruch

Straße	Scheidter Str. 24–42
PLZ	66123
Gründung	1702
Inhaber	Thomas Bruch

Sorten Bruch: -Zwickel hefetrüb, -Landbier 1702, -Spezial, -Edel Pils, -Fest Bock (Starkbier)
Ausstoß 30 000 hl
Bemerkung Schon die achte Generation betreibt das Stammhaus, seit 1990 als Gasthausbrauerei. „Zum Stiefel" heißt der zugehörige Brauereiausschank, in dessen Restaurant und Biergarten saarländische Spezialitäten (Muscheln, Wild, Fisch) zu haben sind. Er ist eines der ältesten Gasthäuser der Stadt.

Sachsenkam-Reutberg

Klosterbrauerei Reutberg e.G.

Straße	Am Reutberg 3
PLZ	83679
Gründung	1677
Inhaber	Genossenschaft
Internet	www.kloster-brauerei-reut-berg.de

Sorten Export hell und dunkel, Kloster Weiße, Kloster Märzen, Heller Bock, Josefi Bock
Ausstoß 18 000 hl
Bemerkung Einen herrlichen Bergblick hat man aus dem Bräustüberl, das ideal ist für Festlichkeiten. Es führt bayerische Küche (sehr gute Brotzeiten!) und hat einen urigen Biergarten mit 600 Plätzen unter schattigen Kastanien.

St. Wolfgang

Privatbrauerei St. Wolfgang GmbH

Straße	Hauptstr. 7
PLZ	84427
Gründung	1691
Inhaber	Dr. Hans Hartl

Sorten St. Wolfganger hell, St. Wolfganger Weißbier
Ausstoß 3000 hl
Bemerkung Angeschlossen sind Biergarten und Bräustüberl, das bayerische Küche führt. Wegen diverser Probleme ist die Zukunft dieser Brauerei gefährdet.

Scheibenberg

Privat-Brauerei Fiedler

Straße	Silberstr. 28
PLZ	09481
Gründung	1813
Inhaber	Christian Fiedler
Internet	www.brauerei-fiedler.de

Sorten Fiedler: -Pilsener, -Export, -Festbier, -Bock dunkel, Orgelpfeifenbräu, Magisterbräu dunkel, Abrahamsbock hell
Ausstoß 7000 hl
Bemerkung Für besondere Anlässe mietbar ist das Bräustüberl mit dem vorzüglichen Fiedler-Bier. Brauereiführungen nach Vereinbarung.

Scheßlitz

Brauerei Senger

Straße	Oberend 11
PLZ	96110
Gründung	1854
Inhaber	Hans Senger

Sorten Dunkles Vollbier
Ausstoß 500 hl
Bemerkung Brotzeiten zum Bier bringt man sich im Bräustüberl selbst mit. Der Metzger ist gleich nebenan.

Brauerei „Drei Kronen"

Straße	Hauptstraße 39	
PLZ	96110	
Gründung	1766	
Inhaber	Familie Lindner	

Sorten Schäazer Kronabier, Schäazer Premium, Krona Weiße, 3 Krona Weizenbock, Weihnachtsfestbier, Bock goldfarben
Ausstoß 1200 hl
Bemerkung Die Karte der Brauereigaststätte spricht für sich selbst: Hausmacher Brotzeiten aus eigener Schlachtung, fränkische Bratwürste, Schnitzel, Flammkuchen, Gerupfter, Ziebeleskäs und dazu Bierschnaps. Eine Sehenswürdigkeit ist die historische Außenfassade der Gaststätte des Baujahrs 1667.

Scheßlitz-Köttensdorf

Brauerei Hoh

Straße	Köttensdorf 4
PLZ	96110
Gründung	1778
Inhaber	Johannes Seeber

Sorten Lagerbier ungespundet
Ausstoß 800 hl
Bemerkung Kernige Hausmacher Brotzeiten aus eigener Schlachtung genießt der Besucher in der Brauereigaststätte.

Scheßlitz-Würgau

Brauerei Hartmann

Straße	Fränkische Schweiz Str. 26
PLZ	96110
Gründung	1550
Inhaber	Ambros Hartmann
Internet	www.brauerei-hartmann.de

Sorten Hartmann: -Erbschänk 1550, -Felsentrunk, -Edelpils, -Hell, -Bockbier, -Festbier, -Jubiläumsbier
Ausstoß 16 000 hl
Bemerkung Liebevoll familiär geführt sind der Brauereigasthof und das zugehörige Hotel am Tor zur Fränkischen Schweiz. Spezialitäten der Küche: fränkische Bioprodukte, Wild, Biertreber Wurst, Treberbrötchen, Pils Gelee und dazu edler Bierbrand.

Schierling

Spezial Brauerei Schierling GmbH

Straße	Hauptstr. 15–17
PLZ	84069
Gründung	um 1250
Inhaber	Leonhard Salleck
Internet	www.kuchlbauer.de

Sorten Classic Pilsener, Helles Lager
Ausstoß 25 000 hl
Bemerkung Hauptbetrieb ist die Brauerei Kuchlbauer in Abensberg. Die Brauereigaststätte bietet auch Fremdenzimmer.

Schlammersdorf

Brauerei Püttner

Straße	Hauptstr. 2
PLZ	95519
Gründung	1819
Inhaber	Ottilie Püttner

Sorten Püttner: -Gold Export, -Pils, -Hell, -Festbier, -Doppelbock, -Weißbier
Ausstoß 9000 hl
Bemerkung Spezialitäten der Braugaststätte sind Wild und Geflügel, herzhafte hausgemachte Brotzeiten und Bierschnaps.

Gemünder Brauerei GmbH & Co

Straße	Kölner Str. 69
PLZ	53937
Gründung	1961
Inhaber	Wolfgang Scheidtweiler

Sorten Gemünder: -naturtrüb, -Pilsener, -Obergärig, -Alt, -Spezial, Eifeler Landbier
Ausstoß 20 000 hl

Schlüsselfeld

Brauerei „Zum Adler" Hans Amtmann

Straße	Marktplatz 6
PLZ	96132
Gründung	um 1900
Inhaber	Hans-Dieter Amtmann

Sorten Vollbier
Ausstoß 2500 hl
Bemerkung Einen regelmäßigen Mittagstisch, fränkische Brotzeiten und als Spezialität Bratwürste offeriert der Brauereigasthof „Schwarzer Adler"

Schlüsselfeld

Stern-Bräu

Straße	Kirchplatz 12
PLZ	96132
Gründung	1828
Inhaber	Günter Scheubel
Internet	www.brauerei-scheubel.de

Sorten Sternbräu: -Festbier, -Vollbier
Ausstoß 2000 hl
Bemerkung Aus eigener Landwirtschaft und eigener Schlachtung kommen die Fleischgerichte und Brotzeiten des Brauereigasthofs. Zu empfehlen auch der Felsenkeller unter schattigen alten Bäumen.

Schlüsselfeld-Elsendorf

Stern-Bräu Elsendorf

Straße	Braugasse 2
PLZ	96132
Gründung	1709
Inhaber	Gerhard Lindner

Sorten Zwickelbier, Festbier, Hell, Pilsner, Kellerbier, Bockbier
Ausstoß 900 hl
Bemerkung Wild und Karpfen sowie Hausmacher Brotzeiten und fränkische Fleischgerichte aus eigener Schlachtung bietet der Brauereigasthof „Sternbräu", der auch eine Brennerei betreibt und Fremdenzimmer hat.

Schlüsselfeld-Possenfelden

Brauerei Scheubel

Straße	Possenfelden 15
PLZ	96132
Gründung	1638
Inhaber	Georg Scheubel

Sorten Scheubel: -Landbier, -Pils, -Vollbier
Ausstoß 1500 hl

Schnaittach

Schaffer-Bräu

Straße	Badstr. 5
PLZ	91220
Gründung	seit 1880 in Familienbesitz
Inhaber	Georg Schaffer

Sorten Schaffer Pilsener, Alt Schnaittacher dunkel, Rothenberg Gold, Schaffer Bockbier, Vollbier Hell
Ausstoß 7000 hl
Bemerkung Eine Brauereigaststätte und eine Brennerei gehören zum Haus.

Schönbrunn

Brauerei Bähr

Straße	Zettmannsdorfer Str. 24
PLZ	96185
Gründung	1870
Inhaber	Fritz Bähr
Internet	www.baehr-keller.de

Sorten naturtrübes Pils, saisonal Bockbier
Ausstoß 2000 hl
Bemerkung Brauereiführungen mit anschließender Bierprobe und Prämierung sind nach Vereinbarung möglich. Bekannt gute Pizza bereitet die Küche des Brauereigasthofs. Bestes Lagerbier mundet im Bährkeller.

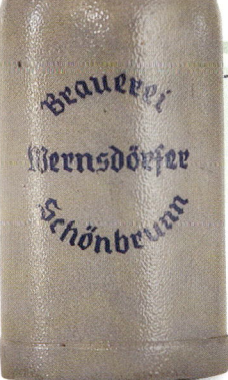

Schönbrunn

Brauerei Wernsdörfer

Straße	Obere Bachgasse 5
PLZ	96185
Gründung	vor ca. 200 Jahren
Inhaber	Andreas Wernsdörfer

Sorten Vollbier
Ausstoß 800 hl
Bemerkung Die angeschlossene Gaststätte bietet Hausmacher Brotzeiten und sonntags verschiedene Braten mit Klößen; Übernachtungsmöglichkeiten vorhanden.

Schönbrunn-Zettmannsdorf

Brauerei Seelmann Zettmannsdorf

Straße	Hauptstr. 18
PLZ	96185
Gründung	seit 1847 in Familienbesitz
Inhaber	Georg Seelmann

Sorten Pilsner, Vollbier
Ausstoß 400 hl
Bemerkung Fränkische Brotzeiten lassen sich die Besucher in der Brauereigaststätte und auf dem schattigen Felsenkeller schmecken.

Schönsee

Brauerei Haberl

Straße	Am Graben 1
PLZ	92539
Gründung	1883
Inhaber	Hans Haberl

Sorten Export, Pils, Hell, Festbier, Haus'n Trunk Märzen, Reichenstein Ur-Weiße

Ausstoß 5500 hl

Schönthal-Rhan

Rhanerbräu GmbH & Co KG

Straße	Rhan 9
PLZ	93488
Gründung	1283
Inhaber	Familie Plößl
Internet	www.rhaner.de

Sorten Rhaner: -Hell, -Panduren Weiße, -Pils, -Leichte Weiße, -Festbier, Schwarzer Pandur (Weizen dunkel)

Ausstoß 37 000 hl

Schrobenhausen

Brauerei Gritschenbräu Höcht & Söhne Schrobenhausen KG

Straße	Augsburger Str. 2
PLZ	86529
Gründung	1593
Inhaber	Familie Höcht
Internet	www.gritschen-braeu.de

Sorten Gritschenbräu: -Pils, -Export, -Altbayerisch Dunkel, -Hell

Ausstoß 10 000 hl

Bemerkung An der Quelle sitzt man in der Brauereigaststätte.

Schrozberg-Riedbach

Franken-Bräu Riedbach Krauß GmbH

Straße	Heuchlinger Weg
PLZ	74575
Gründung	1807
Inhaber	Dieter Krauß
Internet	www.riedba-cher.de

Sorten Franken Bräu: -Spezial, -Pils, -Heller Bock, -Festbier, -Florinator, -unser Leichtes, -Hefeweizen, -Pardus (Dunkles Spezialbier)

Ausstoß 20 000 hl

Bemerkung Gute regionale Küche zeichnet die Brauereigaststätte aus.

Schrozberg-Spielbach

Gold-Ochsen-Brauerei Fritz Unbehauen

Straße Spielbach Nr. 19
PLZ 74575
Gründung um 1668
Inhaber Fritz Unbehauen

Sorten Festbock, Spezial Hell
Ausstoß 1800 hl
Bemerkung Spezialitäten der fränkischen Küche der Braugaststätte sind Wild und Hausmacher Brozeiten.

Schwabach

Leitner Bräu GmbH & Co KG

Straße Nürnberger Str. 19
PLZ 91126
Gründung 1530
Inhaber Familie Leitner

Sorten Leitner: -Doppelbock, -Festbier, -Märzen, -Pils, -Weihnachtsfestbier, -Schwabacher Weiße, -Hell Vollbier
Ausstoß 8000 hl
Bemerkung Fränkisch schmeckt's in der Brauereigaststätte und im Biergarten.

Schwäbisch Hall

Löwenbrauerei Hall Fr. Erhard GmbH & Co

Straße Ritterstr. 6
PLZ 74523
Gründung 1724
Inhaber Hans Firnkorn
Internet www.loewen-brauerei-hall.de

Sorten Meistergold, Schwarzer Löwe, Hefe Weizen hell und dunkel, Kristall Weizen, Pilsner, Mohrenköpfle, Osterbier, Edel Pils, Haller „Zwickelbier" naturtrüb
Ausstoß 100 000 hl

Schwalmstadt-Treysa

Privatbrauerei Friedrich Haaß KG

Straße Ascheröder 7 13
PLZ 34613
Gründung 1890
Inhaber Familie Haaß
Internet www.schwalm-braeu.de

Sorten Schwalmbräu: -Urtyp, -Pilsener, -Bock, -Dunkles Landbier, naturtrübes Bier im Syphon und in der Literflasche
Ausstoß 11 000 hl
Bemerkung Auch Bierschnaps ist erhältlich.

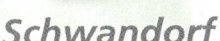

Schwandorf

Schmidt-Bräu

Straße Marktplatz 8
PLZ 92421
Gründung 1858
Inhaber Marianne Ruhland
Internet www.schmidt-braeu.de

Sorten Schmidt Bräu: -Hell, -Export, -Pils, -Leicht, -Pfingstsud, -Zünftige Weiße
Ausstoß 30 000 hl
Bemerkung Die zugehörige Brauereigaststätte verfügt über einen Biergarten und über einige Fremdenzimmer.

Schwandorf-Naabeck

Schlossbrauerei

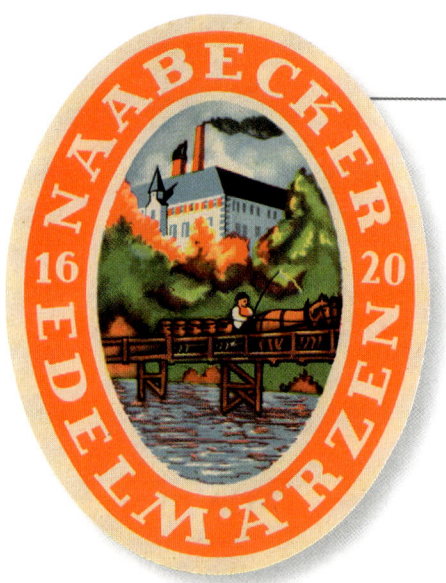

Straße Naabecker Str. 13
PLZ 92421
Gründung 1620
Inhaber Wolfgang Rasel
Internet www.naa-becker.de

Sorten Naabecker: -Spezial, -Bock, -Hell, -Edel Märzen, -Pils, -Dunkel, -Festbier
Ausstoß 40 000
Bemerkung Ein Zweigbetrieb braut in Schwandorf-Wiefelsdorf.

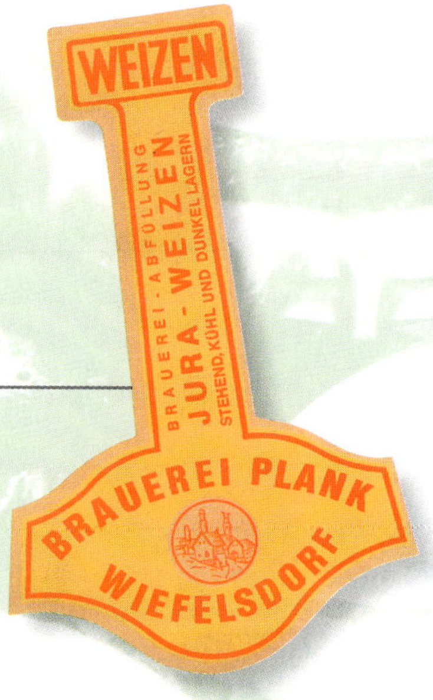

Schwandorf-Wiefelsdorf

Brauerei Plank GmbH

Straße Wiefelsdorfer Str. 1
PLZ 92421
Gründung 1888
Inhaber Wolfgang Rasel

Sorten Jura Weizen, Die Leichte Jura, Weizen Bock, Weizen Pfiff
Ausstoß –
Bemerkung Plank ist ein Zweigbetrieb der Schlossbrauerei in Schwandorf-Naabeck. In der Brauereigaststätte und im Biergarten werden einheimische Speisen serviert.

Mecklenburgisches Staatstheater in Schwerin

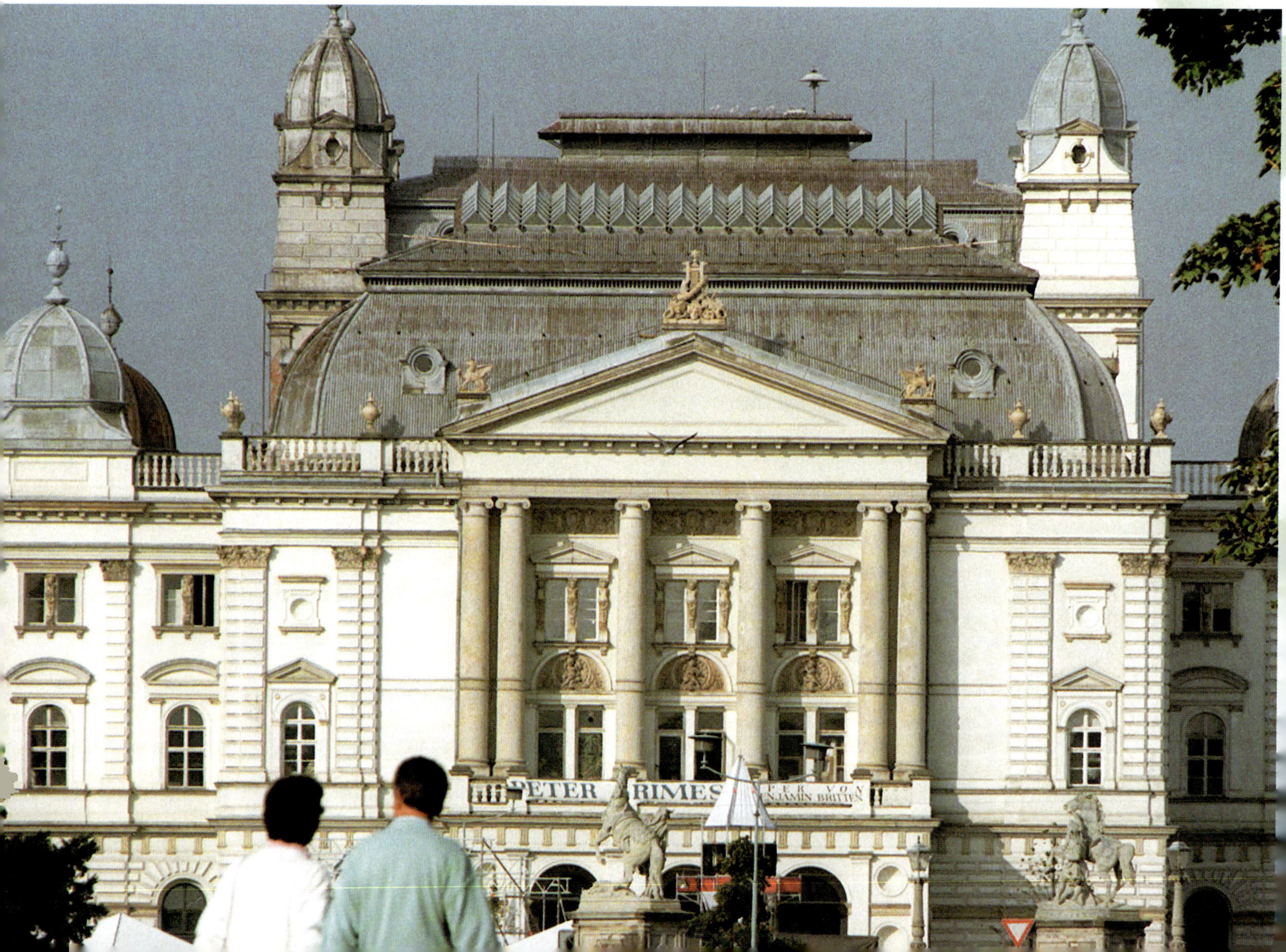

Schwarzbach

Schloßbrauerei Schwarzbach GmbH

Straße	Schleusinger Str. 27
PLZ	98673
Gründung	1400
Inhaber	Christel und Oliver Nowak
Internet	www.schloss-brauerei-schwarzbach.de

Sorten Hopfenperle Pils, Raubritter Dunkel, Sonnen Weiße, Sonnengold Bock, Weihnachtsbier, Narrenkrug-Faschingsbier
Ausstoß 20 000 hl
Bemerkung Zur Rast lädt das Schloßbräustüberl ein.

Schweinfurt

Bierbrauerei GmbH Ludwig Roth

Straße	Obere Str. 24
PLZ	97421
Gründung	1831
Inhaber	Edgar Borst
Internet	www.roth-bier.com

Sorten Brauer Stolz unfiltriert, Roth runner Premiumbier, Light, Märzen Export, Pilsner
Ausstoß 28 000 hl
Bemerkung Brauersteak, Bierkutscherpfanne und Schwarzbierbraten sind die zünftigen Spezialitäten des Bräustüberls „zum Roth"; dazu Bierschnaps.

Schweinfurt

Brauhaus Schweinfurt GmbH

Straße	Klingen-brunnstr. 22–26
PLZ	97422
Gründung	1903
Inhaber	GF K. Markfelder
Internet	www.brauhaus-schweinfurt.de

Sorten Schweinfurter: -Volksfest Bier, -Ur-Hell, -Kellerbier Dunkel, -Weißbier, -Franken Gold, -Pilsner Premium, -Main Thaler alk.frei, -Lager, -Antonator
Ausstoß 55 000 hl

Schwelm

Brauerei Schwelm Dr. Lohbeck GmbH & Co KG

Straße	Neumarkt 1
PLZ	58332
Gründung	1830
Inhaber	Dr. Lohbeck Verwaltungs GmbH
Internet	www.schwel-mer.com

Sorten Schwelmer: -Pils, -Alt, -Bernstein, -Bock, -Weizen
Ausstoß 55 000 hl

Schwerin

Schweriner Brauerei

Straße	Schweriner Str. 61
PLZ	19061
Gründung	1857
Inhaber	Oettinger Brauerei 86732 Oettingen
Internet	www.oettinger-bier.de

Sorten Schweriner Export, Schweriner Pilsener, Petermännchen, Oettinger Bier – gebraut in Schwerin
Ausstoß 418 000 hl

Seligenstadt

Glaabsbräu KG

Straße	Frankfurter Str. 9
PLZ	63500
Gründung	1744
Inhaber	Familie Glaab
Internet	www.glaabs-braeu.de

Sorten Glaabsbräu: -Pilsener, -Export, -Dunkles, -Doppelbock, -„Kellertrübes" 1744, Vitamalz
Ausstoß 60 000 hl
Bemerkung Glaabsbräu ist der Lizenzgeber für Vitamalz. – Sehr gute gehobene Küche offeriert der Brauereiausschank „Römischer Kaiser". Er eignet sich bestens für Familienfeiern; ein Biergarten gehört dazu.

Seßlach

Kommunbrauhaus

Straße	Pfarrgasse
PLZ	96145
Gründung	1335
Inhaber	Stadt Seßlach

Sorten ungespundetes Kellerbier nur als Jungbier für Hausbrauer und die beiden Gaststätten
Ausstoß 1250 hl
Bemerkung Zwei Brauereigaststätten laden ein: Reinwand pflegt fränkische Küche und vermietet Fremdenzimmer – Im Haus „Zum roten Ochsen" und in seinem Biergarten sind Hax'n aus Hausschlachtung und Wild die Spezialitäten.

Seßlach-Heilgersdorf

Brauerei Scharpf Heilgersdorf

Straße	Hauptstr. 16
PLZ	96145
Gründung	um 1800
Inhaber	Werner Scharpf

Sorten Märzen Bier
Ausstoß 1000 hl
Bemerkung Ein Tipp: Hausmacher Brotzeiten im Brauereigasthof „Weißes Roß".

Siegen

Brauhaus Johann-Friedrich Irle

Straße	Hauptstr. 18
PLZ	57074
Gründung	1693
Inhaber	Klaus Irle
Internet	www.der-bier-macher.de

Sorten Irle: -Edel-Pils, -Zwickelbock, -Landweizen, Cäaner blond (obergärig); Johann-Friedrich-Zwickelbier: -Anno 1693 hell und -Typ Schwarz dunkel
Ausstoß –
Bemerkung Außer Haus wird Bier in 1-, 2- und 3-l-Kannen abgegeben. Bierkutschersteak ist eine der Spezialitäten der Realitätsgastronomie „Sudwerk".

Siegen-Niederschelden

Erzquell Brauerei Siegtal

Straße	Kölner Str. 1–5	*Sorten*	Erzquell Pils, Golden Malz
PLZ	57044	*Ausstoß*	95 000 hl
Gründung	1885	*Bemerkung*	Hauptbetrieb in
Inhaber	Dr. Axel Haas		Wiehl-Bielstein

Siegenburg

Brauerei Schmidmayer GmbH & Co KG

Straße	Hopfenstr. 3	*Sorten*	Holledauer Florian, Pils 75, Holledauer
PLZ	93354		Schimmel Weizen
Gründung	1275	*Ausstoß*	4500 hl
Inhaber	Stefan	*Bemerkung*	Ideal für Familienfeiern eignet sich
	Wittmann		das Bräustüberl mit seinem Biergarten, das
Internet	www.schmid-		schwäbische Spezialitäten anbietet; außerdem
	mayer.de		saisonal: Spargel- und Wildwochen.

Sigmaringen

Brauerei Zoller-Hof Graf u. Fleischhut GmbH & Co KG

Straße	Leopoldstr. 40	*Sorten*	Fürsten Pils, Spezial Export, Weißbier, Fürsten
PLZ	72488		Weizen, Fidelis Weizen, Hefe-Weizen Leicht, Brenzkofer
Gründung	1845		Dunkel
Inhaber	Ralf Rakel,	*Ausstoß*	–
	Claudia Sieben	*Bemerkung*	Wechselnde bierbezogene Speisen tischt
	geb. Fleischhut		man in der Braugaststätte und im Biergarten auf.
Internet	www.zoller-		
	hof.de		

Sindelfingen

Lammbrauerei Otto Schlanderer OHG

Straße	Mahdentalstr.	*Sorten*	Edel Pils, Pilsner, Export-Krone, Martins-
	16–20		Bock, Festbier
PLZ	71065	*Ausstoß*	5000 hl
Gründung	1823	*Bemerkung*	Gutbürgerlich deutsche und
Inhaber	Familie		schwäbische Küche offeriert die Gaststätte
	Schlanderer		„Brauhaus zum Lamm", in der schönen
			Jahreszeit auch auf der Terrasse.

Privatbrauerei Gessner GmbH & Co

Straße	Am Linden-bach 27
PLZ	96515
Gründung	1622
Inhaber	Manuela und Otto Schäfer
Internet	www.privat-brauerei-gess-ner.de

Sorten Gessner: -Pils, -Festbier, -Bock, -Premium Pils, Altsumbarcher Dunkel
Ausstoß 50 000 hl

Sonthofen

„Der Hirschbräu" Privatbrauerei Höß GmbH & Co KG

Straße	Grüntenstr. 7
PLZ	87527
Gründung	1657
Inhaber	Hans-Hermann Höß, Claudia Höß-Stückler
Internet	www.hirsch-braeu.de

Sorten Edelhirsch Premium Pils, Hirsch Gold, Urtyp hell, Ur Hirsch, Der Weiße Hirsch, Holzar Bier, Doppel Hirsch, Neuschwansteiner Helles Lager, Allgäuer Öko Bier
Ausstoß 30 000 hl
Bemerkung Zünftige Gaststuben und ein sonniger Biergarten sorgen für rustikale Gemütlichkeit im Brauereiausschank „Hotel Hirsch". Es werden heimische Schmankerln und deutsch-österreichische Gerichte serviert.

Stadtbrauerei Spalt

Straße	Brauereigasse 3
PLZ	91174
Gründung	1879
Inhaber	Stadtgemeinde Spalt
Internet	www.spalter-bier.de

Sorten Spalter: -Premium Pils Nr. 1, -Hopfen Leicht, -Vollbier Hell, -Edel Export dunkel, -Edel Export, -Weihnachtsbier, -Weiße, -Leichte Weiße
Ausstoß 70 000 hl
Bemerkung Hopfen- und Bierseminare verbunden mit Brauereibesichtigungen werden angeboten. Urig und schattig genießt man im Hans-Gruber-Keller, der ganz-jährig geöffnet ist und fränkische Küche führt.

Spiegelau-Klingenbrunn

J. Stangl Brauerei Klingenbrunn

Straße	Frauenauerstr. 15
PLZ	94518
Gründung	1850
Inhaber	Hermine Mandl

Sorten Urhell, Festbock, Spezial, Panduren Trunk, Pilsner
Ausstoß 3300 hl
Bemerkung In der Brauereigaststätte „Ludwigstein" mit ihrem Biergarten und im Gasthof „Alte Post" bekommt der Gast einheimische Gerichte aus gut-bürgerlicher Küche.

Stadelhofen-Schederndorf

Brauerei Will Schederndorf

Straße	Schedern-dorf 19
PLZ	96187
Gründung	Familienbesitz seit 1742
Inhaber	Konrad Will

Sorten ungefiltertes Lagerbier auch in Partyfässern von 5 Ltr.
Ausstoß 2500 hl
Bemerkung Zur Brauerei gehört eine Bierschnaps-Brennerei, ein Biergarten und eine Gaststätte, wo fränkische Brotzeiten aus eigener Schlachtung serviert werden.

Stadelhofen-Steinfeld

Brauerei Hübner Steinfeld

Straße	Nr. 69
PLZ	96187
Gründung	seit 1904 in Familienbesitz
Inhaber	Thomas Will
Internet	www.huebner-braeu.de

Sorten Vollbier, Festbier
Ausstoß 5000 hl
Bemerkung Vorzügliche Hausmacher Brotzeiten und Schnäpse, vor allem Bierschnaps, aus eigener Brennerei gibt's in der Brauereigaststätte.

Stadthagen

Schaumburger Privat Brauerei GmbH

Straße	St. Annen 11
PLZ	31655
Gründung	1873
Inhaber	Familie Lambrecht
Internet	www.schaumburger-brauerei.de

Sorten Schaumburger: -Edel-Herb, -Pilsener, -Kellerbier, -Privat Bock, -Lüttje Lagen
Ausstoß 60 000 hl

Stadtsteinach

Brauerei Leonhard Schübel OHG

Straße	Knollenstr. 12
PLZ	95346
Gründung	1872
Inhaber	Familie Schübel

Sorten Schübel: -Festbier, -Märzen, -Vollbier, -Dunkel, -Pils, -Bockbier hell
Ausstoß 5000 hl
Bemerkung Zum Haus gehört eine Schnapsbrennerei.

Stegaurach-Debring

Brauerei Müller Debring

Straße	Würzburger Str. 1
PLZ	96135
Gründung	1783
Inhaber	Franz Müller

Sorten Vollbier, Pils, Festbier
Ausstoß 700 hl
Bemerkung Herzhafte fränkische Küche führt die Brauereigaststätte; besonders zu erwähnen sind die Brotzeiten aus eigener Schlachtung, diverse Bratengerichte und als Spezialitäten Wild und Karpfen.

Stegaurach-Mühlendorf

Mühlenbräu Lechner-Merklein

Straße	Brückenstr. 19
PLZ	96135
Gründung	seit 1826 in Familienbesitz
Inhaber	Rosemarie Lechner-Merklein

Sorten Dunkles, Pils, Hell, Lager
Ausstoß 600 hl
Bemerkung Vorzüglich fränkisch speist man in der Brauereigaststätte „Alte Mühle" und in ihrem Biergarten. Die Fleischgerichte stammen aus eigener Schweinezucht, die Karpfenspezialitäten aus dem eigenen Weiher. Übernachtungsmöglichkeiten vorhanden. Schattig und ruhig liegt Lechner's Keller, ideal zum Brotzeitmachen.

Stein

Schloßbrauerei Stein Wiskott GmbH & Co KG

Straße	Schloßhof 2
PLZ	83371
Gründung	1489
Inhaber	Familien Wiskott u. Ellermann
Internet	www.steiner-bier.de

Sorten Steiner: -Export hell, -Pils, -Märzen, -Bock, -Lager schwarz, -Medium, -Leichte Weiße, Kloster Seon Urdunkel,
Ökolog. Spez.: Heinz-vom-Stein naturtrüb hell, Bio-Weiß-Blaue Hefeweißbier
Ausstoß 40 000 hl

Steinach Kinzigtal/Baden

Brauerei Mellert

Straße	Hauptstr. 66
PLZ	77790
Gründung	1886
Inhaber	Hubert Mellert e. K.
Internet	www.brauerei-mellert.de

Sorten Mellert: -Export, -Hefe Weizen, -Pils
Ausstoß 2000 hl
Bemerkung Brauereibesichtigungen nach Vereinbarung. Bierschnaps aus eigener Brennerei kredenzt man in der Brauereigaststätte, die auch Fremdenzimmer bietet.

Steinach/Thüringen

Anker-Bräu Greiner-Wohlleben

Straße	Dr.-Max-Volk-Str. 7
PLZ	96523
Gründung	1736
Inhaber	Holger Greiner-Wohlleben

Sorten Anker Pils, Anker Bock, Steinacher Ankerla
Ausstoß 2500 hl
Bemerkung Thüringische Hausmannskost tischt der Brauereigasthof auf, der Fremdenzimmer anbietet und zu dem ein Biergarten gehört. Spezialitäten sind selbstgeräucherter Schinken, Hausmacher Sülze und diverse Braten.

Steinberg-Wernesgrün

Wernesgrüner Brauerei AG

Straße Bergstr. 4
PLZ 08237
Gründung 1436
Inhaber Bitburger
Brauerei Th.
Simon GmbH
Bitburg
Internet www.wernes-
grüner.de

Sorten Wernesgrüner Pils
Ausstoß 800 000 hl
Bemerkung Urig-bierig ist die Atmosphäre in der mit alten Brauutensilien geschmückten Brauschenke, die vogtländische Spezialitäten wie Wernesgrüner Biergulasch anbietet.

Steinfurt

Privatbrauerei A. Rolinck GmbH & Co

Straße Wettringer
Str. 41
PLZ 48565
Gründung 1820
Inhaber Familie Rolinck
Internet www.
rolinck.de.

Sorten Rolinck Pilsener Premium, Friedensreiter Bräu, Alex Rolinck – Feines Lagerbier
Ausstoß 230 000 hl
Bemerkung Für das Pilsener erhielt Rolinck 2003 den Goldenen Preis der Deutschen Landwirtschafts-Gesellschaft.

Steinheim-Söhnstetten

Hirsch-Brauerei

Straße Heidenheimer
Str. 27
PLZ 89555
Gründung 1896
Inhaber Klaus Dieter
Schmitt
Internet www.stein
heim.com

Sorten Söhnstetter: -Festbier, -Hirsch Weiße, -Hirsch Pils, -Hirsch Gold, -Dunkle Weiße, -Weizen Bock
Ausstoß 5000 hl
Bemerkung Gutbürgerliche Küche führt die Brauereigaststätte „zum Hirsch", die auch schwäbische Spezialitäten reicht und Festmenüs zusammenstellt; ein Saal für Feierlichkeiten ist vorhanden

Steinsfeld-Reichelshofen

Landwehr-Bräu Wilhelm Wörner GmbH & Co

Straße Reichels-
hofen 31
PLZ 91628
Gründung 1755
Inhaber Wilhelm
Wörner
Internet www.landwehr-
braeu.de

Sorten Toppler Pils, Dunkles Landbier, Pilsener, Edel, Vollbier, Dunkler Bock, Maibock, Festbier, Kirchweihbier, Weihnachtsbier, Osterbier
Ausstoß 30 000 hl
Bemerkung Landwehr hat eine eigene Mälzerei; Brauereibesichtigungen mit Bierprobe und Bierbrand zum Landbierbrot werden angeboten. Sehr gute gehobene Küche und fränkische Gastlichkeit erwarten den Besucher im Brauereigasthof, zu dem ein Hotel gehört.

Schwarzer Adlerbräu GmbH

Straße	Hauptstr. 19
PLZ	96188
Gründung	1730
Inhaber	Norbert Merklein

Sorten Alt Fränkisches Lagerbier, Adler Pilsener, Adler Urhell, Adler Bock hell
Ausstoß 11 000 hl
Bemerkung Am frischesten genießt man in der Brauereigaststätte.

Stralsund

Stralsunder Brauerei GmbH

Straße	Greifswalder Chaussee 84–85
PLZ	18439
Gründung	1827
Inhaber	Familie Nordmann
Internet	www.stral-sunder.de

Sorten Stralsunder: -Pils, -Lager, -Traditionsbock, -Frühlingsbock
Störtebecker: -Pilsener, -Schwarzbier
Ausstoß –
Bemerkung Jeden Mittwoch um 18 Uhr Brauereibesichtigung. Anschließend Einkehr im Brauereigasthof „Zum Alten Fritz" und Besuch in der „Alten Brauerei", einem Kultur- und Eventzentrum. Ein Ereignis ist das alljährliche Brauereihoffest.

Straubing

Brauerei Gebrüder Röhrl

Straße	Heerstr. 13
PLZ	94315
Gründung	1431
Inhaber	GF H.G. Schnell
Internet	www.roehrl-braeu.de

Sorten Straubinger Weiße: -Original, -Naturtrüb, -Dunkel; Röhrl: -Alt Schwarzbier, -Helles Premium, -Röhrl's Premium, -Kristall Pils, -Edelhell, Gäuboden Landbier
Ausstoß 65 000 hl
Bemerkung Natürlich heißt die Brauereigaststätte „Zum Weißbräu. Im Hotelrestaurant werden zum Röhrlbräu-Bier bayerische Delikatessen serviert.

Straubing

Karmeliten Brauerei Karl Sturm GmbH & Co KG

Straße	Senefelder Str. 21
PLZ	94315
Gründung	1367
Inhaber	GF Werner Hornik
Internet	www.karmeli-ten-brauerei.de

Sorten Karmeliten: -Kloster Gold, -Kloster Dunkel, -Kloster Urtyp, Donau Pils, AS Weiße hell und dunkel, -Light, -Schöps, Festbier, -Doppelbock
Ausstoß 50 000 hl
Bemerkung Am Unternehmen ist die Weißbierbrauerei G. Schneider & Sohn Kelheim beteiligt.

Brauerei Griess

Straße	Magdalenen-str. 6
PLZ	96129
Gründung	1872
Inhaber	Peter Griess
Internet	www.brauerei-griess.de

Sorten Pils, ungespundetes Kellerbier, saisonal Bockbier und Rauchbier
Ausstoß 1500 hl
Bemerkung Besichtigung nach Vereinbarung möglich; Ferienwohnung zu vermieten. Die fränkische Küche der Brauereigaststätte serviert als Spezialität Zwetschgenbames. Urige alte Laubbäume prägen die Atmosphäre im Griesskeller, dessen G'rupfter und dessen Kellerplatte zu empfehlen sind.

Strullendorf-Geisfeld

Brauerei Krug

Straße Alte Dorfstr. 11
PLZ 96129
Gründung 1820
Inhaber Stefan Krug

Sorten Lagerbier
Ausstoß 900 hl
Bemerkung In der Stube und auf der Terrasse der Brauereigaststätte lässt man sich Fleischgerichte aus eigener Schlachtung und fränkische Spezialitäten schmecken wie Pressack, Zwetschgenbames und Ziebeleskäs.

Strullendorf-Roßdorf

Brauerei Sauer

Straße Sutte 5
PLZ 96129
Gründung 1784
Inhaber Richard Sauer

Sorten Roßdorfer: -Pils, -Urbräu, -Lagerbier
Ausstoß 2200 hl
Bemerkung Vortreffliche fränkische Küche bietet der Brauereigasthof, darunter verschiedene Bratengerichte, Wild und Ente. Im historischen, urigen, schattigen und ruhig gelegenen Sauer's Keller munden sehr gute Hausmacher Brotzeiten.

Stuttgart

Dinkelacker-Schwaben Bräu AG

Straße Tübinger Sr. 46
PLZ 70178
Gründung 1888
Inhaber Vorstand Fritz Mutter, Ulrich Schill
Internet www.dinkelacker.de und www.ds-ag.de

Sorten Dinkelacker: -Privat, -CD-Pils, -Märzen, -Volksfestbier, -Weihnachtsbier; Schwaben: -Meister Pils, -Das Echte, -Das Schwarze, -Das Helle, -Urtyp Export, -Pilsner; Sanwald: verschiedene Weißbiere, Cluss Kellerpils
Ausstoß 1,060 Mio hl
Bemerkung Das Unternehmen gehört zur Spaten-Franziskaner Bräu München; ein Zweigbetrieb ist die Mauritius Brauerei in Zwickau.

Stuttgart

Stuttgarter Hofbräu AG

Straße Böblinger Str. 104
PLZ 70199
Gründung 1872
Inhaber Vorstand Peter May
Internet www.stuttgarter-hofbraeu.de

Sorten Pilsner, Herrenpils, Light, Carl Eugen Original, Malteser Hefeweißbier Hell und Dunkel, Malteser Weißbier Kristall, Volksfestbier, Weihnachtsbier
Ausstoß 860 000 hl
Bemerkung Ein Zweigbetrieb ist die Brauerei Moninger AG Karlsruhe.

Sulzbach-Rosenberg

Orth-Bräu GmbH & Co KG „Zum Fuchsbeck"

Straße Hagtor 1
PLZ 92237
Gründung 1834
Inhaber Familie Haller
Internet www.fuchsbeck.de

Sorten Hell, -Export, -Pils, -Weißbier, -Kristall Weizen schlanke Schwarze, -Bockbier, -Festbier, -Primus Weizenbock
Ausstoß 7000 hl
Bemerkung Kleine Gerichte und Brotzeiten werden in der urigen Brauereigaststätte (mit Biergarten) „Zum Fuchsbeck" serviert; Spezialität: saure Bratwurst.

Sulzbach-Rosenberg

Sperber-Bräu

Straße	Rosenberger Str. 14
PLZ	92237
Gründung	1894
Inhaber	Christian Sperber
Internet	www.sperber-braeu.de

Sorten Zoigl Bier, Weihnachtsfestbier, Annaberg Festbier, Herzog Christian August Weißbierbock, Helles Vollbier, Graf Gebhardt Weiße, Rosenburg Pils

Ausstoß –

Bemerkung Sperber-Biere sind mehrfach mit Medaillen der Deutschen Landwirtschafts-Gesellschaft ausgezeichnet worden. Zum Haus gehören Hotel und Brauereigasthof, der Oberpfälzer Küche führt, Spezialitäten: Sulzbacher Hax'n und Oberpfälzer Schäuferl.

Tacherting-Lengloh

Weißbierbrauerei Schwendl

Straße	Trostberger Str. 130
PLZ	83342
Gründung	13. Jan. 1935
Inhaber	Familie Schwendl
Internet	www.weiss-braeu-schwendl.de

Sorten Schalchner: -Weiße, -Dunkle Weiße, -Leichte Weiße, -Weißer Bock

Ausstoß –

Bemerkung Zum oberbayerischen Spitzenweißbier tischt die bayerische Küche der Brauereigaststätte (mit Terrasse) einheimische Spezialiäten wie Bratensülze auf. Übernachtungsmöglichkeiten vorhanden.

Tann

Brauerei Adolf Weideneder

Straße	Marktplatz 43
PLZ	84367
Gründung	1439
Inhaber	Fritz Weideneder
Internet	www.weideneder.com

Sorten Weideneder: -Helles Vollbier, -Privat Hell, -Export Dunkel, -Pils, -Festbier, -Doppelbock Dunkel, -Hefeweißbier hell u. dunkel u. leicht, -Lagerbier, Zeiinger Landbier

Ausstoß 17 000 hl

Bemerkung Frisch auf den Tisch kommt Weideneder in der Brauereigaststätte und im Biergarten.

Tauberbischofsheim-Distelhausen

Distelhäuser Brauerei Ernst Bauer GmbH & Co

Straße	Grünsfelder Str. 3
PLZ	97941
Gründung	seit 1876 in Familienbesitz
Inhaber	Stefan Bauer
Internet	www.distel-haeuser.de

Sorten Distelhäuser: -Premium Pils, -Alk.frei, -Leicht, -Hefeweißbier hell u. dunkel, -Kristall Weizenbier, -Festbier, -Winterbock, -Landbier, -Märzen, -Export

Ausstoß 205 000 hl

Bemerkung Brauereibesichtigungen möglich. In der „Alten Füllerei" gibt es Kultur rund ums Bier: Varieté, Kleinkunst, Bauerntheater, Jazzfrühschoppen. Zum empfehlen: das Bockbiermenü.

Taufkirchen

Guts- und Brauereigenossenschaft eG

Straße	Bräuhausstr. 3
PLZ	84416
Gründung	1917
Inhaber	GF Albert Kolbinger

Sorten Taufkirchner: -Fest Märzen, -Weißbier, -Pils, -Hell, -Leichtes, -Export Dunkel

Ausstoß 15 000 hl

Bemerkung Die bayerische Küche der Brauereigaststätte „Bräustüberl" bringt in der Wirtschaft und im Biergarten wechselnde Tagesgerichte auf den Tisch.

Tegernsee

Herzoglich Bayerisches Brauhaus Tegernsee KG

Straße	Seestr. 11a
PLZ	83681
Gründung	Gründung der Benediktiner-abtei im Jahr 746
Inhaber	Herzog Max in Bayern
Internet	www.braeu-stueberl.com

Sorten Der blaue Page (Heller Bock), Tegernseer Hell, Dunkel Export, Quirinius Dunkler Doppelbock, Tegernseer Pils, Spezial
Ausstoß 60 000 hl
Bemerkung Auf fast tausend Jahre Geschichte kann das Herzogliche Bräustüberl zurückblicken, das als eine bayerische Institution gilt.

Teisendorf

Privatbrauerei M.C.Wieninger GmbH & Co KG

Straße	Poststr. 1
PLZ	83317
Gründung	1666
Inhaber	Christian Wieninger
Internet	www.wienin-ger.de

Sorten Wieninger: -Bayerisch Hell, -Guidobald Gold u. Dunkel, -Ruperti Pils, -Hefe Weißbier Hell u. Dunkel, -Goldbock, -Impulsator, -Helles Lagerbier, -Dunkles Lagerbier
Ausstoß 130 000 hl
Bemerkung Wieninger ist die erste oberbayeri-sche Brauerei mit Ökobilanz.

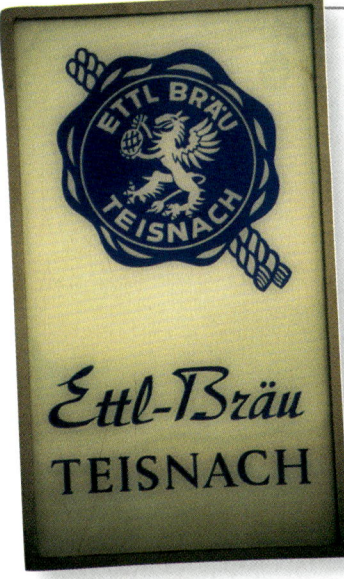

Ettl-Bräu oHG

Straße	Bahnhofstr. 2
PLZ	94244
Gründung	1543
Inhaber	Familie Ettl-Bruckmayer

Sorten Ettl: -Pils, -Märzen, -Festbier, -Spezial, -Hell, -Weihnachtsfestbier, Teisnacher Weiße, Teisnacher Leichte Weiße – alle Biere vom Braumeister mit viel Liebe eingebraut
Ausstoß 8000 hl
Bemerkung Wild ist eine Spezialität der einheimischen Küche der Brauereigaststätte; Übernachtungsmöglichkeiten vorhanden.

Tettnang

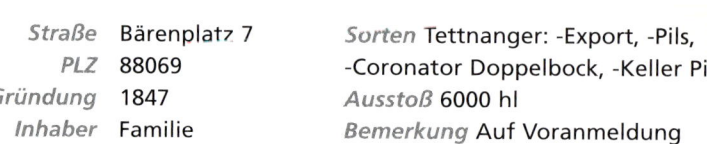

Brauerei zur Krone F. Tauscher GmbH & Co

Straße	Bärenplatz 7
PLZ	88069
Gründung	1847
Inhaber	Familie Tauscher
Internet	www.tett-nang.com/krone.htm

Sorten Tettnanger: -Export, -Pils, -Coronator Doppelbock, -Keller Pils
Ausstoß 6000 hl
Bemerkung Auf Voranmeldung sind Brauereibesichtigungen möglich, die unbedingt mit einem Besuch im Tettnager Hopfenmuseum verbunden werden sollten. Zu empfehlen ist auch die Einkehr in die altschwäbische Bierstube des Brauereigasthofs, wo man schwäbische Spezialitäten erhält und auch übernachten kann.

Teugn

Brauerei Franz Dantscher

Straße	Kirchplatz 12
PLZ	93356
Gründung	1828
Inhaber	Rupert Dantscher

Sorten Dantscher: -Spezial Hell, -Vollbier hell, -Märzen, -Pils
Ausstoß 3000 hl
Bemerkung Brauereiführung nach Vereinbarung. Hausmacher Brotzeiten serviert man in der Brauereigaststätte und im Biergarten; weitere Spezialitäten: Sülze, Pressack, Leberwurst. Beliebt: das Brauereifest im August.

Teunz-Fuchsberg

Schloßbrauerei Fuchsberg

Straße	Bierbrunnen 1
PLZ	92552
Gründung	1663
Inhaber	Franz Vogl, Gisela Vogl
Internet	www.fuchsber-ger-bier.de

Sorten Fuchsberger: -Pils, -Weiße, -Märzen, -Urhell, -Pilsner Premium
Ausstoß 13 000 hl

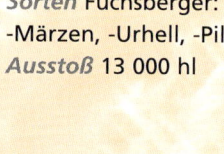

Thalmannsfeld

Felsenbräu Thalmannsfeld W. Gloßner KG

Straße	Felsenweg 2
PLZ	91790
Gründung	1928
Inhaber	Familien Gloßner
Internet	www.felsen-braeu.com

Sorten Felsentrunk, Edelpils, Bayerisches Hefeweizen, Schwarzbier, Braune Weiße, Leicht, Leichtes Weizen, Rock 33, Felsator Doppelbock, Bayerisch Märzen, Privat Export

Ausstoß 60 000 hl

Bemerkung Das Natureis zur Bierkühlung wird mit historischem Eisgerüst hergestellt. Das Bräustüberl bietet auch Fremdenzimmer an.

Thalmässing-Pyras

Pyraser Bier GmbH & Co KG

Straße	Pyras 26
PLZ	91177
Gründung	1870
Inhaber	Georg Bernreuther
Internet	www.pyraser.de

Sorten Pyraser Pils, Landbier, Jubeltrunk, Jubelweiße, Kellerbier natur-trüb, Angerwirtsweizen, Federleichte Weiße, Ultra Doppelbock, Josephi Bier, Hiltpolsteiner Burgfestbier

Ausstoß 80 000 hl

Bemerkung Fremdenzimmer, Räume für Familienfeierlichkeiten in historischem Ambiente und einen Biergarten hat der Braugasthof „Zum Schwarzen Roß" Hiltpolstein.

Thannhausen

Postbräu Thannhausen Theodor Schreiegg GmbH & Co

Straße	Schreieggstr. 4–8
PLZ	86470
Gründung	um 1450
Inhaber	Familie Dr. Goltermann-Schreiegg
Internet	www.post-braeu.de

Sorten Postbräu: -Original, -Leicht, -Leichte Weiße, -Ur Dunkel, -Bernhardi Gold, -Premium, -Original Hell, -Thannator, -Festbier, -Hefe Weiße, -Dunkle Weiße

Ausstoß 66 000 hl

Bemerkung Das Unternehmen arbeitet in einer Vertriebsgesellschaft mit der Schloßbrauerei Kaltenberg zusammen. Gourmetgastronomie genießt der Besucher im Hotel „Schreiegg's Post".

Thüngen

Burgbrauerei „Herzog von Franken"

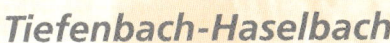

Straße	Hauptstr. 3
PLZ	97289
Gründung	1846
Inhaber	Dr. Susan Schubert

Sorten Herzog von Franken: -Premium Pilsner, -Weißbier

Ausstoß 10 000 hl

Bemerkung Hauptbetrieb ist die Arnsteiner Brauerei Max Bender.

Tiefenbach-Haselbach

Schlossbrauerei Haselbach Josef Stockbauer's Erben

Straße	Hofmarktstr. 7
PLZ	94113
Gründung	1624
Inhaber	siehe Bemerkung
Internet	www.loewen-braeu.de

Sorten Haselbacher: -Pilsner Premium, -Festbier, -Schwarzbier, -D'Wirtsdirn Weiße, -D'Wirtsdirn Schwarze

Ausstoß 20 000 hl

Bemerkung Die Schlossbrauerei ist eine Zweigniederlassung der Bayerischen Löwenbrauerei Franz Stockbauer AG Passau.

Tirschenreuth

Brauerei Bernhard Scheels

Straße	Regensburger Str. 21
PLZ	95643
Gründung	1893
Inhaber	Rainer Scheels

Sorten Tirschenreuther: -Hell, -Pilsener, -Spezial Export, -Hefeweizen, -Altbayer. Hefeweizen
Ausstoß –
Bemerkung Die Brauerei hat eine eigene Mälzerei.

Titting

Brauerei Gutmann

Straße	Am Kreuzberg 1
PLZ	85135
Gründung	1707
Inhaber	Familie Gutmann
Internet	www.brauerei-gutmann.de

Sorten Gutmann: -Hefeweizen (hell, dunkel, leicht), -Weizenbock, -Spezial, -Festbier, -untergärig feinherb u. frisch
Ausstoß –
Bemerkung Nach bayerischer Art kocht man für die Gäste des Bräustüberls und des Biergartens. Alljährlich im August heißt es: Auf zum Tittinger Kellerfest!

Torgau

Brauhaus Torgau

Straße	Naundorfer Str. 7
PLZ	04852
Gründung	1900
Inhaber	Vorst. Uwe Latzel, Aufsichtsratsvors. Dr. Krantz
Internet	www.brauhaus-torgau.com

Sorten Torgauer: -Landbier, -Landpils, -Landbock, -Ritter dunkel; Torgisch: -Hell, -Urtyp Export
Ausstoß 80 000 hl
Bemerkung Seit 1.11.2001 Insolvenzverfahren. – Torgauer Biere sind mehrmals durch die Deutsche Landwirtschafts-Gesellschaft prämiert worden.

Traunstein

Hofbräuhaus Traunstein Josef Sailer KG

Straße	Hofgasse 6–11
PLZ	83278
Gründung	1612
Inhaber	Bernhard Sailer
Internet	www.hb-ts.de

Sorten Fürstenquell Export Hell, Fürsten Trunk, Altbairisch Dunkel, Fürsten Pils, Hofbräu Weiße, Altbairisch Ur-Weizen
Ausstoß 90 000 hl
Bemerkung Das Traunsteiner Hofbräuhaus fährt als einzige bayerische Brauerei noch mit Pferdefuhrwerken aus. Es hat ein Gastronomiekonzept mit verschiedenen Gasthausbrauereien entwickelt. Von besonderer Qualität des Hofbräuhaus Bieres zeugen fünfzig Auszeichnungen mit Goldmedaillen.

Wochinger-Bräu Jakob Wochinger & Sohn GmbH

Straße	Oswaldstr. 4
PLZ	83278
Gründung	1587
Inhaber	Familie Wochinger

Sorten Wochinger: -Hefe Weiße, -Pils, -Export Hell, -Export dunkel
Ausstoß 5000 hl
Bemerkung Bayerisch schmeckt's in der Brauereigaststätte und im Biergarten; Spezialitäten beispielsweise Leberkäs, Weißwürste, Schweinsbraten.

Traunstein

Brauerei Bernhard Schnitzlbaumer

Straße	Mühlenstr. 8
PLZ	83278
Gründung	1575
Inhaber	Familie Schnitzlbaumer
Internet	www.schnitzl-baumer.de

Sorten Export hell, Export dunkel, Edelpils, Bernhardus Bock, Schnitzei Weiße, Craft Lager, Craft White
Ausstoß 13 000 hl
Bemerkung Ideal für Familienfeiern ist der mitten in der Altstadt gelegene Brauereiausschank, der bayerische und internationale Küche pflegt; Spezialitäten: Wild, Fisch, bayerische Schmankerl.

Traunstein

Maximilians-Brauerei GmbH vorm. Kieselbräu

Straße	Haslacher Str. 39
PLZ	83278
Gründung	1883
Inhaber	Wolfgang Hover
Internet	www.maximiliansbrauerei.de

Sorten Chiemsee: -Lager, -Bernstein Hefeweizen, -Hefeweizen Naturtrüb;
Wolpertinger: -Urweizen, -Urstoff;
Kiesel: -Premium Hell, -Pils;
Maximilian: -Landbier, -Pils 0,33
Ausstoß 25 000 hl

Trebgast

Brauerei Haberstumpf

Straße	Bergstr. 31
PLZ	95367
Gründung	1531
Inhaber	Hans Wernlein
Internet	www.brauerei-haberstumpf.de

Sorten Haberstumpf: -Zunft Pils, -Lager Hell, -Doppelbock, -Zwick'l naturtrüb, -Landkrönla, -Kellerkrönla naturtrüb, -Kupferkrönla
Ausstoß 3000 hl
Bemerkung Brauereibesichtigung auf Anfrage. Ideal für Busreisende, Familien- und Vereinsfeiern sind das Probierstübla und der urige Bräustadl.

Treuchtlingen

Schäffbräu Rudolf Schäff

Straße	Bahnhofstr. 48
PLZ	91757
Gründung	1364
Inhaber	Familie Schäff

Ausstoß –
Bemerkung Bier in Einwegflaschen für Handelsketten

Brauerei Strauß Wettelsheim

Straße	Bahnhofstr. 20
PLZ	91757
Gründung	1797
Inhaber	Karl Strauß
Internet	www.wettels-heimer-bier.de

Sorten Wettelsheimer: -Pils, -Märzen, -Hell, -Bock
Ausstoß 11 000 hl
Bemerkung Der urige Wettelsheimer Keller, ein Terrassenkeller im Wald, ist ein beliebtes Ausflugsziel. Zum Keller Märzen serviert man gegrillte Hax'n, Schäuferla, Bratwürste und Hausmacher Brotzeiten.

Treuen

Privatbrauerei Blechschmidt

Straße	Straße der Jugend 33
PLZ	08233
Gründung	1483
Inhaber	Familie Blechschmidt

Sorten Vogtland Bräu Spezial, Vogtland Bräu Schwarzbier, Vogtland Bräu Bock; Spezialität: Bierkräuter-Kellergeist
Ausstoß 2000 hl

Triftern

Weißbierbrauerei Bauer

Straße	Unterer Markt 7
PLZ	84371
Gründung	1890
Inhaber	Lore Bauer

Sorten Hefe Weißbier, Leichtes Weißbier, Weizenbock
Ausstoß 250 hl
Bemerkung Brotzeiten bekommt der Besucher in der Brauereigaststätte.

Trochtelfingen

Albquell-Bräuhaus Auberger & Schmid GmbH & Co

Straße	Lindenplatz 6
PLZ	72818
Gründung	1851
Inhaber	Lambert Schmid

Sorten Edelbier, Pilsner, Urtrunk naturtrüb
Ausstoß –
Bemerkung Ein Besuch im sehr schönen Bierkrugmuseum, dekoriert mit alten Emailleschildern, lohnt. Ebenso die Einkehr in den Braugasthof wegen seiner sehr guten schwäbischen Küche und wegen des Albquell Bräuhaus Bierbrandes; Übernachtungsmöglichkeiten vorhanden.

Tüßling

Bräu im Moos Eugen Münch

Straße	Bräu im Moos 21
PLZ	84577
Gründung	1870
Inhaber	Eugen Münch

Sorten Bräu im Moos: -Export Hell, -Export Dunkel, -Edel-Pils, -Weißbier, -leichtes Weißbier, -Doppelbock

Ausstoß 30 000 hl

Bemerkung Bayerische Gemütlichkeit zeichnet den Brauereigasthof aus, der mit seinem großen schattigen Biergarten und dem kleinen feinen Brauereimuseum ein beliebtes Ausflugsziel ist. Eugen Münch erhielt 1976 für typisch bayerische Gastlichkeit die Bundesverdienstmedaille.

Tuntenhausen-Maxlrain

Schlossbrauerei Maxlrain Leo Graf v. Hohenthal u. Bergen

Straße	Aiblinger Str. 1
PLZ	83104
Gründung	1636
Inhaber	Christina Prinzessin von Lobkowicz
Internet	www.maxlrainer.de

Sorten Maxlrainer: -Erntebier, -Lagerbier, -Schloss Gold, -Leo Weiße, -Pils, -Jubilator, -Festbier, -Aiblinger Schwarzbier, -Kirtabier Märzen

Ausstoß 40 000 hl

Bemerkung In der typischen bayerischen Schwemme des Bräustüberls und im Biergarten gibt es zum kellertrüben Zwickelbier direkt vom Lagertank deftige Gerichte und Brotzeiten nach bayerischer Art. Die Schlosswirtschaft ist eines der interessantesten Wirtshäuser im Rosenheimer Land und bekannt für seine gepflegte bayerische und internationale Küche.

Uehlfeld

Brauerei Prechtel

Straße	Hauptstr. 24
PLZ	91486
Gründung	seit 1900 in Familienbesitz
Inhaber	Familie Prechtel

Sorten Export, Bockbier, Festbier

Ausstoß 1500 hl

Bemerkung Die Brauereigaststätte bietet: diverse Tagesgerichte, Hausmacher Brotzeiten aus eigener Schlachtung, Karpfen aus dem eigenen Weiher und Schnaps aus der eigenen Brennerei.

Uehlfeld

Brauerei Zwanzger

Straße	Burghaslacher Str. 10
PLZ	91486
Gründung	1639
Inhaber	Rainer Zwanzger

Sorten Hausbräu, Pils, Export, Festbier

Ausstoß 500 hl

Bemerkung Fremdenzimmer und einen großen Saal für Familienfeiern hat der Brauereigasthof, der warmes Essen, Hausmacher Brotzeiten und als Spezialität Karpfen anbietet.

Ulm

Brauerei Gold Ochsen GmbH

Straße	Veitsbrunnen-weg 3–8
PLZ	89073
Gründung	1597
Inhaber	Familien Leibinger und Freund
Internet	www.gold-ochsen.de und www.oxx.de

Sorten Goldochsen: -Original, -Original Leicht, -Special, -Weißbier (Hefe, dunkel, Kristall, leicht), -Weihnachtsbier, -Pils, Oxx (Lager) u. Oxx White (Weißbier)

Ausstoß 315 000 hl

Bemerkung Brauereiführungen montags und donnertags

Ulm-Söflingen

Kronenbrauerei Russ Söflingen

Straße	Uhrenmacher-gasse 10
PLZ	89077
Gründung	1887
Inhaber	Thomas Russ
Internet	www.soeflin-ger-kronen-bier.de

Sorten Spezial hell, Kellerpils naturtrüb, Keller Pils, Natureisbock hell u. dunkel, Kloster Urtrunk, Kloster Weiße, Dunkle Weiße, Weihnachts Bier – im Winter natürliche Lagerkellerkühlung über Eisgalgen

Ausstoß 2500 hl

Bemerkung Gut bürgerliche Küche und schwäbische Spezialitäten bietet der Brauereigasthof, zum Getränk passend vor allem der Braumeisterteller mit Bierbratensößle.

Ummendorf

Bräuhaus Ummendorf GmbH

Straße	Bachstr. 10
PLZ	88444
Gründung	1870
Inhaber	Familie Dobler
Internet	www.braeu-haus.de

Sorten Kellerbier naturtrüb, Pils, Bock, Spezial, Festbier

Ausstoß 3500 hl

Bemerkung Brauereibesichtigung nach Vereinbarung. Gartenwirtschaft, Gästezimmer und Brennerei gehören zum Brauereigasthof, der schwäbische Gerichte aus eigener Schlachtung offeriert, beliebt: Brauervesper.

Unterneukirchen

Privatbrauerei Leidmann

PLZ	84579
Gründung	1932
Inhaber	Sebastian Leidmann

Sorten Dunkle Weiße, Der weiße Bock, Hefe Weiße, Goldenes Land Exportbier, Fest Märzen, Hefe Weißbier hell, Hefe Weißbier leicht

Ausstoß 3000 hl

Bemerkung Besucher genießen die gutbürgerliche bayerische Küche in der Brauereigaststätte und auf der schönen Terrasse.

Untersiemau

Brauerei Murmann

Straße	Coburger Str. 2–6
PLZ	96253
Gründung	1862
Inhaber	Eberhard Murmann

Sorten Prinz Eugen Dunkel, Die Halbe Schankbier, Neubrauer Bier, Murmann Pils, Export, Festbier

Ausstoß 6000 hl

Bemerkung Angeschlossen ist eine Brauereigaststätte.

Untersiemau-Birkach

Brauerei Eller Birkach

Straße	Brunnenstr. 10
PLZ	96253
Gründung	1822
Inhaber	Christian Eller

Sorten Eller Pils, Eller Vollbier, Neubrauer Bier
Ausstoß 1500 hl
Bemerkung Übernachten kann man im Braugasthof und genießen, nämlich fränkische Küche mit Hausmacher Brotzeiten aus Hausschlachtung; Spezialität: Sauerbraten mit Klöß. Für Gesellschaften gibt es einen großen Saal. Am 2. Sonntag im Juli feiert man das Brunnenfest.

Ursberg

Klosterbräuhaus Ursberg GmbH

Straße	Dom.-Ring-eisen-Str. 2
PLZ	86513
Gründung	1623
Inhaber	St. Josefs-kongregation
Internet	www.kloster-braeuhaus.de

Sorten Ursberger: -Leicht, -Hell,- Märzen, -Pils, -Dunkel, Aloisius Bock
Ausstoß 3000 hl
Bemerkung Fremdenzimmer, einen urigen Biergarten und einheimische regionale Küche hat das Klosterbräuhaus zu bieten; auf der Tageskarte finden sich wechselnde Spezialitäten.

Uslar

Sollinger Bergbrauerei Heinrich Haffner KG

Straße	Rosenstr. 10
PLZ	37170
Gründung	1868
Inhaber	Hinrich Haffner
Internet	www.berg-braeu.de

Sorten Bergbräu: -Altstadt Dunkel, -Pils, -Hefeweizen, -Henry (feinherb u. mild), -Maibock, -Doppelbock
Ausstoß 25 000 hl

Ustersbach

Brauerei Ustersbach Adolf Schmid KG

Straße	Hauptstr. 40
PLZ	86514
Gründung	1605
Inhaber	Familie Schmid
Internet	www.usters-bacher.de

Sorten Ustersbacher: -Edel Export, -Urhell, -Kristall Weizen, -Pilsner, -Altbayerisch Dunkel, -Bayerisch Hefe Weizen, -Privat Pils, -Brauherren Bier, -Dunkle Weiße, -Ustamor Doppelbock; Staudenland: -Hefeweizen, -Helles Export, -Pilsener
Ausstoß 180 000 hl
Bemerkung Die schwäbisch-bayerische Küche des Bräustüberls serviert als Spezialitäten Wild, Fisch, bierbegleitende Speisen, Sülze und Brotzeiten.

Uttenweiler

Brauerei August Sauter KG

Straße	Hauptstr. 27
PLZ	88524
Gründung	1555
Inhaber	Richard Sauter
Internet	www.utten-weilerbier.de

Sorten Uttenweiler: -Spezial, -Pilsener, -Hell, -Bock, -Festbier
Ausstoß –
Bemerkung Am frischesten ist Uttenweiler in der Brauereigaststätte

Winkler Bräu Lengenfeld

Straße	St.-Martin-Str. 6
PLZ	92355
Gründung	1628
Inhaber	Hanns Konrad Winkler
Internet	www.winkler-braeu.de

Sorten Hefe-Pils, Martini Trunk, Kupfer-Spezial, -Pils, Export, Hell
Ausstoß 6700 hl
Bemerkung Zur Brauerei gehört ein traditionsreicher, gemütlicher Gasthof mit Gutshof-Hotel. Spezialitäten aus der bayerischen Bratenküche: Wild, Geflügel, Schweinshaxen, Grillschinken in Bierteig.

Viechtach

Gesellschaftsbrauerei Viechtach OHG

Straße	Bahnhofstr. 5
PLZ	94234
Gründung	1553
Inhaber	GF Mich. Bielmeier u. Mich. Müller
Internet	www.vit-online.de

Sorten Viechtacher: -Weiße, -Festbier, -Märzen, -Bergkristall Pils, -Vollbier, -Bock, -Leicht
Ausstoß 20 000 hl

Brauerei Mainlust

Straße	Hauptstr. 9
PLZ	96191
Gründung	seit 1930 in Familienbesitz
Inhaber	Helmut Bayer

Sorten Vollbier dunkel
Ausstoß 700 hl
Bemerkung Die Brauereigaststätte verfügt über Fremdenzimmer und Biergarten. Die fränkische Küche offeriert verschiedene Braten und Hausmacher Brotzeiten aus eigener Schlachtung.

Viereth-Weiher

Brauerei Kundmüller Weiher

Straße	Weiher 13
PLZ	96191
Gründung	um 1840
Internet	www.kundmüller.de

Sorten Weiherer: -Lager, -Pils, -Weiße, -Bock
Ausstoß 3000 hl
Bemerkung Der Brauerei angeschlossen ist eine gemütliche Wirtschaft, wo es fränkische Hausmannskost gibt, beispielsweise herzhafte Brotzeiten aus eigener Schlachtung; sonntags Mittagstisch. Fremdenzimmer befinden sich im neuen Gästehaus; Urlaub auf dem Bauernhof sehr empfehlenswert.

Winkler-Bräu-Schlicht GmbH & Co

Straße	Winklergasse 1	
PLZ	92249	
Gründung	1782	
Inhaber	Familie Winkler	

Sorten Schlichter: -Doppelbock, -Pilsner, Kupfer Gold, -Ursprung hell, -Klosterweizen hell und dunkel, -Hefe Weiße

Ausstoß 15 000 hl

Bemerkung In Bronn kann man die Brauereigaststätte aufsuchen.

Vilshofen

Wolferstetter Bräu Georg Huber KG

Straße	Bürg 26
PLZ	94474
Gründung	1542
Inhaber	Georg A. Huber
Internet	www.wolfer-stetter-brau-erei.de

Sorten Wolferstetter: -Vollbier Hell, -Dunkel Spezial, -Urtyp Export, -Josef Groll Pils, -Festbier, -Export Hefe Weizen, -leichtes Weizen, -Ratsherren Weiße, -Bock dunkel

Ausstoß 110 000 hl

Bemerkung Der Vilshofener Brauersohn Josef Groll braute 1842 den ersten Sud Pilsener Bieres in Pilsen. – Zur Brauerei gehört das Bräustüberl und der Wolferstetter Keller, bekannt durch den politischen Aschermittwoch; ideal für Familienfeiern, Konzert- und Theaterveranstaltungen. Serviert werden frische Gerichte nach bayerischer Art.

Volkach-Krautheim

Privatbrauerei Friedrich Düll GmbH & Co KG

Straße	Landstr. 4–8
PLZ	97332
Gründung	1654
Inhaber	Familie Düll
Internet	www.kraut-heimer.com

Sorten Krautheimer: -Pilsner, -Urtyp, -Landmärzen, -Hefe-Weizen, -Bockbier, -Dunkles Hefe-Weizen, -Weihnachtsbier, -Trici-Bock
Ausstoß –
Bemerkung Düll hat eine eigene Mälzerei. Bei der Prämierung 2003 erhielt die Brauerei fünf Preise der Deutschen Landwirtschafts-Gesellschaft.

Waibstadt

Adlerbrauerei Max Haag

Straße	Hauptstr. 38
PLZ	74915
Gründung	1768
Inhaber	Wolfgang Haag
Internet	www.adler-brauerei-waibstadt.de

Sorten Adlerbräu: -Export, -Bockbier, -Festbier – alles in Bügelflaschen
Ausstoß 1500 hl
Bemerkung Alle Biersorten werden mit Sorgfalt und Liebe durch den handwerklichen Braumeister Markus Hillenbrand eingebraut. In der Brauereigaststätte „zum Adler" wird Bierschnaps aus der eigenen Brennerei kredenzt.

Waischenfeld

Brauerei Heckel

Straße	Vorstadt 20
PLZ	91344
Gründung	seit 1890 in Familienbesitz
Inhaber	Alfons Heckel

Sorten Vollbier hell
Ausstoß 350 hl
Bemerkung In der Brauereigaststätte gibt es nur flüssige Nahrung; Brotzeiten müssen die Gäste selbst mitbringen.

Waischenfeld-Breitenlesau

Brauerei Krug Breitenlesau

Straße	Nr. 1b
PLZ	91344
Gründung	1834
Inhaber	Konrad Krug

Sorten Pilsener, Festbier, Lager dunkel, Bockbier, Gaas-Seidla (dunkles Bier m. Kirschlikör)
Ausstoß 14 000 hl
Bemerkung Tanzsaal und ein schattiger uriger Biergarten gehören zum Brauereigasthof, der Brotzeiten, Pfannenschnitzel, Bratwürste und geräucherten Schinken aus Hausschlachtung serviert.

Straße	Nankendorf 41
PLZ	91344
Gründung	1848
	Familienbesitz
Inhaber	Georg Schroll

Sorten Landbier Märzen, Bockbier, Festbier
Ausstoß 1500 hl
Bemerkung Nur sonntags gibt es Mittagstisch mit verschiedenen Braten in der Brauereigaststätte, sonst Hausmacher Brotzeiten aus eigener Schlachtung mit Pressack, Schinken u.a.

Waldkirch

Hirschenbrauerei GmbH & Co KG

Straße	Goethestr. 21
PLZ	79183
Gründung	1868
Inhaber	Familie Neff

Sorten Hirschen-Bräu: -Pils, -Festbier, -Export, -Bockbier, -Dunkel Export
Ausstoß –
Bemerkung Ein großer uriger Biergarten unter Kastanien gehört zur Brauereigaststätte „Stadtrainsee", die badische Gerichte serviert. Über einen kleinen, ruhigen Biergarten im Hof verfügt die Brauereigaststätte „zum Hirschen"; auch hier wird nach badischer Art gekocht.

Waldsassen

Ziegler-Brauerei OHG

Straße	Stationsweg 50
PLZ	95652
Gründung	1847
Inhaber	Felicitas Hart

Sorten Böhms böhmisches als herbes Pils und dunkles Pils; Ziegler: -heller Bock, -Kappl Weiße, -Export, -Pils, Hell in der Bügelflasche
Ausstoß 12 000 hl
Bemerkung Angeboten werden Brauereibesichtigungen mit Bierseminar, Zwickelprobe und Bauernbrotzeit in Zieglers Gaststätte an der bekannten Klosterbasilika.

Waldstetten

Brauerei „Zum goldenen Engel"

Straße	Raiffeisenstr. 4
PLZ	89367
Gründung	1665
Inhaber	Johann Mayer
Internet	www.engel-brauerei.de

Sorten Märzen, Pils, Zwickelbier naturbelassen, Engel-Weiße
Ausstoß 750 hl
Bemerkung Zu dieser letzten Kleinbrauerei im Kreis Günzburg gehört ein Braugasthof mit Fremdenzimmern und Saal. Die gutbürgerliche Küche bereitet schwäbische Gerichte aus eigener Schlachtung auch zum Mitnehmen zu.

Walkertshofen

Brauerei Schorer

Straße	Grimoldsrieder Str. 2
PLZ	86877
Gründung	1846
Inhaber	Franz Schorer jun.

Sorten Festbier, Märzen, Stauden Weiße, Leichte Weiße, Staudengold Export

Ausstoß 1000 hl

Bemerkung Außer Brotzeiten gibt es Essen nur auf Bestellung in der Brauereigaststätte dieser kleinsten Brauerei in Bayerisch-Schwaben.

Wallerstein

Fürstliches Brauhaus Wallerstein AG

Straße	Berg 78
PLZ	86757
Gründung	1598
Inhaber	Fürst zu Oettingen-Wallerstein
Internet	www.fuerst-wallerstein.de

Sorten Fürsten: -Hell, -Felsenquell Export, -Medium, -Hefeweizen hell u. dunkel, -Pils, -Frühlings-Böckle, -Zwickel-Bier, -Classic, -Landsknecht Bier, -Weihnachts-Böckle

Ausstoß 65 000 hl

Bemerkung Viel zu sehen gibt es beim Brauereirundgang, im Brauereimuseum und bei der Multi Media Show „Fürst Wallerstein Bier World". Die anschließende Brotzeit im Bräustüberl „Fürstl. Keller" bietet Bierbrot mit Wildleberwurst.

Wallhausen-Michelbach (Lücke)

Adlerbraurei Carl Schmetzer

Straße	Reubacher Str. 3
PLZ	74599
Gründung	1716
Inhaber	C. Schmetzer

Sorten Michelbacher: -Export, -Starkbier, -Pils, -Schwarzer Adler, -Hefepils

Ausstoß 4000 hl

Warburg

Warburger Brauerei GmbH

Straße	Kuhlemühle
PLZ	34414
Gründung	1721
Inhaber	Familie Kohlschein
Internet	www.warburger-bier.de

Sorten Warburger: -Pilsener, -Urtyp, -Landbier

Ausstoß 30 000 hl

Bemerkung Warburger unterhält ein eigenes Brauereigespann für Festumzüge. In der historischen Altstadt lädt am alten Brauereistandort der Brauereiausschank zur Einkehr ein.

Warmensteinach-Hütten

Brauerei Hütten Michael Trassl OHG

Straße	Hütten 6–8	
PLZ	95485	
Gründung	1887	
Inhaber	Horst u. Wolfgang Nickl	

Sorten Hütten: -Export, -Märzen, -Pilsner, -Hell, -Hefe Weiße

Ausstoß 4000 hl

Bemerkung Hütten ist spezialisiert auf Zeltfeste und hat eine eigene Brennerei, die Bierschnaps herstellt.

Warstein

Warsteiner Brauerei Haus Cramer KG

Straße	Domring
PLZ	59581
Gründung	1753
Inhaber	Albert Cramer
Internet	www.warsteiner.com

Sorten Warsteiner: -Pils, -Light, -fresh

Ausstoß 4,647 Mio hl

Bemerkung Zur Warsteiner Gruppe gehören: Paderborner Brauerei Haus Cramer KG, Miller Brands Germany GmbH, König Ludwig GmbH & Co. KG Schloßbrauerei Kaltenberg.

Wartenberg

Reiter-Bräu OHG

Straße	Untere Hauptstr. 2
PLZ	85456
Gründung	1716
Inhaber	Ferdinand Reiter

Sorten Wartenberger Bierspez.: -Hell, -Dunkel Export, -Pils, -Export hell, -Steyrer Weiße hell-dunkel-leicht

Ausstoß 5000 hl

Bemerkung Bierbegleitende Speisen, bayerische Schmankerl aus der Region sowie internationale Küche – der Brauereigasthof ist vielseitig und betreibt auch ein Hotel.

Wassertrüdingen-Fürnheim

Forst-Quell-Brauerei von Friedrich Höhenberger

Straße	Fürnheim 35
PLZ	91717
Gründung	seit 1731 in Familienbesitz – Stammhaus der Familie Kollmar
Inhaber	Familie Kollmar
Internet	www.forst-quell.de und www.oettinger-bier.de

Sorten Gold (helles Bier naturtrüb), Kupfer (dunkles Bier naturtrüb), Bock naturtrüb

Ausstoß 400 hl

Bemerkung Der Braubetrieb ruhte 1958–1996, seitdem wird wieder gebraut in der Versuchs- und Lehrbrauerei vom Brauhaus Oettingen. Angeschlossen ist ein stilechter Erlebnisgasthof mit einheimischer Küche; Bierbrand aus eigener Brennerei.

Wattendorf

Brauerei Dremel

Straße	Hauptstr. 21
PLZ	96196
Gründung	1865
Inhaber	Günther Dremel

Sorten Dunkles Vollbier

Ausstoß 500 hl

Bemerkung Fränkische Hausmacher Brotzeiten aus eigener Schlachtung offeriert der Brauereigasthof.

Wattendorf

Brauerei Hübner

Straße	Hauptstr. 28
PLZ	96196
Gründung	1806
Inhaber	Johannes Hübner
Internet	www.brauerei-huebner.de

Sorten Zwickelbier naturtrüb, Dunkles
Ausstoß 900 hl
Bemerkung Im Biergarten und in der Brauereigaststätte werden verschiedene Tagesgerichte und Hausmacher Brotzeiten aus eigener Schlachtung aufgetischt.

Weiden

Gambrinus Brauerei Rohrwild e.K.

Straße	Keplerstr. 15–23
PLZ	92637
Gründung	1927
Inhaber	Ernst Rohrwild
Internet	www.gambrinus-weiden.de

Sorten Premium Pils, Perl Weizen, Dunkel, Helles Hefe Weizen, Leichte Weiße, Hell, Dunkles Hefe Weizen, Märzen, Festbier, Sparta Schankbier, Max-Reger-Dunkel
Ausstoß 30 000 hl
Bemerkung Oberpfälzer Küche pflegt die Brauereigaststätte „Gambrinus".

Weihmichl-Unterneuhausen

Brauerei Weinzierl Unterneuhausen

Straße	Hauptstr. 2
PLZ	84107
Gründung	1825
Inhaber	Paul Weinzierl

Sorten Pils, Export Weißbier, Export
Ausstoß 3000 hl

Weilburg

Brauerei August Helbig KG

Straße	Ahäuser Weg 8–12
PLZ	35781
Gründung	1822
Inhaber	Familie Helbig

Sorten Altdeutsch dunkel, Weilburger Pils, Weilburger Export, Weilburger Lord Pils
Ausstoß 10 000 hl
Bemerkung Einheimische Küche offeriert man im „Weilburger Hof" und in seinem Biergarten.

Weiler-Simmerberg

Aktienbrauerei Simmerberg

Straße	Ellhofer Str. 2
PLZ	88171
Gründung	1897
Inhaber	Vorst. Peter Wenner

Sorten Simmerberger: -Gold hell und naturtrüb, -Pils, -Hefeweizen hell und dunkel, -Rödler (Spezialbier dunkel naturtrüb)
Ausstoß 5000 hl
Bemerkung Brotzeiten, regionale Gerichte und bierbegleitende Speisen serviert man in der Brauereigaststätte „Bräustatt und Taverne" und in ihrem Biergarten; dazu einen Bierhefeschnaps.

Weiler

Postbrauerei Weiler Anton Zinth KG

Straße	Käsgasse 17
PLZ	88171
Gründung	1650
Inhaber	Familie Zinth
Internet	www.post-brauerei.de und www.hotel-post-weiler.de

Sorten Post: -Pilsener, -Hefe Weizen, -Allgäu Weiße Leicht, Zwickelbier naturtrüb, -Edel privat, -Weizen Bock, -Weizen Dunkel, -Festbier, -Bayerisch Hell, Förderstoff in der 0,33 Bügelflasche
Ausstoß 24 000 hl
Bemerkung Zum Vergnügen wird das Essen im Brauereigasthof „Hotel Post", dessen feine gutbürgerliche Küche österreichisch geprägt ist und dessen gepflegte Gastlichkeit besticht.

Weilheim Obb.

Dachsbräu oHG

Straße	Murnauer Str. 5
PLZ	82362
Gründung	1879
Inhaber	Ulrich Klose, Berta Beck
Internet	www.dachs-bier.de

Sorten Dachsbräu: -Dunkel, -Ultimator, -Weizen, -hell, -Weizenbock, -Urhell
Ausstoß 8000 hl
Bemerkung Gutbürgerliche Küche pflegt die Brauereigaststätte, zu der ein uriger Biergarten gehört.

Weilheim Kr. Waldshut

Privatbrauerei Waldhaus Joh. Schmid GmbH

Straße	Waldhaus 1
PLZ	79809
Gründung	1846
Inhaber	Familie Schmid
Internet	www.waldhaus-bier.de

Sorten Waldhaus: -Diplom Pils, -Spezial Bier, -Light Line, -Doppelbock, -Schwarzwald Weiße, -ohne Filter naturtrüb
Ausstoß –
Bemerkung Die Waldhaus Brauerei hat über Jahre hinweg höchste Auszeichnungen der Deutschen Landwirtschafts-Gesellschaft gewonnen. Die bayerische Küche des Brauerei-Gasthofs serviert saisonale Spezialitäten, verschiedene Rösti-Gerichte, Gerstensuppe mit Bockbier gekocht, Salate mit Biervinaigrette, Bockbierzabaione mit Schokoladeneis.

Weimar

Brauerei Weimar-Ehringsdorf

Straße	Hainweg 13
PLZ	99425
Gründung	1840
Inhaber	Rosenbrauerei Pößneck
Internet	www.ehrings-dorfer.de

Sorten Ehringsdorfer Urbräu
Ausstoß 10 000 hl
Bemerkung Die Brauerei wurde 1998 von der Familie Wagner aus Insolvenzmasse erworben und der Braubetrieb im Mai 2003 nach erheblichen Investitionen wieder aufgenommen.

Weismain

Püls Bräu oHG

Straße	Burgkunstadter Str. 41/43
PLZ	96260
Gründung	1798
Inhaber	Familie Püls
Internet	www.weis-mainer.de

Sorten Weismainer: -Krone Pils, -Premium, -Feinherb, -Urhell, -Kellertrunk, -Weiße, -Treibstoff, -Abt Knauer Bock, -Twisty, -Edelstoff naturtrüb
Ausstoß 80 000 hl
Bemerkung Püls gewann 2002 bei der Qualitätsprüfung der Deutschen Landwirtschafts-Gesellschaft zwei Gold- und vier Silbermedaillen. Die eigene Brennerei stellt Bierschnaps her.

Weißenbrunn

Gampertbräu Gebr. Gampert GmbH & Co KG

Straße	Braustr. 2–4
PLZ	96369
Gründung	1514
Inhaber	Familie Höfner
Internet	www.gampert-braeu.de

Sorten Förster: -Pils, -Gold, -Dunkel, -Hell, -Märzen, -Leicht, -Weiße
Ausstoß 50 000 hl
Bemerkung Bierschnaps aus eigener Brennerei: Förstergeist. Seit Jahren erhalten Biere von Gampertbräu höchste Auszeichnungen der Deutschen Landwirtschafts-Gesellschaft. Klein, aber fein das Brauerei-museum.

Weißenburg

Brauerei Andreas Schneider „Zur Kanne"

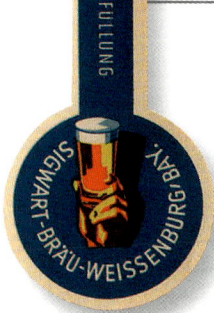

Straße	Bachgasse 15
PLZ	91781
Gründung	1772
Inhaber	Thomas Schneider
Internet	www.schneider-bier.de

Sorten Schneider-Bräu: -Pils, -Helles, -Märzen, -Weizen naturtrüb, -Weizen leicht
Ausstoß 3000 hl
Bemerkung Das Bräustüberl heißt wie die Brauerei „Zur Kanne" und hat fränkische Spezialitäten im Angebot; Spezialität: Bratwürste. Schattig und urig präsentiert sich der Araunerskeller, wo es fränkische Brotzeiten gibt. Man beachte das sehenswerte Brauereimuseum.

Weißenburg

Brauerei Sigwart KG

Straße	Roßmühle 10
PLZ	91781
Gründung	1451
Inhaber	Wolfgang Aurnhammer

Sorten Sigwart: -Premium Pils, -Leichte Weiße, -Dunkle Weiße, -Festbier, -Hell, -Hefe Weizen, -Weißenburger Weiße
Ausstoß 20 000 hl
Bemerkung Die Fränkische Küche von Sigwart's Bräustüberl und Biergarten empfiehlt Steaks, Schäuferla, Hax'n. Fränkische Brotzeiten werden auf dem urigen Sigwart's Keller serviert.

Weißenhorn

Brauerei-Gasthof „Zum Hasen"

Straße	Hauptstr. 13
PLZ	89264
Gründung	um 1600
Inhaber	Anton Walser

Sorten Weißenhorner Märzen, Karl Lense Dunkel
Ausstoß 500 hl
Bemerkung Saisonale Spezialitäten rund ums Bier sowie vorzügliche Gerichte auf schwäbische Art offeriert die historische Brauereigaststätte „zum Hasen"; Übernachtung möglich.

Weißenohe

Klosterbrauerei Weißenohe GmbH & Co KG

Straße	Klosterstr. 20
PLZ	91367
Gründung	seit 1827 in Familienbesitz
Inhaber	Familie Winkler
Internet	www.kloster-brauerei-weissenohe.de

Sorten Weißenoher: -Export Dunkel, -Kloster Spezial, -Benediktiner Pils Premium, -Altfränkisch, -Eucharius Märzen, -Bonifatius Starkbier
Ausstoß 22 000 hl

Weißenstadt

Brauerei Georg Michael GmbH

Straße	Kirchenlamitzer Str. 64–66
PLZ	95163
Gründung	1906
Inhaber	Beate und Hermann Michael
Internet	www.brauerei-michael.de

Sorten Premium Pils, Märzen Lager, Egerthaler Leicht, fränkisches Kellerbier, Weißenstädter See Weiße
Ausstoß 5000 hl

Weißenthurm/Rhein

Brauerei Schultheis GmbH & Co KG

Straße	Hauptstr. 3–9
PLZ	56575
Gründung	1857
Inhaber	Schultheis Beteiligungs GmbH

Sorten Kandi Malz
Ausstoß 34 000 hl
Bemerkung Seit 1993 Tochterunternehmen der Bitburger Brauerei Th. Simon GmbH Bitburg

Werneck

Wernecker Bierbrauerei Inh. Hans Jörg Lang e.K.

Straße	Schönbornstr. 2–4
PLZ	97440
Gründung	1621
Inhaber	Hans Jörg Lang
Internet	www.wernecker-bier.de

Sorten Wernecker: -Premium Pils, - Laurentius (naturtrübes Kellerbier), Balthasar Neumann Hefe Weiße Hell und Schwarz, Bayerisch Hell, Bayerisch Dunkel, Weihnachtsbier
Ausstoß 17 000 hl
Bemerkung Fränkische Küche pflegt der Brauereigasthof, zu dem ein Biergarten gehört.

Wernigerrode

Hasseröder Brauerei GmbH

Straße	Auerhahnring 1
PLZ	38855
Gründung	1872
Inhaber	Interbrew Deutschland Holding GmbH
Internet	www.hasse-roeder.de

Sorten Hasseröder Premium Pils
Ausstoß 2,320 Mio hl
Bemerkung Tochterunternehmen der Gilde Brauerei AG Hannover.

Wertingen

Schwanenbräu Hans Carry KG

Straße	Schmiedgasse 1–2
PLZ	86637
Gründung	1416
Inhaber	Fritz Carry
Internet	www.schwa-nenbraeu.com

Sorten Schwanen Bräu: -Hell, -Dunkel, -Leicht, -Spezial, -Pils, -Monatsbier, - Original Lagerbier, -Kellerbier naturtrüb
Ausstoß 4000 hl
Bemerkung Angeschlossen sind ein Brauereimuseum und der Gasthof „zum Schwan" mit Hotel sowie der Biergarten Weber, der sehr empfehlenswerte Biergartenspeisen sowie einen Dunkelbierlikör bereithält.

Wiehl

Erzquell Brauerei Bielstein Haas & Co KG

Straße	Bielsteiner Str. 108
PLZ	51674
Gründung	1900
Inhaber	Dr. Axel Haas
Internet	www.zunft-koelsch.de

Sorten Erzquell Pils, Kupfer Alt, Zunft Kölsch
Ausstoß 150 000 hl
Bemerkung Zweigbetrieb in Siegen-Niederschelden.

Wiernsheim

Adlerbräu

Straße	Bei der Linde 5
PLZ	75446
Gründung	1865
Inhaber	Ramona und Robert Jentzsch-Volk
Internet	www.adler-braeu.de

Sorten Adler-Bräu: -Export, -Lindenquell, -Leopils, -Conrator Doppelbock, -Werschemer Woiza
Ausstoß 1500 hl
Bemerkung Brautradition wie zu Großvaters Zeiten; Lagerung acht Wochen im historischen Felsenkeller; naturtrübe Bierspezialitäten in Siphonflaschen; Brauereigaststätte.

Wiesen

Bürgerl. Brauhaus Wiesen Christof Hartmann GmbH & Co KG

Straße	Hauptstr. 97
PLZ	63831
Gründung	1888
Inhaber	Karola Elsesser, Roland Otto
Internet	www.brauhaus-wiesen.de

Sorten Wiesener: -Kellerbier ungefiltert, -Märzen, -Export, -Pils, -Ökopils, -Frühlingsbock, -Räuberbock, -Räuberweiße hell und dunkel
Ausstoß 12 000 hl
Bemerkung Alle Biere äußerst empfehlenswert. Einen sehr guten Mittagstisch mit verschiedenen Spezialitäten wie Wild und Hausmacher Brotzeiten bieten Brauereigasthof und Biergarten „Kreuzwirt".

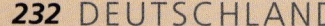

Bierbrauerei „Zum Lamm" Karl Ege GmbH & Co

Straße	Westerheimer Str. 4
PLZ	73349
Gründung	seit 1867 in Familienbesitz
Inhaber	Karl Ege

Sorten Wiesensteiger: -Keller Pils, -Goißbock, -Weißbier, -Dunkel, -Spezial, -Pilsener, -Festbier
Ausstoß 5000 hl
Bemerkung Herzhafte Hausmacher Brotzeiten, Spezialität: Tellersülze, werden in der Brauereigaststätte serviert; dazu Bierbrand aus eigener Brennerei.

Wieseth

Brauerei Fischer GmbH & Co KG

Straße	Hauptstr. 18
PLZ	91632
Gründung	1607
Inhaber	Angela Hüttner

Sorten Fischer Landbräu: -Das Spezial, -Das Pils, -Das Helle, -Bockbier
Ausstoß 3000 hl
Bemerkung Hausmacher Brotzeiten kommen in der Brauereigaststätte auf den Tisch.

Hausbrauerei Schmitz-Mönk

Straße	Jakob-Krebs-Str. 28
PLZ	47877
Gründung	1903
Inhaber	Willi Schmitz

Sorten Altbier, Weizen, Maibock, Erntebock
Ausstoß 860 hl
Bemerkung In der urigen Brauereigaststätte gibt es verschiedene Tagesgerichte; Räume für Familienfeiern und Gesellschaften vorhanden.

Windesheim

Präsidenten Pils GmbH & Co Brauerei

Straße	Kreuznacher Str. 4
PLZ	55452
Gründung	1873
Inhaber	Hans Erich Fuchs
Internet	www.praesidentenpils.de

Sorten Präsidenten Pils, Eber Bräu, Präsidenten Alt, Fuchs Edel-Pils, Präsidenten Weizen
Ausstoß 30 000 hl
Bemerkung Speisen aus gutbürgerlicher Küche offeriert der Brauereiausschank.

Windischeschenbach

Privat Brauerei Würth

Straße	Bahnhofstr. 7
PLZ	92670
Gründung	1880
Inhaber	Ludwig Würth

Sorten Hell, Pils, Spezial, Weihnachtsbier, Festbier, Zoigl
Ausstoß 3000 hl
Bemerkung Eine Brauereigaststätte ist angeschlossen.

Windischeschenbach

Kommunbrauhaus Neuhaus

Straße	Marktplatz 20
PLZ	92670
Gründung	1415
Inhaber	ca. 15 brauende Genossen, Sprecher Manfred Punzmann

Sorten Zoigl, obergäriges Zoigl, Zoigl Bock
Ausstoß 125 hl
Bemerkung Zoigl ist ein ungefiltertes Bier mit langer Lagerzeit. Alle fünf Wochen öffnet ein Zoiglwirt seine Gaststätte und schenkt das Zoigl aus. Hierzu gibt es deftige Hausmacher Brotzeiten aus eigener Schlachtung.

Winklarn

Brauerei Maria Betz

Straße	Johann-Metzler-Str. 19
PLZ	92559
Gründung	1890
Inhaber	Maria Betz

Sorten Frauenstein: -Pils, -Gold, -Hell, -Festbier
Ausstoß 5000 hl

Winnweiler

Privatbrauerei Bischoff GmbH & Co KG

Straße	An den Hopfengärten 6
PLZ	67722
Gründung	1866
Inhaber	Familie Bischoff
Internet	www.bischoff-bier.de

Sorten Bischoff: -Premium Pilsener, -Doppelbock, -Pils, -Export; Donnersberger Schwarzbier, Christian Bischoff Kellerbier; Falkensteiner-Weizenbiere: -Ur-Schwarze, -Ur-Weiße, -Weizen
Ausstoß 130 000 hl
Bemerkung Auf Anfrage sind Brauereibesichtigungen möglich mit anschließender Einkehr im Bräustübchen. Alljährlich am ersten Augustwochenende steigt ein Brauereifest.

Wittichenau

Stadtbrauerei Wittichenau E. Glaab GmbH

Straße	Haschkestr. 33
PLZ	02997
Gründung	1356
Inhaber	Familie Glaab
Internet	www.wittichenauer.de

Sorten Wittichenauer: -Gold, -Pils, -Bock; St. Marienstern Klosterbräu: -Spezial, -Dunkel, -Lausitzer Premium Pils
Ausstoß 20 000 hl
Bemerkung Gemütlich beisammen sitzt es sich in der gemütlichen Brauereigaststätte, die über eine Kegelbahn verfügt.

Wittingen

Privatbrauerei Wittingen GmbH

Straße	Ernst-Stackmann-Str. 7
PLZ	29378
Gründung	1429
Inhaber	Familie Schulz-Hausbrandt
Internet	www.wittinger.de

Sorten Wittinger: -1429 Das Original, -Premium, -Pils, Stackmann's Dunkel
Ausstoß 365 000 hl
Bemerkung Das Unternehmen gehört zu den ältesten aktiven Brauereien Deutschlands.

Wolframs-Eschenbach

Gentner Bräu

Straße	Dr.-Joh.-Bapt.-Kurz-Platz 2
PLZ	91639
Gründung	1792
Inhaber	Harald Gentner
Internet	www.gentner-braeu.de

Sorten Gentner Bräu:-Landbier hell, -Kellerbier naturtrüb, -Minnesänger Pils, -Fränkisches Dunkel, -Sternles Bier, -Blonder Bock
Ausstoß 14 000 hl

Worbis

Brauerei Neunspringe Worbis GmbH

Straße	Duderstädter Str. 33
PLZ	37339
Gründung	1867
Inhaber	versch. Gesellschafter, GF Herr Laxy
Internet	www.brauerei-neunspringe.de

Sorten Neunspringer: -Pilsner, -Dunkel, -Premium, -Weihnachts-Dunkel, -Dunkler Bock
Ausstoß 25 000 hl
Bemerkung Brauereibesichtigungen sind nach Vereinbarung möglich. Das zugehörige Bräustüberl eignet für Feiern zu besonderen Anlässen. Sehenswert der Bärenpark im Freigelände neben der Brauerei. Nahebei die Burg Bodenstein mit angeschlossener Gastronomie.

Würzburg

Würzburger Hofbräu AG

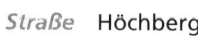

Straße	Höchberger Str. 28
PLZ	97082
Gründung	1643
Inhaber	Hauptaktionär: Baron August von Finck
Internet	www.wuerz-burger-hof-braeu.de

Sorten Premium Pilsener, Julius Echter Weißbier, Schwarzbier, Export, Festbier, Sympator Doppelbock
Ausstoß 380 000 hl
Bemerkung Tochterfirmen sind Werner-Bräu GmbH Poppenhausen und Lohrer Bier GmbH Lohr.

Wunsiedel

Hönicka-Bräu GmbH & Co KG

Straße	Hofer Str. 31
PLZ	95632
Gründung	1778
Inhaber	Familie Popp
Internet	www.hoe-nicka.de

Sorten Luisenburg Pils, Unser Landbier, Wunsiedler Weißbier, Wonnesud, Hönickator Doppelbock
Ausstoß 10 000 hl
Bemerkung Fränkische Küche führt die Brauereigaststätte „Ratsstub'n".

Wunsiedel

Lang Bräu oHG

Straße	Bayreuther Str. 18
PLZ	95632
Gründung	1853
Inhaber	Irma Hopf, Gerda Lang
Internet	www.lang-braeu.de

Sorten Schönbrunner: -Siebensternchen Pils, -Festbier, -Hell, -Pils, -Spezial, -Burggraf Dunkel, -Urbock, -Weißbier hell und dunkel, -Weißbier medium, Erotikbier (probieren lohnt sich)
Ausstoß 20 000 hl
Bemerkung Die sehr gute fränkische Küche des Bräustübls bietet wechselnde Tagesgerichte und Hausmacher Brotzeiten aus eigener Schlachtung an; Spezialität: Schlachtschüssel. Übernachtung in modernen Fremdenzimmern.

Wurmlingen

Hirsch-Brauerei Honer GmbH & Co KG

Straße	Friedrichstr. 34
PLZ	78573
Gründung	1782
Inhaber	Rainer Honer
Internet	www.hirsch-brauerei.de

Sorten Honer: -Gold, -1782, -16 Ender Bockbier; Hirsch: -Zwickl, -Hefe Weiße, -Sport Weiße, -Kristall Weiße, -Dunkle Hefe Weiße, Möhringer Kronen Bier
Ausstoß 90 000 hl

Zapfendorf

Drei-Kronen-Brauerei

Straße	Hauptstr. 26
PLZ	96199
Gründung	1600
Inhaber	Josef Hofmann

Sorten Vollbier, Pils
Ausstoß 600 hl
Bemerkung Ein großer Tanzsaal, Fremdenzimmer und ein Biergarten gehören zur Brauereigaststätte, deren fränkische Küche als Spezialitäten Forellen und Gegrilltes auf den Tisch bringt; jeden Mittwoch Hausschlachtung.

Zapfendorf

Brauerei Hennemann Unterleiterbach

Straße	Schloßstr.2
PLZ	96199
Gründung	1880
Inhaber	Albert Hennemann

Sorten Lätterbacher Weiße, Lagerbier, Kerwesbier
Ausstoß 700 hl
Bemerkung Übernachten kann man in der Brauereigaststätte und sehr gut fränkisch essen: Zu den verschiedenen Braten-Gerichten aus eigener Schlachtung mundet ein Schnaps aus der eigenen Brennerei.

Zeil

Brauerei Göller „Zur Alten Freyung"

Straße	Wildgarten 12
PLZ	97475
Gründung	1514
Inhaber	Franz Josef Göller
Internet	www.brauerei-goeller.de

Sorten Göller: -Original Lager, -Pilsner, -Rauchbier, -Dunkel, -Zwickel, -Bock, -Freyungs Weiße, -Steinhauer Weiße, -Hausbrauer, -Weizenbock
Ausstoß 45 000 hl
Bemerkung Abfüllzentrum für verschiedene mittelständische Brauereien; hauptsächlich Bügelflaschen. Der Brauereigasthof führt fränkische Küche und hat einen historischen Biergarten.

Zell – Oberzell

Schloßbrauerei Schwarzfischer Oberzell

Straße	Oberzeller Str. 1
PLZ	93199
Gründung	1825
Inhaber	Alfons Schwarzfischer

Sorten Vollbier Hell, Edel Märzen, Export
Ausstoß 3000 hl
Bemerkung Über Fremdenzimmer und Biergarten verfügt der Brauereigasthof, der regionale Spezialitäten offeriert: Hausmacher Brotzeiten, Hax'n, Zwiebelfleisch, Wildschwein, Hirsch.

Zimmern – Flözlingen

Hirschbrauerei Flözlingen

Straße	Eschachstr. 15
PLZ	78658
Gründung	1793
Inhaber	Rolf Schittenhelm
Internet	www.hirsch-braeu.de

Sorten Spezial, Halbdunkel, Weihnachtsbock, Osterbock, Kirbesbock, Maibock, Naturtrübes Kellerbier
Ausstoß 200 hl
Bemerkung Die Hirschbrauerei hat eine eigene Brennerei, die als Spezialitäten Hopfentröpfle und Bockbierlikör herstellt. Die deftige schwäbische Küche des Gasthofs „Zum Hirsch" bietet an: Sauerkraut und Bratwürste aus eigener Schlachtung, Hausmacher Vesper, Saure Kutteln mit Nierchen. Fans sagen: Wer nicht hier war, hat nicht gelebt.

Zirndorf

Brauerei Zirndorf GmbH

Straße	Rote Str. 8–10
PLZ	90513
Gründung	1674
Inhaber	Brau und Brunnen AG Dortmund

Sorten Zirndorfer: das fröhliche Bier vom Land
Ausstoß 80 000 hl
Bemerkung Bis 1972 Zweigbetrieb der Grüner Bräu AG Fürth, bis 1997 Zweigbetrieb der Patrizier Bräu AG Fürth, bis Juli 2003 Zweigbetrieb der Tucher Bräu KG Nürnberg.

Zusmarshausen

Schwarzbräu GmbH

Straße	Marktplatz 6
PLZ	86441
Gründung	1648
Inhaber	Familie Schwarz
Internet	www.schwarz-braeu.de

Sorten Schwarzbräu: -Pilsener, -Exquisit, -feines Helles, -Urtyp, -Dunkel, -Weizen hell, dunkel und leicht, -Schweden Pils, -Schweden Weizen, -Schweden Bock dunkel
Ausstoß 137 000 hl
Bemerkung Die Schwarzbräu hat eine eigene Mälzerei und ein Bräustüberl, dessen bayerisch-schwäbische Küche u.a. Brauersteak, Schweinshax'n und schwäbischen Rostbraten serviert.

Zuzenhausen

Adlerbräu Herbert Werner GmbH & Co KG

Straße	Hoffenheimer Str. 1
PLZ	74939
Gründung	1832
Inhaber	Wilhelm Werner

Sorten Dachsenfranz dunkel, Dachsenfranz Kellerbier, Schulz-Keidel-Bock, Adler-Bräu: -Privat Pils, -Spezial Export, -Weihnachtsbier

Ausstoß 19 000 hl

Bemerkung Die Adlerbräu verfügt über Hausbrennerei und Brauereigasthof-Hotel „Adler" mit Biergarten. Im urgemütlichen Ambiente schmecken die raffiniert veredelten Speisen der badischen Küche vortrefflich.

Zwickau

Mauritius Brauerei GmbH

Straße	Talstr. 2
PLZ	08066
Gründung	1859
Inhaber	Dinckelacker-Schwaben Bräu AG Stuttgart
Internet	www.mauritius-brauerei.de

Sorten Mauritius: -Zwickauer Pilsener, -Urtyp Export, -Bock dunkel, -Schwarzes Gold

Ausstoß 400 000 hl

Zwiefalten

Zwiefalter Klosterbräu OHG

Straße	Hauptstr. 24
PLZ	88529
Gründung	1521 erstmals urkundlich erwähnt
Inhaber	Familie Baader
Internet	www.zwie-falter.de

Sorten Zwiefalter Kloster: -Weizen, -Pils, -Pilsner, -Export, -Festbier, -Exclusiv, -Privat, -Heller Bock

Ausstoß 95 000 hl

Bemerkung Brauereibesichtigung nach Vereinbarung. Die Klostergaststätte mit Biergarten und die sehr schöne Klosterkirche sind einen Besuch wert.

Zwiesel

Erste Dampfbierbrauerei W. Pfeffer KG

Straße	Regener Str. 9–11
PLZ	94227
Gründung	1889
Inhaber	Dr. Pfeffer
Internet	www.dampf-bier.de

Sorten Dampfbier, Nationalpark Pilsener, Hell, Festbier, St. Wolfgang Weiße, Silvator, Altbairische Hefeweiße, Altbairische Dunkle Weiße, Dampfbräu Pils, Export

Ausstoß 18 000 hl

Bemerkung Hier können die Besucher Bier zu bäuerlichen Schmankerln im Schalander verkosten. Außerdem gibt es ein liebevoll eingerichtetes Brauereimuseum zu besichtigen. Die Brauereigaststätte offeriert einheimische Spezialitäten.

Zwiesel

Lager- und Weißbierbrauerei GmbH & Co. KG Adam Janka

Straße	Daiminger Str. 18
PLZ	94227
Gründung	1692
Inhaber	Familie Falk
Internet	www.janka-brauerei.de

Sorten Zwieseler Hell, Edel Pils, Kupfer, 1692, Weihnachtssud, Osterbier, Weißbiere, Doppelbock Dunkel, Sepplator Maibock Hell, Biergarten Biere für Bräu-Seppl – alles in Bügelflaschen

Ausstoß 4000 hl

Bemerkung Ein sehenswertes Brauereimuseum gehört zur Brauerei, die ein mutiger Braumeister 1999 neu übernommen hat.

EUROPA

Das Morgenland, also der Vordere Orient und Ägypten, ist die Wiege des Bieres, in Europa aber, also im Abendland, ist es erst erwachsen geworden und hat einen Reichtum entfaltet, der weltweit unerreicht ist. Das liegt auch daran, dass die politisch, kulturell und geschmacklich zerklüftete Alte Welt durch die Jahrhunderte höchst unterschiedliche Brautraditionen und damit eine schier unüberschaubare Sortenpalette hervorgebracht hat. Je nachdem, von wo aus dann der Gerstensaft seinen Siegeszug in die anderen Kontinente antrat, setzten sich dort einzelne Facetten der europäischen Braukunst durch: In den USA die deutschen und britischen Vorlieben, aber auch tschechisches Know-how, in Australien und Neuseeland der englische Geschmack, in Fernost eher wieder deutsche und in Indonesien niederländische Muster.

Dabei spielte gewiss auch die Qualität eine Rolle, und da hat Europa Hochwertiges für jeden Wunsch zu bieten. Das kleine Böhmen (heute Tschechien) setzte Mitte des 19. Jahrhunderts die Pils-Revolution in Gang, Deutschland steuerte schon Jahrhunderte zuvor das Reinheitsgebot und zahllose Biere von Bock bis Kölsch, von Alt bis Hefeweizen bei, die weltoffenen Länder Belgien und die Niederlande zeigten sich experimientierfreudig in Sachen Abtei-, Würz- oder

Fruchtbier, Britannia rules nicht nur the waves, sondern auch die Ales und Stouts, Bitters und Porters. Es würde zu weit führen, all die Beiträge der vielen Bierländer einzeln aufzuzählen. Es bleibt nur festzustellen, dass der alte Kontinent sich unnachahmlich auf Gastlichkeit und mithin auf Bier versteht, das die Zunge löst und die Herzen öffnet.

NORWEGEN

Die industrielle Revolution veränderte auch die skandinavischen Trinksitten. Früher hatten Weizen- und die so genannten Sahti-Biere (mit Wacholderbeeren gewürzte) dominiert, die nun abgelöst wurden von Export- und Lagerbieren vom Pilstyp. Auch die Importe von Ale und Stout gingen zurück. Erst nach Mitte des 20. Jahrhunderts entdeckte man wieder die reichen Traditionen.

Aass Classic

Aass Bryggeri, Drammen

Gründung	1834
Typ	Pils
Alkohol	4,5 Volumen-%
Bemerkung	Die in der Nähe von Oslo angesiedelte Brauerei ist die älteste des Landes.

All Malt Royal

Pripps

Gründung	-
Typ	Light
Alkohol	2,8 Volumen %
Bemerkung	„Gourmet Beer" zielt zum einen auf den Biergenießer, meint aber auch ein Bier zur gepflegten Mahlzeit.

Blomberg

Vestlandsbryggeriet, Alesund

Gründung	-
Typ	Pils
Alkohol	4,5 Volumen-%
Bemerkung	Die Bezeichnung „Malzbier" betont die Geschmacksrichtung dieses Hellen.

Dahls Fatøl

E.C. Dahls Bryggeri, Trondheim

Gründung	1858
Typ	Lager
Alkohol	4,5 Volumen-%
Bemerkung	Fassreifung und Frische wie vom Fass rechtfertigen den Namen.

Frydenlund Bayerøl

Frydenlund, Oslo

Gründung	1859
Typ	Lager
Alkohol	4,5 Volumen-%
Bemerkung	Rotgoldenes Helles nach süddeutschem Vorbild.

Haakon Spesialøl

Macks Ølbryggeri, Tromsø

Gründung	-
Typ	Pils
Alkohol	4,5 Volumen-%
Bemerkung	Heldenbier mit königlichem Namen in Wikingertradition.

Hansa Premium

Hansa Bryggeri, Bergen

Gründung	-
Typ	Pils
Alkohol	4,5 Volumen-%
Bemerkung	Als Vorzug wird die ausgiebige Lagerung betont.

Ringnes Lettøl

Ringnes, Oslo

Gründung	1877
Typ	Light
Alkohol	2,3 Volumen-%
Bemerkung	Den Globus im Griff hat der Wappenadler der Firma.

Frydenlund Special

Frydenlund, Oslo

Gründung	1859
Typ	Lager
Alkohol	4,5 Volumen-%
Bemerkung	Mäßig im Alkoholgehalt wie fast alles Biere des Landes.

Hardanger Juleøl

Hardanger Bryggerier

Gründung	-
Typ	Ale
Alkohol	4,45 Volumen-%
Bemerkung	Für den Genuss zur Weihnachtszeit gebrautes Obergäriges.

SCHWEDEN

Von allen skandinavischen Ländern hatte in Schweden die restriktive Alkoholpolitik die nachhaltigsten Auswirkungen. Deshalb gibt es hier auch bis heute keine ausgeprägte eigene Bierkultur und keine echte Vielfalt von Brauereien. Nach wie vor dominieren in Schweden Importbiere.

Spendrup's

Spendrup's Bryggeri, Grängesberg

Gründung	-
Typ	Lager
Alkohol	5,2 Volumen-%
Bemerkung	Ein vorzügliches Pils, das Biertrinkerherzen höher schlagen lässt.

FINNLAND

Bier wird schon im Nationalepos „Kalevala" erwähnt. Heute klassifiziert man aus Steuergründen in Finnland das Bier: Leichtbiere unter 2,85 Volumen-% Alkohol sind frei und auch an Jugendliche verkäuflich. Mittelbiere, in Gaststätten und meist vom Fass ausgeschenkt, haben bis zu 4,7 Prozent Alkohol. Stärkere Sorten gibt es nur in Flaschen. Auch in Finnland haben Gasthausbrauereien mit Spezialbieren wachsenden Erfolg.

Koff I

Sinebrychoff, Kereva

Gründung	1819
Typ	Light
Alkohol	2,5 Volumen-%
Bemerkung	Früher eines der meistgetrunkenen Biere Finnlands musste Koff I Marktanteile an stärkere Mittelbiere abgeben.

Lapin Kulta Premium

Oy Hartwell AB, Helsinki

Gründung	-
Typ	Pils
Alkohol	5,2 Volumen-%
Bemerkung	Obwohl die Brauerei ihren Sitz in der finnischen Hauptstadt hat, wird dieses Lapin Kulta in einem Zweigbetrieb in Lappland gebraut.

DÄNEMARK

Dänische Bierproduzenten setzten immer schon auf den Export. 1903 tat sich die 1873 gegründete Brauerei Tuborg mit Carlsberg zusammen, 1970 fusionierten beide Firmen endgültig. Der heute dominierende Braukonzern Carlsberg/Tuborg beherrscht mit 80 Prozent des Inlandskonsums den heimischen Markt, exportiert in alle Welt und agiert in weit über hundert Ländern.

Carlsberg 47

Carlsberg, Kopenhagen

Gründung	1847
Typ	Lager
Alkohol	7,0 Volumen-%
Bemerkung	Zum 125. Jahrestag der Firma kreiertes rötliches Helles vom Hoflieferanten (siehe Krone auf dem Etikett).

Elephant

Carlsberg, Kopenhagen

Gründung	1847
Typ	Bock
Alkohol	7,2 Volumen-%
Bemerkung	Den Namen hat das Getränk von der Figur am Brauerei-Portal; es verdient ihn aber auch dank malzig-süßer Urkraft.

Gamle Carlsberg

Carlsberg, Kopenhagen

Gründung	1847
Typ	Lager
Alkohol	4,3 Volumen-%
Bemerkung	Münchener Vorbilder haben bei diesem Dunklen gewirkt.

Carlsberg Gammel Porter

Carlsberg, Kopenhagen

Gründung	1847
Typ	Stout
Alkohol	7,8 Volumen-%
Bemerkung	Schon beim Anblick des tiefdunklen Porter ahnt man Stärke und kaffeemalzigen Abgang.

Gründung –
Typ Export
Alkohol 7,7 Volumen-%
Bemerkung Kenner empfehlen für dieses „Dortmunder" eine Serviertemperatur von an die zehn Grad.

Gold Label

Tuborg, Kopenhagen

Gründung 1873
Typ Pils
Alkohol 5,8 Volumen-%
Bemerkung Wenn einfach von „Tuborg" gesprochen wird, ist meistens dieses „goldige" Pils gemeint; in über hundert Ländern erhältlich.

Julebryg

Tuborg, Kopenhagen

Gründung 1873
Typ Saisonbier
Alkohol 5,5 Volumen-%
Bemerkung Eigens zum Weihnachtsfest gebrautes gelbblondes Helles.

Odense Pilsner

Albani, Odense

Gründung 1859
Typ Pils
Alkohol 4,6 Volumen-%
Bemerkung Der Maiszusatz mildert die Herbheit nur unwesentlich.

Paaske Bryg

Albani, Odense

Gründung 1859
Typ Pils
Alkohol 5,6 Volumen-%
Bemerkung Ein herzhaftes Osterbier, kaum weniger blumig als das Etikett.

GROSSBRITANNIEN

Das Pils breitet sich auch auf den britischen Inseln aus, doch obergärige Ales, Bitters und Stouts behaupten sich zäh, ebenso die Trinkgewohnheiten. Im Pub wird dem Kunden noch heute ein für den Kontinentalgeschmack merkwürdig blumearmes Bier im randvollen Glas kredenzt. Das liegt am Verzicht auf externe Kohlensäurezufuhr. Eine Blume empfinden viele Engländer als Hürde vor dem Trinkgenuss. Auch das ändert sich allmählich, doch nirgendwo sind Traditionen so haltbar wie im Königreich. Regionale Unterschiede spielen in Großbritannien eine mindestens so große Rolle wie in Deutschland, im Falle Schottlands sogar eine besondere. In den kalten Highlands wächst kein Hopfen. Deshalb und aus der Whisky-Tradition hat Malz hier größere Bedeutung. Aus Schottland kommen viele kräftige, bitter-süße Biere mit Röstgeschmack.

Abbot Ale

Green King, Bury St. Edmunds

Gründung	1799
Typ	Ale
Alkohol	5,0 Volumen-%
Bemerkung	Süßer bis bitterer Abgang zeichnet das fruchtige Obergärige aus.

Alesman

Green Bottle, Worth Brewery, Keighley

Gründung	1992
Typ	Bitter
Alkohol	3,7 Volumen-%
Bemerkung	Die Frische des herben Alesman resultiert auch aus seiner Fruchtigkeit.

Bass Pale Ale

Bass, Burlington-upon-Trent

Gründung	1777
Typ	Ale
Alkohol	5,0 Volumen-%
Bemerkung	Aus der größten englischen Brauerei kommt dieses sehr erfrischend-herbe Helle.

Black Sheep Ale

Black Sheep, Masham/Yorkshire

Gründung	1777
Typ	Ale
Alkohol	4,4 Volumen-%
Bemerkung	Die Brauerei legt Wert auf die Feststellung, dass dieses „schwarze Schaf" nur in Masham gebraut wird und sonst nirgends.

Boddingtons Draught

Boddington, Whitbread & Co., Manchester

Gründung	1778
Typ	Bitter
Alkohol	3,8 Volumen-%
Bemerkung	In Dosen abgefüllt, wird beim Öffnen Kohlensäure aus einer Kapsel zugeführt, so dass ein Fassbiereffekt entsteht.

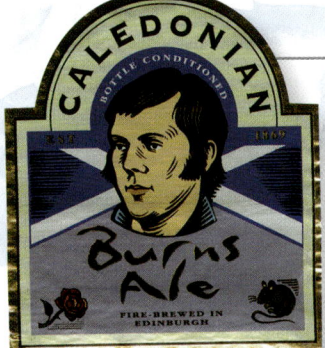

Bruns Ale

Caledonian, Edinburgh

Gründung	1869
Typ	Ale
Alkohol	4,7 Volumen-%
Bemerkung	Benannt nach dem schottischen Volksdichter Robert Burns (1759–1796).

Burton Porter

Burton Bridge, Burton-upon-Trent

Gründung	1982
Typ	Porter
Alkohol	4,5 Volumen-%
Bemerkung	Das dunkle, rauchige Porter war out. Burton wagte sich wieder an den Biertyp und hatte Erfolg.

Cains 2000

Robert Cain & Co., Liverpool

Gründung	1858
Typ	Ale
Alkohol	5,0 Volumen-%
Bemerkung	Eigens zum Jahrtausendwechsel schuf Cain ein Bier mit dem Leonardo-da-Vinci-Motiv auf dem Etikett.

Campbell's Scotch Ale

The Whitbread Beer Company, London

Gründung	1742
Typ	Ale
Alkohol	7,6 Volumen-%
Bemerkung	Der Name erinnert an die kriegerische Sippe der Campbells, die für die Unabhängigkeit Schottlands fochten.

Cockle Warmer

Jennings Brothers, Cockermouth

Gründung	–
Typ	Ale
Alkohol	6,5 Volumen-%
Bemerkung	Das Etikett verspricht nicht zu viel: Ein starker Freudenbringer.

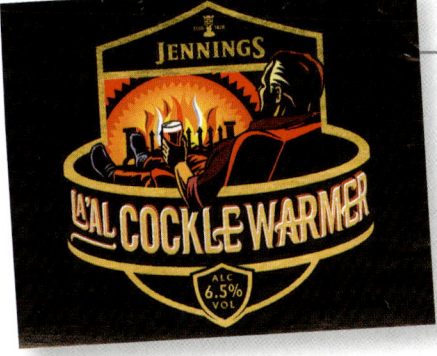

Dragonheart

Robert Cain & Co., Liverpool

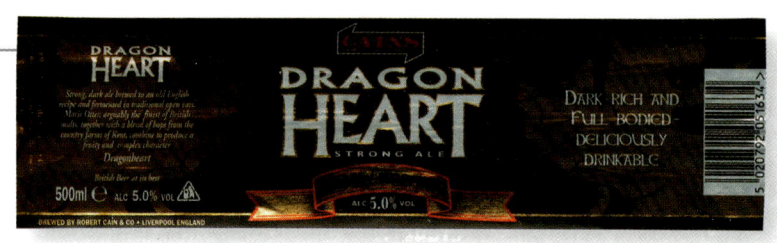

Gründung	1858
Typ	Ale
Alkohol	5,0 Volumen-%
Bemerkung	„Stark", wie das Etikett sagt, ist das dunkle „Drachenherz" nicht vom Alkoholgehalt, sondern vom Geschmack her.

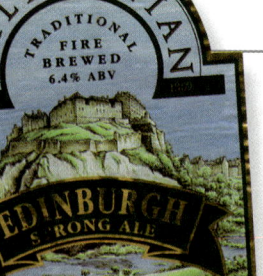

Edinburgh Strong Ale

Caledonian, Edinburgh

Gründung	1869
Typ	Ale
Alkohol	6,4 Volumen-%
Bemerkung	Bei Caledonian heizt man die Braukessel noch direkt mit Feuer.

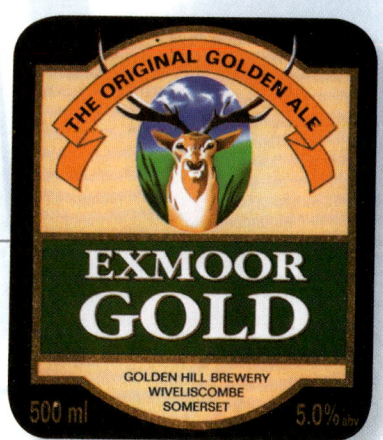

Exmoor Gold

Golden Hill, Wiveliscombe/Somerset

Gründung	1980
Typ	Ale
Alkohol	5,0 Volumen-%
Bemerkung	Goldblond leuchtet das malzige, leicht süße Ale aus dem Glas.

Farmers Glory

Wadworth & Co., Northgate/Wiltshire

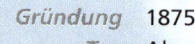

Gründung	1875
Typ	Ale
Alkohol	4,5 Volumen-%
Bemerkung	Trocken und hopfenherb verwöhnt das Obergärige den Gaumen.

Fiddler's Elbow

Wychwood & Co., Whitney

Gründung	1983
Typ	Ale
Alkohol	5,2 Volumen-%
Bemerkung	Nicht ganz so wild, wie der Geiger-Kobold aufspielt, gebärdet sich das herbe Helle.

Fraoch Heather Ale

Heather Ale

Gründung	1992
Typ	Ale
Alkohol	5,0 Volumen-%
Bemerkung	Das gälische Wort „Fraoch" bedeutet „Heidekraut", und damit würzt man auch das bernsteinfarbene Helle.

Freeminer Bitter

Freeminer, Coleford

Gründung	1992
Typ	Bitter
Alkohol	4,0 Volumen-%
Bemerkung	Blumig im Trunk und sehr trocken im Abgang ist das beliebte Freeminer.

Fuller's 1845

Fuller, Smith & Turner's, Chiswick

Gründung	1845
Typ	Ale
Alkohol	6,3 Volumen-%
Bemerkung	Zum 150. Gründungsjubiläum der Brauerei kreiertes fruchtiges Ale mit Flaschengärung.

Fuller's Golden Pride

Fuller, Smith & Turner's, Chiswick

Gründung	1845
Typ	Ale
Alkohol	9,2 Volumen-%
Bemerkung	Wie im Fluge vergeht die Zeit mit diesem Starkbier aus dem Stadtteil beim London Airport Heathrow.

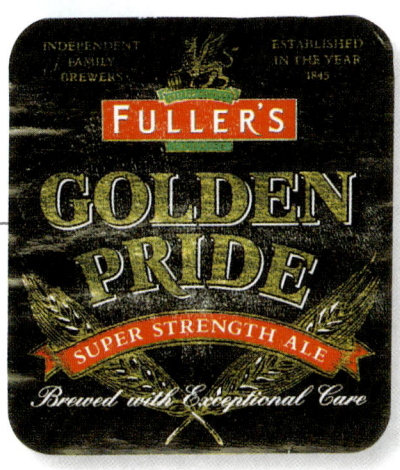

Fuller's Old Winter Ale

Fuller, Smith & Turner's, Chiswick

Gründung	1845
Typ	Ale
Alkohol	5,3 Volumen-%
Bemerkung	Chiswick gehört heute zu London, und das Winter Ale von Fuller ist daraus nicht wegzudenken.

Gordon Finest Gold Blond

Scottish Brewers, Edinburgh

Gründung	1909
Typ	Starkbier
Alkohol	10,0 Volumen-%
Bemerkung	Was so kräftig daherkommt, darf sich auch so zurückhaltend präsentieren wie dieses Goldblonde.

Gordon Xmas

Scottish Brewers, Edinburgh

Gründung	1909
Typ	Starkbier
Alkohol	8,8 Volumen-%
Bemerkung	Eigens für den belgischen Markt gebrautes Weihnachtsbier, süß-malzig.

Harvey's Christmas Ale

Harvey & Son, Lewes/Sussex

Gründung	18. Jh.
Typ	Ale
Alkohol	8,1 Volumen-%
Bemerkung	Zum Jahrtausendwechsel schuf Harvey ein „frommes" starkes Festbier.

Henry's IPA

Wadworth & Co., Northgate/Wiltshire

Gründung	1875
Typ	Ale
Alkohol	3,8 Volumen-%
Bemerkung	Leicht, aber sehr malzig-herb wie alle Indian Pale Ales.

Hi Summer

Green Bottle, Worth Brewery, Keighley

Gründung	1992
Typ	Ale
Alkohol	3,2 Volumen-%
Bemerkung	Ferien, Ausflug, Zelten – das Etikett suggeriert Unternehmungslust.

King & Barnes Festive

King & Barnes, Horsham/West Sussex

Gründung	1850
Typ	Ale
Alkohol	5,3 Volumen-%
Bemerkung	Dunkelrotes Bier von großem Geschmack, auch aufgrund der Flaschennachgärung.

King & Barnes Old Porter

King & Barnes, Horsham/West Sussex

Gründung	1850
Typ	Porter
Alkohol	5,5 Volumen-%
Bemerkung	Dunkel vom Röstmalz und reif im Aroma wird das Porter durch Flaschengärung.

King & Barnes Sussex

King & Barnes, Horsham/West Sussex

Gründung	1850
Typ	Bitter
Alkohol	3,5 Volumen-%
Bemerkung	Bitter steht drauf und ist auch drin, wobei ein malziger Geschmack durchkommt.

Macheson Stout

The Whitbread Beer Company, London

Gründung	1742
Typ	Stout
Alkohol	3,0 Volumen-%
Bemerkung	Sanft und vollmundig kommt das Bier daher; es ist unfiltriert.

McEwan's Scotch Ale

Scottish Brewers, Edinburgh

Gründung	1856
Typ	Ale
Alkohol	5,0 Volumen-%
Bemerkung	In Belgien nach schottischem Rezept für die schottische Braugruppe gebraut.

McEwan's IPA

Scottish Brewers, Edinburgh

Gründung	1856
Typ	Ale
Alkohol	4,5 Volumen-%
Bemerkung	McEwan gehört heute zur Schottischen Braugruppe, sein IPA zu den großen Herben.

Maclay Thrapple Quenscher

Forth, Alloa/Schottland

Gründung	1830
Typ	Ale
Alkohol	5,2 Volumen %
Bemerkung	„Kehlenkühler" bedeutet der Markenname, obwohl das Bier eine Schanktemperatur von 10 Grad verträgt. Maclay glbt es seil 1999 nicht mehr, Forth führt die Firma fort.

Marston's Oyster Stout

Marston & Co., Burton-upon-Trent

Gründung	–
Typ	Stout
Alkohol	4,5 Volumen-%
Bemerkung	Mit Austern braut man das kernige Dunkle nicht, es schmeckt zu der Delikatesse aber besonders delikat.

Newcastle Brown Ale

Newcastle Breweries, Newcast-upon-Tyne

Gründung	1927
Typ	Ale
Alkohol	4,7 Volumen-%
Bemerkung	Ein Helles, das angedunkelt ist durch Verschnitt mit nussigem dunklen Ale.

Norman's Conquest

Cottage Brewing, West Lydford

Gründung	1993
Typ	Ale
Alkohol	7,0 Volumen-%
Bemerkung	Fruchtiges starkes Dunkles zur Erinnerung an die normannische Invasion im Jahr 1066.

Old Brewery Pale Ale

Samuel Smith, Tadcaster

Gründung	1758
Typ	Ale
Alkohol	4,7 Volumen-%
Bemerkung	Aus kleinem, aber feinen Brauhaus, das noch in Holzfässern lagert und reifen lässt.

Old Jock

Broughton Ales, Broughton

Gründung	1980
Typ	Ale
Alkohol	6,7 Volumen-%
Bemerkung	„Jock" werden im Volksmund die schottischen Soldaten genannt; das Ale ist ihrer Stärke angemessen.

Old Nick

Young & Co., London

Gründung	1811
Typ	Barley Wine
Alkohol	7,2 Volumen-%
Bemerkung	Das starke, dunkle Ale ist vor allem für den Export bestimmt: Es wärmt, aber nicht so höllisch, wie es das Bild suggeriert.

Old Speckled Hen

Morland, Abington

Gründung	–
Typ	Ale
Alkohol	5,2 Volumen-%
Bemerkung	„Ale" steht drauf, drin ist aber eher Pils; daher vielleicht der Name „Gesprenkeltes Huhn".

Old Thumper

Ringwood, Hampshire

Gründung	1978
Typ	Ale
Alkohol	5,8 Volumen-%
Bemerkung	Kräftig ist der „Mordskerl" schon, aber doch in Maßen, Geschmack: fruchtig-trocken.

Old Timer

Wadworth & Co., Northgate/Wiltshire

Gründung	1875
Typ	Ale
Alkohol	5,8 Volumen-%
Bemerkung	Saisonbier, von Herbst bis Früh-Frühling erhältlich, fruchtig-trocken.

Santa Claus

Wychwood & Co., Whitney

Gründung	1983
Typ	Ale
Alkohol	6,0 Volumen-%
Bemerkung	Ein Weihnachtsbier mit Zimt, Muskatnuss und Nelken.

Tetley's Bitter

Joshua Tetley, Leeds

Gründung	1822
Typ	Bitter
Alkohol	3,8 Volumen-%
Bemerkung	Mit Kapsel zur Kohlensäureanreicherung; ergibt eine schöne feste Blume.

Waggle Dance

Vaux, Sunderland

Gründung	1837
Typ	Ale
Alkohol	5,0 Volumen-%
Bemerkung	Aufgrund der Honiggabe ein dunkles Helles von malziger Bitterkeit.

Whitbread Pale Ale

The Whitbread Beer Company, London

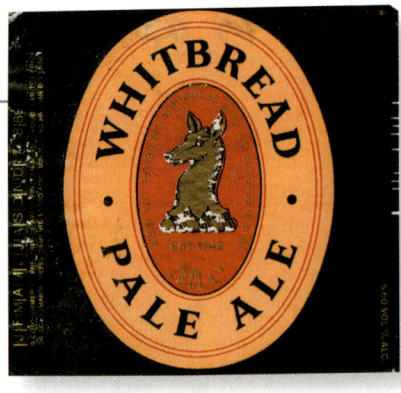

Gründung	1742
Typ	Ale
Alkohol	3,4 Volumen-%
Bemerkung	Leichtes, herbes Helles, vorzüglich zum Durstlöschen geeignet.

William & Mary

Devenish, Cornwall

Gründung	–
Typ	Ale
Alkohol	4,5 Volumen-%
Bemerkung	Zum 300. Jubiläum der Glorious Revolution gebraut; damals retteten Wilhelm von Oranien und Frau Mary die protestantische Thronfolge.

Worth Best Bitter

Green Bottle, Worth Brewery, Keighley

Gründung	1992
Typ	Bitter
Alkohol	4,5 Volumen-%
Bemerkung	Malzig-fruchtiges Helles mit einem breiten Hopfennachgeschmack.

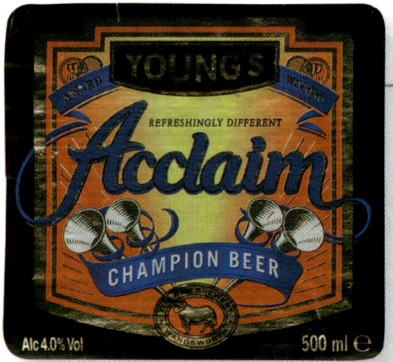

Young's Acclaim

Young & Co., London

Gründung	1811
Typ	Ale
Alkohol	4,0 Volumen-%
Bemerkung	„Beifall" wie „freudige Begrüßung" lässt sich hier übersetzen. Beides ist angebracht bei dem erfrischenden Hellen.

Young's Double Chocolate

Young & Co., London

Gründung	1811
Typ	Stout
Alkohol	5,0 Volumen-%
Bemerkung	Seit 1997 wird dieses vollmundige, nicht zu kräftige Dunkle unter Beigabe von echter Schokolade gebraut.

Young's Special London Ale

Young & Co., London

Gründung	1811
Typ	Ale
Alkohol	6,4 Volumen-%
Bemerkung	Für die Hauptstädter gebraut von der hauptstädtischen Ram Brewery, wie das Brauhaus nach einem alten Lokal heißt.

IRLAND

Die Grüne Insel ist Heimat des braunschwarzen Porter, später zum stärkeren Stout weiterentwickelt. Und Hauptentwickler war Arthur Guinness, der 1759 eine stillgelegte Brauerei in Dublin für einen Spottpreis im Jahr mietete und zunächst wie das Mutterland Großbritannien Ales braute. Dann aber ging er bald zu Porter über, das zwar auch eine Londoner Kreation war, doch erst durch Guinness zu Weltruhm kam. Diese Marke ist derart bekannt geworden, dass jeder Guinness versteht, wenn von irischem Bier die Rede ist.

Finian's Irish Red Ale
Celtic Brew, Enfield

Gründung	–
Typ	Ale
Alkohol	4,6 Volumen-%
Bemerkung	Ein zuverlässiger Durstlöscher, nach dem Reinheitsgebot gebraut.

Kaliber
Arthur Guinness, Dublin

Gründung	1759
Typ	Lager
Alkohol	0 Volumen-%
Bemerkung	Alkoholfreies Premium Bier, dessen blaues Etikett Reinheit signalisiert.

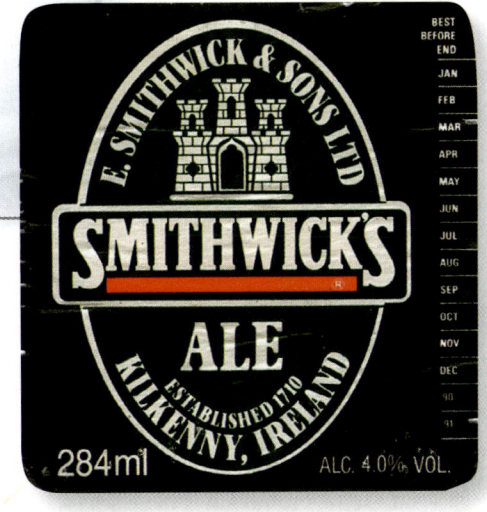

Smithwick's
Smithwick & Son, Kilkenny

Gründung	1710
Typ	Ale
Alkohol	4,0 Volumen-%
Bemerkung	Das aus einer Klosterbrauerei hervorgegangene Unternehmen gehört zur Guinness-Gruppe.

Guinness

Arthur Guinness, Dublin

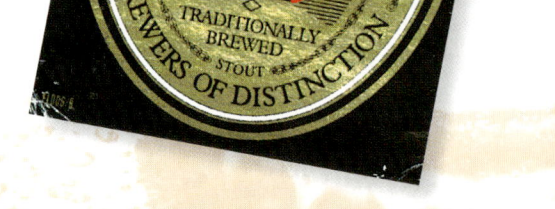

Gründung	1759
Typ	Stout
Alkohol	5,0 Volumen-%
Bemerkung	Dieses weltberühmte Dunkle gibt es auch als markigen Achtprozenter.

Guinness Extra Stout

Arthur Guinness, Dublin

Gründung	1759
Typ	Stout
Alkohol	8,0 Volumen-%
Bemerkung	Ursprünglich wurde die Starkversion nur mit Doppel-XX gekennzeichnet.

Murphy's Irish Stout

Murphy, Cork

Gründung	1856
Typ	Stout
Alkohol	4,0 Volumen-%
Bemerkung	In der Flasche sorgt eine Kapsel mit Kohlensäure für fassbierige Blume.

NIEDERLANDE

Kleinheit will kompensiert sein, weswegen die Niederlande besonders aktiv waren und sind, was den Bier-Export angeht. Das kleine Land hat eine kaum zu überblickende Vielfalt an Bieren entwickelt, für die der eigene Markt nicht ausgereicht hätte. Deswegen sind viele Biere weltweit vertreten und nur so konnte ein fast übermächtiger Braugigant wie Heineken entstehen. Da haben es die Kleinen wie Gasthausbrauereien und Spezialitätenbrauhäuser zwar schwer, doch ganz zu verdrängen sind sie nicht. Vor allem regional sind diese erfolgreich, denn Biertrinken hat auch in den Niederlanden etwas mit Lokalpatriotismus zu tun. Geschmacklich liegt das niederländische Trinkverhalten zwischen dem belgischen und dem deutschen: Man mag Pils, Kenner genießen aber auch gerne ein Trappisten- oder Fruchtbier.

Adriaan
De Halve Maan, Hulst

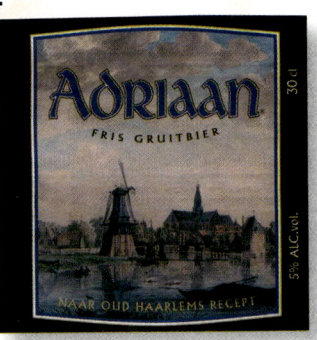

Gründung	1991
Typ	Ale
Alkohol	5,0 Volumen-%
Bemerkung	Ein Würzbier, das sich etwas auf die alte Rezeptur zugute hält.

Alfa Edel Pils
Alfa, Schinnen

Gründung	1870
Typ	Pils
Alkohol	5,0 Volumen-%
Bemerkung	Der „Eigensinn", für den Alfa bekannt ist, besteht auch darin, dass Wasser aus dem eigenen Brunnen verbraut wird.

Alfa Lente Bok
Alfa, Schinnen

Gründung	1870
Typ	Bock
Alkohol	6,5 Volumen-%
Bemerkung	„Lente" ist dasselbe Wort wie deutsch „Lenz"; hier handelt es sich also um ein süffiges Frühlingsstarkbier.

Alfa Midzomer Bier
Alfa, Schinnen

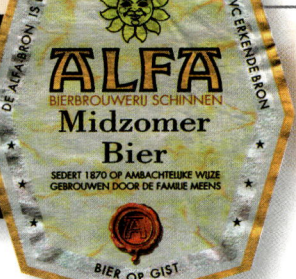

Gründung	1870
Typ	Lager
Alkohol	4,5 Volumen-%
Bemerkung	Für die Hochsommerzeit mit gebremstem Alkoholgehalt gebraut.

Alfa Super Dortmunder

Alfa, Schinnen

Gründung	1870
Typ	Export
Alkohol	7,0 Volumen-%
Bemerkung	Trockenes, alkoholkräftiges Helles nach Dortmunder Art.

Amstel Bock

Heineken, Amsterdam

Gründung	1863
Typ	Bock
Alkohol	7,0 Volumen-%
Bemerkung	Nach dem Fluss benannt, der auch der holländischen Metropole den Namen gab.

Amstel Gold

Heineken, Amsterdam

Gründung	1863
Typ	Pils
Alkohol	6,5 Volumen-%
Bemerkung	Bitterer Abgang zeichnet das „goldige" Amstel aus.

Amstel 1870

Heineken, Amsterdam

Gründung	1863
Typ	Pils
Alkohol	5,0 Volumen-%
Bemerkung	Malzig im Antrunk und lange bitter nachschmeckend, ein edles Pils.

Antonius Abt

De 3 Horne, Kaatsheuvel

Gründung	–
Typ	Klosterbier
Alkohol	6,0 Volumen-%
Bemerkung	Das Etikett empfiehlt Trinktemperatur und größte Sorgfalt beim Einschenken.

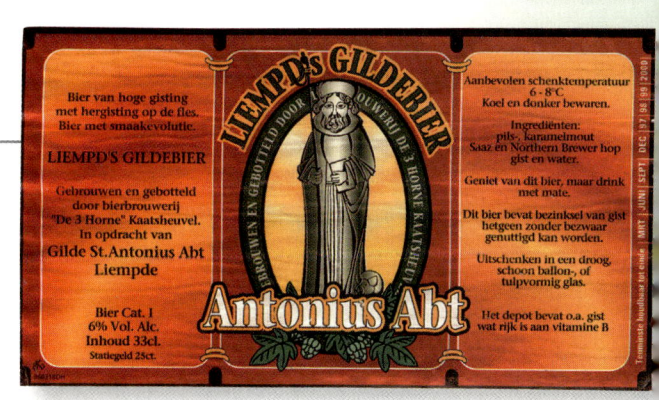

Arcener Grand Prestige

Arcense Stoombrouwerij, Arcen

Gründung	1981
Typ	Barley Wine
Alkohol	10,0 Volumen-%
Bemerkung	Beim vollmundigen, runden Starkbier Grand Prestige schmeckt man die Alkoholkraft durch.

Arcen Het Elfde Gebod

Arcense Stoombrouwerij, Arcen

Gründung	1981
Typ	Ale
Alkohol	7,0 Volumen-%
Bemerkung	Der Name spielt darauf an, welch hohe Versuchung von dem kräftigen hellen Schluck ausgeht.

Arcener Mei Bock

Arcense Stoombrouwerij, Arcen

Gründung	1981
Typ	Bock
Alkohol	7,0 Volumen-%
Bemerkung	Ein Starkbier für die schöne Jahreszeit, sehr dosiert zu genießen.

Bavaria 8.6

Bavaria, Lieshout

Gründung	1719
Typ	Starkbier
Alkohol	8,6 Volumen-%
Bemerkung	Untergäriges helles vollmundiges und süßliches Bier.

Bavaria Pilsener Bier

Bavaria, Lieshout

Gründung	1719
Typ	Pils
Alkohol	5,0 Volumen-%
Bemerkung	Erfrischendes, mäßig malzig mundendes Helles.

Bergschloss

Ziko, Eindhoven

Gründung	–
Typ	Pils
Alkohol	5,0 Volumen-%
Bemerkung	Gebirgsfrische und Malzigkeit signalisiert das Etikett.

Best Bier

Bierbrouwerij Lieshout

Gründung	–
Typ	Pils
Alkohol	5,0 Volumen-%
Bemerkung	Unwillkürlich fragt man sich, ob die optische Anleihe beim deutschen Beck's Bier beabsichtig ist.

Birell

Aktivator, Roermond

Gründung	–
Typ	Alkoholfrei
Alkohol	0,0 Volumen-%
Bemerkung	Aktivator braut das Erfrischungsgetränk auf der Basis einer Schweizer Lizenz.

Brand Dubbelbock

Brand, Wijlre

Gründung	1340
Typ	Bock
Alkohol	7,5 Volumen-%
Bemerkung	Ins Braun-Rötliche schimmerndes starkes Bier, fruchtig im Abgang.

Budels Bock

Budelse Brouwerij, Budel

Gründung	1870
Typ	Bock
Alkohol	6,5 Volumen-%
Bemerkung	Rot, ja fast knallrot in der Anmutung, süß-bitter im Geschmack.

Christoffel Blond

Christoffel, Roermond

Gründung	–
Typ	Pils
Alkohol	5,0 Volumen-%
Bemerkung	Sehr hopfenherbes ungefiltertes naturtrübes Helles.

Christoffel Robertus

Christoffel, Roermond

Gründung	–
Typ	Ale
Alkohol	6,0 Volumen-%
Bemerkung	Nussig-malzig kommt der Charakter dieses kräftigen Tropfens daher.

Classe Royale

De Vriendenkring, Breda

Gründung	1628
Typ	Pils
Alkohol	5,0 Volumen-%
Bemerkung	Wenn Frische und Neutralität königliche Vorzüge sind, dann trägt das Helle seinen Namen zu Recht.

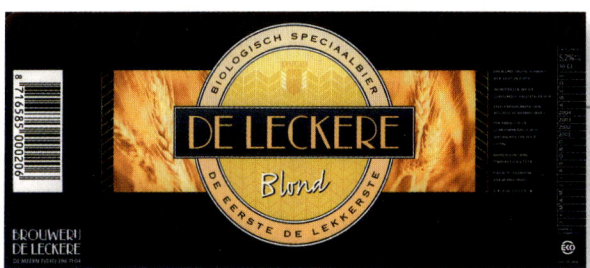

De Leckere

Brouwerij de Leckere, Utrecht

Gründung	–
Typ	Weizen
Alkohol	5,0 Volumen-%
Bemerkung	Nur reine Naturprodukte aus biologischem Anbau finden Verwendung bei der Produktion dieses spritzigen Durstlöschers.

Damburger Prima Pils

Ziko, Eindhoven

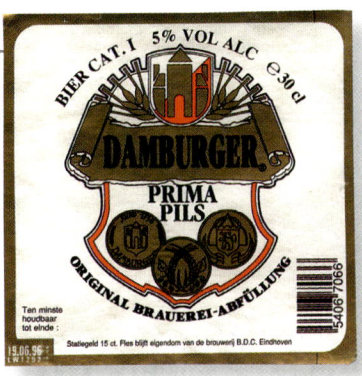

Gründung	–
Typ	Pils
Alkohol	5,0 Volumen-%
Bemerkung	Neben dem Bergschloss ein weiteres gängiges Helles aus dem Eindhovener Unternehmen.

Dommelsch Dominator

Dommelsche Brouwerij, Dommel

Gründung	1744
Typ	Bock
Alkohol	6,0 Volumen-%
Bemerkung	Ein stark malziger Geschmack zeichnet dieses starke Helle aus, das kein Doppelbock ist, wie der Name vermuten lassen könnte.

Fernandes Extra Stout

Trio, Breda

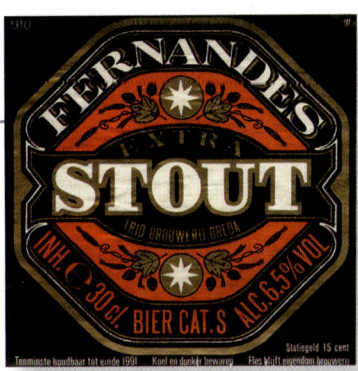

Gründung	–
Typ	Stout
Alkohol	6,5 Volumen-%
Bemerkung	Englische Braukunst genießt in den Niederlanden den besten Ruf.

Gelders Ale

Onder de Linden, Wageningen

Gründung	–
Typ	Ale
Alkohol	5,8 Volumen-%
Bemerkung	Nach dem Reinheitsgebot gebrautes Obergäriges.

Grolsch Amber

Grolsch, Enschede-Groenlo

Gründung	1615
Typ	Ale
Alkohol	5,0 Volumen-%
Bemerkung	Ins Rotgoldene changiert dieses helle Obergärige.

Grolsch Lemon

Grolsch, Enschede-Groenlo

Gründung	1615
Typ	Light
Alkohol	2,5 Volumen-%
Bemerkung	Die Zitronennote erfrischt und löscht selbst stechenden Durst.

Grolsch Pilsner

Grolsch, Enschede-Groenlo

Gründung	1615
Typ	Pils
Alkohol	5,0 Volumen-%
Bemerkung	Für Freunde runder Hopfigkeit ein Muss unter den niederländischen Pils-Sorten.

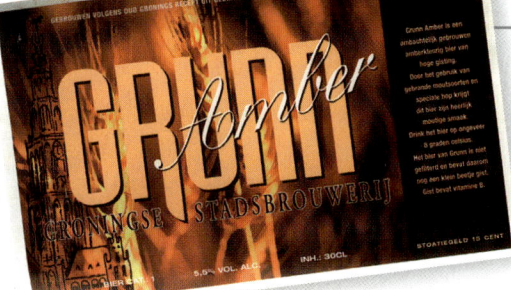

Grunn Amber

Groningse Stadsbrouwerij, Groningen

Gründung	–
Typ	Ale
Alkohol	5,5 Volumen-%
Bemerkung	Mit Röstmalz eingebraut und unfiltriert, trübt das „Bernsteinfarbene" ein wenig Hefe.

Grunn Hail en Zegen

Groningse Stadsbrouwerij, Groningen

Gründung	–
Typ	Weizen
Alkohol	6,0 Volumen-%
Bemerkung	Das starke, dunkle Weißbier ist behutsam einzuschenken.

Gulpener Dort

Gulpener Bierbrouwerij, Gulpen

Gründung	1825
Typ	Export
Alkohol	6,5 Volumen-%
Bemerkung	Das starke Helle nach Dortmunder Art kommt aus der Provinz Limburg im Drei-Länder-Eck Belgien, Deutschland, Niederlande.

Gulpener Korenwolf

Gulpener Bierbrouwerij, Gulpen

Gründung	1825
Typ	Weizenbier
Alkohol	5,0 Volumen-%
Bemerkung	Das Bild zeigt, wer mit dem „Korenwolf" (Kornwolf) gemeint ist: der Hamster, ein großer Weizenkörnerfreund.

Gulpener Light

Gulpener Bierbrouwerij, Gulpen

Gründung	1825
Typ	Light
Alkohol	2,5 Volumen-%
Bemerkung	Das vorzügliche Wasser der Gegend um Limburg kommt den Gulpener Bieren zugute.

Gulpener X-pert

Gulpener Bierbrouwerij, Gulpen

Gründung	1825
Typ	Pils
Alkohol	5,0 Volumen-%
Bemerkung	Reich an Geschmack – ein Slogan, der auch in diesem Fall nicht in die Irre führt.

Hengelo Pilsener

Hengeloosche Bierbrouwerij, Hengelo

Gründung	1879
Typ	Pils
Alkohol	5,0 Volumen-%
Bemerkung	Ein großes Bier aus der kleinen Großstadt am Twentekanal.

Hertog Jan Grand Prestige

Arcense Brouwerij, Arcen

Gründung	1981
Typ	Spezialbier –Barley Wine
Alkohol	10,0 Volumen-%
Bemerkung	Der bittere Abgang des Bieres warnt vor zu viel des wahrlich Guten: Der prestigebewusste Herzog hat es in sich.

Hertog Jan Oud Bruin

Arcense Brouwerij, Arcen

Gründung	1981
Typ	Braunbier
Alkohol	2,0 Volumen-%
Bemerkung	Zucker, Karamell und Milchsäure runden den Geschmack des leichten Dunklen ab.

Haarlems Jopen Hoppenbier

De Halve Maan, Hulst

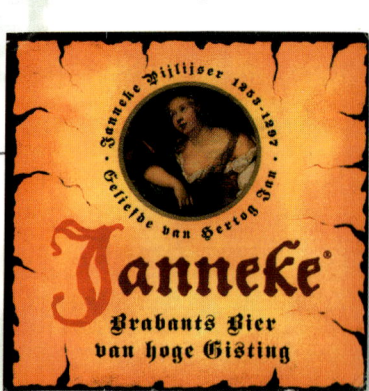

Gründung	1991
Typ	Ale
Alkohol	6,8 Volumen-%
Bemerkung	Hochvergorenes, nicht gefiltertes Bier von kernigem Charakter.

Haarlems Jopen Koyt

De Halve Maan, Hulst

Gründung	1991
Typ	Bock
Alkohol	8,5 Volumen-%
Bemerkung	Die Brauerei ist jung, die Rezepte sind alt: mit Haferzusatz gebrautes Starkbier.

Hobbs Pilsener

Wertha, Breda

Gründung	–
Typ	Pils
Alkohol	5,0 Volumen-%
Bemerkung	Goldgelbes Einsteigerbier, das aufmerksam anzutrinken ist.

Jaegerbier

Wertha, Breda

Gründung	–
Typ	Pils
Alkohol	5,0 Volumen-%
Bemerkung	Zwei oder drei davon eignen sich als Zielwasser, mehr allerdings eher nicht.

Janneke

Arcense Stoombrouwerij, Arcen

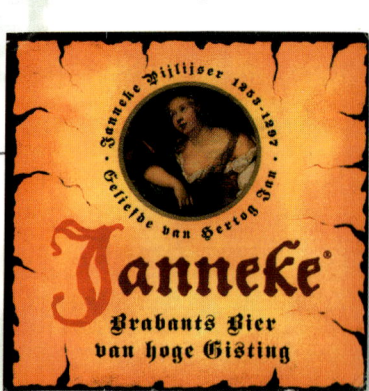

Gründung	1981
Typ	Ale
Alkohol	5,4 Volumen-%
Bemerkung	Herzog Jan war ein Genussmensch, liebte Bier, aber auch seine Janneke, nach der das Ale benannt ist.

Jopen Bok Bier

De Halve Maan, Hulst

Gründung	1991
Typ	Bock
Alkohol	6,5 Volumen-%
Bemerkung	Unfiltriertes und nicht pasteurisiertes kräftiges Naturbier mit Flaschengärung.

Karlsquell Premium

De Kruydtmolen, Houthem

Gründung	1821
Typ	Pils
Alkohol	5,0 Volumen-%
Bemerkung	Die Firma gehört zum niederländischen Brauereiverbund in Rotterdam.

Keizer Karel

Gulpener Bierbrouwerij, Gulpen

Gründung	1825
Typ	Pils
Alkohol	5,0 Volumen-%
Bemerkung	Das Helle erinnert an Kaiser Karl V. aus dem flandrischen Gent, der schon zum Frühstück sein eisgekühltes Bier haben wollte.

Kellerbier

De Vriendenkring, Breda

Gründung	1628
Typ	Lager
Alkohol	5,0 Volumen-%
Bemerkung	Auf ausgiebige Reifung und Naturreinheit legen die Braumeister Wert.

Kylian

Heineken, Amsterdam

Gründung	1863
Typ	Ale
Alkohol	6,5 Volumen-%
Bemerkung	Hochvergorenes, rötliches, malziges, starkes Bier, wie geschaffen zu rustikalen Mahlzeiten.

La Trappe

De Schaapskooi, Berkel-Enschot

Gründung	1884
Typ	Trappistenbier
Alkohol	6,5 Volumen-%
Bemerkung	Das Etikett empfiehlt: Vorsichtig einschenken in Kelche mit weiter Öffnung, damit sich das Aroma entfalten kann.

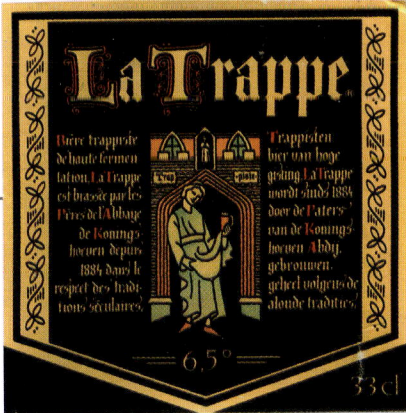

Leeuw Meibock

De Leeuw, Valkenburg

Gründung	1886
Typ	Bock
Alkohol	6,5 Volumen-%
Bemerkung	Ins Rötliche tendierend, zeichnet dieses kräftige unpasteurisierte Bier ein malziger Abgang aus.

Limbricht Premium Pilsener

Brouwerij Alfa, Schinnen

Gründung	1870
Typ	Pils
Alkohol	5,0 Volumen-%
Bemerkung	Dem Limburger Wasser wird unter Brauern Spitzenqualität zugeschrieben.

Lindeboom Gouverneur

De Lindeboom, Neer

Gründung	1869
Typ	Ale
Alkohol	5,0 Volumen-%
Bemerkung	Der Gouverneur ist geschmacksintensiv, wie schon die dunkle Färbung suggeriert.

Mestreechs Aajt De Zwarte Ruiter

Gulpener Bierbrouwerij, Gulpen

Gründung	1825
Typ	Alt
Alkohol	3,5 Volumen-%
Bemerkung	„Schwarz" ist leicht übertrieben, doch dunkel ist dieser „Reiter" schon.

Oerbock

Arcense Stoombrouwerij, Arcen

Gründung	1981
Typ	Bock
Alkohol	6,5 Volumen-%
Bemerkung	Nicht sehr stark, aber geschmacksintensiv ist dieser Urbock.

Ridder Bock

De Ridder, Maastricht

Gründung	1857
Typ	Bock
Alkohol	7,0 Volumen-%
Bemerkung	Bock und Reiter zieren das Etikett dieses starken Bieres.

Ridder Maltezer

De Ridder, Maastricht

Gründung	1857
Typ	Dortmunder
Alkohol	6,5 Volumen-%
Bemerkung	Viel stärker als das Dortmunder Vorbild, schmeckt Maltezer cremig-herb.

Ridder Pilsener Bier

De Ridder, Maastricht

Gründung	1857
Typ	Pils
Alkohol	5,0 Volumen-%
Bemerkung	Genießt einen guten Ruf aufgrund seiner Frische und unpasteurisierten Süffigkeit.

Royal Brand Beer

Brand, Wijlre

Gründung	1340
Typ	Pils
Alkohol	5,0 Volumen-%
Bemerkung	Das „Königliche" wird in Lizenz auch in den USA gebraut.

Schutters

Kaulille, Valkenswaard

Gründung	1758
Typ	Pils
Alkohol	5,0 Volumen-%
Bemerkung	Herb, frisch, hell – diese drei Akzente setzt Schutters.

Skol Pilsener

Skol, Breda

Gründung	1927
Typ	Pils
Alkohol	5,0 Volumen-%
Bemerkung	Was bei Hofe getrunken wird, braucht keine weitere Empfehlung.

Stender

Grolsch, Enschede-Groenlo

Gründung	1625
Typ	Light
Alkohol	0,5 Volumen-%
Bemerkung	Mittrinken ohne Reue lässt es sich mit diesem kaum alkoholischen Gebräu.

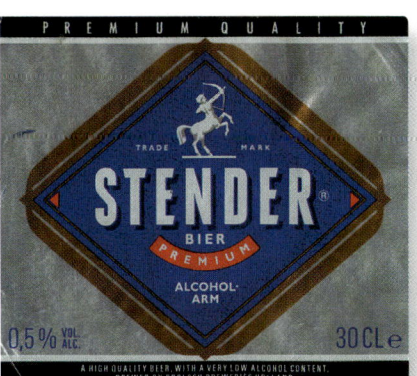

St. Joris

Kroon, Oirschot

Gründung	–
Typ	Pils
Alkohol	5,0 Volumen-%
Bemerkung	Meint das Emblem: Mit Joris wächst dem Bierfreund der Mut eines Drachentöters zu?

Taboe

Christoffel, Roermond

Gründung	–
Typ	Rauchbier
Alkohol	6,5 Volumen-%
Bemerkung	Die Stärke des naturtrüben Taboe wird durch das Tabakaroma noch unterstrichen.

Twels Bok

De Friesche Bierbrouwerij, Sneek

Gründung	1985
Typ	Bock
Alkohol	6,0 Volumen-%
Bemerkung	Kein allzu starkes Bockbier mit Nachgärung in der Flasche.

Us Heit Twels Pilsener

De Friesche Brouwerij, Sneek

Gründung	1985
Typ	Pils
Alkohol	5,0 Volumen-%
Bemerkung	Neutral im Geschmack, dem Reinheitsgebot entsprechend.

Waldhoorn Pilsener

Artois, Valkenswaard

Gründung	–
Typ	Pils
Alkohol	5,0 Volumen-%
Bemerkung	Das Musikinstrument bestätigt: Allzu herb ist dieses Pils nicht, eher abgerundet.

Wieckse Witte

De Ridder, Maastricht

Gründung	1857
Typ	Weizen
Alkohol	5,0 Volumen-%
Bemerkung	Der Name rührt her vom Stadtteil Wyck, wo sich der Sitz der Brauerei befindet: ungefiltertes Weizenbier.

Zeeuwsche Witte

De Halve Maan, Hulst

Gründung	1991
Typ	Weizen
Alkohol	5,0 Volumen-%
Bemerkung	Wegen der Nachgärung in der Flasche leicht trübes Weißbier.

Zondebok

De Halve Maan, Hulst

Gründung	1991
Typ	Bock
Alkohol	8,0 Volumen-%
Bemerkung	Unfiltriertes und nicht pasteurisiertes Starkbier von großem Aroma.

BELGIEN

Unangefochten führt das kleine Land beim Bier im Pro-Kopf-Verbrauch, allenfalls die Bayern können mit den belgischen Bierfreunden mithalten. Belgien weist darüber hinaus eine nur von Deutschland übertroffene Vielfalt der Biertypen und -marken auf. Von keinem Reinheitsgebot gezügelt, wird angeboten, was auf dem Markt ankommt. Vor allem sind dies obergärige Biere von Weißbier bis Alt sowie ein nur hier so liebevoll gepflegter Typ wie Lambic und seine Abwandlungen von Kriek bis Gueuze. Flexibel wie der belgische Biertrinker ist, werden jedoch auch Weizenbiere, Spezialitätenbiere und natürlich Pils je nach Situation, Stimmung, Wetter oder Speise ausgesucht. Insgesamt erinnert die belgische Bierkultur ein wenig an französische Weinsitten, was den belgischen Bieren einen weltweit guten Ruf und den Brauereien Vorbildcharakter eingetragen hat.

Abdijbier Blonde
Deca, Vleteren

Gründung	–
Typ	Abteibier
Alkohol	5,0 Volumen-%
Bemerkung	Stolz vermerkt das Etikett, dass alle Vitamine der Hefe erhalten bleiben.

Aerts 1900
Palm, Steenhuffel

Gründung	1/47
Typ	Ale
Alkohol	7,0 Volumen-%
Bemerkung	Das mehrfach vergorene rötliche Starkbier schmeckt etwas süßlich.

Affligem Blond
De Smedt, Opwijk

Gründung	1890
Typ	Spezialbier
Alkohol	6,4 Volumen-%
Bemerkung	Ziemlich liebliches Klosterbier mit Flaschengärung, das nicht allzu kalt genossen werden sollte.

Augustijn Grand Cru

Bios-Van Steenberge, Ertvelde

Gründung	1785
Typ	Spezialbier – Tripel
Alkohol	9,0 Volumen-%
Bemerkung	Ein helles obergäriges Starkbier, das seine optimale Qualität sechs Monate nach der Abfüllung erreicht. Wärmer als 10 Grad am schmackhaftesten.

Bacchus

Van Honsebrouck, Ingelmunster

Gründung	1900
Typ	Braunes obergäriges Bier
Alkohol	5,0 Volumen-%
Bemerkung	Leicht fruchtiger Geschmack zeichnet dieses flämische Bier aus, das in kleinen Viertelliterflaschen abgefüllt wird.

Bartlehiemer

Noorderland

Gründung	1887
Typ	Lager
Alkohol	5,8 Volumen-%
Bemerkung	Für die dunkle Jahreszeit gebrautes kräftiges Anwärmbier.

Bavik Wit Bier

De Brabandere, Westflandern

Gründung	1894
Typ	Weizenbier
Alkohol	5,0 Volumen-%
Bemerkung	Mit leichter Haferzugabe gebrautes, sehr weiches belgisches Weißbier; wird gewürzt mit Koriander oder Orangenschalen.

Belle-Vue Framboise

Vandenstok, Brüssel-Molenbeek

Gründung	1913
Typ	Lambic
Alkohol	5,2 Volumen-%
Bemerkung	Helles Fruchtbier aus spontaner Gärung, sehr erfrischend; am besten um die fünf Grad kalt aus Champagnergläsern zu genießen.

Belle-Vue Gueuze

Vandenstok, Brüssel-Molenbeek

Gründung	1913
Typ	Lambic-Geuze
Alkohol	5,2 Volumen-%
Bemerkung	Goldgelbes Weizenbier aus verschiedenen Lambics, also spontan vergoren und sehr lange in Eichenfässern gereift, süß-sauer schmeckend.

Belle-Vue Kriek

Vandenstok, Brüssel-Molenbeek

Gründung	1913
Typ	Kriek-Lambic
Alkohol	5,2 Volumen-%
Bemerkung	Die Kirschen auf dem Etikett verraten den fruchtigen Geschmack und erklären die dunkelrote Färbung des auf spontaner Basis gebrauten Bieres.

Bel Pils

Moortgat, Breendonk

Gründung	1871
Typ	Pils
Alkohol	5,3 Volumen-%
Bemerkung	Ein Premium Bier, das durch Frische und Hopfigkeit überzeugt.

Bière des Cyclistes

Du Bocq, Purnode

Gründung	1858
Typ	Ale
Alkohol	6,1 Volumen-%
Bemerkung	Zu deutsch hieße der Name: Hilft dem Vater auf das Fahrrad.

Blanche de Charleroi

De Smedt, Opwijk

Gründung	1790
Typ	Weizen
Alkohol	5,0 Volumen-%
Bemerkung	Spritziges Helles das man wegen der ganz auf Bioprodukten beruhenden Brauweise nicht würzen sollte.

Blanche de Namur

Du Bocq, Purnode

Gründung	1858
Typ	Weizen
Alkohol	4,1 Volumen-%
Bemerkung	Ländliches Erfrischungsbier aus der Gegend der Sambremündung in die Maas.

Bokrijks Hoevebier

Bokrijk, Nijlen

Gründung	–
Typ	Ale
Alkohol	5,1 Volumen-%
Bemerkung	Ein typisches Farmbier, das vorwiegend regional vertrieben wird.

Bokkereyer Luxe Bier

Sint Jozef, Bree

Gründung	–
Typ	Ale
Alkohol	5,8 Volumen-%
Bemerkung	Will das Etikett sagen: Macht Mut zum Bockspringen?

Bornem Dubbel

Bios, Ertvelde

Gründung	–
Typ	Bock
Alkohol	8,0 Volumen-%
Bemerkung	Dieses Dubbel ist wirklich fast doppelt so stark wie übliche Ales oder viele Pilsener.

Bourgogne des Flandres

Verhaeghe, Vichte

Gründung	1911
Typ	Ale
Alkohol	6,2 Volumen-%
Bemerkung	Starkes Dunkles aus dem flandrischen Burgund.

Breda's Begijntje

De Teut, Neerpelt

Gründung	–
Typ	Tripel
Alkohol	8,0 Volumen-%
Bemerkung	Hochvergorenes, unfiltriertes Starkbier für die Fastenzeit.

Brugs Blond

De Gouden Boom, Brügge

Gründung	1889
Typ	Ale
Alkohol	4,8 Volumen-%
Bemerkung	Das Etikett setzt mit dem 83 Meter hohen Belfort, dem Wahrzeichen von Brügge, ein Ausrufezeichen.

Brugse Tripel

De Gouden Boom, Brügge

Gründung	1889
Typ	Spezialbier – Tripel
Alkohol	9,0 Volumen-%
Bemerkung	„Lebendiges Bier mit Nachgärung in der Flasche" heißt es auf dem Etikett, das damit nicht zu viel verspricht: nämlich einen wirklich starken Tropfen.

Brunehaut Blond

De Brunehaut, Turnhout

Gründung	1992
Typ	Obergäriges Spezialbier
Alkohol	6,5 Volumen-%
Bemerkung	Das helle Brunehaut gärt in der Flasche nach und ist etwas stärker als gängige Sorten.

Brunehaut Makasi

De Brunehaut, Turnhout

Gründung	1992
Typ	Stark-Ale
Alkohol	8,0 Volumen-%
Bemerkung	Die ländliche Idylle erscheint nach einem Glas Makasi noch angenehmer.

Bugg's

Bosteels, Buggenhout

Gründung	–
Typ	Light
Alkohol	2,5 Volumen-%
Bemerkung	Zum Durstlöschen bei der schweren Landarbeit gedacht.

Bush Beer

Dubuisson, Pipaix

Gründung	1769
Typ	Starkbier
Alkohol	9,5 Volumen-%
Bemerkung	Bei aller Kraft schmeichelt dieses Bush-Bier mit Milde im Geschmack.

Bush Blond

Dubuisson, Pipax

Gründung	1769
Typ	Starkbier
Alkohol	10,5 Volumen-%
Bemerkung	Es gibt zwar noch ein stärkeres Bush-Bier, doch auch das Blond hat es in sich; das liegt an einer Zuckergabe.

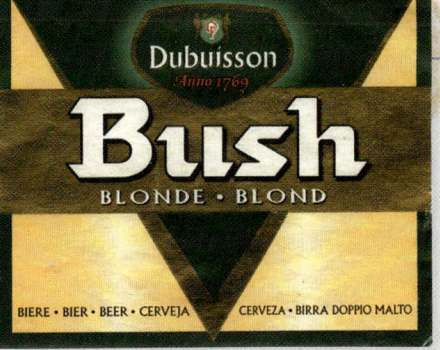

Bush de Noël

Dubuisson, Pipaix

Gründung	1769
Typ	Starkbier
Alkohol	12 Volumen-%
Bemerkung	Würzig-fruchtig und doch trocken ist dieses sehr kräftige Weihnachtsbier, das in Viertelliterflaschen erhältlich ist.

Campus Gold

Biertoren, Kampenhout

Gründung	1840
Typ	Spezialbier
Alkohol	6,0 Volumen-%
Bemerkung	Obergäriges helles Bier, das in der Flasche nachgärt.

Celis White

Celis, Hoogstraten

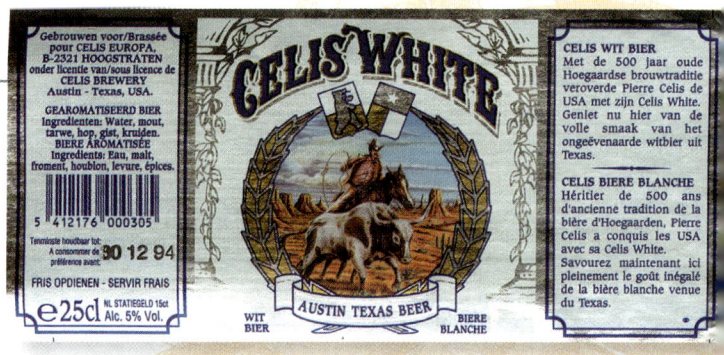

Gründung	–
Typ	Weizen
Alkohol	5,0 Volumen-%
Bemerkung	„Westward ho!" Pierre Celis machte sich den Ruf der Trecks in Amerika zu Eigen und ließ seine Weißbierfässer mitrollen.

Charles Quint – Keizer Karel

Haacht, Boortmeerbeek

Gründung	–
Typ	–
Alkohol	9,0 Volumen-%
Bemerkung	Der namengebende Kaiser Karl V. wäre von der Kraft des Bieres angetan gewesen.

Charles Quint

Haacht, Boortmeebeek

Gründung	–
Typ	Starkbier
Alkohol	6,3 Volumen-%
Bemerkung	Bei der schwächeren Version, einem Dubbel, des Kaiser-Biers fehlt die flämische Übersetzung: Keizer Karel.

Chimay

Abtei Scourmont, Forges-les-Chimay

Gründung	1862
Typ	Trappistenbier
Alkohol	7,0 Volumen-%
Bemerkung	Drittelliterflaschen mit rotem Kronkorken enthalten das Chimay Rood oder Rouge, ein bitter-süßes Bier mit Flaschengärung.

Couckelaerschen Doedel

Strubbe, Ichtegem

Gründung	–
Typ	Ale
Alkohol	6,0 Volumen-%
Bemerkung	Da ist Musik drin, wie am Dudelsackemblem abzulesen.

Cristal Alken

Kronenbourg, Alken

Gründung	1664
Typ	Pilsner
Alkohol	5,0 Volumen-%
Bemerkung	Als erstes belgisches Pilsner 1928 in der Provinz Limburg gebrautes sehr helles, erfrischendes Bier.

Cuvée de Ciney

Union, Jumet

Gründung	1864
Typ	Starkbier
Alkohol	8,5 Volumen-%
Bemerkung	Man schmeckt am sehr malzigen Abgang des Dunklen, woher die Kraft kommt.

Cuvée de Koninck

De Koninck, Antwerpen

Gründung	1833
Typ	Starkbier
Alkohol	8,0 Volumen-%
Bemerkung	Gläser mit weiter Öffnung lassen das Aroma des bernsteinfarbenen Biers am besten zur Geltung kommen.

Cuvée de l'Ermitage

Union, Jumet

Gründung	1864
Typ	Starkbier
Alkohol	7,5 Volumen-%
Bemerkung	Als „göttliche Frucht ehrlicher Arbeit" preist das Etikett den kräftigen Tropfen.

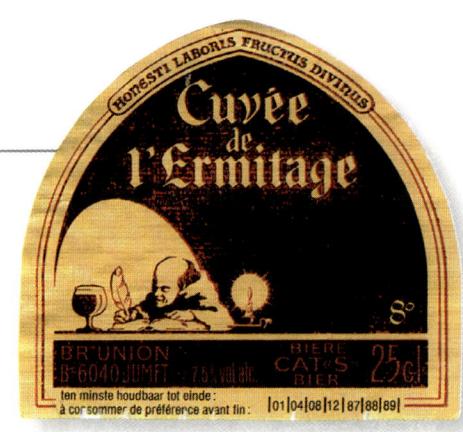

Cuvée de Namur

Huyghe, Melle

Gründung	1906
Typ	Ale
Alkohol	6,7 Volumen-%
Bemerkung	Mildes, aber alkoholkräftiges Helles aus der Stadt an Sambre und Maas.

Cuvée St. Amand

Bavik, Bavikhove

Gründung	1894
Typ	Starkbier
Alkohol	7,5 Volumen-%
Bemerkung	Wie alle belgischen Cuvées ein starkes Spitzenbier.

De Koninck

De Koninck, Antwerpen

Gründung	1894
Typ	Starkbier
Alkohol	7,5 Volumen-%
Bemerkung	Der König unter den Bieren aus Antwerpen,

Dendermonde

De Block, Peizegem

Gründung	1887
Typ	Abteibier
Alkohol	8,0 Volumen-%
Bemerkung	Eine mittelalterliche Notenschrift ziert das Etikett zum Ausdruck des Lobpreisens auch für die Gabe dieses starken Bieres.

Dentergems Witbier

Riva, Dentergem

Gründung	1896
Typ	Weizenbier
Alkohol	5,0 Volumen-%
Bemerkung	Ein erquickendes frisches Weißbier für heiße Tage.

Derby Pils

de Leeuw, Brüssel

Gründung	–
Typ	Pils
Alkohol	4,7 Volumen-%
Bemerkung	Ein recht herbes, süffiges Helles, das sich sportlich gibt.

De Troch Banane Lambic

De Troch, Wambeek

Gründung	–
Typ	Lambic
Alkohol	5,0 Volumen-%
Bemerkung	Die Wambeeker verstehen etwas von spontan vergorenen Bieren mit Fruchtgeschmack.

De Troch Framboise

De Troch, Wambeek

Gründung	–
Typ	Framboise
Alkohol	3,0 Volumen-%
Bemerkung	Mit Fruchtzucker gesüßtes Bier aus spontaner Gärung.

Dikkenek

De Smedt, Opwijk

Gründung	1790
Typ	Ale
Alkohol	5,1 Volumen-%
Bemerkung	Geht zurück auf die Tradition des so genannten Dickbiers; wird in Lizenz von der Brauerei Dikkenek in Hasselt gebraut.

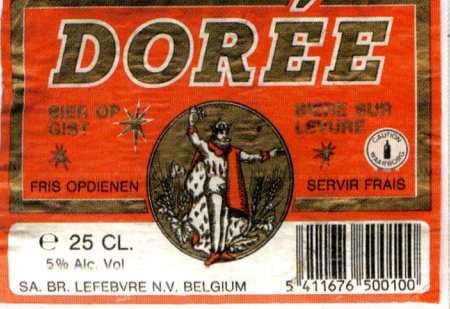

Dorée

Lefèvre, Quinast

Gründung	1876
Typ	Ale
Alkohol	5,0 Volumen-%
Bemerkung	„Goldblond" ist das Bier, der Name aber lässt sich auch mit „verführerisch" übersetzen – beides zutreffend.

Duvel

Moortgat, Breendonk

Gründung	1871
Typ	Helles Belgisches Ale
Alkohol	7,5 Volumen-%
Bemerkung	Herb, fruchtig, stark – der kennzeichnende Dreiklang des Duvel. Das Bier verdankt die Geschmacksreife auch der Nachgärung in der Flasche.

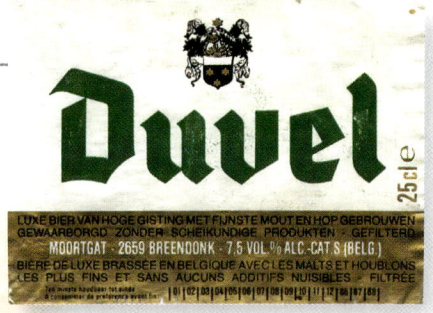

Duvel

Moortgat, Breendonk

Gründung	1871
Typ	Belgisches Stark-Ale
Alkohol	8,0 Volumen-%
Bemerkung	Eine kräftigere Version des ohnehin kräftigen Duvel; gebraut nach schottischem Vorbild.

Eupener Caramel

Bierbrauerei Eupen

Gründung	1834
Typ	Light
Alkohol	1,8 Volumen-%
Bemerkung	Schöne Malzigkeit macht aus dem Leichten ein Kräftiges.

Ezel

Verhaeghe, Vichte

Gründung	1911
Typ	Pils
Alkohol	6,0 Volumen-%
Bemerkung	Warum das Grautier dem Blonden den Namen gegeben hat, ist nicht recht ersichtlich.

Floreffe Speciaal

Lefèvre, Quinast

Gründung	1876
Typ	Abteibier
Alkohol	8,0 Volumen-%
Bemerkung	Süßlicher Antrunk, bitterer Abgang zeichnen das Speciaal aus.

Floreffe Tripel

Lefèvre, Quinast

Gründung	1876
Typ	Abteibier
Alkohol	7,5 Volumen-%
Bemerkung	In der Flasche nachgärendes Bier, das aufgrund guter Hopfung herb-bitter nachschmeckt.

Floris Chocolat

Huyghe, Melle

Gründung	1906
Typ	Weizen
Alkohol	4,2 Volumen-%
Bemerkung	Durch Schokoladengabe erhält das „Gartenbier" einen bitter-süß gerundeten Geschmack.

Fumée d'anvers

Piron, Aubel

Gründung	
Typ	Ale
Alkohol	6,0 Volumen-%
Bemerkung	Röstmalz verleiht dem Antwerpener Gebräu einen rauchigen Grundton.

Gageleer

Proefbrouwerij, Lochristi

Gründung	–
Typ	Starkbier
Alkohol	7,5 Volumen-%
Bemerkung	Hochvergorenes hopfenherbes würziges Bier von uriger Kraft.

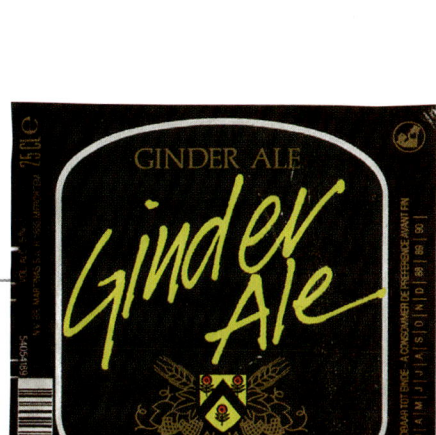

Geuze Boon

Boon, Lembeek

Gründung	–
Typ	Geuze
Alkohol	8,0 Volumen-%
Bemerkung	Flaschennachgärung bringt die volle Stärke des von wilder Hefe stammenden Bieres.

Ginder Ale

Martinas, Merchtem

Gründung	1821
Typ	Belgisches Ale
Alkohol	5,0 Volumen-%
Bemerkung	Nicht Gingerale, sondern ein richtiges Bier, benannt nach dem Brauer Ginderachter, der das erfrischende Getränk schuf.

Goldburg

Bavik, Bavikhove

Gründung	1894
Typ	Pils
Alkohol	5,2 Volumen-%
Bemerkung	Solides, geschmacksneutrales, mäßig herbes Helles.

Gouden Carolus

Het Anker, Mechelen

Gründung	1471
Typ	Braunes Stark-Ale
Alkohol	7,5 Volumen-%
Bemerkung	Benannt nach dem aus Gent stammenden Kaiser Karl V., wäre es wohl auch ganz nach dessen Geschmack: Süß-Herbes mochte er, Bier sowieso.

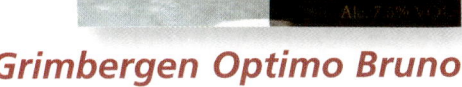

Grimbergen Optimo Bruno

Union, Jumet

Gründung	1864
Typ	Abteibier
Alkohol	10,0 Volumen-%
Bemerkung	Das Rezept für dieses starke Stück stammt von den Prämonstratensern aus dem 12. Jahrhundert.

Grisette

Friart, Roeulx

Gründung	–
Typ	Ale
Alkohol	5,2 Volumen-%
Bemerkung	Willkommene Bier-Fracht transportiert der Einspänner.

Gueuze Girardin

Girardin, St. Ulriks Dilbeek

Gründung	1845
Typ	Lambic-Gueuze
Alkohol	5,0 Volumen-%
Bemerkung	Spontane Gärung und dreijährige Flaschenreifung zeichnen dieses elegant-herbe Bier aus.

Hapkin

Louwaege, Korrtemark

Gründung	1877
Typ	Stark-Ale
Alkohol	8,5 Volumen-%
Bemerkung	Ohnedies hochvergoren, wird Hapkin durch Nachgärung in der Flasche auf volle Stärke gebracht.

Het Kapittel Abt

Van Eecke, Watou

Gründung	1852
Typ	Abteibier
Alkohol	10,0 Volumen-%
Bemerkung	Stark, aber recht neutral im Geschmack ist dieses typische helle belgische Klosterbier.

Hoegaarden Benedict

De Kluis, Hoegaarden

Gründung	1966
Typ	Stark-Ale
Alkohol	7,0 Volumen-%
Bemerkung	Name und Emblem verweisen auf die klösterliche Rezeptur dieses kernigen Bieres.

Hoegaarden Witbier

De Kluis, Hoegaarden

Gründung	1966
Typ	Weizenbier
Alkohol	5,0 Volumen-%
Bemerkung	Wie in Belgien üblich wird auch dieses Weizenbier nachge-würzt, beispielsweise mit Koriander.

Hoegaarden Speciale

De Kluis, Hoegaarden

Gründung	1966
Typ	Weizenbier
Alkohol	5,6 Volumen-%
Bemerkung	Ein nur im Spätherbst und Frühwinter erhältliches Hefeweißbier von sattgelber Farbe und nussigem Nachgeschmack.

Hoegaerdse Das

De Kluis, Hoegaarden

Gründung	1966
Typ	Spezialbier
Alkohol	5,0 Volumen-%
Bemerkung	Ungefiltert abgefülltes, daher trübes in der Flasche nachgärendes, gewürztes, obergäriges Bier.

Jacobins

Bockor, Kortrijk

Gründung	–
Typ	Lambic-Gueuze
Alkohol	6,0 Volumen-%
Bemerkung	Ein spontaner kräftiger Genuss, wenn die Natursäure durch Verschnitt gut gemildert ist.

Kasteelbier

Van Honsebrouck, Ingelmunster

Gründung	1900
Typ	Barley Wine
Alkohol	11,0 Volumen-%
Bemerkung	Ziemlich süß und sehr stark präsentiert sich dieses obergärige Schlossbier.

La Vieille Salme

d'Achouffe, Achouffe-Wibrin

Gründung	1982
Typ	Stark-Ale
Alkohol	8,3 Volumen-%
Bemerkung	Fruchtig-süßlich im Trunk, bitter im Nachtrunk wirkt dieses kräftige Bier.

Leffe Blond

St. Guibert, Mont-Saint-Guibert

Gründung	1858
Typ	Abteibier
Alkohol	6,6 Volumen-%
Bemerkung	Ein angenehm bitterer Geschmack bleibt zurück nach Verkostung des starken „Blonden".

Leffe Radieuse

St. Guibert, Mont-Saint-Guibert

Gründung	1858
Typ	Abteibier
Alkohol	8,6 Volumen-%
Bemerkung	Mitte des 20. Jahrhunderts stellten die Mönche von Kloster Leffe das Brauen ein, vergaben aber eine Lizenz. „Radieuse" heißt soviel wie „Nimbus, Heiligenschein".

Liefmans Kriekbier

Liefmans, Oudenaarde

Gründung	1625
Typ	Fruchtbier
Alkohol	6,5 Volumen-%
Bemerkung	Die Kirschen auf dem Etikett sind Programm: Sie werden mit vergoren und ergeben ein starkes Lambic von herber Fruchtigkeit.

Lindemans Gueuze

Lindemans, Vlezenbeek

Gründung	1602
Typ	Lambic-Gueuze
Alkohol	5,0 Volumen-%
Bemerkung	Gesüßtes obergäriges Bier aus spontaner Gärung; in Viertelliterflaschen erhältlich.

Lohburg

Artois, Leuven (Löwen)

Gründung	1366
Typ	Pils
Alkohol	5,7 Volumen-%
Bemerkung	Ein sehenswertes Brauereimuseum dokumentiert am Ort belgische Bierkultur.

Loteling

Villers, Puurs

Gründung	1996
Typ	Abteibier
Alkohol	8,0 Volumen-%
Bemerkung	Damit lässt es sich hinter Klostermauern aushalten.

Louwaege's Stout

Louwaege, Kortemark

Gründung	1877
Typ	Stout
Alkohol	4,1 Volumen-%
Bemerkung	Malziges Vergnügen mit bitterer Würze im Abgang.

Mater Witbier

Roman, Oudenaarde

Gründung	1545
Typ	Weizenbier
Alkohol	5,0 Volumen-%
Bemerkung	Fast limonadig und doch trocken schmeckt das spritzige Weißbier aus Ostflandern.

Minty

Huyghe, Melle

Gründung	1906
Typ	Würzbier
Alkohol	5,0 Volumen-%
Bemerkung	Den erfrischenden Charakter haben die Brauer durch das Menthol der Minze verstärkt.

Mort Subite Cassis

De Keersmaecker, Asse

Gründung	1721
Typ	Lambic
Alkohol	4,0 Volumen-%
Bemerkung	„Plötzlicher Tod", so der verdeutschte Name, hat nichts mit der Wirkung des leichten Biers zu tun, sondern bezieht sich auf ein seinerzeit beliebtes Würfelspiel.

Mort Subite Kriek

De Keersmaecker, Asse

Gründung	1721
Typ	Lambic
Alkohol	4,3 Volumen-%
Bemerkung	Kleine, dunkelrote Kirschen wie auf dem Etikett geben dem spontan vergorenen Bier die „steinige" Fruchtnote.

Palm Dobbel

Palm, Londerzeel

Gründung	1747
Typ	Ale
Alkohol	5,5 Volumen-%
Bemerkung	Ein typisches Fruchtbier auf der Basis von Kirschen.

Palm Speciale

Palm, Londerzeel

Gründung	1747
Typ	Ale
Alkohol	5,0 Volumen-%
Bemerkung	Mild-süßlich und doch voll mundet das goldbraune Obergärige, das malzig abgeht.

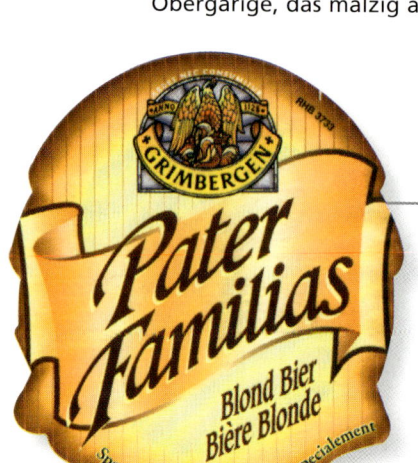

Pater Familias

Maes, Waarloos

Gründung	1880
Typ	Ale
Alkohol	7,0 Volumen-%
Bemerkung	Ein starkes und dennoch spritziges obergäriges Gebrauchsbier.

Pater Lieven Blond

Van den Bossche, St. Lieven

Gründung	1897
Typ	Abteibier
Alkohol	6,5 Volumen-%
Bemerkung	Fruchtig, kräftig, süffig – eine angenehme Kombination für das warm zu servierende (um 15 Grad) obergärige Klosterbier aus Ostflandern.

Pater Lieven

Van den Bossche, St. Lieven

Gründung	1897
Typ	Abtei-Ale
Alkohol	5,4 Volumen-%
Bemerkung	Den sakralen Namen trägt das obergärige Bier wegen der Nähe der Braustätte zur Kirche des Ortes St. Lieven.

Petrus Tripel

Bavik, Bavikhove

Gründung	1894
Typ	Spezialbier-Tripel
Alkohol	7,5 Volumen-%
Bemerkung	Sehr hopfig-herbes, starkes, helles, obergäriges Bier, das in der Flasche nachgärt.

Petrus Oud Bruin

Bavik, Bavikhove

Gründung	1894
Typ	Braunbier
Alkohol	4,5 Volumen-%
Bemerkung	Lange Reifung in Eichenfässern gibt dem leichten Bier kräftigen Geschmack.

Petrus Speciale

Bavik, Bavikhove

Gründung	1894
Typ	Ale
Alkohol	5,5 Volumen-%
Bemerkung	Hochvergorenes Bier, das hopfig hält, was das Etikett verspricht.

Piedboeuf Tripel

Piedboeuf, Jupille

Gründung	1853
Typ	Pils
Alkohol	3,8 Volumen-%
Bemerkung	Die Leichtigkeit gleicht das Tripel durch Hopfigkeit aus.

Pot Flamand

De Clerck, Hondeghem

Gründung	1775
Typ	Ale
Alkohol	5,8 Volumen-%
Bemerkung	Als Aufforderung zum Tanz präsentiert sich das Obergärige.

Ramée Anbrée

De Brunehaut, Turnhout

Gründung	1992
Typ	Abteibier
Alkohol	7,5 Volumen-%
Bemerkung	Der gotische Spitzbogen erinnert daran, dass die Rezeptur aus dem Hochmittelalter und aus sakraler Umgebung stammt.

Rodenbach

Rodenbach, Roeselare

Gründung	1836
Typ	Braunbier
Alkohol	4,6 Volumen-%
Bemerkung	Aus einem jungen (75 Prozent) und einem zwei Jahre im Eichenfass gereiften Bier verschnitten, entwickelt Rodenbach eine frische Säuerlichkeit.

Rodenbach Alexander

Rodenbach, Roeselare

Gründung	1836
Typ	Rotes Fruchtbier
Alkohol	5,1 Volumen-%
Bemerkung	Eine gesüßte, etwas stärkere Version des einfachen Rodenbach, ohne dass die herbe Grundstimmung ganz verdrängt würde.

Rodenbach Grand Cru

Rodenbach, Roeselare

Gründung	1836
Typ	Rotes Ale
Alkohol	5,1 Volumen-%
Bemerkung	Direkt in Flaschen abgefülltes Obergäriges aus den auf dem Etikett so imposant paradierenden Eichenfässern.

Rubens Rood

Du Bocq, Namur

Gründung	1858
Typ	Ale
Alkohol	4,0 Volumen-%
Bemerkung	Dem Maler der Üppigkeit wäre das rote naturtrübe Bier womöglich etwas zu leicht und mild gewesen.

Saint Landelin

Rimeaux, Crispen

Gründung	1032
Typ	Abteibier
Alkohol	5,9 Volumen-%
Bemerkung	Das fromme Bier rühmt sich der Herkunft aus einer der ältesten noch aktiven Brauereien der Welt.

Saison

De Silly, Hennegau

Gründung	1850
Typ	Ale
Alkohol	5,0 Volumen-%
Bemerkung	Das in Viertelliterflaschen erhältliche Obergärige ist kein saisonales Bier, sondern hat immer Saison.

Saison Regal

Du Bocq, Purnode

Gründung	1858
Typ	Ale
Alkohol	5,5 Volumen-%
Bemerkung	Ein exzellenter hopfiger Durstlöscher; wird gern zum Essen getrunken, beispielsweise zu Pizza.

Sinpalsken

De Cock, Sint-Pauwels

Gründung	1996
Typ	Stark-Ale
Alkohol	8,5 Volumen-%
Bemerkung	Die Kraft des dunklen Sinpalsken rührt auch von der Flaschengärung her.

Sloeber

Roman, Oudenaarde

Gründung	1545
Typ	Starkes Ale
Alkohol	7,5 Volumen-%
Bemerkung	Das in der Flasche nachgärende bersteinfarbene Sloeber zeichnet sich durch eine aromatische, feste Blume aus.

St. Bernardus Witbier

St. Bernardus, Watou

Gründung	1946
Typ	Weizen
Alkohol	5,0 Volumen-%
Bemerkung	Erfrischendes, perlendes Weißbier aus der Klosterbrauerei.

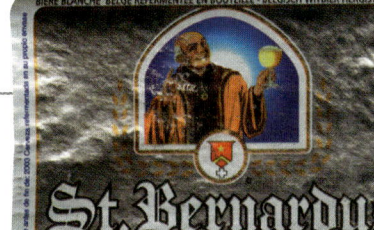

Steenbrugge Tripel

De Gouden Boom, Brügge

Gründung	1889
Typ	Abteibier
Alkohol	9,0 Volumen-%
Bemerkung	Aus einem Pokal mit weiter Öffnung lässt sich das kräftige Klostergebräu am besten genießen.

Stella Artois

Artois, Leuven (Löwen)

Gründung	1366
Typ	Pils
Alkohol	5,7 Volumen-%
Bemerkung	Der „Stern" des Artois entfaltet Leuchtkraft im Glase.

Tea Beer

Lindemans, Vlezenbeek

Gründung	1602
Typ	Würzbier
Alkohol	3,5 Volumen-%
Bemerkung	Auf Lambic-Basis geschmacklich veredelt durch Tee-Aroma.

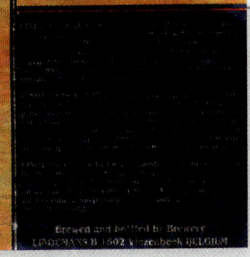

287

Ter Dolen

De Dool, Helchteren

Gründung	1994
Typ	Abteibier
Alkohol	6,1 Volumen-%
Bemerkung	Das helle Kloster-Starkbier soll kalt genossen werden.

Teutenbier

Gielen, Neerpelt

Gründung	1983
Typ	Stark-Ale
Alkohol	7,5 Volumen-%
Bemerkung	Ein guter, stabiler Reisebegleiter für den, der mit Weile eilt.

Timmermans Kriek

Timmermans, Itterbeck

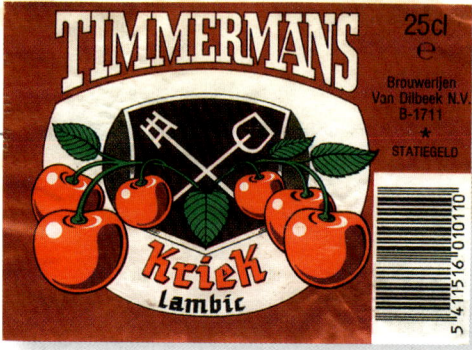

Gründung	1888
Typ	Lambic
Alkohol	5,0 Volumen-%
Bemerkung	Ein Fruchtbier auf der Basis eines spontan vergorenen Weizenbiers mit den typischen kleinen Kirschen.

Trappistes Rochefort

Abbaye Notre Dame de St. Remy

Gründung	–
Typ	Trappistenbier
Alkohol	11,3 Volumen-%
Bemerkung	Süß-bitteres Dunkles, das erst durch Flaschengärung seine Kraft und seinen vollen Geschmack entwickelt.

Tripel Karmeliet

Bosteels, Buggenhout

Gründung	1791
Typ	Stark-Ale
Alkohol	8,0 Volumen-%
Bemerkung	Ein Dreikorn- oder Dickbier auf Hafer-, Weizen- und Gerstenbasis nach uraltem Klosterrezept.

Unic-Bier

Gigi, Gerouville

Gründung	1888
Typ	Ale
Alkohol	3,1 Volumen-%
Bemerkung	Leicht und herb, ein schöner ländlicher Akkord.

Vieux Temps

St. Guibert, Mont-Saint-Guibert

Gründung	1858
Typ	Ale
Alkohol	5,0 Volumen-%
Bemerkung	Der Name sagt zweierlei: Das Bier stammt aus dem französischen Teil von Brabant und es wird wie in „alten Zeiten" gebraut.

Villers Tripel

Villers, Puurs

Gründung	1996
Typ	Abteibier
Alkohol	7,5 Volumen-%
Bemerkung	Die schon im 18. Jahrhundert gegründete Braustätte hat in den 1990er Jahren den Betrieb wieder aufgenommen.

Westmalle Dubbel

Abtei Westmalle, Antwerpen

Gründung	1836
Typ	Trappistenbier
Alkohol	6,5 Volumen-%
Bemerkung	Dieses Kloster-Dubbel gärt in der Flasche nach und schmeckt kernig-malzig; ein wenig bitter im Nachtrunk.

Westmalle Tripel

Abtei Westmalle, Antwerpen

Gründung	1836
Typ	Trappistenbier
Alkohol	9,0 Volumen-%
Bemerkung	Kräuter und Früchte schmecken bei diesem rotgoldenen Starkbier durch.

Wittekerke

Bavik, Bavikhove

Gründung	1894
Typ	Weizen
Alkohol	5,0 Volumen-%
Bemerkung	Erfrischendes Weißbier, das gern mit Gewürzen zugespitzt wird.

LUXEMBURG

Zwischen Belgien und Deutschland gelegen, hat Luxemburg es seinen Nachbarn nachgemacht und sich einen großen Ruf in der Bierszene erarbeitet. Die dort gebrauten Marken sind heute fast gleichermaßen von beiden Seiten beeinflusst: Es gibt Fruchtbiere wie bei den Belgiern und daneben nach dem deutschen Reinheitsgebot produzierten Gerstensaft.

Battin Gambrinus

Battin, Esch/Alzette

Gründung	–
Typ	Pils
Alkohol	5,2 Volumen-%
Bemerkung	Die Aufschrift ist französisch, die Hopfung eher deutsch-herb.

Bofferding Lager

Brasserie Nationale Luxemburg

Gründung	–
Typ	Lager
Alkohol	4,8 Volumen-%
Bemerkung	Das bekannteste Bier des Landes ist auch ein Exporterfolg.

Diekirch Grande Réserve

Brasserie/Brauerei Diekirch, Luxemburg

Gründung	–
Typ	Export
Alkohol	6,9 Volumen-%
Bemerkung	Von der Stärke her durchaus als ein Bockbier anzusehen.

Donkle Beer

Mousel & Clausen, Luxemburg

Gründung	–
Typ	Starkbier
Alkohol	7,0 Volumen-%
Bemerkung	Deutsch-Französisches im Brauereinamen traut vereint.

Luxembourg Black Lager

Mousel & Clausen, Luxemburg

Gründung	–
Typ	Lager
Alkohol	4,8 Volumen-%
Bemerkung	Besticht mit Süffigkeit und rund-malzigem Geschmack.

Wëllen Ourdaller

Cornelyshaff, Heinerscheid

Gründung	–
Typ	Starkbier
Alkohol	6,8 Volumen-%
Bemerkung	Natürlichkeit und Reinheit spielt die Brauerei als Trumpf aus.

SCHWEIZ

Man sollte annehmen, auch die Schweiz sei als Nachbar von Brauereiweltmeister Deutschland ein ausgeprägtes Bierland. Doch dem ist nur in Maßen so: Ein recht niedriger Pro-Kopf-Verbrauch zeugt zum einen von der romanischen Prägung der südlichen Schweiz, zum anderen von eidgenössischen Traditionen, die die Ausbreitung in- und ausländischer Biere lange gebremst haben.

Eidgenoss

Falken AG, Schaffhausen

Gründung	1799
Typ	Spezialbier
Alkohol	4,8 Volumen-%
Bemerkung	Zu Ehren der Geschichte von Eidgenossenschaft und Kanton Schaffhausen hat die Falken Brauerei im Jahr 2001 ein Bier in der Tradition von spätmittelalterlichem Bier und Met mit Honig gebraut.

Rheintaler Maisbier

Sonnenbräu AG, Rebstein

Gründung	1891
Typ	Maisbier
Alkohol	5,0 Volumen-%
Bemerkung	Dieses aus weißem Mais gebraute Spezialbier wurde anlässlich des 100. Firmenjubiläums 1991 eingeführt.

Samichlaus

Hürlimann, Zürich

Gründung	1836
Typ	Starkbier
Alkohol	14,2 Volumen-%
Bemerkung	„Das stärkste der Welt" ist dieses für die Weihnachtszeit gebraute Bier wohl nicht, aber bärenstark auf jeden Fall.

ÖSTERREICH

Ein von der Sonne verwöhntes Land wie Österreich neigt eher zum Wein als zum Bier, doch die deutsche und tschechische Nachbarschaft haben dafür gesorgt, dass auch die Biertrinker in der Alpenrepublik nicht zu kurz kommen. Vor allem Bayern wirkt vorbildgebend und hat geschmacklich milde, teils süßliche Biere gebracht, der tschechische Einfluss hat für einige Pilssorten gesorgt.

Zipfer Urtyp

Brauerei Zipf, Zipf

Gründung	1858
Typ	Lager
Alkohol	5,4 Volumen-%
Bemerkung	Nicht nur das Bier, auch die Flasche ist bemerkenswert: gedrungen mit Drehkronkorken.

Gösser Märzen

Steierbrau, Graz

Gründung	1860
Typ	Lager
Alkohol	5,0 Volumen-%
Bemerkung	Malziges Helles, das zu den beliebtesten Austria-Bieren gehört.

Puntigamer – Das „bierige" Bier

Puntigam, Graz

Gründung	–
Typ	Pils
Alkohol	5,1 Volumen-%
Bemerkung	Nach dem Reinheitsgebot gebraut und insofern wirklich „bierig".

ITALIEN

Birra Ichnusa

Ichnusa, Mailand

Gründung	–
Typ	Pils
Alkohol	4,7 Volumen-%
Bemerkung	Ein lombardisches Helles von neutralem Charakter.

Birra Peroni

Peroni, Rom

Gründung	1846
Typ	Pils
Alkohol	4,7 Volumen-%
Bemerkung	Nur mit tschechischem Hopfen und Malz arbeitet die aus der Gegend von Mailand nach Rom umgezogene Brauerei.

Menabrea

Menabrea, Biella

Gründung	1846
Typ	Lager
Alkohol	4,8 Volumen-%
Bemerkung	Mit Mais etwas im Geschmack gerundetes Helles.

Moretti

Moretti, Udine

Gründung	1859
Typ	Pils
Alkohol	4,5 Volumen-%
Bemerkung	Hoch seriös ist dieses Bier, signalisiert der soignierte Herr.

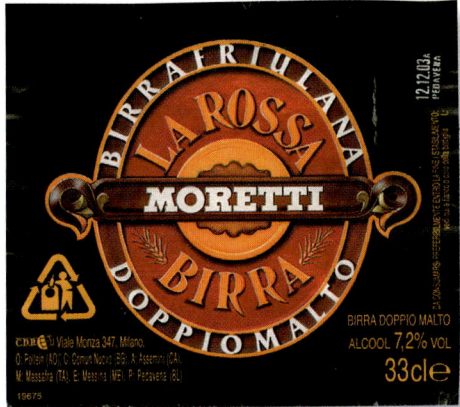

Moretti La Rossa

Moretti, Udine

Gründung	1859
Typ	Bock
Alkohol	7,2 Volumen-%
Bemerkung	Der weiche Malzgeschmack besticht bei diesem Kraftprotz aus Friaul.

Nastro Azzurro

Peroni, Rom

Gründung	1846
Typ	Lager
Alkohol	5,2 Volumen-%
Bemerkung	Von vielen als das beste Bier des Landes grühmt: frisch, süffig, bitter im Abgang.

Poretti Bock

Poretti Induno, Olana

Gründung	1877
Typ	Bock
Alkohol	6,5 Volumen-%
Bemerkung	Das Etikett weist das starke Bier als guten Reisebegleiter aus.

Sans Souci ICE

Moretti, Udine

Gründung	1859
Typ	Pils
Alkohol	5,0 Volumen-%
Bemerkung	Der Name verspricht „sorgenfreie", gründliche Erfrischung.

Splügen

Poretti Induno, Olana

Gründung	1877
Typ	Pils
Alkohol	4,5 Volumen-%
Bemerkung	Benannt nach dem Pass, der Graubünden mit Chiavenna verbindet.

MALTA

Blue Label

Simons Farsons

Gründung	1928
Typ	Ale
Alkohol	3,3 Volumen-%
Bemerkung	Heißt „blau", dürfte aber zum Blauwerden etwas zu leicht sein.

Farsons Shandy

Simons Farsons

Gründung	1928
Typ	Light
Alkohol	2,5 Volumen-%
Bemerkung	Erfrischend auch durch den auf dem Etikett erwähnten Zitrusgeschmack.

Hopleaf Pale Ale

Simons Farsons

Gründung	1928
Typ	Ale
Alkohol	3,3 Volumen-%
Bemerkung	Es gibt auch stärkere Biere auf der Insel, doch die leichteren werden im heißen Klima bevorzugt.

FRANKREICH

Biertrinker, die nach Frankreich reisen, meinen, nun müssten sie auf Bier verzichten oder sich mit qualitativ minderen Bieren begnügen. Das ist schlichtweg falsch. Neben zwei dominierenden Konzernen (Heineken und BSN/Kronenbourg), die das ganze Land und Ausland beliefern, sorgen kleine Brauhäuser etwa mit dem traditionsreichen „Bière de Garde" für Abwechslung.

1664 Fleur de Houblon

Kronenbourg, Straßburg

Gründung	1664
Typ	Pils
Alkohol	5,9 Volumen-%
Bemerkung	Die Betonung des Gründungsjahrs bei dieser „Blume" unterstreicht die jahrhundertelange Erfahrung.

3 Monts

Saint Sylvestre, Cappel

Gründung	–
Typ	Starkbier
Alkohol	8,5 Volumen-%
Bemerkung	Ein kräftiger Tropfen aus dem französischen Flandern.

36,15

Adelhoffen, Schiltigheim

Gründung	–
Typ	Pils
Alkohol	4,6 Volumen-%
Bemerkung	„Bière amoureuse" – Nein, kein verliebtes Bier, sondern eins zum Verlieben, meint das Etikett.

Adelscott

Adelshoffen, Schiltigheim

Gründung	–
Typ	Rauchbier
Alkohol	6,6 Volumen-%
Bemerkung	Wie für die Whisky-Herstellung wird das Malz dieses rauchigen Biers über Torf gedarrt.

Kronenbourg

Kronenbourg, Straßburg

Gründung	1664
Typ	Pils
Alkohol	4,6 Volumen-%
Bemerkung	Süffiges, geschmacksneutrales, erfrischendes Helles für alle Gelegenheiten.

Kronenbourg 1664

Kronenbourg, Straßburg

Gründung	1664
Typ	Pils
Alkohol	5,9 Volumen-%
Bemerkung	Die Jahreszahl als Marke betont die lange Tradition und große Erfahrung der Brauerei.

Bourbon

Bourbon, Saint-Denis

Gründung	1962
Typ	Pils
Alkohol	5,0 Volumen-%
Bemerkung	Das Bier schmückt sich mit internationalen Auszeichnungen auf dem Etikett.

Breizh

Adelshoffen, Schiltigheim

Gründung	–
Typ	Ale
Alkohol	6,0 Volumen-%
Bemerkung	Das starke Helle mit dem keltischen Namen wird in einem Zweigbetrieb in der Bretagne gebraut.

Colomba

Pietra, Furiani/Korsika

Gründung	–
Typ	Weißbier
Alkohol	5,0 Volumen-%
Bemerkung	Ohne eine Napoleon-Assoziation geht es bei einem korsischen Bier nicht.

Grain d'Orge

Brasserie Jeanne d'Arc, Ronchin

Gründung	–
Typ	Ale
Alkohol	8,0 Volumen-%
Bemerkung	Helles Starkbier, dessen Etikett einen Himmelstrunk suggeriert.

Jenlain

Duyck, Jenlain

Gründung	1922
Typ	Bière de Garde
Alkohol	6,5 Volumen-%
Bemerkung	Das bekannteste unter den neuen Bieren aus dem belgischen Grenzgebiet, stark, fruchtig, süß-säuerlich.

Kronenpils

Kronenbourg, Straßburg

Gründung	1664
Typ	Pils
Alkohol	4,6 Volumen-%
Bemerkung	Bei der empfohlenen Serviertemperatur zwischen 6 und 10 Grad eher nach oben tendieren, dann entfaltet sich das Aroma besser.

La Wambrechies

Claeyssens, Wambrechies

Gründung	–
Typ	Starkbier
Alkohol	7,5 Volumen-%
Bemerkung	Aus einer Brennerei kann nur ein kräftiges Bier kommen.

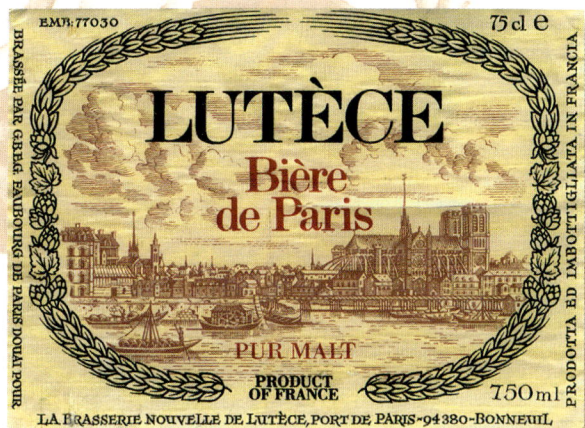

Lutèce

Brasserie Nouvelle de Lutèce, Bonneuil

Gründung	–
Typ	Bière de Garde
Alkohol	6,4 Volumen-%
Bemerkung	Wie viele „Biere zum Aufbewahren" etwas angehoben im Alkoholgehalt; es heißt nach dem lateinischen Namen von Paris: Lutetia.

Meteor Pils

Meteor, Hochfelden

Gründung	–
Typ	Pils
Alkohol	4,6 Volumen-%
Bemerkung	Eine helle Freude aus dem idyllischen Ort im Elsass.

Orpal

Brasserie Jeanne d'Arc, Ronchin

Gründung	–
Typ	Pils
Alkohol	5,2 Volumen-%
Bemerkung	Die Braumeister haben das Reinheitsgebot beachtet.

Pietra

Pietra, Furiani/Korsika

Gründung	–
Typ	Pils
Alkohol	6,0 Volumen-%
Bemerkung	Bernsteinfarbenes Helles, kastaniendunkel im Geschmack.

Saint Landelin

Enfants de Gayant, Douai

Gründung	–
Typ	Ale
Alkohol	6,2 Volumen-%
Bemerkung	Einziges französisches Abteibier, braun, mild und fruchtig.

Saint-Omer

Saint Omer, Cedex

Gründung	1866
Typ	Light
Alkohol	3,7 Volumen-%
Bemerkung	Eigentlich für ein Leichtbier schon zu stark, dennoch sehr erfrischend.

Septante 5

Terken, Roubaix

Gründung	–
Typ	Starkbier
Alkohol	7,5 Volumen-%
Bemerkung	Auch wegen des hohen Alkoholgehalts ein Bière de Garde, also eines, das lange lagerbar ist.

Serena

Pietra, Furiani/Korsika

Gründung	–
Typ	Pils
Alkohol	4,8 Volumen-%
Bemerkung	Die „Heitere" erfreut mit leuchtendem Gold im Glas.

Tourtel Malt Blonde

Kronenbourg, Straßburg

Gründung	1664
Typ	Alkoholfrei
Alkohol	unter 1,0 Volumen-%
Bemerkung	Untergäriges Erfrischungsgetränk, bierisch hell.

SPANIEN

1906 Extra

Hijos de Rivera, La Coruña

Gründung	1906
Typ	Stark-Ale
Alkohol	6,5 Volumen-%
Bemerkung	In Erinnerung an das Gründungsjahr der Brauerei geschaffenes kräftiges Bier.

Aguila Pilsener

El Aguila, Madrid

Gründung	–
Typ	Pils
Alkohol	4,5 Volumen-%
Bemerkung	Der „Adler" bietet den üblichen herben Pils-Geschmack.

Alhambra

Cervezas Alhambra, Granada

Gründung	–
Typ	Pils
Alkohol	4,6 Volumen-%
Bemerkung	Namensgeber ist das maurische Wahrzeichen der südspanischen Stadt.

Cruzcampo

La Cruz del Campo, Sevilla

Gründung	1904
Typ	Pils
Alkohol	4,8 Volumen-%
Bemerkung	Stolz präsentiert sich die Firma als Sponsor der spanischen Olympia-Mannschaft.

Cruzcampo Especial

La Cruz del Campo, Sevilla

Gründung	1904
Typ	Lager
Alkohol	5,4 Volumen-%
Bemerkung	Mildes Helles, ähnlich den Exportbieren vom Dortmunder Typ.

Dorada Pilsen

Cervecera Canarias, Santa Cruz de Tenerife

Gründung	–
Typ	Pils
Alkohol	4,7 Volumen-%
Bemerkung	„Una mas – Noch eins!", lautet die ständige Bitte der Teneriffa-Touristen.

Estrella Damm

Damm, Barcelona

Gründung	–
Typ	Pils
Alkohol	5,4 Volumen-%
Bemerkung	Verdient sich das Premium-Prädikat durch schöne Hopfigkeit.

Estrella Extra Pilsen

Damm, Barcelona

Gründung	–
Typ	Pils
Alkohol	5,4 Volumen-%
Bemerkung	Wird außer im Mutterhaus auch in Murcia, Granada, Valencia, Ceuta und Palma de Mallorca produziert.

Estrella Galicia

Hijos de Rivera, La Coruña

Gründung	1906
Typ	Pils
Alkohol	5,6 Volumen-%
Bemerkung	Die nordwestspanische Hafenstadt besuchen viele Touristen, die mit Estrella ein bekömmliches Bier genießen können.

San Miguel

San Miguel Fabricas de Cerveza, Madrid

Gründung	–
Typ	Export
Alkohol	5,4 Volumen-%
Bemerkung	Das bei weitem bekannteste Bier des Landes, auch bei Touristen sehr beliebt.

San Miguel 1516

San Miguel Fabricas de Cerveza, Madrid

Gründung –
Typ Pils
Alkohol 4,7 Volumen-%
Bemerkung Die beigegebene Jahreszahl betont die Brauweise nach dem deutschen Reinheitsgebot.

Voll-Damm Extra

Damm, Barcelona

Gründung –
Typ Starkbier
Alkohol 7,2 Volumen-%
Bemerkung Auch die katalonischen Braumeister verstehen sich auf Kräftiges.

PORTUGAL

Coral

Cervejas da Madeira, Funchal

Gründung –
Typ Pils
Alkohol 5,3 Volumen-%
Bemerkung Der Name verspricht die Frische des weiten Meeres.

Cristal

Unicer, Porto

Gründung –
Typ Lager
Alkohol 4,2 Volumen-%
Bemerkung Ein goldblondes Lagerbier der Münchener Art.

Sagres

Central de Cervejas, Lissabon

Gründung –
Typ Pils
Alkohol 5,1 Volumen-%
Bemerkung Das über die Landesgrenzen hinaus bekannteste portugiesische Helle.

Super Bock

Unicer, Porto

Gründung	–
Typ	Bock
Alkohol	5,8 Volumen-%
Bemerkung	Beim relativ geringen Alkoholgehalt eher ein Böckchen; nach deutschem Vorbild gebraut.

RUSSLAND

Der russische Biermarkt ist der mit den bei weitem höchsten Zuwachsraten im letzten Jahrzehnt – Zuwächse, denen die Produktionskapazitäten in keiner Weise gewachsen sind. Deswegen tobt hier ein Wettbewerb zwischen den international agierenden Brauriesen, die alte Brauereien wiederbeleben, Tochterfirmen gründen und bestehende russische Brauereien aufkaufen.

Arsenalnoje Traditional

Brauerei Baltika, St. Petersburg

Gründung	–
Typ	Pils
Alkohol	5,1 Volumen-%
Bemerkung	Tradition wird im neuen Russland wieder groß- geschrieben.

Baltika 3

Brauerei Baltika, St. Petersburg

Gründung	–
Typ	Pils
Alkohol	4,8 Volumen-%
Bemerkung	Auf den Etiketten kehren die Kronen zurück, die in der „roten" Zeit verpönt waren.

Baltika 8

Brauerei Baltika, St. Petersburg

Gründung	–
Typ	Weizenbier
Alkohol	5,0 Volumen-%
Bemerkung	Die kyrillische Schrift ist wohl nicht für jeden lesbar, doch die Weizenähren sagen, worum es sich handelt.

Don

Brauerei Baltika, St. Petersburg

Gründung	–
Typ	Pils
Alkohol	4,5 Volumen-%
Bemerkung	Rechts auf dem Etikett ist auch der Stammwürzegehalt von 12 Prozent angegeben.

Iwan Dschorsche

Bierkombinat Iwanowskij

Gründung	–
Typ	Pils
Alkohol	4,6 Volumen-%
Bemerkung	Neutrales, unaufdringlich gehopftes, süffiges Helles.

Klinskoje

Bierkombinat, Moskau

Gründung	1975
Typ	Pils
Alkohol	4,0 Volumen-%
Bemerkung	Noch aus sowjetischer Zeit stammt das Etikett dieses Pilsners.

Solodow

Solodow, Klin

Gründung	–
Typ	Pils
Alkohol	4,7 Volumen %
Bemerkung	Die Wappen auf dem Etikett signalisieren uralte Brautradition.

Stepan Rasin

Stepan Rasin, St. Petersburg

Gründung	1795
Typ	Porter
Alkohol	6,8 Volumen-%
Bemerkung	Erinnert an den heldenhaften Kosakenführer aus dem 17. Jahrhundert.

Zhigul Beer

Moskauer Brauerei

Gründung	1863
Typ	Pils
Alkohol	3,0 Volumen-%
Bemerkung	Leichtes Helles, das sich mit der Skyline des Kreml schmückt.

ESTLAND

Das größte baltische Sommerfest, Öllesummer genannt, steigt alljährlich am 7. Juli auf dem Sändgerfestplatz in Estlands Hauptstadt Talinn und dauert fünf volle Tage. Mindestens hundert Biersorten bekommen die Besucher hier zu kosten, wobei nicht nur heimische Produkte von den baltischen Herstellern angeboten werden, sondern auch andere Biere aus Europa und Amerika.

Alexander

AS Tartu Ölletehas, Estland

Gründung	1807
Typ	Lager
Alkohol	5,2 Volumen-%
Bemerkung	Ein kräftiges Helles nach deutscher Art, worauf die deutsche Umschrift hinweist.

A. Le Coq Premium

AS Tartu Ölletehas, Estland

Gründung	1807
Typ	Märzen
Alkohol	4,7 Volumen-%
Bemerkung	Ein relativ leichtes, hopfiges Bier auf der Basis sorgfältig gewählten Malzes, gebraut mit Quellwasser aus 400 Metern Tiefe.

Saku Originaal

Saku Ölletehas, Estland

Gründung	1820
Typ	Pilsner
Alkohol	4,6 Volumen-%
Bemerkung	Wird in Halbliterflaschen und 30-l-Fässern vertrieben; sehr beliebtes Bier für alle Tage.

LETTLAND

Die Anfänge der Bierkultur liegen im Baltikum wie fast überall im Dunkel der Frühgeschichte. Mit der deutschen Ostsiedlung im Mittelalter prägte deutsche Braukunst Stadt und Land. In der sowjetischen Zeit hat sie gelitten, weil die ökonomischen Voraussetzungen ihr nicht günstig waren. Seit der Wende um 1990 jedoch erholen sich Markt und Bierwirtschaft.

Riga 800

Aldaris, Riga/Lettland

Gründung	–
Typ	Pilsner
Alkohol	5,0 Volumen-%
Bemerkung	Nach deutschem Vorbild gebraut, nordisch-herb.

UKRAINE

Tschigojelwske Spezial

Lwiwskje Brauerei

Gründung	–
Typ	Pils
Alkohol	4,5 Volumen-%
Bemerkung	Ein ukrainisches Helles aus der einstigen Kornkammer der Sowjetunion.

POLEN

Die bewegte Geschichte Polens blieb nicht ohne – auch negativen – Einfluss auf die Bierkultur. Mit dem „Neuanfang" Ende der 1980er Jahre entwickelte sich Polen jedoch rasch zu einem Bierland, in dem heute wieder rund 80 Brauereien beachtliche Eigenkreationen anbieten. Kein Westler wird „piwo" mehr belächeln, sondern bald herausbekommen, wo das frischeste Pils oder das würzigste Porter zu haben ist.

Colt 45
Brok, Kozalin

Gründung	–
Typ	Starkbier
Alkohol	8,0 Volumen-%
Bemerkung	Nicht waffenscheinpflichtig, aber dennoch mit Vorsicht zu genießen.

EB
Browar Elblag (Elbrewery)

Gründung	1872
Typ	Pils
Alkohol	5,7 Volumen-%
Bemerkung	Alkohol- und geschmackskräftig ist das EB aus dem einstigen Elbing.

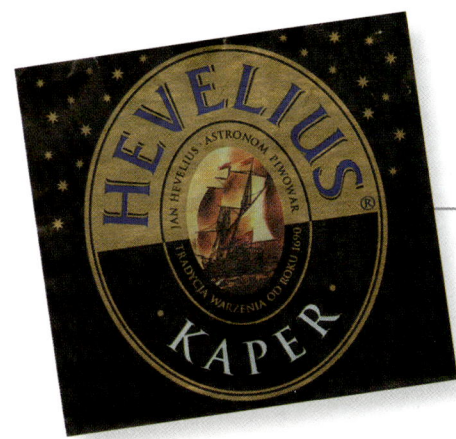

Hevelius Kaper
Browar Elblag (Elbrewery)

Gründung	1872
Typ	Stark-Ale
Alkohol	9,1 Volumen-%
Bemerkung	Benannt nach dem Danziger Astronomen Jan Hevelius (1611–1687); daher bis vor kurzem auch in Gdansk gebraut.

Lech Pils

Lech Browary, Wielkopolski

Gründung	1980
Typ	Pils
Alkohol	5,3 Volumen-%
Bemerkung	Die angegebenen 11,7 % betreffen den Stammwürzegehalt.

Okocim Mocne

Okocim, Brzesno-Okocim

Gründung	1845
Typ	Lager
Alkohol	7,8 Volumen-%
Bemerkung	Ein sattgelbes Untergäriges mit würzigem Aroma und bitter-hopfigem Abgang.

Rycerskie Mocne

Browar Namyslów, Namislów

Gründung	1321
Typ	Lager
Alkohol	7,0 Volumen-%
Bemerkung	Die mittelalterliche Braustätte wurde 1880 von einer deutschen Brauereifamilie übernommen, später verstaatlicht und 1998 wieder privatisiert.

Zywiec

Browar Zywiec, Zywiec

Gründung	1856
Typ	Pils
Alkohol	5,5 Volumen-%
Bemerkung	Das wohl berühmteste polnische Bier aus einem von einem habsburgischen Erzherzog gegründeten Brauhaus.

TSCHECHIEN

Der Siegeszug des untergärigen Pilsner war der Triumph Davids, genauer: Schwejks über die Bier-Goliaths in aller Welt: Das kleine Tschechien kann es mit den großen Biernationen aufnehmen. Denn auch dort bekehrten sich viele zum Pils, das von einem lokalen Bier zum Gattungsbegriff wurde. Der Stolz auf diese Erfolgsgeschichte schlägt sich nicht nur im Bierkonsum der Tschechen, sondern auch in einer lebendigen Bierkultur nieder.

Bernard Svetly Pivo

Pivovary Bernard, Humpolec

Gründung	1597
Typ	Lager
Alkohol	4,5 Volumen-%
Bemerkung	Mit einem leicht hopfenbitteren Abgang kommt dieses Traditionslagerbier einem Pils nahe.

Branik

Praske Pivovary, Prag

Gründung	1869
Typ	Pils
Alkohol	4,2 Volumen-%
Bemerkung	Als himmlisch und königlich weist das Etikett das Prager Bier aus.

Bud Super Strong

Pivovary Budejovicky, Budweis

Gründung	1895
Typ	Bock
Alkohol	7,2 Volumen-%
Bemerkung	Einige Nehmerqualitäten verlangt das Starke aus der Traditionsbrauerei.

Budweiser Budvar

Pivovary Budejovicky, Budweis

Gründung	1895
Typ	Lager
Alkohol	5,0 Volumen-%
Bemerkung	Die stärkere Version des beliebten Bieres, das eher dem Münchener Stil als dem Pilsner entspricht.

Cerveny Drak

Starobrno, Brünn

Gründung	1872
Typ	Lager
Alkohol	5,7 Volumen-%
Bemerkung	Keine Angst: Der „Drachen" ist ein süßer, der nur etwas bitter nachschmeckt.

Gambrinus Lager

Gambrinus, Pilsen

Gründung	1869
Typ	Lager
Alkohol	4,5 Volumen-%
Bemerkung	Brauerei und Bier sind nach dem angeblichen „Erfinder" des Bieres benannt.

Krusovice Musketyr

Karlovsky, Krusovice

Gründung	1581
Typ	Lager
Alkohol	4,7 Volumen-%
Bemerkung	Die Mehrheit an der modernisierten Brauerei hält die deutsche Binding Gruppe.

Litomericky Kalich

Korunni Pivovar, Litomerice

Gründung	1720
Typ	Pils
Alkohol	4,6 Volumen-%
Bemerkung	Der Sitz der Brauerei gehörte bis 1918 als Leitmeritz zum Reich der Habsburger.

Otakar

Policka Pivovar, Mestansky

Gründung	–
Typ	Pils
Alkohol	4,2 Volumen-%
Bemerkung	Erinnert an den Böhmenkönig Ottokar II. (1233–1278).

Pilsner Urquell

Pilsener Urquell Brauerei, Pilsen

Gründung	1842
Typ	Pils
Alkohol	3,3 Volumen-%
Bemerkung	Das wohl berühmteste Bier der Welt, das zum Gattungsbegriff geworden ist.

Platan

Protivinsky Pivovar, Protivin

Gründung	1598
Typ	Lager
Alkohol	3,9 Volumen-%
Bemerkung	Sehr süffiges malziges Bier mit einem leicht bitteren Nachtrunk.

Radegast Triumf

Pivovar Radegast, Sedlec

Gründung	–
Typ	Lager
Alkohol	3,9 Volumen-%
Bemerkung	Süß-malzig schmeckt dieses leichte Untergärige.

Staropramen
Praske Pivovary, Prag

Gründung	1847
Typ	Lager
Alkohol	7,0 Volumen-%
Bemerkung	Zum 125. Jahrestag der Firma kreiertes rötliches Helles vom Hoflieferanten.

Staropramen Das Prager Bier
Praske Pivovary, Prag

Gründung	1869
Typ	Lager
Alkohol	5,2 Volumen-%
Bemerkung	Deutsch beschriftetes Etikett mit dem Bild der Prager Burg.

Svetak Premium
Pivovarska Hanusovice

Gründung	–
Typ	Pils
Alkohol	5,0 Volumen-%
Bemerkung	Das Etikett verspricht Spitzenqualität dank langer tschechischer Brautradition.

SLOWAKEI

Kamzik

Pivovar Tatran, Poprad

Gründung —
Typ Lager
Alkohol 4,9 Volumen-%
Bemerkung Kein Bock, sondern eine leichtfüßige Gemse ist
Markenzeichen dieses Hellen.

Stein

Pivovar Bratislava, Bratislava

Gründung 1873
Typ Pils
Alkohol 4,5 Volumen-%
Bemerkung Sogar der Brennwert ist auf dem Etikett angegeben: 1850 Kilojoule pro
Liter, also rund 450 Kilokalorien.

UNGARN

Balatoni Világos

Kanizsa Sörgyár

Gründung 1892
Typ Pils
Alkohol 4,4 Volumen-%
Bemerkung Schwung, nicht Schlagseite soll das Bootsmanöver auf
dem Plattensee ausdrücken.

Borsodi Kinizsi

Borsodi Sörgyár

Gründung —
Typ Lager
Alkohol 6,2 Volumen-%
Bemerkung Ein starkes madyarisches Stück, im Grunde ein Bockbier.

Kapucinus

Athenian Brewery

Gründung	–
Typ	Light
Alkohol	3,3 Volumen-%
Bemerkung	Unter den Leichten ein relatives Schwergewicht.

Soproni Ászok

Soproni Sörgyár

Gründung	1895
Typ	Lager
Alkohol	4,6 Volumen-%
Bemerkung	Die Brautradition reicht zurück bis in die Zeit der österreichisch-ungarischen Doppelmonarchie.

Szalon Sör

Pécsi Sörfőzde, Pécs

Gründung	1848
Typ	Pils
Alkohol	4,6 Volumen-%
Bemerkung	Bei Gründung der Brauerei zur Zeit des Ungarnaufstands hieß die Stadt auf Deutsch Fünfkirchen.

Szent István

Sörkülönlegesség

Gründung	–
Typ	Pils
Alkohol	4,5 Volumen-%
Bemerkung	Das Etikett ziert der bärtige König Stephan I. (970–1038) mit der vom Papst verliehenen Stephanskrone.

SLOWENIEN

Corgon

Union Brauerei, Ljubljana

Gründung	1896
Typ	Lager
Alkohol	4,0 Volumen-%
Bemerkung	Den Stammwürzegehalt von 12 Prozent nimmt das Etikett wesentlich wichtiger als den Wert für den Alkohol.

Crni Baron

Union Brauerei, Ljubljana

Gründung	1896
Typ	Lager
Alkohol	5,3 Volumen-%
Bemerkung	Das Bild will sagen: Ein edles, ja ein adliges Getränk.

Temno Laško

Laško Brauerei, Laško

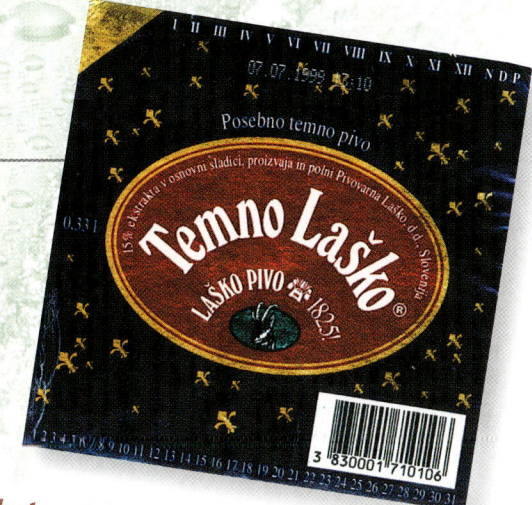

Gründung	1825
Typ	Pils
Alkohol	5,0 Volumen-%
Bemerkung	Der Bock ist das Brauerei-Wappentier und kein Hinweis auf den Biertyp.

Zlatorog

Laško Brauerei, Laško

Gründung	1825
Typ	Pils
Alkohol	4,9 Volumen-%
Bemerkung	Gebirgsfrische und Höhenkühle kündigt das Bild an.

Zlatý Bažant

Heineken, Slowenien

Gründung	–
Typ	Export
Alkohol	5,1 Volumen-%
Bemerkung	Die Tochterfirma des holländischen Braukonzerns schmückt sich mit einem Fasan auf dem Etikett.

Topvar Zochár

Topvar Brauerei, Topvar

Gründung	–
Typ	Pils
Alkohol	4,6 Volumen-%
Bemerkung	Der neutrale Geschmack verträgt relativ kühles Servieren.

KROATIEN

Karlovačko

Karlovačka Pivo, Karlovac

Gründung	1854
Typ	Pils
Alkohol	5,4 Volumen-%
Bemerkung	Die Besatzung der Burg Dubovac an der Kupa wird gern zu diesem Pivo greifen.

Ožujsko

Zagreber Brauerei

Gründung	1892
Typ	Pils
Alkohol	5,2 Volumen-%
Bemerkung	Wurde schon gebraut, als die kroatische Hauptstadt noch Agram hieß.

GRIECHENLAND

Astica

Haskowo, Athen

Gründung	–
Typ	Pils
Alkohol	5,0 Volumen-%
Bemerkung	Die Brauerei ist auf eine ganze Reihe von Auszeichnungen stolz.

Marathon

Athener Brauerei

Gründung	–
Typ	Pils
Alkohol	5,0 Volumen-%
Bemerkung	Der Name will keinen Trinkmarathon empfehlen, sondern an die antike Ruhmestat der Athener im Jahr 490 v. Chr. erinnern.

Mythos

Northern Greece Brewery

Gründung	–
Typ	Lager
Alkohol	5,0 Volumen-%
Bemerkung	Der Norden Griechenlands mit dem Olymp ist Sitz der alten Götter, Kerngebiet des Mythos.

TÜRKEI

Efes Extra Bira

Efes, Izmir

Gründung	–
Typ	Starkbier
Alkohol	8,0 Volumen-%
Bemerkung	Sehr kräftiges Obergäriges mit angenehm malziger Note.

Marmara Bira

Efes, Izmir

Gründung	–
Typ	Pils
Alkohol	4,5 Volumen-%
Bemerkung	Für den leichten Genuss bestimmtes Helles.

ASIEN

Eigentlich müsste dieser Abschnitt eher Fernost heißen, denn der muslimische Teil des größten Kontinents, also vor allem Vorderasien und Indonesien, fällt als Bierstandort fast völlig aus. Natürlich bekommt der Reisende auch dort Bier, doch fast ausschließlich importiertes, vornehmlich aus Europa. Selber gebraut wird dort, wo die Wiege des Bieres stand, im Zweistromland, so gut wie nicht mehr. Erst wesentlich weiter östlich beginnt asiatisches Bierland, nämlich in Indien. Das Land stellt natürlich britisch geprägte Ales her – aber trotz des Namens kaum India Pale Ales, die immer noch vorwiegend importiert werden. Es finden sich auch Stout-Marken, von denen eine aus Sri Lanka die bekannteste ist.

Auch in China nimmt die Brauwirtschaft einen erstaunlichen Aufschwung. Der Ausstoß verdreifachte sich zwischen 1990 und 2000. China kletterte nach den USA auf den zweiten Platz der Bierproduzenten und verdrängte Deutschland auf den dritten. Viele europäische Brau-Konzerne investieren im Reich der Mitte und bauen einheimische Brauhäuser auf. Noch reicht die Produktion allerdings kaum zur inländischen Versorgung, doch werden bald auch Biere aus China exportiert werden. Seit langem ist das schon bei einem Bier der Fall: bei dem auf deutscher Tradition beruhenden hellen Pilsner aus der ehemaligen Kolonie Tsingtau (Qingdao). Es wird beispielsweise in vielen China-Restaurants in den USA und inzwischen auch in Europa angeboten.

Hauptbierland Asiens aber ist Japan, das sich 1853 nach langer Abschottung nicht nur politisch, sondern auch dem Bier öffnete. Amerikaner waren es, die zunächst ihre Sorten platzieren konnten, doch liefen deutsche und andere europäische Biere diesen bald den Rang ab. Heute werden im Land der aufgehenden Sonne, das sich das nötige Know-how sehr schnell zu Eigen gemacht hat, zahlreiche Biere produziert, meist helle untergärige vom Typ Pils, aber auch dunkle nach bayerischem und selbst schwarze nach thüringischem Vorbild.

LIBANON

Almaza

Brasserie Almaza

Gründung	1933
Typ	Pils
Alkohol	4,0 Volumen-%
Bemerkung	Der Firmenname sagt, dass hier französische Vorbilder gewirkt und ein leichtes Helles geschaffen haben.

ISRAEL

Maccabee

National Brewery, Netanya

Gründung	–
Typ	Pils
Alkohol	4,9 Volumen-%

PALÄSTINA

Golden Taybeh Beer

Taybeh Brewing Co., Ramallah

Gründung	1991
Typ	Pils
Alkohol	5,0 Volumen-%
Bemerkung	Obwohl nicht allzu kräftig, entfaltet das Helle im heißen Klima doch einige Wirkung.

IRAN

Delster

Benoush, Teheran

Gründung	–
Typ	Alkoholfrei
Alkohol	0,0 Volumen-%
Bemerkung	Alkohol nein, Bier ja – verzichten muss auch der iranische Bierfreund nicht auf Hopfengeschmack.

INDIEN

Cobra

Mysore Brewery, Bangalore

Gründung	–
Typ	Lager
Alkohol	5,0 Volumen-%
Bemerkung	Leicht malziges, aber sehr mildes, sorgfältig filtriertes Bier.

Kingfisher Premium Lager

United Brewery, Bangalore

Gründung	1857
Typ	Pils
Alkohol	4,8 Volumen-%
Bemerkung	Das wohl beliebteste indische Bier, unkompliziert, süffig.

SRI LANKA

Lion Stout

The Lion Brewery, bei Kandy

Gründung	1881
Typ	Stout
Alkohol	7,5 Volumen-%
Bemerkung	In der Flasche gereiftes, weit über die Landesgrenzen hinaus geschätztes tropisches Starkbier.

Negombo Gold

Kochikade Beer Co., Kochikade

Gründung	–
Typ	Pils
Alkohol	5,0 Volumen-%
Bemerkung	Exotische Freuden scheint das Etikett zu versprechen.

THAILAND

Singha

Boon Rawd, Bangkok

Gründung	–
Typ	Lager
Alkohol	4,5 Volumen-%
Bemerkung	Das Untergärige gibt es in einer heimischen und wie hier in einer reinen Export-Version.

CHINA

Shanghai Beer

Shanghai Brewery, Shanghai

Gründung	1994
Typ	Pils
Alkohol	5,0 Volumen-%
Bemerkung	Ein auch für den Export bestimmtes, erfrischendes Helles.

Tsingtao Beer

Tsingtao Brewery, Qingdao

Gründung	um 1900
Typ	Pils
Alkohol	4,7 Volumen-%
Bemerkung	Tsingtao auf der Halbinsel Schantung war vor dem Ersten Weltkrieg deutsche Kolonie. Die Brauerei ist eine deutsche Gründung, ihr Exporterfolg beachtlich.

KOREA

OB Beer

Oriental, Seoul

Gründung	–
Typ	Lager
Alkohol	4,5 Volumen-%
Bemerkung	Neutral im Geschmack, mäßig alkoholisch, ein gängiges Pils.

JAPAN

Kirin Beer

Kirin Brewery, Tokio

Gründung	um 1870
Typ	Lager
Alkohol	4,8 Volumen-%
Bemerkung	Bei diesem wohl beliebtesten japanischen Bier spielen auch Reis und Mais eine Rolle.

Sapporo Premium Lager

Sapporo Breweries, Tokio

Gründung	1876
Typ	Pils
Alkohol	4,5 Volumen-%
Bemerkung	Heißt nach dem bekannten Wintersportort, wird aber in der japanischen Hauptstadt gebraut, ein hopfiges Qualitätsbier.

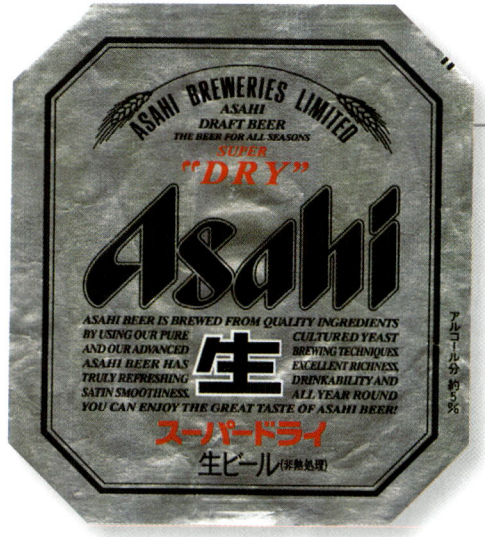

Super Dry

Asahi Breweries, Tokio

Gründung	–
Typ	Pils
Alkohol	5,0 Volumen-%
Bemerkung	Herbes, erfrischendes, mittelstarkes Bier einer Großbrauerei, die auch Niederlassungen in den USA und Europa hat.

SINGAPUR

Tiger Gold Medal

Malayan Breweries, Singapur

Gründung	–
Typ	Pils
Alkohol	5,0 Volumen-%
Bemerkung	Mäßiger Genuss empfiehlt sich; in Singapur werden alkoholisierte Personen unnachsichtig aus dem Verkehr gezogen.

INDONESIEN

Anker Bir

Delta Djakarta, Jakarta

Gründung	–
Typ	Pils
Alkohol	5,0 Volumen-%
Bemerkung	Nach niederländischem Vorbild gebrautes untergäriges Helles.

AFRIKA

Zu den frühesten Bierproduzenten der Welt gehörte Afrika, denn die alten Ägypter waren Liebhaber des noch ohne Hopfen hergestellten Gebräus aus Emmer- oder Gerstenmalz. Schon in römischer Zeit nahm das Interesse an Bier ab, und mit dem Siegeszug des Islams in Nordafrika endete die Tradition völlig. Die Braukunst geriet in Vergessenheit.

Erst im Zuge der kolonialen Erschließung durch europäische Mächte kehrte das Bier nach Afrika zurück. Ale, vornehmlich aber das erfrischendere Lager und Biere nach Pilsner Art setzten sich durch, wobei allerdings die einheimische Bevölkerung nur begrenzt Zugang zu dem doch recht kostspieligen Getränk fand. Es wurde in erster Linie von den Kolonisten selbst konsumiert, weswegen es sich vor allem dort durchgesetzt hat, wo diese sich auf Dauer einrichteten und wo es aus klimatischen Gründen besonders bekömmlich ist, also in Südafrika, in Namibia, in den ostafrikanischen Staaten und im Norden des Kontinents.

Der Tourismus hat allerdings dafür gesorgt, dass Bier, oft importiertes, inzwischen allenthalben, insbesondere in den Städten, erhältlich ist. Auch im tropischen Zentralafrika, doch spielt es dort eine weniger wichtige Rolle. Haupthersteller sind vor allem europäische Brauereien, die Bier nach Afrika exportieren und daneben Filialbetriebe vor Ort aufgebaut und einheimisches Personal geschult haben. Immer noch aber sind die Braumeister vielfach Europäer, denn mit Malz und Hopfen, die beide kaum irgendwo in Afrika zufrieden stellend gedeihen, kennen sie sich von Haus aus besser aus.

MAROKKO

Flag Spéciale
Brasserie de Tanger

Gründung	–
Typ	Pils
Alkohol	4,8 Volumen-%
Bemerkung	Im islamischen Staat wird Bier vor allem für die Touristen gebraut.

La Gazelle

Coboni, Casablanca

Gründung	–
Typ	Pils
Alkohol	5,0 Volumen-%
Bemerkung	Ein frisches Pils ist im heißen Nordafrika immer willkommen.

NIGERIA

Guinness Malta
Guinness, Nigeria

Gründung	–
Typ	Alkoholfrei
Alkohol	0,0 Volumen-%
Bemerkung	Sorghum und Zuckerstoffe geben dem Bier mehr Geschmack.

Nigeria Pal

Pal Breweries, Lagos

Gründung	–
Typ	Lager
Alkohol	4,8 Volumen-%
Bemerkung	Deutsche Braumeister haben dieses Untergärige geschaffen.

KENIA

Tusker

Kenya Brewery, Nairobi

Gründung	–
Typ	Lager
Alkohol	5,0 Volumen-%
Bemerkung	Zucker und Stabilisatoren sind aus klimatischen Gründen beim Brauen hilfreich.

ZIMBABWE

Bohlinger's Lager

National Breweries, Harare/Zimbabwe

Gründung	–
Typ	Export
Alkohol	5,0 Volumen-%
Bemerkung	Ein Bier auf Mais-Basis, ziemlich herb aufgrund reichlicher Hopfengabe.

Carling Black Label

National Breweries, Harare/Zimbabwe

Gründung	–
Typ	Pilsner
Alkohol	6,5 Volumen-%
Bemerkung	Relativ stark und trotzdem erfrischend; daher im heißen Südafrika beliebt.

Lion Lager

National Breweries, Harare/Zimbabwe

Gründung	–
Typ	Pilsner
Alkohol	5,0 Volumen-%
Bemerkung	Zimbabwes Brauer sind gehalten, auf die Risiken des Alkoholgenusses hinzuweisen; selbst bei einem so normalen Pils.

Zambezi

National Breweries, Harare/Zimbabwe

Gründung	–
Typ	Pilsner
Alkohol	4,5 Volumen-%
Bemerkung	Recht leicht, hell, hopfig: Das nach dem großen Strom benannte Bier ist ein exzellenter Durstlöscher.

NAMIBIA

Windhoek Lager

Namibia Breweries, Windhuk

Gründung	um 1890
Typ	Pilsner
Alkohol	4,0 Volumen-%
Bemerkung	Nach deutscher Brautradition und von deutschen Braumeistern gebraut.

SÜDAFRIKA

Castle Lager

South African Breweries, Johannesburg

Gründung	1895
Typ	Lager
Alkohol	5,0 Volumen-%
Bemerkung	Die SAB-Brauereigruppe ist in hundert Jahren zu einem Giganten herangewachsen.

Gilroy Favorite

Gilroy Real Ales, Westgate

Gründung	um 1890
Typ	Ale
Alkohol	4,0 Volumen-%
Bemerkung	Den Fehdehandschuh im Wappen erklärt das Etikett als Aufforderung an andere Brauer, ein besseres Bier zu brauen (was Gilroy für unmöglich hält).

Sterling Light Lager

South African Breweries, Johannesburg

Gründung	1895
Typ	Light
Alkohol	2,5 Volumen-%
Bemerkung	Das Etikett rühmt den malzigen Charakter, der von importiertem Malz stammt.

AMERIKA

Bierisch müssen wir in der Neuen Welt zwischen dem angelsächsischen Norden und dem latein-amerikanischen Raum in der Mitte und im Süden unterscheiden. Der Norden weist aufgrund der britischen Prägung und wegen des hohen Anteils an deutschstämmigen Einwohnern eine hochentwickelte Braukultur auf. Die Vereinigten Staaten sind Bierproduzent Nr. 1 in der Welt und Heimat des größten Braukonzerns der Erde: Anheuser-Busch in St. Louis. Dennoch liegen die Amerikaner beim Bierkonsum eher im Mittelfeld, denn viele Volksgruppen sind doch von anderen Trinkgewohnheiten geprägt. Auch wegen dieses Geschmacksmixes haben die US-Brauereien eine erstaunliche Vielfalt an Bieren entwickelt, wenn auch der Anteil der hellen Lagerbiere nach Pilsner Art dominiert. Das deutsche Reinheitsgebot wird wenig beachtet.

Ähnlich ist die Lage im größeren, aber bevölkerungsarmen Kanada, dessen Markt von zwei Brauriesen beherrscht wird: Molson/Carling und Labatt, heute Tochter der belgischen Interbrew-Gruppe. Mengenmäßig liegen die Kanadier im Konsum noch hinter den US-Amerikanern, was mit dem französischen Einfluss in Ostkanada zusammenhängen kann und vielleicht auch klima-tische Gründe hat; politisch-kulturelle Rahmenbedingungen spielen sicherlich mit. Im Kommen sind hier wie in den USA kleine Spezialitäten- und kleinste Gasthausbrauereien, die mit Frische und gezielter Ansprache der regionalen Kundschaft punkten.

Südamerika beginnt bierisch schon in Mexiko, dem nördlichsten der spanisch- und portugie-sischsprachigen Staaten. Sie sind traditionelle Weinländer, schon aus Gründen des Klimas. Bier hat sich hier erst in nennenswertem Maße seit Entwicklung leistungsfähiger Kühlmaschinen durchsetzen können. Inzwischen kommt aus den Staaten von Mexiko über Brasilien bis Argentinien schon fast so viel Bier wie aus Deutschland, vor allem untergärige Lagersorten, die auch exportiert werden. Importiert werden vor allem deutsche, tschechische und österreichische Biere, auch belgische und englische Ales spielen besonders in den großen Städten eine Rolle.

KANADA

Canadian Lager

Molson, Toronto (Ontario)

Gründung	1786
Typ	Pils
Alkohol	5,0 Volumen-%
Bemerkung	„Kein Konservierungsmittel" betont die Aufschrift.

Griffon

McAuslan, Montreal (Quebec)

Gründung	1988
Typ	Brown Ale
Alkohol	4,5 Volumen-%
Bemerkung	Rotbraune Anmutung und mild-hopfiger Geschmack zeichnen das Ale aus, das mit Weizengabe gebraut ist.

Labatt Ice

Labatt, Toronto (Ontario)

Gründung	1847
Typ	Eisbier
Alkohol	5,6 Volumen-%
Bemerkung	Durch Kühlung des Biers in Gefrier-nähe und Abschöpfen erster Eis-nadeln entsteht ein sanftes, aber alkoholkräftiges Bier.

La Fin du Monde

Unibroue, Chambly (Quebec)

Gründung	1990
Typ	Starkbier
Alkohol	9,0 Volumen-%
Bemerkung	Belgisches Ale stand Pate bei der Schöpfung dieses sehr starken, an Barley Wine gemahnenden obergärigen Biers.

Rickard's Red

Molson, Toronto (Ontario)

Gründung	1786
Typ	Ale
Alkohol	5,2 Volumen-%
Bemerkung	Rotbraunes, erfrischendes, würziges Obergäriges.

Wildcat

Labatt, Toronto (Ontario)

Gründung	1847
Typ	Bockbier
Alkohol	6,1 Volumen-%
Bemerkung	Abenteuer und Naturverbundenheit sollen Name und Motiv auf dem Etikett signalisieren.

USA

Acme Pale Ale

North Coast, Fort Bragg (Kalifornien)

Gründung	1987
Typ	Ale
Alkohol	4,1 Volumen-%
Bemerkung	Löscht zuverlässig den Durst mit süßlich-trockenem Abgang.

Alaskan Amber

Alaskan, Juneau (Alaska)

Gründung	1986
Typ	Alt
Alkohol	5,0 Volumen-%
Bemerkung	Nach deutschem Rezept gebrautes malziges Bier von herber Grundstruktur.

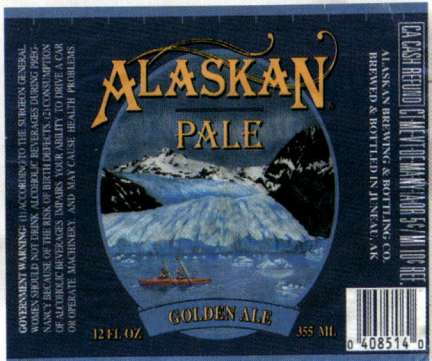

Alaskan Pale

Alaskan, Juneau (Alaska)

Gründung	1986
Typ	Ale
Alkohol	5,0 Volumen-%
Bemerkung	Klein haben die Brüder Larson angefangen; heute sind die Alaskan-Biere weithin bekannt.

Alaskan Seasonal Smoked Porter

Alaskan, Juneau (Alaska)

Gründung	1986
Typ	Porter
Alkohol	5,9 Volumen-%
Bemerkung	Der Name sagt es: Das über Feuer geröstete Malz verleiht dem Porter einen rauchigen Charakter.

Amber Jack

Indian River, Melbourne (Florida)

Gründung	–
Typ	Altbier
Alkohol	5,2 Volumen-%

Anchor Porter

Anchor, San Francisco (Kalifornien)

Gründung	1896
Typ	Porter
Alkohol	5,6 Volumen-%
Bemerkung	An diesem malzigen Bier hält man sich gern fest wie an einem Anker.

Anchor Steam Beer

Anchor, San Francisco (Kalifornien)

Gründung	1896
Typ	Ale
Alkohol	4,8 Volumen-%
Bemerkung	Der Begriff „Dampfbier" erinnert an die Einführung der Dampfmaschinen ins Brauwesen.

Brooklyn Brown Ale

Brooklyn, Utica (New York)

Gründung	1987
Typ	Ale
Alkohol	4,5 Volumen-%
Bemerkung	Dunkelrötliches Obergäriges, das malzig nachschmeckt.

Budweiser

Anheuser-Busch, St. Louis (Missouri)

Gründung	1860
Typ	Lager
Alkohol	5,0 Volumen-%
Bemerkung	Das meistverkaufte Bier der Welt wird mit Gerstenmalz und Reis gebraut; mild-süßlich im Geschmack.

Coors Extra Gold

Adolf Coors, Golden (Colorado)

Gründung	1873
Typ	Pils
Alkohol	5,0 Volumen-%
Bemerkung	Sehr geschmacksneutral, allenfalls etwas hopfig, guter Durstlöscher.

Coors Original

Adolf Coors, Golden (Colorado)

Gründung	1873
Typ	Pils
Alkohol	5,0 Volumen-%
Bemerkung	Stolz verweist die Brauerei auf das exzellente Brauwasser und die ausschließliche Verwendung von Naturprodukten.

Cutthroat Pale Ale

Uinta, Salt Lake City (Utah)

Gründung	–
Typ	Ale
Alkohol	4,0 Volumen-%
Bemerkung	Schon der Name, zu deutsch wörtlich „Halsabschneider", weist auf erhebliche Herbheit hin.

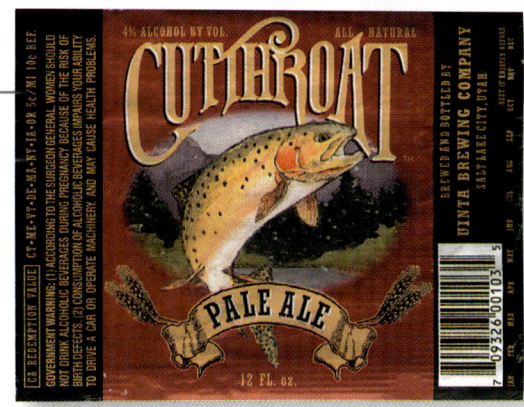

Dixie

Dixie, New Orleans (Louisiana)

Gründung	1907
Typ	Pils
Alkohol	4,6 Volumen-%
Bemerkung	Als Vorzug genannt wird die lange Reifung des Bieres in Holzfässern.

„Doc" Otis' Hard Lemon

Anheuser-Busch, St. Louis (Missouri)

Gründung	1860
Typ	Ale
Alkohol	5,0 Volumen-%
Bemerkung	Die Malzigkeit und die natürliche Geschmacksnote sind hervorzuheben.

Dock Street Bohemian

Dock Street, Bala Cynwyd (Pennsylvania)

Gründung	1986
Typ	Pils
Alkohol	5,3 Volumen-%
Bemerkung	Im Namen steckt die Pilsigkeit durch den Hinweis auf Böhmen; dorther stammt auch der eingesetzte Hopfen.

Dock Street Illuminator

Dock Street, Bala Cynwyd (Pennsylvania)

Gründung	1986
Typ	Bock
Alkohol	7,5 Volumen-%
Bemerkung	Deutscher Hopfen macht den Doppelbock mit dem gehörnten Brauteufel aus.

Fat Tire Amber

New Belgium, Fort Collins (Colorado)

Gründung	–
Typ	Ale
Alkohol	4,5 Volumen-%
Bemerkung	Nussig, hopfig, frisch – ein Obergäriges nach bestem belgischen Vorbild.

Frankenmuth Pilsener

Frankenmuth (Michigan)

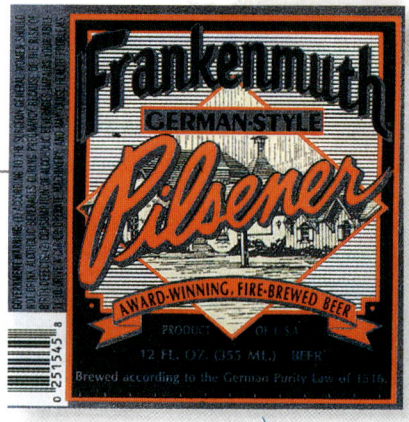

Gründung	1987
Typ	Pils
Alkohol	5,18 Volumen-%
Bemerkung	Brauereiname und gleichnamiger Ort, gern als Klein-Bayern bezeichnet, zeugen von der deutschen Herkunft des sauberen Pilseners.

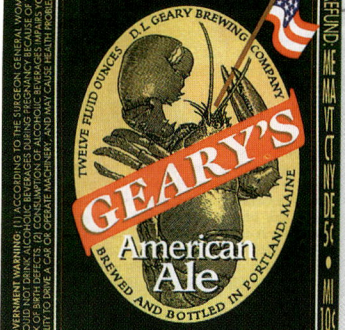

Geary's American Ale

Geary, Portland Maine (Pennsylvania)

Gründung	1983
Typ	Ale
Alkohol	4,8 Volumen-%
Bemerkung	Nicht sonderlich herb fällt dieses Ale wegen der mäßigen Hopfengabe aus.

Geary's London Style Porter

Geary, Portland Maine (Pennsylvania)

Gründung	1983
Typ	Porter
Alkohol	4,2 Volumen-%
Bemerkung	Malz aus England und britischer Hopfen garantieren einen englischen Trinkgenuss.

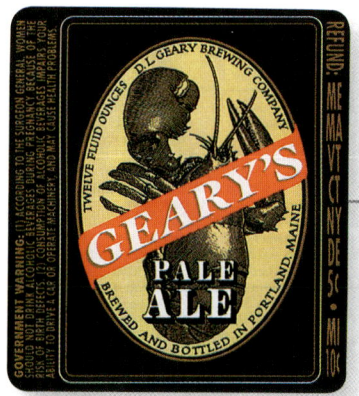

Geary's Pale Ale

Geary, Portland Maine (Pennsylvania)

Gründung	1983
Typ	Ale
Alkohol	4,5 Volumen-%
Bemerkung	Das britische Vorbild ist nicht zu verkennen: rötliches, herbes Bier mit Bitterabgang.

Genesee Cream Ale

Genesee, Rochester (New York)

Gründung	1878
Typ	Pilsner
Alkohol	5,0 Volumen-%
Bemerkung	Unter „Cream" muss man sich nicht gleich Sahne vorstellen; aber weich ist dieses Obergärige schon.

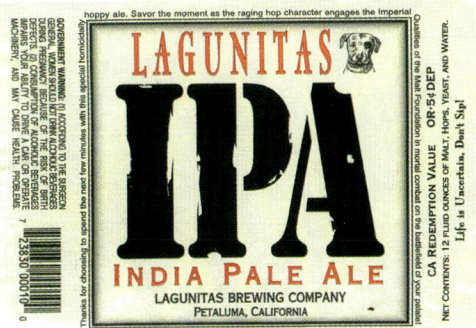

Lagunitas IPA

Lagunitas, Petaluma (Kalifornien)

Gründung	–
Typ	Ale
Alkohol	4,5 Volumen-%
Bemerkung	Scherzhaft bezeichnet das Etikett die starke Hopfigkeit dieses Indian Pale Ales als „mörderisch".

Liberty Ale

Anchor, San Francisco (Kalifornien)

Gründung	1896
Typ	Ale
Alkohol	5,9 Volumen-%
Bemerkung	Würzig-kräftiges Obergäriges aus der in den 1960er Jahren wiederbelebten kalifornischen Traditionsbrauerei.

Lone Star

Lone Star, San Antonio (Texas)

Gründung	–
Typ	Pils
Alkohol	5,0 Volumen-%
Bemerkung	Den Geist des Unabhängigkeitskampfes von Texas 1836 soll das herbe Bier beschwören.

Michelob Golden

Anheuser-Busch, St. Louis (Missouri)

Gründung	1860
Typ	Lager
Alkohol	5,0 Volumen-%
Bemerkung	Als „sanft" wird das goldgelbe Lagerbier gepriesen, ein Effekt, der durch eine gewisse Süße gefördert wird.

Pete's Wicked Ale

Pete's, Palo Alto (Kalifornien)

Gründung	1986
Typ	Brown Ale
Alkohol	5,0 Volumen-%
Bemerkung	Obwohl das Bier Ale heißt, wird es neuerdings untergärig produziert und auch nicht am Standort der Brauerei, sondern in Saint Paul (Minnesota).

Pete's Wicked Summer Brew

Pete's, Palo Alto (Kalifornien)

Gründung	1986
Typ	Ale
Alkohol	4,5 Volumen-%
Bemerkung	Die Hopfenherbheit wird durch leichte Süßung und Zitronengeschmack gedämpft.

Red Sea Ale

North Coast, Fort Bragg (Kalifornien)

Gründung	1987
Typ	Ale
Alkohol	5,6 Volumen-%
Bemerkung	Der Seelöwe auf dem Etikett unterstreicht die Küstenfrische des bernsteinfarbenen Hellen.

Wasatch Slickrock Lager

Schirf, Park City (Utah)

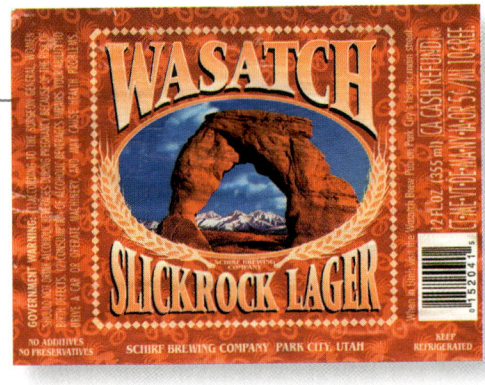

Gründung	–
Typ	Pils
Alkohol	4,5 Volumen-%
Bemerkung	Das Etikett schmückt sich mit dem „Delicate Arch", dem Sandsteinbogen im Nationalpark Arches in Utah.

MEXIKO

Negra Modelo

Cerveceria Modelo, Mexico City

Gründung –
Typ Lager
Alkohol 5,3 Volumen-%
Bemerkung Dunkles, rotbraunes Bier, nussig-malzig und leicht süß.

Pacifico Clara

Pacifico, Mazatlán (Sinaloa)

Gründung 1900
Typ Pils
Alkohol 4,5 Volumen-%
Bemerkung Erfrischendes, geschmacksneutrales Helles; genau richtig für das Klima.

COSTA RICA

Imperial

Cerveceria Costa Rica

Gründung –
Typ Pils
Alkohol 4,0 Volumen-%
Bemerkung Majestätisch präsentiert sich das leichte Helle mit Wappenadler.

KUBA

Hatvey

Mayabe, Holguin

Gründung –
Typ Pils
Alkohol 4,8 Volumen-%
Bemerkung Durch Zuckergabe im herben Geschmack gemildert.

Mayabe Calidad Extra

Mayabe, Holguin

Gründung	–
Typ	Pils
Alkohol	4,0 Volumen-%
Bemerkung	Ein relativ leichtes Helles für jeden Tag auf der Zuckerinsel.

Tínima superior

Tínima, Camgüey

Gründung	–
Typ	Pils
Alkohol	4,6 Volumen-%
Bemerkung	Nach bayerischem Vorbild haben sich die kubanischen Brauer laut Aussage des Etiketts bei diesem Hellen gerichtet.

JAMAIKA

Dragon Stout

Desnoes&Geddes, Kingston

Gründung	1918
Typ	Stout
Alkohol	7,5 Volumen-%
Bemerkung	Cremiges Dunkles von süßer Kraft und Röstgeschmack und einer gewissen Fruchtigkeit.

Old Jamaican Ginger Beer

Desnoes & Geddes, Kingston

Gründung	1918
Typ	Ale
Alkohol	5,5 Volumen-%
Bemerkung	Hingewiesen wird auf die Rolle des zugesetzten Ingwers als altes Heilmittel.

DOMINIKANISCHE REPUBLIK

Presidente

Cerveceria Nacional Dominica

Gründung	–
Typ	Pils
Alkohol	6,0 Volumen-%
Bemerkung	Starkes Helles aus dem subtropischen Urlaubsparadies in der Karibik.

TRINIDAD UND TOBAGO

Carib

Carib Brewery, Trinidad

Gründung	–
Typ	Pils
Alkohol	5,2 Volumen-%
Bemerkung	Ein hopfiger Gruß von der südlichsten der Westindischen Inseln.

KOLUMBIEN

Aguila

Cerveceria de Barranquilla

Gründung	–
Typ	Lager
Alkohol	4,0 Volumen-%
Bemerkung	Malzig und für Europäer irgendwie exotisch schmeckendes Helles.

Club Colombia

Bavaria Colombia

Gründung	–
Typ	Pils
Alkohol	4,0 Volumen-%
Bemerkung	Alles Bayerische hat in der Neuen Welt guten bierischen Klang.

Poker

Bavaria Colombia

Gründung	–
Typ	Pils
Alkohol	4,0 Volumen-%
Bemerkung	Trotz der relativen Leichtigkeit: Verkauf an Jugendliche ist untersagt.

CURAÇAO

Amstel Beer

Antilliaanse Brouwerij

Gründung	–
Typ	Pils
Alkohol	5,0 Volumen-%
Bemerkung	Schmeckt im subtropischen Klima noch frischer als daheim in den Niederlanden.

Amstel Malta

Antilliaanse Brouwerij

Gründung	–
Typ	Alkoholfrei
Alkohol	0,0 Volumen-%
Bemerkung	Hergestellt von einer Tochterfirma des Konzerns Heineken.

ARUBA

Balashi

Brouwerij Nacional Balashi

Gründung	–
Typ	Pils
Alkohol	5,0 Volumen-%
Bemerkung	Nach holländischem Vorbild auf den Niederländischen Antillen gebraut.

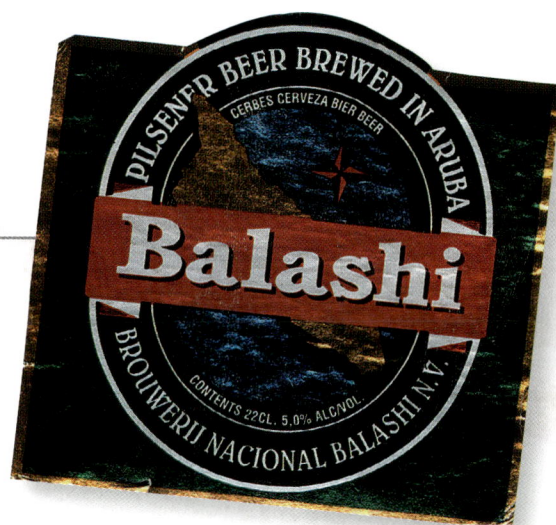

SURINAM

Djogo Bier

Surinaamse Brouwerij, Paramaribo

Gründung	–
Typ	Pils
Alkohol	5,0 Volumen-%
Bemerkung	Stolz sind die südamerikanischen Brauer auf den europäischen Preis, den Djogo 1958 gewonnen hat.

Djogo Pilsener

Surinaamse Brouwerij, Paramaribo

Gründung	–
Typ	Pils
Alkohol	5,0 Volumen-%
Bemerkung	Unterscheidet sich durch stärkere Hopfung vom Normal-Djogo.

Exclusief Parbo Bier

Surinaamse Brouwerij, Paramaribo

Gründung	–
Typ	Pils
Alkohol	5,0 Volumen-%
Bemerkung	Benannt nach der Mutterfirma im niederländischen Arnheim.

ECUADOR

Biela

Cerveceria Suramericana S. A.

Gründung	–
Typ	Pils
Alkohol	4,0 Volumen-%
Bemerkung	Frischer untergäriger Durstlöscher aus der Andenrepublik.

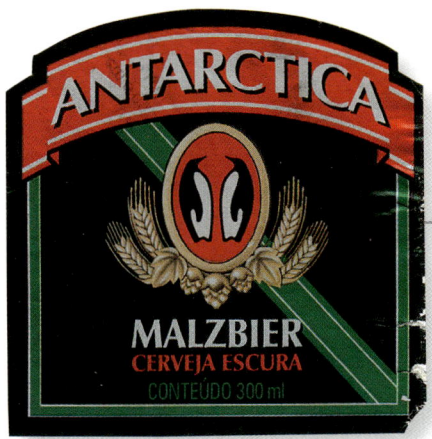

BRASILIEN

Antarctica

Antarctica Nordeste Olinda

Gründung	–
Typ	Alkoholfrei
Alkohol	0,0 Volumen-%
Bemerkung	Der deutsche Warenbegriff sagt, woher die Braukunst stammt.

Bavaria Premium

Antarctica Nordeste Olinda

Gründung	–
Typ	Pils
Alkohol	5,0 Volumen-%
Bemerkung	Relativ mild-hopfig, wie beim bayerischen Namen nicht anders zu erwarten.

Brahma Beer

Cerveceria Rio de Janeiro

Gründung	–
Typ	Pils
Alkohol	4,8 Volumen-%
Bemerkung	Die Blume auf dem Etikett übertreibt nur ein wenig.

ARGENTINIEN

Schneider

Cerveceria Santa Fe, Santa Fe

Gründung	–
Typ	Ale
Alkohol	4,5 Volumen-%
Bemerkung	Der Name sagt es: Das Bier aus der Provinzhauptstadt am Paraná hat deutsche Ahnen.

Quilmes

Cerveceria y Malteria Quilmes

Gründung	1890
Typ	Pils
Alkohol	4,9 Volumen-%
Bemerkung	Das nicht eben einfallsreiche Etikett wird dem frischen Hellen nicht gerecht.

AUSTRALIEN UND OZEANIEN

Gleich mit der „First Fleet" 1788 dürfte Bier im fünften Kontinent gelandet sein. Es war zwar ein Sträflingstransport, doch wird man den Aufsehern, Matrosen und Offizieren sicher ein Deputat Ale mitgegeben haben. Da mit Nachschub aus der britischen Heimat zunächst nicht zu rechnen war, werden die Neusiedler sehr bald über eigene Produktion nachgedacht haben. Daraus entwickelte sich eine eng an britische Traditionen angelehnte Bierkultur, die sich auf der Doppelinsel Neuseeland besser behauptet hat als in Australien. Das hat einerseits klimatische Gründe, denn Ales, Porter oder Stout munden in gemäßigten Breiten besser. Andererseits steckt dahinter ein Zufall:

Die amerikanischen Gebrüder Foster, Betreiber einer Firma für Kühlgeräte, gründeten 1887 eine Brauerei in Melbourne und produzierten dort ein Lagerbier. Obwohl sie schon im Jahr darauf verkauften, hatten sie einen Geschmacksnerv getroffen, denn im heißeren Australien begrüßten viele die frische Biervariante. Sie hat sich weitgehend durchgesetzt, obwohl es auch weiterhin sehr wohlschmeckende Ales, oft in Form von Bitter, gibt. Eiskalt aber wollen die

Australier auch diese und haben dafür im Land der endlosen Entfernungen immer einen „cooler" im Auto. Meist hat er die passende Form für die „Stubbies", kleine handliche Flaschen. Aber Vorsicht: Der Begriff meint im Norden, also in der Gegend um Darwin in Arnhemland, Riesenflaschen von zweieinviertel Litern.

Flaschen spielen aber eine vergleichsweise geringe Rolle. Wie alle Biertrinker bevorzugen auch die australischen Fassbier. Das ist jedoch nicht allenthalben zu haben, weswegen überwiegend zur Dose gegriffen wird. Und da kommt wieder Darwin ins Spiel: Dort wird im Juli die berühmte Beer Can Regatta veranstaltet, an der nur Wasserfahrzeuge aus leeren Bierdosen teilnehmen dürfen. Lange zu trinken brauchen die einschlägigen Vereine dafür nicht, denn die Darwiner erreichen bayerische Trinkmargen: rund 250 Liter konsumiert jeder Einwohner pro Jahr und die meisten davon aus der Dose.

AUSTRALIEN

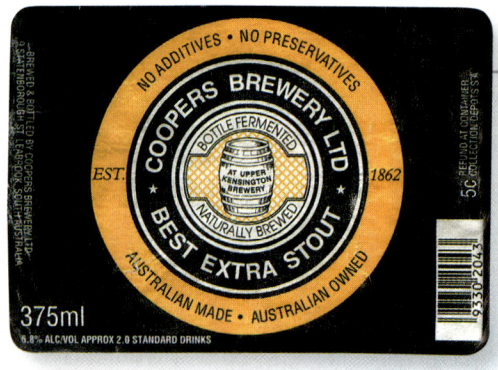

Best Extra Stout

Coopers, Leabrook, Adelaide

Gründung	1862
Typ	Stout
Alkohol	6,8 Volumen-%
Bemerkung	Ein würdiges Antipoden-Dunkles von Kraft und Malzigkeit.

Castlemain XXXX Bitter

Castlemain, Milton/Queensland

Gründung	1878
Typ	Ale
Alkohol	4,8 Volumen-%
Bemerkung	Hopfenherbes erfrischendes Obergäriges nach englischem Vorbild.

Coopers Sparkling Ale

Coopers, Leabrook, Adelaide

Gründung	1862
Typ	Ale
Alkohol	5,8 Volumen-%
Bemerkung	Fruchtiges, naturtrübes Bier aufgrund der Flaschennachgärung.

Crown Lager

Carlton & United, Sidney

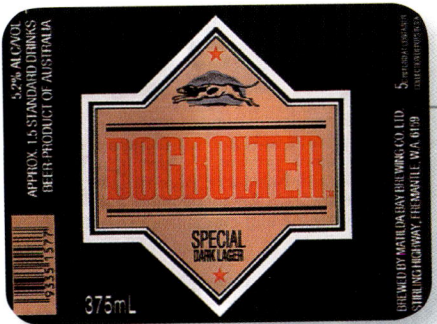

Gründung	–
Typ	Pils
Alkohol	4,9 Volumen-%
Bemerkung	Zur Feier des Jahrtausendwechsels gebraut.

Dogbolter

Matilda Bay, Fremantle (Western Australia)

Gründung	1984
Typ	Lager
Alkohol	5,2 Volumen-%
Bemerkung	Hier ist den Braumeistern ein besonders gutes Dunkles gelungen.

Foster's Ice

Foster/Carlton&United, Carlton

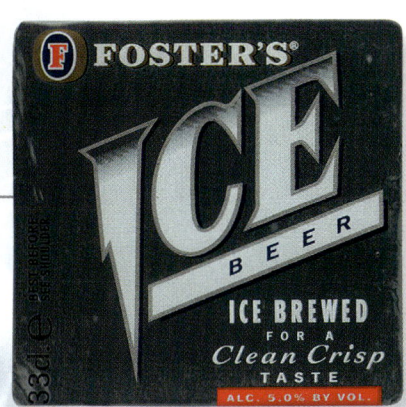

Gründung	1887
Typ	Pils
Alkohol	5,0 Volumen-%
Bemerkung	Der Name sagt es schon: Das Helle muss kalt genossen werden (ca. 4–6 Grad).

Foster's Lager

Foster/Carlton&United, Carlton

Gründung	1887
Typ	Pils
Alkohol	5,0 Volumen-%
Bemerkung	Weltweit verbreitet, in Lizenz auch von Holsten in Hamburg gebraut.

Fremantle Bitter Ale

Matilda Bay, Fremantle (Western Australia)

Gründung	1984
Typ	Ale
Alkohol	4,9 Volumen-%
Bemerkung	Das Bild erinnert an die First Fleet, die 1788 Australien erreichte.

Hahn Premium

Lion Nathan, Sydney

Gründung	–
Typ	Pils
Alkohol	5,0 Volumen-%
Bemerkung	Lange Reifung und reichliche Malzgabe sind der Stolz der Braumeister.

James Boag's Premium

J. Boag & Son, Tasmanien

Gründung	1881
Typ	Pils
Alkohol	5,0 Volumen-%
Bemerkung	Frische, Natürlichkeit und Reinheit signalisiert das Etikett.

Original Pale Ale

Coopers, Leabrook, Adelaide

Gründung	1862
Typ	Ale
Alkohol	4,5 Volumen-%
Bemerkung	Das herbe Helle genügt sogar dem deutschen Reinheitsgebot.

Red Back Beer

Matilda Bay, Fremantle (Western Australia)

Gründung	1984
Typ	Weizen
Alkohol	3,4 Volumen-%
Bemerkung	Unter den Lights als eher kräftig zu bezeichnen; die Frische wird gern mit Zitrone verstärkt.

Toohey's

Toohey, Sydney

Gründung	1869
Typ	Pils
Alkohol	5,0 Volumen-%
Bemerkung	Ein helles Lagerbier aus der „katholischen Brauerei", die heute zur Lion-Nathan-Gruppe gehört.

Toohey's New Draught

Toohey, Sydney

Gründung	1869
Typ	Pils
Alkohol	4,6 Volumen-%
Bemerkung	Verspricht Frische und Genuss wie beim Fassbier.

Toohey's Old Black Ale

Toohey, Sydney

Gründung	1869
Typ	Ale
Alkohol	4,4 Volumen-%
Bemerkung	Dunkles, nach Röstmalz schmeckendes Obergäriges.

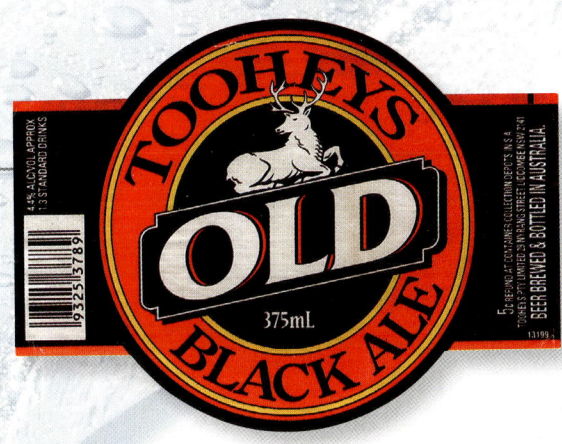

Victoria Bitter

Carlton&United, Sydney

Gründung	1887
Typ	Lager
Alkohol	4,9 Volumen-%
Bemerkung	Wie die meisten australischen Biere vornehmlich in Dosen erhältlich.

TAHITI

Hinano

Brasserie de Tahiti, Papeete

Gründung	–
Typ	Pils
Alkohol	4,9 Volumen-%
Bemerkung	Exotische Herkunft, aber im Geschmack durchaus ein höchst normales Untergäriges.

NEUSEELAND

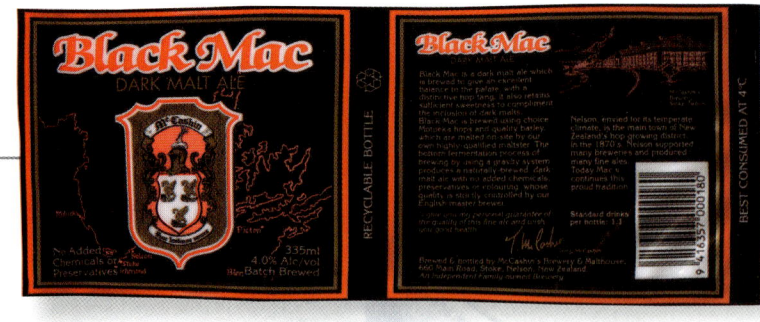

Black Mac

McCashin's, Stoke

Gründung	1870
Typ	Dunkles
Alkohol	4,0 Volumen-%
Bemerkung	Wie auf dem Etikett vermerkt, halten sich hier Hopfigkeit und Süße die Waage. Das Reinheitsgebot wird beachtet.

DB Bitter

DB Breweries, Auckland

Gründung	1897
Typ	Bitter
Alkohol	4,0 Volumen-%
Bemerkung	Hat als erfrischender Durstlöscher gerade die richtige Stärke.

DB Draught

DB Breweries, Auckland

Gründung	1897
Typ	Pils
Alkohol	4,0 Volumen-%
Bemerkung	Leichtes, malziges Bier, das zu den beliebtesten auf der Doppelinsel gehört.

Lion Red

Lion, Auckland

Gründung	1907
Typ	Pils
Alkohol	4,0 Volumen-%
Bemerkung	Erfrischendes Lagerbier, das sich als Begleitgetränk für leichte Mahlzeiten eignet.

Mako Special Bitter

DB Breweries, Auckland

Gründung	1897
Typ	Leichtbier
Alkohol	2,5 Volumen-%
Bemerkung	Bei aller Leichtigkeit ein dunkles hopfiges und vollmundiges Bier.

Monteith's Black

Monteith, Greymouth

Gründung	1868
Typ	Stout
Alkohol	5,3 Volumen-%
Bemerkung	Der sanfte Stout-Charakter dämpft nicht die Spritzigkeit des beachtlichen Dunklen.

Ngahere

Harington's, Christchurch

Gründung	–
Typ	Lager
Alkohol	7,5 Volumen-%
Bemerkung	Stolz vermerkt das Etikett, dass die Herbheit dieses starken Stücks von tschechischem Hopfen herrührt.

Nugget Golden Lager

Monteith, Greymouth

Gründung	1858
Typ	Lager
Alkohol	5,0 Volumen-%
Bemerkung	Natürlich goldgelb wie ein „Nugget" und vollmundig wie ein europäisches Untergäriges.

Speight's Gold Medal Ale

Speight's, Dunedin

Gründung	1876
Typ	Pils
Alkohol	4,0 Volumen-%
Bemerkung	Nach den Grundsätzen des Reinheitsgebots gebrautes herbes Helles.

Steinlager

Lion Nathan, Auckland

Gründung	–
Typ	Pils
Alkohol	5,0 Volumen-%
Bemerkung	Nicht eben bescheiden gibt sich das Etikett; der große Exporterfolg berechtigt dazu.

Holsten Brauerei AG 113
Holzar Bier 206
Holzhausener Land-
  bier 123
Holzkirchen 122
Holzkirchner Weiße 122
Hölzlein 145
Holzminden 122
Homburg 122
Hondeghem 285
Honer 237
Hönicka-Bräu
  GmbH & Co KG 236
Hönig 145
Hoogstraten 274
Hopf 155
Hopfazupfa Weiße 148
Hopfen 11, 26
Hopfengarten Pils 165
Hopleaf Pale Ale 294
Horber Ritter 162
Hornberg 122
Hornecker 93
Horsham/West
  Sussex 250
Hösl & Co. Brauhaus
  GmbH 157
Hösl Urstoff 157
Houthem 265
Huber Weiße 100
Hübner-Bräu 207
Huechelner Urstoff
  Brauhaus 99
Hufeisen Kellerweizen
  182
Hugo's spezial 152
Hulst 257, 264, 268
Humbser 168
Humpolec 307
Hunnen-Bock 58
Hürlimann 291
Hütt 67
Hütt Brauerei
  Bettenhäuser KG 67
Hütten 227
Hutthurm 123
Hutthurmer Bayerwald
  Brauerei 123
Huyghe 276, 278, 283
Ichenhausen-
  Autenried 123
Ichnusa 292
Ichtegem 275
Igling-Holzhausen 123
Illertissen 123
Ilmtal-Singen 123
Imperial 335
Indian Pale Ale 36
Indian River 330
Indien, Biere aus 318
Indonesien, Biere aus 322
Ingelmunster 270, 281
Ingobräu 125
Ingobräu Ingolstadt
  GmbH 125
Ingolstadt 124, 125
Innstadt 174
Innstadt-Brauerei
  Bierspezialitäten
  GmbH 174

Inselhopf naturtrüb 100
Interbrew Deutschland
  Brauerei Diebels
  GmbH & Co. KG 126
Iran, Biere aus dem 318
Irchenrieth 125
Irchenriether 125
Irland, Biere aus 255
Irlbach 125
Irlbacher 125
Irle 204
Irsee 125
Irseer Klosterbräu 125
Isartaler 139
Isenbeck 173
Iserlohn 125
Iserlohner Pilsner 125
Isny 126
Isnyer Weizenbiere 126
Israel, Biere aus 317
Issum 126
Italien, Biere aus 292
Itterbeck 288
Itzgrund 126
Itzgrunder Landbier 126
Iwan Dschorsche 303
Izmir 314, 315
J. Boag & Son 344
J. Stangl Brauerei
  Klingenbrunn 206
Jacobator 73
Jacobi Pils 54
Jacobins 281
Jacobinus 96
Jaegerbier 264
Jahn's Bräu
  Christoph Jahn Erben
  GmbH & Co. KG 148
Jahns 148
Jakarta 322
Jakober Kirchweih
  Festbier 58
Jamaika, Biere aus 336
James Boag's
  Premium 344
Jandelsbrunn 126
Jandelsbrunner 126
Janka 239
Janneke 264
Japan, Biere aus 320
Jengen 126
Jenlain 296
Jennings Brothers 247
Jever 127
Joe's Lagerbier 188
Johannesburg 326
Johann-Friedrich-
  Zwickelbier 204
Jopen Bok Bier 264
Josef Schneider's Kleines
  Brauhaus im
  Altmühltal 97
Josefator 84
Joshua Tetley 253
Jüchsen 127
Juechsner 127
Julebryg 245
Julius Bräu 163
Julius Heller Bock 163
Jumet 275, 279

Juneau 329, 330
Junker Leicht &
  Frisch 105
Jupille 285
Jura 175
Jura Bräu Hans
  Knopf 175
Jura Weizen 202
Kaatsheuvel 258
Kaiser 164
Kaiser Edel Pils 105
Kaiser-Bräu GmbH & Co.
  KG Anna und Andreas
  Laus 164
Kaiser-Brauerei W.
  Kumpf GmbH & Co
  105
Kaiserdom Privat-
  brauerei Wörner
  GmbH & Co. KG 67
Kaiserhof 137
Kaitersberg 135
Kaliber 255
Kaltenberg 105
Kaltenbrunner 126
Kaltennordheim 127
Kalt-Loch-Bräu
  GmbH 156
Kammerstein 127
Kampenhout 274
Kamzik 311
Kanada, Biere aus 328
Kandi Malz 231
Kandy 319
Kanisza Sörgyár 311
Kapplerbräu 54
Kapplerbräu Hans
  Wiedemann KG 54
Kapucinus 312
Karl Lense Dunkel 231
Karl May Premium
  Pils 105
Karlovac 314
Karlovačka Pivo 314
Karlovačko 314
Karlovsky 309
Karlsberg Brauerei KG
  Weber 122
Karlsbräu France S.A.
  Saverne 122
Karlsquell Premium 265
Karlsruhe 127, 128
Karmeliten Brauerei
  Karl Sturm
  GmbH & Co KG 210
Karmeliter 61
Karmeliterbräu Bad
  Neustadt 61
Kassel 128
Kasseler Premium Pils 128
Kasteelbier 281
Kathi Bräu 57
Kaufbeuren 128
Kaufbeurer 128
Kaulille 267
Kauzen 171
Kauzen-Bräu
  GmbH & Co. KG 171
Keighley 246, 250, 254
Keizer Karel 265
Kelheim 128, 129, 130

Kellerberg 49
Kellerbier 36, 265
Kelts Alkoholfrei 88
Kemmern 130
Kemnath 130
Kempten 130
Kenia, Biere aus 325
Kenya Brewery 325
Kenzingen 130
Kereva 243
Kesselring 151
Ketterer 122
Ketterer 179
Kiesel 217
Kilkenny 255
King & Barnes 250
King & Barnes
  Festive 250
King & Barnes Old
  Porter 250
King & Barnes
  Sussex 250
Kingfisher Premium
  Lager 318
Kingston 336
Kippenheim 131
Kirchheim 131
Kirin Beer 320
Kirin Brewery 320
Kirn 131
Kirner Privatbrauerei 131
Kirschbier 167
Kirta Bier 84
Kißlegg 131
Kitzmann-Bräu KG 96
Klett-Bräu 135
Klin 303
Klingenbrunn 206
Klinskoje 303
Kloster Urtrunk 125
Kloster-Bier 130
Kloster-Bräu 104
Klosterbräu 66
Klosterbräu See-
  mannshausen 104
Klosterbrauerei
  Andechs 56
Klosterbrauerei
  Burghausen 77
Klosterbrauerei Ettal 97
Klosterbrauerei
  Kemnath 130
Klosterbrauerei
  Kreuzberg 72
Kloster-Brauerei
  Münnerstadt 162
Klosterbrauerei
  Reutberg e.G. 196
Klosterbrauerei
  Weißenohe GmbH &
  Co KG 231
Klosterbrauerei
  Weltenburg GmbH 130
Klosterbrauerei,
  Mallersdorf 149
Klosterbräuhaus Ursberg
  GmbH 221
Kneitinger 186
Knoblach 145
Koblenz 131
Kochikade 319

Kochikade Beer Co. 319
Koepf Brauerei
  GmbH & Co. 49
Koff I 243
Kohlensäure 27
Köln 132, 133, 134
Kölsch 36
Kolumbien, Biere aus 337
Kommunbrauhaus 204
Kommunbrauhaus
  Neuhaus 233
König Brauerei
  Duisburg 113
König Ludwig GmbH &
  Co. KG, Schloss-
  brauerei Kaltenberg
  105
König Pilsener 88
König-Brauerei
  GmbH & Co. KG 88
Königsbacher 131
Königsbacher Brauerei
  GmbH & Co. KG 131
Königsbacher Brauerei
  Koblenz 122
Königsbräu Majer
  GmbH & Co. KG 115
Königsegger Walder
  Bräu AG 134
Königseggwald 134
Königsfeld 134
Konradsreuth 135
Konstanz 135
Konzell 135
Kopenhagen 244, 245
Korbinian Dunkel 188
Korea, Biere aus 320
Korrtemark 280
Korschenbroich 136
Kortemark 283
Kortrijk 281
Korunni Pivovar 309
Kössel-Bräu 93
Kößlarn 135
Köstritzer 61
Köstritzer Schwarzbier-
  brauerei GmbH & Co.
  61
Kötzting 135
Kozalin 306
Kraichgau Pilsner 95
Kräußen Pils 158
Krautheimer 224
Krefeld 136
Kreuztal-Eichen 136
Kreuztal-Krombach 136
Kreuzwertheim 137
Krieger 139
Kriek 37
Kroatien, Biere aus 314
Krombacher Brauerei
  KG 136
Krona Weiße 197
Krona Weizenbock 197
Kronach 137
Kronburg 137
Kronburger 137
Kronenbourg 1664 295
Kronenbourg 275, 294,
  295, 296, 298
Kronenbräu 115

355

Bildquellenverzeichnis

Archiv für Kunst und Geschichte, Berlin: 9 (2x), 10 (2x), 11 (2x), 12 (2x), 13 o., 14 u., 16 u.

dpa, Frankfurt: 6 M. und u., 7 (3x), 39, 59, 65, 87, 99, 103, 107, 119, 124, 129, 132, 153, 173, 183, 193, 202, 213, 240, 251, 256, 303, 316, 323, 327, 341

MEV, Augsburg: 6, 29, 46/47, 71

PhotoPress, Stockdorf: 16 o., 160

Silvestris online, Kastl: 48

alle übrigen Abbildungen und Covermotive: © Naumann & Göbel Verlagsgesellschaft GmbH, Köln

Unser besonderer Dank gilt Herrn Harry Pinkster, Spaanse aakstraat 13, Groningen, http://home.planet.nl/~pinkgron/bierhome für das Bereitstellen von Abbildungsmaterial.